Veröffentlichungen
der Vereinigung der Deutschen Staatsrechtslehrer

Heft 23

Bewahrung und Veränderung demokratischer und rechtsstaatlicher Verfassungsstruktur in den internationalen Gemeinschaften

---

Verwaltung und Schule

Berichte

von

Joseph H. Kaiser und Peter Badura

Hans-Ulrich Evers und Ernst-Werner Fuß

und

Aussprache zu den Berichten
in den Verhandlungen der Tagung der Deutschen Staatsrechtslehrer
zu Kiel vom 9. bis 12. Oktober 1964

Berlin 1966

Walter de Gruyter & Co.

vormals G. J. Göschen'sche Verlagshandlung / J. Guttentag, Verlagsbuchhandlung / Georg Reimer / Karl J. Trübner / Veit & Comp.

Archiv-Nr. 2 489 66 1

Satz und Druck: Berliner Buchdruckerei Union GmbH, Berlin 61

Inhalt

Erster Beratungsgegenstand:

Bewahrung und Veränderung demokratischer und rechtsstaatlicher Verfassungsstruktur in den internationalen Gemeinschaften

1. Bericht von Professor Dr. Joseph H. Kaiser, Freiburg

Der Vorstand unserer Vereinigung hat die deutschen Staatsrechtslehrer eingeladen, einem Phänomen, das nicht Staatsqualität hat, heute ihre Aufmerksamkeit zuzuwenden. Die Affinität zum Staatsrecht ist dennoch nicht zweifelhaft. So verschiedenartig die Gemeinschaften sind, die ich hier zu nennen habe, ihnen ist jedenfalls gemeinsam, daß sie zwar nicht Staaten sind, in einigen Grundzügen ihrer Struktur jedoch entweder funktionale Staatsmerkmale aufweisen oder aber Charakteristika erkennen lassen, die noch in einer wenigstens entfernten Analogie zum staatlichen Recht aufgefaßt werden können und die darum einer staatsrechtlichen wie einer völkerrechtlichen Fragestellung zugänglich sind. Dabei wird sich zeigen, daß die Unterscheidung zwischen diesen beiden Blickpunkten ihre eigene Problematik hat.

Der Stoff dieses Themas ist zwischen Herrn Badura und mir so aufgeteilt, daß in dem zweiten Referat die Auswirkung des Organhandelns dieser Gemeinschaften auf das Verfassungsleben der Mitgliedstaaten, insbesondere auf die demokratische und rechtsstaatliche Verfassung der Bundesrepublik, erörtert wird; außerdem wird Herr Badura über die Rechtsetzung durch die Gemeinschaften sprechen. Meine Aufgabe ist es demgegenüber, Wirklichkeit und Möglichkeit demokratischer und rechtsstaatlicher Verfassungsstruktur auf der Ebene der internationalen Gemeinschaften darzustellen. Eine hermetische Trennung der Bereiche erschien uns jedoch nicht sachgerecht und auch deshalb nicht erstrebenswert, weil wir gewisse Meinungsunterschiede nicht verschweigen wollten.

I.

Welchen Sinn hat es, von Demokratie und Rechtsstaat in internationalen Gemeinschaften zu sprechen? Demokratie ist nicht denkbar ohne die Realität eines Kratos, dessen Inhaber der Demos sein kann. Nur wo es eine öffentliche Gewalt gibt, erhebt sich das Postulat, daß sie demokratisch konstituiert sei, und nur wo diese öffentliche Gewalt in den Rechtsbereich von natürlichen und juristischen Personen, von Gruppen oder von Rechtsgemeinschaften eingreifen kann, stellt sich die Aufgabe ihrer rechtsstaatlichen Verfassung. Aber auch überall, in jeder internationalen Gemeinschaft, wo das der Fall ist, sind Demokratie und Rechtsstaat unabdingbare Postulate.

Das ist eine Prämisse dieses Berichts, die als Postulat, wie ich meine, eines Beweises nicht bedarf. Der Verfassungssatz, daß alle Staatsgewalt vom Volke ausgeht, sollte auch die Grundlage öffentlicher Gewalt internationaler Gemeinschaften abgeben. Das ist auch die in dieser Jahrhunderthälfte allenthalben wirksame Tendenz: Demokratisierung ist ein Zug unserer Zeit. Die Forderung nach rechtsstaatlicher Sicherung gegenüber der eingreifenden Gewalt ist jedoch anscheinend noch nicht eine historische Kraft von gleicher Faszination, aber um der persönlichen Freiheit willen gewiß ein Postulat von mindestens gleichem sittlichen Rang.

Doch täuschen wir uns nicht über die juristischen Konsequenzen! Demokratie und Rechtsstaat in internationalen Gemeinschaften: das ist wie der „bestirnte Himmel über mir"; es sind Maximen der praktischen Vernunft, wie Freiheit und Unsterblichkeit für Kant; sie sind nicht Inhalte eines juristischen Apriori, aus dem sich leicht deduzieren und judizieren ließe.

Methodisch soll darum die aus der Anschauung gewonnene Überzeugung wegleitend sein, daß die nationalstaatlich ausgeprägten Begriffe, Institutionen und Maßstäbe der Demokratie und des Rechtsstaats nicht unmittelbar auf die Rechtsordnung internationaler Gemeinschaften übertragen werden können. Deren juristische Bestimmung kann nur a posteriori von den Phänomenen her unternommen werden.

Welche internationalen Gemeinschaften sind nun Träger öffentlicher Gewalt in dem bezeichneten Sinn? Die Erlanger Tagung unserer Vereinigung hat sich 1959 aus guten Gründen auf die Darstellung und Würdigung der öffentlichen Gewalt der drei Europäischen Gemeinschaften konzentriert. Erler hat damals unter öffentlicher Gewalt nur das obrigkeitliche Handeln verstanden, das gegenüber Individuen ausgeübt wird[1]); im Unterschied dazu wird hier auch die Hoheitsmacht, deren

---

[1]) VVDStRL 18, S. 9, 11.

Rechtsunterworfene Staaten sind, als öffentliche Gewalt aufgefaßt[2]).

Die drei Europäischen Gemeinschaften, Montanunion[3]), EWG und Euratom[4]), haben gegenüber Mitgliedstaaten wie gegenüber privaten Individuen selbständige Hoheitsbefugnisse in Gestalt eigener Zuständigkeiten zur Rechtsetzung, zu Regierung und Verwaltung und zur Rechtsprechung. Das Gemeinschaftsrecht ist ein Teil der Rechtsordnung, die für die Mitgliedstaaten und für deren Staatsangehörige, natürliche und juristische Personen, gilt. Angesichts der hier originär in Erscheinung tretenden, eingreifenden öffentlichen Gewalt dieser drei Gemeinschaften liegt das Problem ihrer demokratischen und rechtsstaatlichen Struktur offen zutage.

Durch die Assoziationsabkommen der EWG sind mehrere Assoziationsgemeinschaften[5]) begründet worden: einmal des Typs der Hilfe für ehemalige Kolonialgebiete vor

---

[2]) Ihre Akte, die in die Rechtssphäre der untergeordneten hoheitlichen Teilkorporationen eingreifen, nennt Erler „obrigkeitsinterne Vorgänge der Bundesgewalt“ (a.a.O. S. 11). Das kennzeichnet m.E. jedoch nicht einmal das Verhältnis zwischen Bund und den der Bundesgewalt untergeordneten (aber nicht aus ihr abgeleiteten) Ländern im Bundesstaat, noch weniger das analoge Rechtsverhältnis zwischen Gemeinschaftsgewalt und Mitgliedstaaten.

[3]) Vertrag über die Gründung der Europäischen Gemeinschaft für Kohle und Stahl vom 18. April 1951, BGBl. II, S. 447.

[4]) Verträge vom 25. März 1957 zur Gründung der Europäischen Wirtschaftsgemeinschaft und der Europäischen Atomgemeinschaft, BGBl. II, S. 753.

[5]) In ihnen tritt eine objektive institutionalisierte Ordnung eigener Art in Erscheinung, eine Organisation völkerrechtlichen Ursprungs, deren Recht im Vollzug des in den Assoziationsverträgen jeweils festgelegten Integrationsprogramms der Kategorie des Staatengemeinschaftsrechts näher kommt.

Das ist für die Auslegung wesentlich, von Anfang an mindestens für die Auslegung solcher Bestimmungen, die aus dem EWG-Vertrag übernommen sind (vgl. D. Wolfram, Die Assoziierung überseeischer Gebiete an die EWG, Köln 1964, S. 31; a.A. jedoch Thomas Oppermann, Die Assoziierung Griechenlands mit der Europäischen Wirschaftsgemeinschaft, ZaöRV, XXII, 1962, S. 503: die griechische Assoziierung halte sich grundsätzlich im Rahmen zweiseitiger völkerrechtlicher Beziehungen; ebenfalls Ulrich Everling, Die Neuregelung des Assoziationsverhältnisses zwischen der EWG und den afrikanischen Staaten und Madagaskar sowie den überseeischen Ländern und Hoheitsgebieten, ZaöRV 24, 1964, S. 523, für die Auslegung indessen übereinstimmend S. 525).

allem Frankreichs, man könnte auch sagen: des afrikanischen[6]) Typs aufgrund der Art. 131 ff. des EWG-Vertrages[7]) und unter Weiterbildung der dort aufgestellten Grundsätze durch das Abkommen von Jaunde[8]), zum anderen des europäischen, paritätischen Typs aufgrund des Art. 238, bisher mit Griechenland[9]), mit der Türkei[10]) und ebenfalls mit den Niederländischen Antillen[11]). Was ich hier unter Inkaufnahme des Pleonasmus

---

[6]) Die Assoziation bringt diesen Staaten im wesentlichen nur Rechte und finanzielle Entlastung, dieses übrigens auch für Frankreich, auch wenn es mit der Abwälzung von Lasten des französischen Haushalts nicht in dem geforderten Umfang durchgedrungen ist; die Bundesrepublik bringt ein Drittel der Mittel auf (vgl. Geschichte und Bedeutung der Assoziierungspolitik mit den afrikanischen Ländern und Madagaskar, Bulletin der EWG, März 1964, S. 24 ff.; Everling, a.a.O. S. 532, 538, 540). Die Organe der Assoziation, Rat, Parlamentarische Konferenz und Schiedsgericht, sind jedoch streng paritätisch zusammengesetzt.

[7]) Durchführungsabkommen über die Assoziierung der überseeischen Länder und Hoheitsgebiete mit der Gemeinschaft, BGBl. II 1957, S. 998.

[8]) Abkommen von Jaunde über die Assoziation der EWG und den mit dieser Gemeinschaft assoziierten afrikanischen Staaten und Madagaskar vom 20. Juli 1963, ABl Nr. 93/64, 1431; BGBl. II 1964, S. 291.

Art. 131 ff. EWG-Vertrag sind damit nicht außer Kraft getreten (so Everling, a.a.O. S. 522), sondern binden nach wie vor die sechs Mitgliedstaaten, u. U. auch nach ersatzlosem Wegfall des Abkommens von Jaunde. Auch für dessen Auslegung sind sie wesentlich, da die Vertragspartner das neue Abkommen in ihnen motiviert fanden: Die afrikanischen Staaten haben nach der Erlangung der Souveränität den Wunsch geäußert, daß der IV. Teil des Vertrags zur Anwendung komme, 4. Gesamtbericht der EWG-Kommission, 1961, S. 178; ebenso der Rat, Jahrbuch EP 1960—61, S. 343; vgl. auch 5. Gesamtbericht 1962, S. 208 ff., 214; S. 209 heißt es: „. . . das neue Assoziationsabkommen hat seine Rechtsgrundlage einmal in Art. 136 und zum anderen in Art. 238"; seine Eigenart zeigt sich auch in den Einzelheiten der praktischen Durchführung, wie sich aus den späteren Gesamtberichten ergibt.

Die ursprünglich gemeinschaftsrechtlich-institutionelle Assoziation der afrikanischen Staaten wurde durch den völkerrechtlichen Vertrag von Jaunde der äußeren Form nach in eine internationale, organisierte Staatenverbindung abgewandelt, wodurch am nervus rerum des Assoziationsverhältnisses jedoch wenig geändert worden ist.

[9]) Assoziationsabkommen vom 9. 7. 1961, BGBl. II 1962, S. 1141.

[10]) Assoziationsabkommen vom 12. 9. 1963, BGBl. II 1964, S. 509.

[11]) Abkommen über die Änderung des Vertrages zur Gründung der Europäischen Wirschaftsgemeinschaft zum Zweck der Assoziierung der niederländischen Antillen vom 13. 11. 1962, BGBl. II 1964, S. 231.

Assoziationsgemeinschaft nenne, hat keine Rechtspersönlichkeit, ist aber in jedem Fall eine partielle Ausdehnung des Wirtschaftsraums der EWG; sie drückt sich beispielsweise im Fall Griechenlands und der Türkei in der Annahme des gemeinsamen Zolltarifs durch die Assoziationspartner aus (Art. 20 des griechischen und Art. 10 des türkischen Assoziationsabkommens). Das maßgebliche Organ aller dieser Assoziationsgemeinschaften, der Assoziationsrat, in dem das Stimmgewicht zur Hälfte der Gemeinschaft und ihren Mitgliedern, zur anderen Hälfte dem oder den assoziierten Staaten zukommt, sorgt für die Realisierung des Förderungs- und Integrationsprogramms[12]). Was dieses betrifft, so ist trotz des in der Form streng durchgeführten völkerrechtlichen Bilateralismus der Entscheidungsraum der Assoziationsräte[13]) jedoch supranational determiniert und begrenzt auf die Bestimmung der Distanz, in der die assoziierten Staaten der Entwicklung der Gemeinschaft folgen müssen, im Fall der griechischen und türkischen Assoziation überdies mit der Maßgabe, daß der Abstand geringer werden muß, um den späteren Beitritt zu erleichtern; die Ziele des EWG-Vertrages binden auch diese Assoziationspartner[14]). Die

---

[12]) Er beschließt z. B. gemäß dem griechischen Assoziationsabkommen die Beseitigung von Diskriminierungen aus Gründen der Staatsangehörigkeit (Art. 5, 3); die Beibehaltung des Finanzzolls, wenn ernstliche Schwierigkeiten vorliegen (Art. 17, 4); die Verlängerung der Zollmaßnahmen (Art. 18, 5), im Bereich der Landwirtschaft (Art. 34, 2); die Bedingungen für die Harmonisierung, für die Beseitigung der Handelsschranken, für die Einfuhr, des gemeinsamen Zolltarifs (Art. 35); geeignete Maßnahmen zur Erleichterung des Dienstleistungsverkehrs (Art. 49); gemäß dem afrikanischen Assoziationsabkommen beschließt der Rat die Definition der allgemeinen Ausrichtung der finanziellen und technischen Zusammenarbeit (Art. 27); geeignete Maßnahmen bei Störungen durch Ausfuhrzölle (Art. 4 Abs. 2); die Aufschiebung der Beseitigung der Diskriminierungen beim Niederlassungsrecht (Art. 29 Abs.2); sowie notwendige Maßnahmen zur Durchführung des Niederlassungsrechts und der Dienstleistungen (Art. 34).

Oppermann hat die griechische Assoziation mit Recht als eine Art beschränkten Beitritts zur EWG bezeichnet, das Abkommen nennt er „einen EWG-Vertrag in vereinfachter Form" (a.a.O., S. 487).

[13]) Vergleichbare Befugnisse des „Gemeinsamen Rates" der Assoziation EFTA-Finnland (Art. 6 des Abkommens vom 27. März 1961) legen es nahe, in solchen nicht auf ein nur völkerrechtliches Verhältnis zu reduzierenden Ratsfunktionen ein wesentliches Merkmal solcher Assoziationen zu sehen. Siehe zu den Aufgaben im Nordischen Rat, G. Petrén, Les résultats de dix ans de coopération nordique, Ann. Européen 1965, S. 27 ff.

[14]) Das würde grundsätzlich auch für die Assoziation neutraler

afrikanische Assoziation ist ein System der Regelung und Verteilung kolonialer Folgelasten, das ergänzt wird durch eine hinkende Freihandelszone und einige typische gemeinschaftsrechtliche Elemente, wie sie in jenen Ratsbefugnissen zum Ausdruck kommen.

Bestand und Struktur aller dieser Assoziationsgemeinschaften sind auf das engste an das Schicksal und die jeweilige konkrete Gestalt der Europäischen Gemeinschaften geknüpft. Ein etwaiger Realitätsverlust hier würde unmittelbar und proportional auch die Assoziationsgemeinschaften betreffen.

Es ist naheliegend, den Sechsergemeinschaften und ihren Assoziationen die EFTA[15]) gegenüberzustellen. Sie ist im Gegensatz zur EWG kein Raum, sondern ein Rand[16]), als Reaktion auf die EWG entstanden[17]) und deren Anziehungskraft ausgesetzt[18]). Der Rat der EFTA bestimmt einstimmig, ausnahms-

---

Staaten gelten, obwohl für sie nach h. M. die Assoziation schwerlich von vorneherein nur als Übergangsstadium zur Vollmitgliedschaft in Frage käme und sie sich hinsichtlich der politischen Verpflichtungen grundsätzlich auf solche wirtschaftspolitischer Natur beschränkt sehen möchten (vgl. Paul Guggenheim, Organisations économiques supranationales, indépendance et neutralité de la Suisse, Rapports et communications de la Société suisse de juristes 1963, S. 319 ff.; Ignaz Seidl-Hohenveldern, Die Assoziation der neutralen Staaten mit der EWG im Lichte des Völkerrechts, Österr. Z. für Außenpolitik, 5, 1965, S. 169). Die Assoziationsabkommen der Montan-Gemeinschaft mit Großbritannien vom 21. 12. 1954 (BGBl. II 1955, S. 837) und der Euratom mit USA (BGBl. II 1959, S. 1151) kommen hier nicht in Betracht; das erstere hat lediglich konsultativen Charakter, das zweite regelt im wesentlichen nur die Überlassung von Uranbrennstoffen und „know how" durch die USA.

[15]) Vertrag vom 4. Januar 1960, EA 1960, S. D 41.

[16]) J. H. Kaiser, Zur gegenwärtigen Differenzierung von Recht und Staat, Staatstheoretische Lehren der Integration, Österr. Z. öff. Recht, 10, 1960, S. 414, 416.

[17]) Nachdem der von Großbritannien nicht erwartete Integrationserfolg der EWG sinnfällig geworden war.

[18]) Alle Mitglieder der EFTA haben die Aufnahme von Verhandlungen mit der EWG beantragt (Kommuniqué über die Tagung des Ministerrats der EFTA in Kopenhagen vom 22. 6. 1962, EA 1962, D 348) und eingeleitet; ihren Wunsch eines Brückenschlags zur EWG haben sie wiederholt hervorgehoben, zuletzt in der Wiener Erklärung vom 24. Mai 1965 und in Kopenhagen am 28./29. Oktober 1965.

Die Minister waren übereingekommen, ihr Vorgehen möglichst zu koordinieren und während der Verhandlungen geschlossen aufzutreten (Erklärungen des Ministerrats vom 28. Juni und 31. Juli 1961, EA 1961, S. D 461 f. und D 473). Die drei neutralen EFTA-Staaten Österreich, Schweden und die Schweiz fanden es zunächst erforderweise jedoch, nämlich bei der Durchführung des Abkommens, mit Mehrheit: in dringenden Fällen kann der Rat mit Stimmenmehrheit einen Mitgliedstaat von bestimmten Vertragspflichten entbinden (Art. 5 Ziff. 3 und 10, Ziff. 8 sowie Art. 31 Ziff. 5) und Vorkehrungen für die Prüfung einer Beschwerde durch einen Ausschuß unabhängiger Persönlichkeiten treffen sowie aufgrund dieser Prüfung sogar Empfehlungen an einen Mitgliedstaat richten; er kann bei Nichtbefolgen der Empfehlung mit Mehrheit eine Vertragsverletzung feststellen und zu Sanktionen ermächtigen (Art. 31 Ziff. 2 bis 4). Mögen diese Empfehlungen im strengen Sinn auch nicht verbindlich sein, so liegt darin, vor allem in der Befugnis, einen Mitgliedstaat von Vertragspflichten entbinden und zu Sanktionen ermächtigen zu können, doch im Ansatz eine supranationale Kompetenz[19]). Im übrigen beweisen aber auch solche Freihandelszonen in der Intensität ihrer Befassung mit Materien wie Wettbewerbsrecht, Niederlassungsrecht usw.[20]), daß sie eines Minimums an Integration[21]) nicht entbehren können[22]); ich wiederhole dazu die

---

lich, ihre Entschlossenheit zu bekunden, sich mit der EWG zum gleichen Zeitpunkt wie die übrigen EFTA-Staaten zu einem einzigen integrierten europäischen Markt zusammenzuschließen (EA 1962, Z 116). Österreich führt nun aussichtsreiche Verhandlungen mit der EWG.

Über den Stand der Beitrittsverhandlungen Großbritanniens im Zeitpunkt des französischen Vetos vgl. Hallstein vor dem Europäischen Parlament am 5. Februar 1963 und den Bericht der Kommission an das Europäische Parlament vom 26. Februar 1963.

[19]) H. G. Darwin hat dieses ungenau als eine Zuständigkeit für politische und Verwaltungsaufgaben bezeichnet (The European Free Trade Association, Int. and Comp. Law Quarterly, Supp. 1, 1961, S. 104).

[20]) Vierter Jahresbericht der EFTA, Genf September 1964, S. 16 ff, EA 1965, S. D 43.

[21]) Integration ist nicht nur ein fortgeschrittener Typ von Zusammenarbeit und insofern unterschieden von Harmonisierung (vgl. F. Hartog, European Economic Integration: A Realistic Conception, Weltwirtschaftliches Archiv, 1953, S. 165), sondern bezeichnet die Hervorbringung oder den Zustand einer politischen (wirtschaftspolitischen, verteidigungspolitischen etc.) Einheit. Für die wirtschaftliche Integration gehört nicht nur die vertragliche Abschaffung der Diskriminierungen dazu (Bela Balassa, Towards a theory of economic integration, Kyklos, XVI, 1961, S. 4 ff), sondern ist auch ein Minimum rechtlicher Institutionalisierung dieser Einheit erforderlich, damit diese der Bildung eines eigenen politischen Willens und dessen ansatzweiser Durchsetzung fähig ist.

[22]) Der Beratende Ausschuß der EFTA, in dem die Wirtschaft und die Gewerkschaften der Mitgliedstaaten vertreten sind, hat jüngst

schon früher[23]) vertretene Auffassung, daß ihnen, wenn sie bestehen bleiben[24]), Funktionen und Zuständigkeiten zuwachsen, die durch den Gründungsakt nicht voll gerechtfertigt erscheinen[25]).

Hierfür ist das erstaunlichste Beispiel die NATO[26]). Ihre Entwicklung über den Buchstaben des Vertrages hinaus ist die Folge zweier Umstände: Der Integration der Verteidigungsorganisation[27]) und der nuklearen Verteidigungsmacht Amerikas. Menzel hat überzeugend ausgeführt[28]), daß im Fall eines Überraschungsangriffs auf Europa die militärische Maschinerie sich auf Befehl des Alliierten Oberbefehlshaber Europa

---

einen höheren Grad von Integration in der EFTA empfohlen (Die Welt v. 8. Mai 1965). Diese Tendenz äußert sich in einer verstärkten Koordinierung der Wirtschafts- und Konjunkturpolitik und in dem Versuch, den Agrarbestimmungen des EFTA-Vertrages einen weitreichenderen und mehr verpflichtenden Inhalt zu geben.

[23]) J. H. Kaiser, a.a.O., S. 414, 416.

[24]) Großbritannien hat durch die vertragswidrige Importabgabe von 15 % die EFTA einer Zerreißprobe ausgesetzt, da diese schwerwiegende Einfuhrrestriktion eine Desavouierung der Gemeinschaft durch deren führende Macht darstellt. Die vertragliche Konsultationspflicht Großbritanniens gegenüber der Europäischen Gemeinschaft für Kohle und Stahl wurde dadurch ebenfalls verletzt. (Siehe hierzu Kommuniqué über die Tagung des Rates der EFTA und des Gemeinsamen Rates der Assoziation Finnland-EFTA am 19. und 20. November 1964 in Genf, EA 1965, S. D 47 f.)

[25]) Die Regierungschefs der EFTA-Staaten haben in der Wiener Erklärung vom 24. Mai 1965 der britischen Initiative zu verstärkter Kooperation zugestimmt (nicht ohne die Wiederholung ihrer Kritik an dem britischen Mangel an Kooperationsbereitschaft in der Frage der Importabgabe (s. o. Anm. 24). Der EFTA-Rat wurde angewiesen, sogar institutionelle Vorkehrungen zu prüfen (Kommuniqué vom 24. Mai 1965 über die Tagung des Ministerrats der EFTA in Wien, EA 1965, S. D 350).

[26]) Vertrag vom 4. April 1949, BGBl. II, 1955, S. 289 ff.

[27]) Über den organisatorischen Aufbau der NATO, M. M. Ball, NATO and the European Union Movement, London 1959, S. 31 ff. Von Bedeutung sind die Tagung in Lissabon 1952 — der Rat wird zu einer ständigen Institution, EA 1955, S. 4795 — und die Pariser Tagung Dezember 1956 mit der Institutionalisierung der Konsultationen (Art. 4), EA 1957, S. 9560, S. 9565 ff. sowie die Nato Parliamentarians Conference, die Fens zwar als ein „private enterprise" aber auch als das „ear of the national Governments and the NATO-Council" bezeichnet (Ann. Européen vol. 6, 1958, S. 108).

[28]) Nationale und internationale Strukturformen der Nato, Vom gegenwärtigen Stand der militärischen Integration und dem ungelösten Problem der Entscheidung über den militärischen Einsatz, EA 1963, S. 593 ff., 604 f.

(Supreme Allied Commander Europe — SACEUR) in Bewegung setzen würde, dieser aber dem Befehl des amerikanischen Präsidenten untersteht. In den übrigen Mitgliedstaaten wäre in diesem Fall für eine Entscheidung durch demokratisch konstituierte nationale Instanzen auf dem von der Verfassung gewiesenen Weg kein Raum und keine Zeit. Jenem Befehl zu folgen, wäre im casus foederis allein bündnisgemäß und damit Rechtspflicht nicht nur des persönlichen Befehlsempfängers, sondern auch der Mitgliedstaaten der NATO: Es gibt also eine Zuständigkeit des Oberbefehlshabers nicht nur auf vertraglicher Grundlage, sondern außerdem auf Grund des Besitzes von Nuklearwaffen und des unaufhebbaren Zusammenhangs von Schutz und Gehorsam und namentlich auf Grund der durch die Technik erzwungenen Mechanik von unmittelbarer Gegenwehr auf überraschenden Angriff[29]).

Vermöchte der NATO-Rat[30]) noch zusammenzutreten, so wäre in der Form der Befehl des Alliierten Oberbefehlshabers diplomatisch kontrolliert und insoweit demokratisch gerechtfertigt. Aber das wird man wohl in Anbetracht der einschlägigen Verfassungsbestimmungen nicht schon als eine Antwort auf die mit dem Thema gestellte Frage ansehen können. Dergleichen Erwägungen können auch nicht den ausschlaggebenden Faktor verhüllen: Die hegemoniale Struktur der NATO, die, wie schon hier bemerkt sei, jedem

[29]) In deutscher Sicht — bedingt durch die singuläre Unterstellung aller deutschen Streitkräfte unter NATO-Befehl nicht weniger als durch die geographische Lage — dominiert diese Integrationsperspektive, die in der französischen Unterscheidung zwischen „Allianz" und deren „Organisation" verkürzt wird.

Solche Differenzierung innerhalb des Bündnisses verdeutlicht einen wichtigen juristischen Sachverhalt: die Zugehörigkeit zu ein und derselben Staatengemeinschaft wie NATO, EWG usw. schließt nicht aus, daß der Grad der Integration und die dadurch implizierten Rechte und Pflichten nicht für alle Mitgliedstaaten gleich sind. Das Prinzip der Gleichheit der Staaten ist u. U. „inapplicable from its very nature to rules of organization" (Edwin de Witt Dickinson, The Equality of States in International Law, Cambridge, Mass./London 1920, S. 336), dieses vor allem, wenn die Mitglieder einer Staatengemeinschaft den in dieser wirksamen Kräften der Integration und der Desintegration in verschiedenem Maße Raum geben; vgl. dazu Ulrich Scheuner, Gegensätze der deutschen und der französischen Europa-Politik, EA 1965, S. 8 ff.

[30]) Siehe zu den weiteren Aufgaben des NATO-Rats A. J. Cottrell — J. E. Dougherty, The Atlantic Alliance, London-Dummow 1964, S. 32 f.

Versuch einer Demokratisierung Grenzen setzt[31]). Es gibt zwar in dieser Verteidigungshegemonie erweiterungsfähige Räume für die Mitwirkung der Verbündeten[32]) und insofern auch eine gewisse Voraussetzung für eine Demokratisierung gemäß den Verfassungssätzen dieser Staaten. Das alles aber würde sich im wesentlichen doch wohl nur auf die strategische Planung[33]) erstrecken können, nicht aber, darin stimme ich Menzel[34]) zu, auf die Verfügungsgewalt über die Kernwaffen; das Dilemma von militärischer Effektivität und demokratischer Legalität erscheint mir insofern ein wenig entspannt, aber keineswegs gelöst[35]).

Die Westeuropäische Union (WEU)[36]) steht im Schatten der

---

[31]) In Europa sind Hegemonie und Integration unvereinbar. Selbst wenn sich diese Ordnungsformen auf verschiedenen Ebenen entfalten würden, sie wären hier auch etwa als wirtschaftliche Integration und politische Hegemonie nicht nebeneinander zu realisieren. Die in der Form hegemoniale Pose des französischen Vetos gegen den Beitritt Großbritanniens zur EWG lähmte die Integration in der EWG.

Anders ist es in der NATO mit ihrem Gefälle der Macht zugunsten der USA, für das es in Europa keine Entsprechung gibt.

[32]) Siehe hierzu den Vorschlag einer Internationalisierung des Planungsstabs der Standing Group, EA 1965, S. D 22. Auf die Bedeutung einer Dezentralisierung weist H. A. Kissinger hin, Die Überwindung der Spaltungstendenzen im westlichen Bündnis, EA 1965, S. 446 f.; ders., Was wird aus der westlichen Allianz? Düsseldorf 1965, S. 29, 49 f., 262 ff.

[33]) Auf der Tagung der Verteidigungsminister der NATO-Staaten in Paris am 31. Mai/1. Juni 1965 wurde die Schaffung einer nuklearen Planungsgruppe innerhalb der NATO vorgeschlagen, EA 1965, S. D 320.

Am 18. Juni 1964 unterzeichneten die Vertreter der Mitgliedstaaten der NATO ein Abkommen, nach dem die Vereinigten Staaten in verstärktem Maße nukleare Informationen zur Verfügung stellen werden. Das Abkommen ersetzt das vom 22. Juni 1955.

[34]) a.a.O., S. 609.

[35]) Vgl. A. Buchan, Europe and the Atlantic Alliance: Two Strategies or One? Journal of Common Market Studies, vol. 1, num. 3, S. 224 ff., S. 249 ff.; R. E. Osgood, NATO The Etangling Alliance, Chicago 1963.

[36]) Vertrag vom 23. Oktober 1954, BGBl. II, 1955, S. 258 ff. Die gegenwärtige Gestalt des Bündnisses ist eine Folge der Ablehnung der EVG durch das französische Parlament am 30. 8. 1954 und diente der Ausfüllung des dadurch verursachten Vakuums. Vgl. u. a. Jaques Vernant, L'Avenir de l'Union Européenne Occidentale, Revue de Défense Nationale, 12, 1956, S. 937 ff., und „Zehn Jahre Europa zu sieben", hrsgg. von der Versammlung der Westeuropäischen Union, Paris 1964.

NATO, was ihre militärischen Ziele angeht[37]). Die temporäre Aufwertung des WEU-Rates zu einem Organ der Erörterung von Wirtschaftsfragen zwischen den sechs EWG-Mächten und Großbritannien, an denen auch die Kommission der EWG teilnimmt[38]), läßt institutionelle Momente bis jetzt nicht erkennen. Das Rüstungskontrollamt der WEU übt dagegen in einer vergleichsweise lebhaften Tätigkeit eindeutig öffentliche Gewalt aus, indem es die Einhaltung der von den kontinentalen Mitgliedern eingegangenen Verpflichtungen kontrolliert[39]); darunter fallen die speziell von der Bundesrepublik zugestandenen Verbote der Herstellung von Atomwaffen, biologischen und chemischen Waffen, Kriegsschiffen oberhalb einer bestimmten Größe etc.[40]). Es ist bemerkenswert, daß durch Zusatzabkommen ein Gericht geschaffen werden sollte, das für Klagen von Individuen gegen das Rüstungskontrollamt wegen Verletzung privater Belange zuständig sein und auf Schadensersatz sollte erkennen können[41]). Dazu ist es jedoch nicht gekommen. Immerhin zeigt sich in diesem Projekt die rechtsstaatliche Konsequenz einer so stark mit supranationalen Elementen durchsetzten Rüstungskontrolle, die als Modell einer wirksamen Kontrolle der Rüstungsbeschränkungen immer von Interesse sein dürfte.

Im Rahmen der OEEC ist eine Gemeinschaft besonderer Art durch das Europäische Währungsabkommen von 1955 konstituiert worden[42]). Hauptorgan dieser W ä h r u n g s g e m e i n s c h a f t ist der mit dem OECD-Rat identische Rat, der einstimmig entscheidet; daneben gibt es das vom Rat berufene Direktorium, das aus acht[43]) Mitgliedern besteht und das mit Mehr-

---

[37]) Dazu namentlich Sylvain F r e y , Aspects de l'organisation de la défense collective en Europe Occidentale, Université Libre de Bruxelles, Faculté de Droit, Travaux et Conférences, X, 1962, S. 79 ff.

[38]) Hallstein vor dem Europäischen Parlament am 18. Juni 1964, Bulletin der EWG, August 1964, S. 15.

[39]) Dazu S. F r e y , a.a.O., S. 123; W. G. G r e w e , Die Gleichheit der Staaten in der Rüstungskontrolle, in Festschrift für H. Jahrreiss, Köln—Berlin—Bonn—München 1964, S. 57 ff.

[40]) H. J. H e i s e r , Die Errichtung des Ständigen Rüstungsausschusses der Westeuropäischen Union, EA 10, 1955, S. 8134; E. M e n z e l , Die Rüstungskontrolle der Westeuropäischen Union und des NATO-Systems, EA 12, 1957, S. 9767; E. von P u t t k a m e r , Vorgeschichte und Zustandekommen der Pariser Verträge vom 23. Oktober 1954, ZaöRV 17, 1957, S. 448.

[41]) European Yearbook V, 1959, S. 245.

[42]) Dem in Paris am 5. 8. 1955 unterzeichneten Vertrag über das europäische Währungsabkommen ist die Bundesrepublik Deutschland am 26. 3. 1959 beigetreten, BGBl. II 1959, S. 293.

[43]) Durch Verlängerung des EWA mit Beschluß des Rates der OE-

heit über die ihm vom Rat delegierten Aufgaben beschließt[44]). Die Beschlüsse des Direktoriums sind für die Mitgliedstaaten rechtsverbindlich[45]), soweit sie nicht dem Vertrag und den Ratsbeschlüssen widersprechen[46]).

Ich erwähne diesen sehr schwachen Faktor einer vom Einstimmigkeitsprinzip befreiten und insoweit autonomen Gemeinschaftskompetenz, weil Tendenzen, die sich in den letzten Monaten konkretisiert haben, in diese Richtung weisen. Die bekannte Zusammenarbeit der Notenbanken, wie sie sich u. a. in wiederholten Aktionen zur Stützung des britischen Pfundes[47]) bewährt hat, zeugt von einem hohen Grad einer nichtinstitutionellen Integration, ist aber als solche nichts als zwischenstaatlich. Mit der zunehmenden Rationalität und Systematisierung unseres internationalen Währungssystems, die den gegenseitigen Beistand zu einer erstaunlich gut funktionierenden Einrichtung hat werden lassen, ergibt sich jedoch gleichzeitig die Notwendigkeit einer internationalen Währungsdisziplin, damit die

---

CD vom 17. 12. 1963 wurde die Zahl der Mitglieder des EWA-Direktoriums von sieben auf acht erhöht.

[44]) Dazu zählen u. a. Untersuchungen über die Durchführung des Abkommens (jeweils vor Ablauf des Vertrages), über die Bedingungen bei der Gewährung von Krediten, ferner die Aufgabe, die Entwicklung der allgemeinwirtschaftlichen und finanziellen Lage in den Mitgliedstaaten an Hand von Berichten des Sekretariats, der verschiedenen OECD-Ausschüsse und gelegentlich auch eigens bestellter Missionen zu verfolgen. Seit dem 1. 1. 1966 (OECD-Ratsbeschluß) kann das Direktorium aus Mitteln des Fonds Kredite mit höchstens einjähriger Dauer und einem 50 Mill. Dollar nicht überschreitenden Betrag einräumen.

[45]) Hugo J. Hahn nennt sie mit Recht echte Entscheidungen (Die Organisation für Wirtschaftliche Zusammenarbeit und Entwicklung [OECD], JÖR NF Bd. 12, S. 47 f.).

Alexander Elkin spricht von einer supranationalen Technik (The European Monetary Agreement: Its structure and working, AE, vol. VII, 1960, S. 156; vgl. auch Elkin, The OEEC, Its Structure and Powers, Ann. Eur., vol. IV, 1958, S. 111).

Vgl. ferner Rudolf L. Bindschedler, Rechtsfragen der europäischen Einigung, Basel 1954, S. 165 f.

[46]) Im Falle solchen Widerspruchs würde der Rat die Beschlüsse des Direktoriums im Rahmen des Art. 19 g EWA aufheben können. Um einen einzelnen Mitgliedstaat oder mehrere Mitgliedstaaten, die die Unvereinbarkeit der Direktoriumsbeschlüsse mit dem Vertrag betr. Ratsbeschlüsse geltend machen, von den an sich verbindlichen Direktoriumsbeschlüssen zu entbinden, dürfte also die Zustimmung sämtlicher Mitgliedstaaten erforderlich sein.

[47]) Ende November 1964 in der Bereitstellung von sogar 3 Milliarden Dollar.

internationale Hilfe nicht einer laxen nationalen Wirtschaftspolitik Vorschub leistet. Der Club der zehn wichtigsten Währungsländer hat darum vorgeschlagen, daß unter den Auspizien der Bank für Internationalen Zahlungsausgleich und einer Arbeitsgruppe der OECD eine multilaterale Überwachung für die Art und Weise der Finanzierung von Zahlungsbilanzungleichgewichten eingerichtet werde. Auch wenn die von den Zehn intendierte Kontrolle der Ausnutzung des internationalen Kreditapparats ohne Mehrheitsbeschlüsse und ohne Veto-Recht ausgeübt würde, wie es der informellen Steuerung der sehr differenzierten Währungsordnung entspricht, so würde davon doch — noch mehr als von den gegenwärtig üblichen Empfehlungen — ein disziplinierender Druck ausgehen, der die Staaten, die internationale Hilfe empfangen, zur Anpassung ihrer nationalen Wirtschaftspolitik an die Erfordernisse ihrer international defizitären Position zwingt.

Hier formiert sich in Währungsoperationen, die imposant und ohne Beispiel sind, eine autonome Gemeinschaftskompetenz[48]). Trotz der Scheu, der währungspolitischen Zusammenarbeit im atlantischen Rahmen einen strikt institutionellen Charakter zu geben, sind die Integrationselemente[49]) auch hier unverkennbar[50]).

Der mir gesetze Rahmen erlaubt mir nicht, weitere Beispiele im einzelnen darzustellen. Die historischen Fälle internationaler Flußkommissionen sind bekannt, weitere internationale Gemeinschaften nach einschlägigen Elementen abzusuchen, würde verhältnismäßig wenig neue Typen zutage fördern[51]). Die Aus-

---

[48]) Das drückt sich weniger in formellen Bedingungen als in Verhaltenserwartungen aus, die kaum weniger zwingend sind. Das hat sich bei der neuen, massiven Pfundstützung im September 1965 bestätigt: sie wurde erst gewährt, nachdem die Labour-Regierung sich zu einer Politik „à contre-coeur" entschlossen hatte: Konsumrestriktion, Krediteinschränkung, Überprüfung gewerkschaftlicher Lohnforderungen mit Hilfe einer u. U. mit Zwang durchzusetzenden Einkommenspolitik usw.
Siehe H.-J. Arndt, Politik und Sachverstand im Kreditwährungswesen. Die verfassungsstaatlichen Gewalten und die Funktion von Zentralbanken, Berlin 1963.

[49]) Zur Begriffsbestimmung vgl. oben Anm. 21.

[50]) Für die Bank von Frankreich mag das neben der Aversion gegen die beiden Leitwährungen ein Grund gewesen sein, warum sie sich im September 1965 spektakulär von der internationalen Notenbankkooperation zu Gunsten des Pfundes ausschloß.

[51]) Insbesondere können Gebilde, wie sie durch das Londoner Schuldenabkommen vom 27. 2. 1953 (BGBl. II, S. 331) geschaffen wurden, nicht berücksichtigt werden.

Auch die Organisation der Petroleum-Exportländer (OPEC), die

übung der Disziplinargewalt internationaler Organisationen gegenüber ihren Beamten, die schon Gegenstand einer umfangreichen Rechtsprechung durch das Verwaltungsgericht der Vereinten Nationen und durch den Europäischen Gerichtshof gewesen ist, braucht hier nur als weiteres Beispiel einer internationalen öffentlichen Gewalt angeführt zu werden. Das gilt auch für die Europäische Menschenrechts-Konvention, in deren Organen ebenfalls eine öffentliche Gewalt in Erscheinung tritt, die auf das interne Verfassungsleben der Mitgliedstaaten Einfluß ausübt[52]).

Die Internationalen Rohwarenabkommen und ihre Institute sind noch in voller Entwicklung[53]), die auf der Konferenz für Handel und Entwicklung der Vereinten Nationen im Juni 1964 in Genf beschlossene Nachfolgeinstitution dieser Konferenz läßt mit den Stimmrechtsprioritäten, die von den nichtkommunistischen, mehr als 80 % des Welthandelsvolumens repräsentierenden Industriestaaten gefordert sind, und mit den ins Auge gefaßten besonderen Abstimmungsmodalitäten neue Aspekte erwarten[54]). Hier wie auch sonst zeigt sich, daß an Stelle des Prinzips der Gleichheit der Staaten[55]) und nur numerischer Paritäten ein Interessenausgleich durch Gleichgewichtskonstruktionen gesucht wird, die pragmatisch entwickelt und realistisch auf gegebene wirtschaftliche Daten, Faktoren, Produktionskapazitäten etc. gestützt werden.

II.

Die Feststellung der Zuständigkeiten einer Gemeinschaft im einzelnen wird, soweit es sich um nicht-supranationale Gemein-

---

supranationale Elemente enthält, kann in diese Studie nicht einbezogen werden; zu den Mitgliedern zählen Persien, Irak, Kuweit, Saudi-Arabien, Qatar, Venezuela und Trinidad (Neue Zürcher Zeitung v. 13. März 1962).

[52]) Darüber hat Scheuner jüngst eine umfassende Studie vorgelegt: Die Grundrechte der Europäischen Menschenrechts-Konvention in ihrer Anwendung durch die Organe der Konvention, Festschrift für Hermann Jahrreiss, Köln 1964, S. 355.

[53]) Schon die im Rahmen des GATT geführten Verhandlungen über die sogenannte Kennedy-Runde, vor allem über den Agrarsektor wickeln sich, nicht zuletzt wegen der gegenseitigen Abhängigkeit und Austauschbarkeit der verschiedenen Erzeugnisse, anders ab als klassische Zollgespräche.

[54]) Die jüngste Entwicklung bestätigt diese Tendenz; Final Act of the United Nations Conference on Trade and Development, E/Conf. 46/L. 28, S. 128 ff.

[55]) Wilfried Schaumann, Die Gleichheit der Staaten. Ein Beitrag zu den Grundprinzipien des Völkerrechts, Wien 1957.

schaften handelt, beherrscht durch den überlieferten Grundsatz, daß die vertraglichen Verpflichtungen der Staaten eng auszulegen seien; ich werde zu zeigen versuchen, daß diese Auslegungsregel auch für das gegenseitige Verhältnis der Mitgliedstaaten einer supranationalen Gemeinschaft größere Bedeutung hat, als gemeinhin angenommen wird.

In jedem Fall einer internationalen oder supranationalen Organisation wird jene Auslegungsregel jedoch begrenzt durch das Prinzip, das der Internationale Gerichtshof im Haag in seinem Gutachten vom 11. April 1949 zugunsten der Vereinten Nationen ausgesprochen hat[56]): nach Völkerrecht müssen der Organisation die Zuständigkeiten zuerkannt werden, die, mögen sie auch nicht ausdrücklich in der Charta begründet sein, ihr zufallen „by necessary implication as being essential to the performance of its duties". Der Gerichtshof der Europäischen Gemeinschaften hat für die Umschreibung der Zuständigkeiten der Hohen Behörde ausdrücklich die „implied powers"-Theorie angewandt[57]); er scheint in jüngerer Zeit jedoch nicht mit demselben Nachdruck darauf bestehen zu wollen[58]).

Ich sehe in diesem Sachverhalt ein Symptom dafür, daß die Grenze zwischen internationalen und supranationalen Gemeinschaften nicht so scharf gezogen werden kann, wie es die begriffliche Gegenüberstellung nahelegt. Die fortschreitende Institutionalisierung zwischenstaatlicher Gebilde wird diese Grenze noch weiter verwischen.

Auch die Grenze zwischen Völkerrecht und innerstaatlichem Recht kann heute nicht mehr so scharf gezogen werden, wie es etwa Triepels Doktrin wollte[59]). Zwischen völkerrechtlicher und staatsrechtlicher Perspektive ist nicht so strikt zu unterscheiden, wie es bisher geschehen ist.

Die demokratische Verfassungsstruktur internationaler Gemeinschaften ist nicht darin zu sehen, daß in ihren Organen die Mitgliedstaaten mehr oder weniger gleich-

---

[56]) Recueil des Arrêts, Avis Consultatifs et Ordonnances 1949, S. 174 ff., 182; neuerdings GA betr. Certaines dépenses des Nations Unies vom 20. 7. 1962, Rec. des Arrêts, 1962, S. 151 ff., 167 f.

[57]) Urteil vom 29. 11. 1956, RS 8/55, Sammlung Bd. II, S. 312.

[58]) Urteile vom 15. 7. 1960, RS 20/59 und 25/59, Sammlung Bd. VI, S. 708 und 781; dazu auch R. Bernhardt, Die Auslegung völkerrechtlicher Verträge, Köln 1963, S. 106.

[59]) Vgl. Karl Josef Partsch, Die Anwendung des Völkerrechts im innerstaatlichen Recht, Überprüfung der Transformationslehre, und die dort abgedruckten Thesen der Studienkommission, Heft 6 der Berichte der Deutschen Gesellschaft für Völkerrecht, Karlsruhe 1964.

mäßig vertreten sind. In der irrigen Auffassung, daß es sich hierbei um ein demokratisches Element handele, ist beispielsweise die Generalversammlung der Vereinten Nationen als demokratisch im Unterschied zum Sicherheitsrat aufgefaßt worden. Wenn Staaten mit vergleichsweise kleiner Bevölkerung, schwacher Wirtschaftskraft oder geringem Verteidigungspotential in Gemeinschaftsorganen ebenso oder annähernd so stark wie größere Staaten repräsentiert sind, dann mag das eine Folgerung aus dem völkerrechtlichen Prinzip der Gleichheit der Staaten sein; dieses ist jedoch kein demokratisches Prinzip.

Die Frage demokratischer und rechtsstaatlicher Verfassungsstruktur der Gemeinschaften, deren Mitglied die Bundesrepublik ist, ist bisher mit Recht immer in Zusammenhang mit Art. 24 GG behandelt worden. Die Auslegung dieses Artikels hat ihre eigene Geschichte. Sie kulminierte zunächst im Wehrstreit, erfuhr einen weiteren Höhepunkt auf der Erlanger Tagung unserer Vereinigung und ist im ganzen der Versuch einer Versöhnung der demokratisch und rechtsstaatlich weniger entwickelten Ordnung der Gemeinschaften mit dem nahezu perfekten Standard des Grundgesetzes. Thesen der Verfassungsdurchbrechung eines speziellen Verfassungsgebers, einer besonderen Integrationsgewalt und dergleichen wurden auf ihre heuristische Kraft erprobt. Am erfolgreichsten war die von Herbert Kraus im „Kampf um den Wehrbeitrag" geforderte „strukturelle Kongruenz" der Verfassung der Verteidigungsgemeinschaft mit dem Grundgesetz[60]). Dieses Prinzip der strukturellen Kongruenz ist dann auch im Verhältnis zu anderen internationalen Gemeinschaften entwickelt worden. Werner Thieme[61]), Maunz-Dürig[62]) und andere[63]) haben den Grundsatz in der einen oder anderen Form sich zu eigen gemacht, Erler in dem prononcierten Gebot der Homogenität struktureller und materieller Fundamentalentscheidungen, wie er es auf der Erlanger Tagung formuliert hat[64]).

Ich halte dieses Gebot nicht für erfüllt und auch nicht für erfüllbar, solange nicht beispielsweise, um es mit den Worten des

---

60) Der Kampf um den Wehrbeitrag, II, Veröffentlichungen des Instituts für Staatslehre und Politik e. V. in Mainz, München 1953, S. 545 ff.

61) Das Grundgesetz und die öffentliche Gewalt internationaler Staatengemeinschaften, VVDStRL 18, 1960, S. 58 ff.

62) Kommentar, Erläuterung 16 ff. zu Art. 24 GG.

63) Weitere Nachweise bei Klaus Vogel, Die Verfassungsentscheidung des Grundgesetzes für eine internationale Zusammenarbeit, Tübingen 1964, S. 7 Anm. 11.

64) VVDStRL 18, 1960, S. 46.

Art. 20 GG zu sagen, das Volk „in Wahlen und Abstimmungen" die öffentliche Gewalt in den Gemeinschaften ausübt; solange dort nicht wenigstens rudimentär eine Gewaltenteilung in dem von Art. 20 GG intendierten Sinn besteht — und so könnte man noch weitere fundamentale Entscheidungen des Grundgesetzes aufzählen, mit denen sich die Ordnung der internationalen Gemeinschaften nicht in der geforderten Kongruenz befindet. Ich halte dieses Prinzip der strukturellen Kongruenz, so sehr es der Auslegung einer Grundgesetznorm zu dienen bestimmt ist, auch methodisch für wenig geeignet, insofern es die Kongruenz der Gemeinschaftsordnung mit dem Verfassungsrecht nur eines Mitgliedstaates statt aller Mitgliedstaaten verlangt.

In den Gemeinschaften haben wir es mit Machtformen zu tun, die sich nicht mehr in nationaler Beschränkung definieren lassen. Die nationale Perspektive erscheint mir zu eng für die Betrachtung des Gemeinschaftsrechts unter den Gesichtspunkten des Rechtsstaats und der Demokratie. Ich halte es darum für einen wesentlichen Fortschritt, daß in der jüngsten Studie über Art. 24 GG Klaus Vogel sich von dem Prinzip der strukturellen Kongruenz, wenn ich das richtig deute, vorsichtig distanziert[65]).

Ich möchte darum, indem ich früher ausgesprochene Gedanken präzisiere[66]), auf eine Vorstellung zurückgreifen, die von Forsthoff im Streit um den Wehrbeitrag bereits benannt, jedoch als staatsrechtliche Abnormität verworfen wurde[67]). Es ist die Rechtsfigur eines zweiten Verfassungsgebers, der in Art. 24 GG instituiert ist. Er kann natürlich nicht für sich, sondern nur in Gemeinschaft mit den Verfassungs-

---

[65]) S. 7 f., ohne daß ich jedoch bereit wäre, ihm von der Tendenz der Bindung des Gesetzgebers, wie bisher Art. 24 GG ausgelegt wurde, in das entgegengesetzte Extrem einer Verpflichtung der Bundesrepublik aus Art. 24 zur Übertragung von Hoheitsrechten zu folgen (vgl. a.a.O. S. 35, 43, 46, 48). — Es ist interessant, daß in diesem Zusammenhang der auf Bergson zurückgehende Begriff der offenen Gesellschaft genannt wird. Dieser wichtige Begriff ist heute leider belastet durch die leichtfertige Platon- und Hegelinterpretation von Karl R. Popper, Die offene Gesellschaft und ihre Feinde, Berlin 1957 und 1958. Vgl. dazu R. Maurer, Popper und die totalitäre Demokratie, „Der Staat", 3, 1964, S. 474.

[66]) Zur gegenwärtigen Differenzierung von Recht und Staat, a.a.O., S. 419.

[67]) Der Kampf um den Wehrbeitrag, II, München 1953, S. 332 f. Forsthoff hat schon 1952 bemerkt, daß sich mit hoher Wahrscheinlichkeit „die eigentliche Fortentwicklung unserer Verfassungsordnung im Rahmen internationaler Zusammenschlüsse vollziehen wird".

gebern anderer Mitgliedstaaten in den entsprechenden Formen, in erster Linie also durch das Mittel des völkerrechtlichen Vertrages, handeln. Es ist die Anwendung des Art. 24 GG und des ihm entsprechenden formellen oder materiellen Verfassungsrechts anderer Staaten, aus der jeweils ein internationaler Verfassungsgeber erwächst. Er hat auf der jeweiligen Homogenitätsgrundlage und ihr gemäß bisher im europäischen und atlantischen Bereich spezielle Zweckgemeinschaften unterschiedlichen Integrationsgrades und mit dementsprechend verschiedenartiger öffentlicher Gewalt geschaffen. Auf die schwierige Frage nach dem Verhältnis des Rechts dieser Gemeinschaften zum nationalen Recht der Mitgliedstaaten kann insofern und solange mit bundesstaatlichen Analogien geantwortet werden, als der Verfassungswille der Mitgliedstaaten eine solche Konstruktion trägt.

Die Konstituierung einer internationalen Gemeinschaft der bezeichneten Art ist Verfassungsgebung. Wie es einer Konstituante entspricht und in Art. 24 GG vorgesehen ist, handelt der deutsche Verfassungsgeber hier mit einfacher Mehrheit: er verfügt dabei, indem er der Zielsetzung des Art. 24 GG folgt, über alle Befugnisse eines Verfassungsgebers. Es ist eine mögliche, aber, wie mir scheint, nicht unbedingt notwendige Folge, daß durch den Übertragungsakt die Ausübung öffentlicher Gewalt in den Gemeinschaften den Grundsätzen des Art. 20 GG entzogen wird.

Ich verkenne nicht, daß damit noch nicht alle Fragen gelöst sind, und ich gebe mir darüber Rechenschaft, daß der italienische Verfassungsgerichtshof anders entschieden hat. In einem Urteil vom 20. 2. 1964 hat er für sich eine posizione di supremazia in Anspruch genommen und, im Gegensatz zu den Auffassungen der niederen Instanzen, aber doch den Schlußfolgerungen des Vertreters der Exekutive folgend, behauptet, daß die Verträge von Rom in Italien nicht mehr Rechtskraft besitzen als irgendein nationales Gesetz; ihre Rechtskraft beruhe ja nur auf dem Ratifizierungsgesetz, deshalb vermöchten alle späteren italienischen Gesetze dem Recht der Gemeinschaftsverträge zu derogieren. Der Europäische Gerichtshof hat in dem Urteil vom 15. Juli 1964[68]) auf eine Vorlage des Friedensrichters von Mailand eine dem italienischen Verfassungsgericht widersprechende Auffassung vertreten[69]). Ich folge in dieser Frage den wohlbegründe-

---

[68]) Sammlung der Rechtsprechung des Gerichtshofs, Bd. X, 1964, RS 6/64, S. 1251.

[69]) Der französische Generalanwalt, Maurice Lagrange, hat in den Schlußanträgen zu dem Urteil vom 15. 7. 1964 beschwörend auf die

ten Argumenten, die Ipsen auf dem Europarechtlichen Kolloquium ausgeführt hat mit dem Ergebnis, daß der Satz „lex posterior derogat legi priori“ im Verhältnis des nationalen zum Gemeinschaftsrecht keine Wirkung entfalten kann[70]).

Die Begründung der Gemeinschaften ist also, wie ich der Natur dieses Aktes und der Auslegung des Art. 24 GG entnehme, Ausübung verfassunggebender Gewalt. Diese wird, entsprechend der Lehre vom „pouvoir constituant“, durch den die Gemeinschaften konstituierenden Akt nicht konsumiert. Es stellt sich darum die Frage: wer ist Inhaber des in den Gemeinschaften gegebenen „pouvoir constituant“. Nicht das Europäische Parlament und nicht eine parlamentarische Versammlung einer der anderen internationalen Organisationen. Es sind vielmehr, in der Sprache des Art. 137 des EWG-Vertrages, „die Völker der in der Gemeinschaft zusammengeschlossenen Staaten“, die nach der demokratischen Theorie vom „pouvoir constituant“ als Inhaber der verfassunggebenden Gewalt vorzustellen sind[70a]). Sie handeln nicht durch das Europäische Parlament, sondern durch ihre eigenen nationalen Parlamente, soweit die Fortbildung der Gemeinschaftsverfassung in der Form einer ratifikationsbedürftigen Änderung oder Ergänzung der Verträge erfolgt. Sonst handeln sie durch die Vertreter ihrer Staaten im Rat. Daneben hat sich außerhalb dieser institutionellen Bindung eine eigenartige Rechtsfigur in der Praxis ausgebildet, die in der Form der „im Rat vereinigten Vertreter der Regierungen der Mitgliedstaaten“ ihren Ausdruck gefunden hat. Die Befugnisse dieses Gremiums sind nicht an die Zuständigkeiten gebunden, die in den Verträgen den Räten zugewiesen sind, und seine Beschlüsse waren häufig durch diese Kompetenzen nicht gedeckt und sind darum sowohl völkerrechtlich wie gemeinschaftsrechtlich zu beurteilen[71]). Die Räte und die „vereinigten Regierungs-

---

Gefahren hingewiesen, die den Gemeinschaften aus solchem Nationalismus erwachsen könnten (Sammlung Bd. X, S. 1290 f.).

[70]) H. P. Ipsen, Das Verhältnis des Rechts der europäischen Gemeinschaften zum nationalen Recht in: Aktuelle Fragen des europäischen Gemeinschaftsrechts, Stuttgart 1965, S. 23 ff., ders., Der deutsche Jurist und das europäische Gemeinschaftsrecht in: Verhandlungen des 45. Deutschen Juristentages Karlsruhe 1964, Bd. II, München 1965, L 24 ff.

[70a]) Siehe H. J. Hahn, Constitutional limitations in the Law of the European Organisations, Rec. 108 (1963), S. 189 ff.

[71]) Heinz Wagner, Grundbegriffe des Beschlußrechts der Europäischen Gemeinschaften, Köln 1965, S. 224 ff.; Joseph H. Kaiser, Die im Rat vereinigten Vertreter der Regierungen der Mitgliedstaaten, Festschrift für Carl Friedrich Ophüls, Karlsruhe 1965, S. 107 ff.

vertreter" können das Verfassungsrecht der Gemeinschaften materiell weiterbilden.

Die in den letzten Jahren wahrnehmbaren Desintegrationserscheinungen in den Europäischen Gemeinschaften können auf diese Weise vielleicht eine juristische Erklärung finden. Wie die Integration, so gehört gerade auch die Fixierung von Desintegrationserscheinungen durchaus zu den Möglichkeiten der Weiterbildung des Verfassungsrechts in den Gemeinschaften. Vielleicht ist in diesem Zusammenhang eine Parallele erlaubt zwischen der Erklärung des französischen Außenministers, man wolle das Mehrheitsprinzip auch später in wesentlichen Fragen nicht anwenden, und der jüngsten Revision der Mannheimer Akte. Die Rheinschiffahrtskommission war bisher zu Mehrheitsentscheidungen befugt, hat solche aber in den letzten 20 Jahren nicht getroffen. Dieser Praxis gemäß ist nun in dem am 20. November 1963 unterzeichneten Abkommen Art. 46 der Rheinschiffahrtsakte modifiziert worden, wonach die Kommission in Zukunft nur einstimmig entscheiden wird[72]).

Demokratisierung der in internationalen Gemeinschaften vorgestellten Gemeinschaftsgewalt wird in erster Linie verstanden als Parlamentarisierung. NATO und EFTA verfügen nicht über eine parlamentsähnliche Einrichtung, die NATO-Parlamentarierkonferenz hat sich auf private Initiative konstituiert und hat keinerlei Status im Verteidigungsbündnis[73]). Der Konsultativausschuß der EFTA, dessen Mitglieder von den Regierungen ernannt werden, umfaßt Vertreter von Wirtschaftsgruppen und Gewerkschaften und hat nur geringe Bedeutung.

Die bestehenden parlamentsähnlichen Gremien sind Konsultativorgane ohne Gesetzgebungs- und Budgetrecht. Dazu rechne ich das WEU-Parlament, das sich aus den Europaratsdeputierten der Mitgliedstaaten zusammensetzt. Von ihm unterscheidet sich wesentlich das Europäische Parlament durch seine Befugnis, die Gemeinschaftsexekutive durch Mißtrauensvotum stürzen zu können (Art. 144 EWGV, 114 EuratomV, 24 MontanV). Die Ausbildung dieses Organs in der Praxis, die allmähliche Formierung internationaler Fraktionen und die Ausdeh-

---

[72]) Vgl. dazu allgemein Ulrich Scheuner, Rhein, Strupp-Schlochauer, Wörterbuch, Berlin 1962, S. 117 ff. (122).

[73]) Ihre Umwandlung in eine Beratende Versammlung ist wiederholt gefordert worden, vgl. EA 1962, D 149. Bisher kann sie nicht einmal als ein Fall der „Parliamentary Diplomacy" angesehen werden, von der Philip C. Jessup handelt (Rec. 89, 1956 I, S. 185 ff.); auch Marcel Prélot, Le Droit des Assemblées Internationales, Rec. 104, 1961 III, S. 475 ff., ist hierfür ohne Belang.

nung seiner Befugnisse bis über den Buchstaben der Verträge hinaus ist eine oft geschilderte, eindrucksvolle Entwicklung[74]). Die Leistungen des Europäischen Parlaments stehen außer Frage[75]). Seine Protokolle und Ausschußberichte enthalten zahlreiche Beispiele für die Erörterung von Grundsatz- wie Einzelfragen der wirtschaftlichen und politischen Integration, für die es immer mit viel Enthusiasmus (wenn auch nicht immer mit dem Sinn für das politisch Mögliche) eingetreten ist. Frei von Rücksichten auf Interessenorganisationen hat das Parlament wiederholt Interessen der Konsumenten wirksam geltend gemacht, im Rahmen der Angleichung der Rechtsvorschriften sogar auf dem Gebiet des Kakaos und der Schokolade gegen den Rat, der glaubte, „auf bestimmte wirtschaftliche Gegebenheiten" Rücksicht nehmen zu müssen[76]). Nichtsdestoweniger wird man schwerlich in der nominellen Selbsterhebung der „Versammlung" (wie sie in den Verträgen genannt wird) zum Parlament schon das Aufsteigen dieser Organisation zu einer ausgewachsenen Gewalt innerhalb der drei Europäischen Gemeinschaften sehen wollen. Denn es fehlt ihm sowohl die Budgetkontrolle wie das Recht zur Gesetzgebung[77]). Darum bedeutet „Legalität" in den Gemeinschaften nicht die Übereinstimmung mit dem formellen Willen eines Parlaments. „Legalität" ist vielmehr die Vereinbarkeit einer Rechtsregel oder eines Aktes mit einer höherrangigen Norm oder einem höherrangigen Akt. Die Beschlüsse der parlamentarischen Gremien internationaler

---

[74]) P. J. G. Kapteyn, L'Assemblée Commune de la Communauté Européenne du Charbon et de l'Acier, Leyde 1962; P. Wigny, Die parlamentarische Versammlung im Europa der Sechs, 1958; E. Stein, The European Parliamentary Assembly: Techniques of Emerging „Political Control", IO vol. XIII, 1959, S. 233 ff.; K. Lindsay, European Assemblies, London 1960; D. Sperling, Der parlamentarische Charakter Europäischer Versammlungen, Leyden 1961; F. C. Heidelberg, Das Europäische Parlament, 2. Aufl., Baden-Baden 1963; M. Forsyth, Das Parlament der Europäischen Gemeinschaft, Köln 1964; H. Manzanarès, Le Parlement Européen, Paris 1964; G. Zellentin, Budgetpolitik und Integration, Köln 1965, S. 32 ff.; H. Medefind, Dreimal Europa, Bühl/Baden o. J.

[75]) Vgl. Hans Furler, Im neuen Europa, Frankfurt/Main 1963.

[76]) Sitzungsdokument Nr. 29 vom 29. 4. 1964; vgl. auch die Diskussion über konservierende Stoffe in Lebensmitteln (Verhandlungen, Sitzungen vom 24. 6.—28. 6. 1963, Drucks. Nr. 64, S. 228) sowie die Reisdiskussion (Sitzungen vom 20. 3.—25. 3. 1964, Drucks. Nr. 70).

[77]) Dabei ist zuzugeben, daß bei einer stärkeren Beteiligung des Parlaments an der Gesetzgebung der Gemeinschaften diese materiell bisher kaum viel gewonnen hätten; vgl. Walter Hallstein, Die echten Probleme der europäischen Integration, Kiel 1965, S. 10.

Gemeinschaften begründen keine Spur von Legalität, sondern nur eine schwache, von Fall zu Fall verschieden tragfähige, situationsbedingte Legitimität[78]).

Der demokratische Grundsatz „Regierung durch das Volk" ist heute noch kein Verfassungsgrundsatz der Gemeinschaften. In keiner der internationalen Gemeinschaften ist die Bevölkerung im Sinne jenes demokratischen Grundsatzes zur Regierung fähig. Nicht einmal in den Europäischen Gemeinschaften kann man von einem Volk dieser Gemeinschaften sprechen. Der Vertrag sieht zwar „allgemeine unmittelbare Wahlen nach einem einheitlichen Verfahren in allen Mitgliedstaaten" vor (Art. 138 Abs. 3 EWGV), aber das dafür vom Europäischen Parlament vorgesehene Verfahren ändert nichts an der nationalstaatlichen Kontingentierung[79]). Die Wahlen wären zwar allgemein und unmittelbar und gewiß auch geheim, aber nicht gleich[80]). Sowohl der Vertrag wie die Arbeiten des Europäischen Parlaments haben nicht gewagt, den in den Mitgliedstaaten selbstverständlichen Grundsatz des gleichen Wahlrechts zu übernehmen. Die Völker der drei kleineren Staaten wären erheblich überrepräsentiert. Das Stimmrecht, das heißt der politische Wert der Stimme eines Wählers dieser Staaten, wäre erheblich größer als der Anteil eines deutschen, eines französischen oder eines italienischen Wählers an der parlamentarischen

---

[78]) Die entferntere Kontrolle der einzelnen Ratsmitglieder durch ihre nationalen Parlamente wird man kaum als ausreichende Legitimationsgrundlage ansehen können; vgl. Karl Heinrich Friauf, Zur Problematik rechtsstaatlicher und demokratischer Strukturelemente in zwischenstaatlichen Gemeinschaften, DVBl. 1964, S. 784 und das dort in Anm. 42 angef. Schrifttum, und Ernst-Werner Fuß, Zur Rechtsstaatlichkeit der Europäischen Gemeinschaften, DÖV 1964, S. 577 ff.

[79]) Deutschland, Frankreich und Italien stellen je 36, Belgien und die Niederlande je 14 und Luxemburg 6 Abgeordnete.
Wie wenig dem die Bevölkerungsziffer entspricht, ergibt sich aus folgendem: Die Bundesrepublik Deutschland hat 56,174 Mio Einwohner, Frankreich 46,520 Mio, Italien 50,464 Mio, Belgien 9,229 Mio, Holland 11,468 Mio und Luxemburg 0,315 Mio Einwohner (Quelle: Statistisches Jahrbuch für die Bundesrepublik Deutschland 1963, Anhang S. 24).

[80]) Europäisches Parlament, Ausschuß für politische Angelegenheiten und institutionelle Fragen, Arbeitsgruppe Europäische Wahlen; der Entwurf eines Abkommens über die Wahl eines europäischen Parlaments in allgemeiner unmittelbarer Wahl wurde vom Plenum durch Entschließung vom 17. 5. 1960 (ABl. 834/60) angenommen. Es ist lediglich vorgesehen, daß die Zahl der Abgeordneten verdreifacht wird (Art. 2 des Entwurfs).

Willensbildung in den Europäischen Gemeinschaften[81]). Es gibt aber keine parlamentarisch-demokratische Repräsentation ohne gleiches Wahlrecht[82]). Es kann sie in den Europäischen Gemeinschaften auch nicht geben. Parlamentarische Repräsentation setzt eine hinreichende politische (wirtschaftspolitische, verteidigungspolitische etc.) Einheit und Gleichartigkeit voraus[83]), die in den Sechsergemeinschaften noch nicht besteht und gerade von den Beneluxländern mit Recht bestritten werden würde. Es dürfte auch bezweifelt werden, daß eine unmittelbare und gleiche Wahl dem Europäischen Parlament im ganzen die Sachnähe vermitteln würde, deren ein Gesetzgeber zum legitimen Tätigwerden bedarf[84]).

Im Verhältnis zu dem sich ausdehnenden Raum, der gegenständlichen Komplexität und der strukturellen Kompliziertheit internationaler Gemeinschaften nimmt die Urteilsfähigkeit des Individuums ab und darum auch die des demokratischen Souveräns als Ganzem, wie er sich in Wahlen und Abstimmungen äußert[85]).

In der Willensbildung der Gemeinschaften tritt darum ein Phänomen in Erscheinung, das uns aus einem von Theodor Geiger häufig angewandten Terminus als „sozial freischwebende Intelligenz"[85a]) bekannt ist. In den Europäischen Gemein-

---

[81]) Beziffert man das Stimmgewicht eines deutschen Wählers mit 1, so würde bei gleicher Wahlbeteiligung in allen Mitgliedstaaten das Stimmgewicht eines Franzosen etwa 1,20, eines Italieners 1,11, eines Belgiers 2,36, eines Holländers 1,90, eines Luxemburgers 29,75 sein (dabei ist vorausgesetzt, daß die Zahl der Wahlberechtigten der Bevölkerungsziffer entspricht).

[82]) Das Beispiel der Überrepräsentation einiger deutscher Länder im Bundesrat und einiger Staaten der USA im amerikanischen Senat steht dem nicht entgegen, weil in beiden Staaten ein nach dem Prinzip des gleichen Wahlrechts gebildetes parlamentarisches Organ besteht, dem nach europäischen Verfassungsstandard — wie dem deutschen Bundestag — die unbedingte Präponderanz zukommen muß.

[83]) Dieses Strukturprinzip findet in der Geschichte der Ständeversammlungen und Parlamente vielfache Bestätigung. Vgl. Ulrich Scheuner, Das repräsentative Prinzip in der modernen Demokratie, Festschr. für Hans Huber, Bern 1961, S. 228.

[84]) Werner Weber, VVDStRL 1961, Heft 19, S. 159 (Diskussionsbeitrag).

[85]) Das ist aber ein grundlegendes Moment der demokratischen Staatsform; vgl. Scheuner, a.a.O., S. 222.

[85a]) Aufgaben und Stellung der Intelligenz in der Gesellschaft, Stuttgart 1949, S. 88. Siehe hierzu auch Rudolf Hamann, Paretos Elitentheorie und ihre Stellung in der neueren Soziologie, Stuttgart 1964, S. 47.

schaften wirken in hohem Maße Experten mit; man wird hier vielleicht sogar von einer Art intellektueller Aristokratie sprechen dürfen, wenn man die zahlreichen Ausschüsse von Professoren und nichthabilitierten Experten betrachtet, die für die Exekutiven der Gemeinschaften über Fragen der Anwendung des Kartellverbots und des Mißbrauchs einer marktbeherrschenden Stellung, über mittelfristige Wirtschaftspolitik, über Regionalplanung usw. arbeiten. Diese Gremien arbeiten in der Regel ohne bestimmten politischen Auftrag. Das gilt in einigen Fällen sogar auch für Angehörige von Ministerien der Mitgliedstaaten, für Chefs hoher Behörden wie der Statistischen Ämter, natürlich auch der Notenbanken usw. Sie beraten die Gemeinschaftsorgane häufig weisungsfrei, ohne daß sie selbst unmittelbar dem Parlament oder einer demokratisch legitimierten Instanz Verantwortung schuldeten und ohne daß ein Vorgesetzter für sie in diesem Sinne verantwortlich wäre. Darum meine ich, daß sich unwillkürlich hier das Bild und der Begriff der freischwebenden Intelligenz einstellt, und es ist eine Überlegung wert, ob diese, wie gesagt wurde, sozial-freischwebende Intelligenz nicht möglicherweise auch konstitutionell in der Verfassung der internationalen Gemeinschaften frei schwebt. Es ist ein soziologisch seit langem vertrautes Phänomen und offensichtlich auch ein notwendiges Element in der Steuerung unserer industriellen Wirtschaftswelt. Wir empfinden die Teilnahme solcher intellektuellen Aristokratie (sit venia verbo) an der Formulierung wirtschaftspolitischer Entscheidungen als eine Partizipation von häufig großer Tragweite, als eine Erscheinung, die in einer demokratischen Verfassung nicht leicht ihren systematischen Platz findet und dennoch einen hohen Rang hat[86]). Mancher Experte wäre mitunter dankbar für eine ministerielle Weisung oder für eine vom Parlament beschlossene Marschrichtung, um nicht nur dem Licht seines eigenen Geistes folgen zu müssen. Dabei ist diese Art der Mitwirkung von Experten in hohem Maße legitim im ursprünglichen Sinn, denn sie ist ausgezeichnet durch öffentliches Vertrauen, durch die Gunst der öffentlichen Meinung. Aber alle empirischen Analysen dieses Phänomens leiten zu der Überzeugung, daß es sich offenbar

---

[86]) Damit ist natürlich die Frage nach den Möglichkeiten einer rationalen Wirtschaftspolitik aufgeworfen, die Erwin von Beckerath wiederholt beschäftigt hat (vgl. z. B. Politik und Wirtschaft: Ist eine rationale Wirtschaftspolitik möglich? in: Einkommensbildung und Einkommensverteilung, Schriften des Vereins für Socialpolitik, N. F. Bd. 13, Berlin 1957, S. 25 ff.). Vgl. auch Heinz Sauermann, Über die Möglichkeit einer rationalen Wirtschaftspolitik, Festschr. f. Erwin von Beckerath, Tübingen 1964, S. 637 ff.

einer durchgreifenden Demokratisierung entzieht. Darum ist es wichtig, daß solche Ämter, wie alle Führungsstellen in den Gemeinschaften durch Persönlichkeiten, die durch Eignung qualifiziert sind, besetzt werden. Es ist am Platze, vernehmlich auszusprechen, daß Regierungen, Parlamente und politische Parteien wissen müssen, daß sie die europäische Integration korrumpieren, wenn sie auch nur den Anschein erwecken, sie würden solche Ämter wie Pfründen nach anderen Gesichtspunkten als denen der Eignung besetzen oder dementsprechend Einfluß nehmen.

Die in den Gemeinschaften nichtsdestoweniger vorhandenen demokratischen und rechtsstaatlichen Einrichtungen haben oft im Schatten der Erörterungen gestanden, weil man das Schema der Gewaltenteilung und insbesondere die Erfahrungen der parlamentarischen Praxis der Mitgliedstaaten zu sehr auf europäische Verhältnisse übertragen hat[86a]. In zahlreichen Formen der Kommunikation und der Kooperation haben sich sowohl demokratische Mitwirkungsrechte, sich rechtsstaatlich ausbalancierende Zuständigkeiten wie auch ein ziemlich effektiver, wenngleich in den Formen nicht immer schon hinreichend ausgebildeter Rechts- und Interessenschutz ausgebildet. Demokratisch ist die Einrichtung der Berichte, die von den Kommissionen der Europäischen Gemeinschaften veröffentlicht werden, ebenfalls von der WEU und zahlreichen anderen internationalen Einrichtungen. Darin sehe ich Kommunikationen von Inhabern öffentlicher Gewalt oder mindestens bedeutender Einflußrechte im zwischenstaatlichen Bereich sowohl mit den parlamentarischen Gremien, die berufen sind, diese Berichte zu diskutieren, wie mit der interessierten Öffentlichkeit[87].

So gehen in die Willensbildung der Gemeinschaften zahlreiche demokratische oder demokratisch legitimierte Elemente ein: durch die parlamentarischen Versammlungen und Wirtschafts- und Sozialausschüsse der Gemeinschaften, durch die

---

86a) Von der Sinnwidrigkeit der Übertragung demokratischer Formen auf zwischenstaatliche Verhältnisse unter andersartigen Voraussetzungen handelt Bindschedler, Illusion und Wirklichkeit; Gegenwart und Zukunft des Völkerrechts, JIR 8, 1959, S. 15.

87) Vgl. z.B. Art. 143 EWGV, 113 EuratomV, 24 Abs. 1 MontanV. Nach Art. 23 Abs. 2 der Geschäftsordnung des Europäischen Parlaments (i.d.F. vom 27. 6. 1962, ABl. 1962, S. 2437) werden die Berichte von Spezialkommissionen überprüft. Im einzelnen vgl. H. Manzanarès, a.a.O., S. 162; D. Sperling, Der parlamentarische Charakter Europäischer Versammlungen, Leiden 1961; A.H. Robertson, The Law of International Institutions in Europe, Manchester 1961, S. 43 ff.

Exekutiven der Mitgliedstaaten im Rat[87a]) und eine enge Kooperation des Ratssekretariats und der Ständigen Vertreter der Mitgliedstaaten mit den heimischen Ressorts, aber auch durch weniger formelle Einflußnahmen von seiten der Repräsentanten etwa betroffener organisierter Interessen, durch neutrale Experten usw.

Hierin tritt ein differenziertes System der Gewaltenteilung zutage, das nicht so leicht durch die unreflektierte Übernahme eines Gewaltenteilungsschemas[88]) verdeckt werden kann. Schon im nationalen Bereich läuft dieses Prinzip Gefahr, überbeansprucht zu werden[89]).

III.

Es ist schwer, die Bearbeitung dieses Themas mit einer generellen Aussage abzuschließen, die für so verschiedenartige internationale Gemeinschaften Anspruch auf Geltung erheben kann.

1. Zunächst, wenn Sie erlauben, eine wissenschaftstheoretische Conclusion: Die öffentliche Gewalt dieser Gemeinschaften kann nicht eindimensional mit den Kategorien der positiven Jurisprudenz erfaßt werden, die die Leistung und das Erbe des 19. Jahrhunderts sind. Mir scheint, einige Positionen dieser Jurisprudenz haben als Prämisse die irrige Auffassung von der zeitlosen Natur und Bedeutung öffentlicher Gewalt. Die Rechtsnatur der öffentlichen Gewalt der Gemeinschaften kann jedoch nur begriffen werden, wenn das Phänomen der Wandlung, wie sie durch die Integrationsverträge und durch die Tag für Tag sich realisierende Integration oder Desintegration bewirkt wurde und immer erneut bewirkt wird, Bestandteil des Begriffsinhalts wird. Dieser erschließt sich darum nur einer Rechtswissenschaft, die nicht darauf verzichtet, in den Resultaten der Wirtschaftswissenschaften bzw. der Strategie etc. wesentliche Indikatoren der Wandlung öffentlicher Gewalt zu erkennen. Der gegenwärtige Entwicklungsstand fordert eine integrierte Wissenschaft von den Trägern öffentlicher Gewalt,

---

87a) Dazu vgl. Heinz Wagner, Grundbegriffe des Beschlußrechts der Europäischen Gemeinschaften, Köln 1965, S. 182 ff.; C. P. Economidès, Le pouvoir de décision des organisations internationales européennes, Leyde 1964; Formen der Willensbildung in den europäischen Organisationen, hrsg. von G. Zellentin, Frankfurt/Main 1965.

88) Vgl. Werner Weber, Die Teilung der Gewalten als Gegenwartsproblem, Festschr. f. Carl Schmitt, Berlin 1959, S. 253.

89) Vgl. Otto Bachof, Verfassungsrecht, Verwaltungsrecht, Verfahrensrecht in der Rechtsprechung des Bundesverwaltungsgerichts, 2. Aufl., Tübingen 1963, S. 11.

von den Gemeinschaften wie von den Staaten. In der dialektischen Entwicklung der Wissenschaft vom Staat ist nach der mit dem Positivismus anhebenden Differenzierung eine neue Synthese fällig, in diesem Sinne bedarf es einer neuen Allgemeinen Staatswissenschaft, vergleichbar der, für die Mohl, Lorenz v. Stein, Bluntschli und andere repräsentativ sind. Das folgere ich aus der empirisch ermittelten Art der heute national, supranational und international in Erscheinung tretenden öffentlichen Gewalt[90]).

2. Die öffentliche Gewalt internationaler Gemeinschaften steht, wenn dieses Bild erlaubt ist, im perspektivischen Mittelpunkt sowohl politischer Kräfte und Mächte, der ökonomischen Dynamik des Marktgeschehens oder der Entwicklung des militärischen Potentials wie schließlich juristischer Setzungen. Ihre effektive Kompetenz und Reichweite ist durch alle diese Faktoren sowohl mitkonstituiert wie bedingt, wird durch sie gesteigert und limitiert.

3. Es ist keineswegs eine Überraschung, daß eine so geartete öffentliche Gewalt sich den hergebrachten, in den Grenzen der Nationalstaaten entwickelten Methoden der Demokratisierung und rechtsstaatlichen Sicherung entzieht. Diese wurden im System von Staatsverfassungen ausgebildet, die schon um die Jahrhundertwende den Höhepunkt ihrer ideellen Konzeption erfuhren. Der Idealtyp des Nationalstaats wurde schon nach dem ersten Weltkrieg mit allen Zeichen einer juristischen Spätkultur in den situationsbedingten Grenzen weitgehend realisiert (die Justizstaatlichkeit des Grundgesetzes ist gewiß eine wesentliche Zutat, aber auch als die Konsequenz der Verwirklichung älterer Ideen zu verstehen).

4. Die Ausbildung einer öffentlichen Gewalt, die wir begrifflich mit dem Epitheton „supranational" unzulänglich umschreiben und als ein „Supra" im Verhältnis zu den Mitgliedstaaten verstehen, führt zunächst auf ein Niveau unter den Staaten, wenn man es mit den Maßstäben der innerhalb der Mitgliedstaaten erreichten Rechtskultur mißt. Die Gebote der Verteidigung, die Gegebenheiten der Märkte, die Partnerschaft mit den Entwicklungsländern rufen nach neuartigen Formen des militärischen Befehlens, der wirtschaftspolitischen Steuerung und der ihnen zugrunde liegenden politischen Willensbildung. Sie sind weniger abstrakt und generell, mehr fall- und situations-

---

[90]) Der methodische Weg aposteriori und das der Deskription eines neuen Sachverhalts zugestandene Gewicht braucht nicht nur political science zu sein und schließt die Stringenz juristischer Begriffsbildung keineswegs aus.

bezogen, pragmatisch: Rechtsstrukturen mit den Merkmalen des Common Law überlagern das höher entwickelte kontinentalstaatliche Recht.

5. Es ist der Beruf unserer Zeit, einen europäischen Rechtsstaat zu schaffen.

Das Postulat des Rechtsstaats tritt an die erste Stelle, um der persönlichen Freiheit der Rechtsunterworfenen willen kommt ihm der höhere Rang zu.

Die sachbezogene Zweckhaftigkeit internationaler Wirtschafts- und Verteidigungsgemeinschaften öffnet sich nicht leicht den Grundsätzen demokratischer Willensbildung und Kontrolle. Es gibt z. B. den Gemeinsamen Markt, aber dieser Markt ist keine Agora. Wir begegnen auf dem Gemeinsamen Markt Produzenten, Konsumenten, Händlern, Transporteuren usw. Aber die Summe der Marktbeteiligten, ihr Handel und Wandel, macht noch kein europäisches Volk. Es gibt eine europäische öffentliche Gewalt, aber sie ist nicht der Kratos eines europäischen Demos, sie geht von keinem europäischen Volke aus. Es gibt eine bis jetzt etwa zur Hälfte integrierte europäische Binnenwirtschaft, diese Wirtschaft lebt unter Gesetz und Recht, unter einer öffentlichen Gewalt, die verfaßt ist; aber das ist natürlich kein Staat und auch nicht der Ansatz zu einer Staatsbildung.

Der Weg zu einem Super-Staat liegt als eine von mehreren Möglichkeiten vor uns. Wir haben aber, meine ich, noch keinen Schritt in der Richtung auf ein europäisches Staatswesen mit prinzipiell universeller Kompetenz unternommen. Die dafür oft angeführten Symptome deuten vielmehr auf eine näherliegende Alternative: Die Bildung eines Pluralismus von spezialisierten, räumlich keineswegs kongruenten, auf bestimmte Staatsfunktionen beschränkten Einheiten mit unterschiedlicher Integrationsdichte: Differenzierung und diese als Voraussetzung der Rationalisierung also, und auch das ist ein Grundzug unserer Zeit.

Die öffentliche Gewalt dieser Gemeinschaften bedarf eines demokratischen Fundaments, das breiter gebaut und — der Struktur der Gemeinschaften entsprechend — reicher gegliedert sein muß als eine einzelne, sei es parlamentarische, sei es den Wirtschaftsräten nachgebildete Institution.

In den nach Aufgabe, Integrationsgrad und juristischer Struktur so verschiedenen internationalen Gemeinschaften treten den überlieferten, in langen Zeiten bewährten, vielfach auch erhabenen Formen unserer Staatsverfassung Einrichtungen gegenüber, die weit weniger vollkommen sind. Nur unter Inanspruchnahme aller Formen und Möglichkeiten demokratischer Legitimierung (nicht nur der parlamentarischen) kann unter den faktischen Gegebenheiten der Macht der demokratische Grundsatz optimal realisiert werden, daß alle öffentliche Gewalt „vom Volke ausgeht".

Leitsätze des Berichterstatters über:

Bewahrung und Veränderung demokratischer und rechtsstaatlicher Verfassungsstruktur in den internationalen Gemeinschaften

I.

1. Wo immer in einer internationalen Gemeinschaft öffentliche Gewalt in Erscheinung tritt, erhebt sich die Forderung, daß sie demokratisch konstituiert sei; wo diese Gewalt in den Rechtsbereich von Individuen, Gruppen oder Rechtsgemeinschaften eingreift, stellt sich die Aufgabe ihrer rechtsstaatlichen Verfassung.

Diese Postulate haben als solche keine normative Geltung, es sind Maximen, nicht Inhalte eines juristischen Apriori.

Die nationalstaatlich ausgeprägten Begriffe, Institutionen und Maßstäbe der Demokratie und des Rechtsstaats können darum nicht unmittelbar auf die Rechtsordnung internationaler Gemeinschaften übertragen werden.

2. Die Aufgabe einer demokratischen und rechtsstaatlichen Verfassung stellt sich in erster Linie für die Gemeinschaften mit supranationaler Gewalt wie Montan-Gemeinschaft, EWG, Euratom und die Rüstungskontrolle der WEU. Sie stellt sich ebenfalls, wenn die im Prinzip einstimmig ausgeübte Gewalt unter Umständen nicht hinreichend effektiv durch die Staatenvertreter kontrolliert werden kann wie in der NATO. Das Problem weitet sich aus im Zuge stärkerer internationaler Integration und Institutionalisierung und deutet sich an in der EFTA und in den Formen zwischenstaatlicher Zusammenarbeit im Währungswesen. Die hegemoniale Struktur einer Gemeinschaft setzt der Demokratisierung Grenzen.

II.

1. Der völkerrechtliche Grundsatz der Gleichheit der Staaten ist kein demokratisches Prinzip.

2. Aus der Anwendung des Art. 24 GG und des ihm entsprechenden formellen oder materiellen Verfassungsrechts anderer Staaten erwächst jeweils ein internationaler Verfassungsgeber, der auf der jeweiligen Homogenitätsgrundlage und ihr gemäß bisher im europäischen und atlantischen Bereich spezielle Zweckgemeinschaften unterschiedlichen Integrationsgrades und mit dementsprechend verschiedenartigen öffentlichen Gewalten geschaffen hat.

Das Recht dieser Gemeinschaften geht nach Analogie bundesstaatlicher Struktur dem Recht der Mitgliedstaaten vor.

3. Die Anwendung des Art. 24 GG, d. h. die Konstituierung und Verfassung einer internationalen Gemeinschaft der bezeichneten Art, ist V e r f a s s u n g s g e b u n g. Der deutsche Verfassungsgeber handelt hier, wie es einer Konstituante entspricht und in Art. 24 GG vorgesehen ist, mit einfacher parlamentarischer Mehrheit und verfügt dabei, indem er der Zielsetzung des Art. 24 GG folgt, über alle Befugnisse eines Verfassungsgebers und kann als solcher die Ausübung der in den Gemeinschaften konstituierten öffentlichen Gewalt den in Art. 20 GG für die Bundesrepublik festgelegten Verfassungsgrundsätzen — Ausübung durch das Volk in Wahlen und Abstimmungen, durch besondere Organe der Gesetzgebung, der vollziehenden Gewalt und der Rechtsprechung — entziehen.

4. Die verfassungsgebende Gewalt wird durch den die Gemeinschaften konstituierenden Akt nicht konsumiert.

Inhaber des „pouvoir constituant" in den Gemeinschaften sind jeweils die „Völker der in der Gemeinschaft zusammengeschlossenen Staaten" (Art. 137 EWGV). Sie handeln durch ihre Parlamente, soweit die Fortbildung der Gemeinschaftsverfassung eine ratifikationsbedürftige Änderung der Verträge erfordert, sonst durch die Vertreter ihrer Staaten im Rat.

Die Beschlüsse der „im Rat vereinigten Vertreter der Regierungen der Mitgliedstaaten" sind, soweit sie sich materiell im Rahmen der Verträge halten, Gemeinschaftsrecht, andernfalls Völkerrecht und zu ihrer Gültigkeit an die sich aus staatlichem Verfassungsrecht ergebende Vertretungsmacht gebunden.

5. Die parlamentarischen Gremien sind Konsultativorgane. Nur das Europäische Parlament hat außer allgemeinen „Beratungs- und Kontrollbefugnissen" (Art. 137 EWGV, 107 EuratomV, 20 MontanV) das Recht, die Gemeinschaftsexekutive durch Mißtrauensvotum zu stürzen (Art. 144 EWGV, 114 EuratomV, 24 MontanV).

6. Die parlamentarische Versammlung einer internationalen Gemeinschaft gewinnt ihre volle Dignität als Parlament nicht ohne „allgemeine unmittelbare Wahlen" (Art. 138 Abs. 3 EWGV, 108 Abs. 3 EuratomV), für die außerdem das unabdingbare Recht der Gleichheit des Stimmgewichts festgelegt werden muß.

7. „Legalität" bedeutet in den Gemeinschaften nicht die Übereinstimmung mit dem formellen Willen eines Parlaments. „Legalität" ist vielmehr die Vereinbarkeit einer Rechtsregel oder eines Aktes mit einer höherrangigen Norm oder einem höherrangigen Akt.

8. Die Beschlüsse parlamentarischer Gremien begründen keine Legalität, sondern eine von Fall zu Fall verschieden tragfähige situationsbedingte Legitimität.

9. In die Willensbildung der Gemeinschaften gehen zahlreiche demokratische oder demokratisch legitime Elemente ein: namentlich mit der Wahrnehmung vertraglich begründeter Zuständigkeiten durch die Exekutiven der Mitgliedstaaten und durch sie vermittelt auch der nationalen Parlamente, durch die parlamentarischen Versammlungen und Wirtschafts- und Sozialausschüsse der Gemeinschaften, aber auch durch weniger formelle Einflußnahmen durch Repräsentanten etwa betroffener organisierter Interessen und durch neutrale Experten in vielen von den Gemeinschaftsexekutiven eingesetzten Ausschüssen, in Konferenzen etc.

10. Ein differenziertes System der Gewaltenteilung tritt in den Gemeinschaftsorganen und in den sonstigen Trägern demokratisch legitimer Elemente der Willensbildung in Erscheinung. In den Europäischen Gemeinschaften partizipieren die Gerichte der Mitgliedstaaten an der Anwendung des Gemeinschaftsrechts.

11. Die Qualifikation der Persönlichkeiten, die in internationalen Gemeinschaften Führungsaufgaben wahrnehmen, ist nicht nur im Hinblick auf die Erfüllung der Sachaufgaben, sondern auch wegen des im Vertrauen der Öffentlichkeit liegenden Legitimationseffekts wesentlich.

Regierungen, Parlamente und politische Parteien würden darum die europäische Integration korrumpieren, wenn sie den Anschein erwecken würden, daß sie die Führungsstellen in den Gemeinschaften wie Pfründen nach anderen Gesichtspunkten als denen der Eignung besetzen oder dementsprechend Einfluß nehmen.

12. Der Gerichtshof der Europäischen Gemeinschaften hat durch Anwendung von im Recht der Mitgliedstaaten enthaltenen Grundsätzen den Rechtsschutz in den Gemeinschaften ausgebaut.

Der in Art. 173 Abs. 2 EWGV gewährte Rechtsschutz natürlicher und juristischer Personen bleibt hinter dem Standard der Bundesrepublik zurück.

III.

1. Es ist der Beruf unserer Zeit, einen europäischen Rechtsstaat zu schaffen.

Es gibt seit 1952 (seitdem die Montan-Gemeinschaft verwirklicht wurde) eine europäische öffentliche Gewalt. Sie ist hier und in den beiden jüngeren Europäischen Gemeinschaften schon jetzt mit rechtsstaatlichen Sicherungen umgeben, die jedoch des Ausbaus bedürfen und dessen fähig sind.

Auch die übrigen internationalen Gemeinschaften, die über eine Eingriffsgewalt verfügen, bedürfen rechtsstaatlicher Durchformung.

2. Es ist nicht der Beruf unserer Zeit, eine parlamentarische Demokratie in den Europäischen Gemeinschaften zu errichten.

Die öffentliche Gewalt dieser Gemeinschaften bedarf eines demokratischen Fundaments, das breiter gebaut und — der Struktur der Gemeinschaften entsprechend — reicher gegliedert sein muß als eine einzelne, sei es parlamentarische, sei es den Wirtschaftsräten nachgebildete Institution.

Nur unter Inanspruchnahme aller Formen und Möglichkeiten demokratischer Legitimierung (nicht nur der parlamentarischen) kann unter den faktischen Gegebenheiten der Macht — ihre Evidenz ist in der NATO besonders eindeutig — der demokratische Grundsatz optimal realisiert werden, daß alle öffentliche Gewalt „vom Volke ausgeht".

Bewahrung und Veränderung demokratischer und rechtsstaatlicher Verfassungsstruktur in den internationalen Gemeinschaften

2. Mitbericht von Professor Dr. Peter Badura, Göttingen*

Einleitung

1. a) Die Praxis und Theorie der Politik, der Wirtschaft und des Rechts sehen sich in dem Europa der Nachkriegszeit dem ungewöhnlichen Phänomen gegenüber, daß in dem Bereich der Wirtschafts- und der Militärverwaltung Ausübung öffentlicher Gewalt in die Hände nichtstaatlicher und nichtnationaler Einrichtungen übergegangen ist. Damit korrespondierend haben die nationalen Organe in einer aus den Verfassungen gar nicht oder nur undeutlich erkennbaren Weise Aufgaben und Befugnisse eingebüßt, die ihnen nach den Verfassungen zustehen, und sehen sich die Angehörigen der betroffenen europäischen Völker teils ohne, teils mit Vermittlung ihrer nationalen Organe den Anordnungen einer öffentlichen Gewalt gegenüber, die jedenfalls in dem Sinn extrakonstitutionell ist, daß sie an die nationalen Verfassungen nicht gebunden ist. Das ist ein Vorgang, der — neben seinen sonstigen Aspekten — einen verfassungsrechtlichen Charakter hat[1]) und der Verfassungsrecht und Verfassungspolitik präzedenzlos mit der Frage konfrontiert, wie eine derartige nichtstaatliche und nichtnationale öffentliche Gewalt

---

* Die im Hinblick auf die gebotene Zeitbeschränkung nicht mündlich vorgetragenen Stellen sind durch eckige Klammern gekennzeichnet.

[1]) Nicola Catalano, Manuel de Droit des Communautés Européennes, 1962, S. 120; Charles Goossens, La Communauté Européenne du Charbon et de l'Acier et le régime constitutionnel de la Belgique, Revue du Droit Public et de la Science Politique 61 (1955), 99 f.; Joseph H. Kaiser, Zur gegenwärtigen Differenzierung von Recht und Staat, Staatstheoretische Lehren der Integration, ÖZöR 10 (1959/60), 419; Hermann Mosler, Internationale Organisation und Staatsverfassung, in: Rechtsfragen der internationalen Organisation, Festschrift für Hans Wehberg, 1956, S. 274; Paul de Visscher, Les tendances internationales des constitutions modernes, RdC 80 (1952) I, 547.

konstitutionell bestimmt und begrenzt ist und werden kann[2]). Wird etwa der nationalstaatlich erreichte demokratische und rechtsstaatliche Verfassungsstandard durch die Internationalisierung der Wirtschafts- und Militärverwaltung untragbar tangiert?

b) Der Vorwurf, daß durch die Befugnisse der Organe der europäischen Wirtschaftsverwaltung ein Einbruch in die nationalen Verfassungsordnungen bewirkt werde und daß diese Organe einer demokratischen Legitimität entbehrten, ist bereits in den parlamentarischen Debatten erhoben worden, die den Ratifikationen der Europäischen Verträge vorausgingen[3]). Er ist seitdem nicht verstummt, und gerade die letzten Monate haben im Bundestag eine verstärkte Aktivität gebracht mit dem Ziel, die Befugnisse der Gemeinsamen Versammlung zu stärken, um so eine „Demokratisierung" der Europäischen Gemeinschaf-

---

[2]) Rudolf Wildenmann, Macht und Konsens als Problem der Innen-und Außenpolitik, 1963, S. 28.

[3]) Henry L. Mason, The European Coal and Steel Community, 1955, S. 14 ff.; André Cocatre-Zilgien, Les Traités de Rome devant le Parlament Français, Annuaire Français de Droit International 1957, 517—534; Gaetano Sciascia, Die Verfassung der italienischen Republik vom 27. Dezember 1947 und ihre Entwicklung bis 1958, JöR 8 (1959), 171 f.

In dem Schriftlichen Bericht des 3. Sonderausschusses — Gemeinsamer Markt/Euratom — über den Entwurf eines Gesetzes zu den Verträgen vom 25. März 1957 zur Gründung der EWG und der EAG vom 28. 6. 1957 (2. BTag, Drucks. 3660, Sitzungsberichte S. 13 378 — 13 429) wird das Fehlen eines Budgetrechts der Versammlung bemängelt, auf die von Sprechern aller Fraktionen an der schwachen Stellung der Versammlung geübte Kritik hingewiesen und die unzulängliche Verwirklichung der Gewaltenteilung angemerkt (S. 13389 D). Ein Entschließungsantrag der Fraktionen der CDU/CSU, DP (FVP) zur 3. Beratung des Zustimmungsgesetzes vom 4. 7. 1957 (Umdruck 1300/2. BTag, Sitzungsberichte S. 13 464) verlangte: Der Bundestag wolle beschließen: Bei der Zustimmung zu den Verträgen über die EWG und EAG geht der Deutsche Bundestag von der Erwartung aus, daß die Bundesregierung in diesen Gemeinschaften darauf hinwirkt, daß . . . 8. die Stellung der europäischen Versammlung stetig gestärkt und vor allem so entwickelt wird, daß alle parlamentarischen Rechte, auf welche die nationalen Parlamente der Mitgliedstaaten durch die Ratifikation verzichten, auf das europ. Parlament übergehen und die Stärkung der Kontrollbefugnisse der Versammlung verbunden wird mit einer Weiterentwicklung der Kompetenzen der Kommissionen. Dieser Antrag wurde in der 224. Sitzung des Bundestages am 5. 7. 1957 angenommen (Sitzungsberichte S. 13 349 D).

ten herbeizuführen [4]). Ebenso ist durch den Vorlagebeschluß des Finanzgerichts Neustadt a. d. Weinstr. vom 14. 11. 1963 [5]) im Hinblick auf das nichtparlamentarische Rechtsetzungsverfahren der EWG deren rechtsstaatliche Substanz bezweifelt worden. In der theoretischen Diskussion hat man davon gesprochen, daß in dem zweckhaften und technokratischen Operieren der europäischen Wirtschafts- und Militärverwaltung eine Rebarbarisierung der Verfassungskultur zu Tage trete [6]), und daß die der europäischen Wirtschaftsverwaltung unterworfenen Privaten möglicherweise in einen Raum „geminderter Rechtsstaatlichkeit" „verstoßen", ihm „preisgegeben" seien [7]). Welche Berechtigung auch immer diese Beurteilungen haben mögen, unübersehbar ist, daß in den

---

[4]) Mündl. Anfrage Mommer für die 102. Sitzung des Bundestages am 13. 12. 1963 (Drucks. IV/1744) betr. Stärkung der Befugnisse der Versammlung; Mdl. Anfrage Böhme (Hildesheim) für die 107. und 108. Sitzung des Bundestages am 22./24. 1. 1964 (Drucks. IV/1842) betr. Budgetrecht der Versammlung und deren Mitwirkung bei der Bestellung der Exekutive (beantwortet durch den Außenminister, Sitzungsberichte S. 4 926); Mdl. Anfrage Holkenbrink für dieselben Sitzungen (Drucks. IV/1842) betr. verstärkte Mitwirkung der Versammlung bei der Rechtsetzung der Gemeinschaften (beantw. durch den Außenminister, Sitzungsberichte S. 4 928); Antrag der Fraktion der FDP vom 19. 3. 1964 betr. parlamentarische Kontrolle der europäischen Organe (Drucks. IV/2091); Antrag der Abg. Frau Strobel ... und Fraktion der SPD vom 28. 4. 1964 betr. Demokratisierung der europäischen Gemeinschaften (Drucks. IV/2211); Antrag der Abg. Frau Strobel ... und Fraktion der SPD vom 28. 4. 1964 betr. Haushaltskontrolle der europ. Organe (Drucks. IV/2212); parlamentarische Debatte über die drei letztgenannten Anträge in der 133. Sitzung des Bundestages am 25. 6. 1964 (Sitzungsberichte S. 6 586 — 6 598).

[5]) DÖV 1964, 306. Der Rechtsausschuß hat dem Bundestag in seinem Mündl. Bericht über diesen Vorlagebeschluß vom 19. 6. 1964 (Drucks. IV/2397) vorgeschlagen, der Bundestag solle sich dem BVerfG gegenüber in dieser Streitsache dahingehend äußern, daß er das Zustimmungsgesetz für vereinbar mit dem Grundgesetz halte. Der Bundestag hat dem Antrag des Ausschusses entsprechend am 24. 6. 1964 beschlossen (Sitzungsberichte S. 6 501 B).

Die These des Vorlagebeschlusses ist weithin abgelehnt worden: VG Frankfurt, Urt. v. 17. 12. 1963, AWD 1964, 60; Ipsen/Nicolaysen, NJW 1964, 344; Karl Heinz Klein, Anmerkung, DÖV 1964, 308—311; H. List, EWG-Vertrag-Abschöpfung-Grundgesetz, Finanzrundschau 1964, 207—211; C. F. Ophüls, Deutsches Zustimmungsgesetz zum EWG-Vertrag teilweise verfassungswidrig? AWD 1964, 65—69.

[6]) Kaiser, Differenzierung.

[7]) Georg Erler, Das Grundgesetz und die öffentliche Gewalt internationaler Staatengemeinschaften, VVdStL 18 (1960), 8 f., 24, 26 f., 38.

Europäischen Gemeinschaften öffentliche Gewalt ausgeübt wird, die nicht in der herkömmlichen Weise demokratisch-parlamentarisch kontrolliert und rechtsstaatlich-konstitutionell begrenzt wird, und daß durch den Modus der Willensbildung in den Organen dieser Gemeinschaften den nationalen Regierungen eine Macht zugewachsen ist, die ihnen nach den nationalen Verfassungen nicht in dieser Art und nicht in diesem Umfang zusteht[8]).

[c) Alle diese Fragen sind angesichts der weitgreifenden Ingerenz der erwähnten internationalen Verwaltungen in die nationale Verfassungsstruktur und der fortschreitenden Verwirklichung der EWG von großer praktischer Dringlichkeit und von erheblichem theoretischem Interesse. Ihre Bedeutung bleibt ungeachtet des ungewissen politischen Schicksals der Europäischen Gemeinschaften bestehen, weil und solange das sie fundierende und das von ihnen gesetzte Recht positives Recht ist[9]). In wie großem Maße mit dieser europäischen Rechtswirklichkeit zu rechnen ist, hat die Entscheidung des EuGH zu Art. 12 EWGV[10]) deutlich gemacht. Erst die weitere Entwicklung wird zeigen, ob diese neuen Formen regionaler Staatenverbindung stabil sind[11]) und ob sie nur eine singuläre Erscheinung in Westeuropa darstellen.]

2. a) Stellt man die Frage nach Bewahrung und Veränderung demokratischer und rechtsstaatlicher Verfassungsstruktur in den internationalen Gemeinschaften, so setzt man stillschweigend voraus, daß die Postulate von Demokratie und Rechtsstaat auch auf nichtstaatliche Gebilde und Aktivitäten Anwendung finden können. Das ist nicht selbstverständlich. Denn die Ausbildung dieser Ideen ist im Rahmen der Nationalstaaten erfolgt, und sie zielen auf die Bestimmung, Kontrolle und Begrenzung nationalstaatlich verfaßter Herrschaft.

Doch in dem Maße, wie die Ausübung öffentlicher Gewalt internationalisiert wird, nichtstaatliche und nichtnationale Herr-

---

[8]) Mosler, Internationale Organisation, S. 274 f.; Wildenmann, Macht und Konsens, S. 27.

[9]) Louis Cartou, Der Gemeinsame Markt und das öffentliche Recht, 1960, S. 19.

[10]) Urteil vom 5. 2. 1963 in der Rechtssache Nr. 26/62 (1. Tariefcommissie-Urteil), Slg. 9, 1. Durch das Urteil des Gerichtshofes vom 15. 7. 1964 in der Rechtssache 6/64 sind auch die Art. 37 Abs. 2 und 53 EWGV als (unmittelbar geltendes) primäres Gemeinschaftsrecht anerkannt worden.

[11]) Was Josef L. Kunz, Supra-national Organs, AJIL 46 (1952), 698, bezweifelt.

schaft an Raum gewinnt, internationalisiert sich auch die Verfassungsentwicklung und müssen die Ideen von Demokratie und Rechtsstaat ihren staatlichen und nationalen Entstehungsgrund überschreiten. Diese Ideen, für die staatliche Vergesellschaftungsform gebildet, verkörpern einen Anspruch, der jeglicher Organisationsform zivilisierter Vergesellschaftung gegenüber erhoben ist. Deshalb muß auch die europäische Wirtschafts- und Militärverwaltung, weil und soweit sie öffentliche Gewalt auszuüben imstande ist, vor den Postulaten von Demokratie und Rechtsstaat bestehen können[12]). Man wird sogar sagen müssen, daß die Möglichkeit, demokratische und rechtsstaatliche Verfassungsstruktur zu bewahren, angesichts der unvermeidlichen Internationalisierung der Wirtschafts- und Militärverwaltung davon abhängen wird, ob es den Ideen der Demokratie und des Rechtsstaats gelingen wird, das nationalstaatliche Gehäuse zu sprengen[13]) und sich in den nichtstaatlichen und nichtnationalen Erscheinungsformen öffentlicher Gewalt zu verwirklichen.

b) Eine wirksame Gestalt internationaler Demokratie und Rechtsstaatlichkeit kann nur vorgestellt werden, wenn man sich klarmacht, daß diese Gestalt nicht durch eine Übertragung der geschichtlich konkreten Ausprägungen von Demokratie und Rechtsstaat in den nationalen Verfassungsrechten auf die internationalen Einrichtungen gebildet werden kann, sondern nur durch eine selbständige und eigenartige Verwirklichung der allen nationalen Verfassungsrechten zugrundeliegenden Ideen von Demokratie und Rechtsstaat auf der internationalen Ebene. Die andersartigen Bedingungen, unter denen dort Herrschaft begründet und ausgeübt wird, müssen zur Folge haben, daß diese Ideen dort auch notwendig eine andersartige rechtliche Ausdrucksform annehmen als im nationalstaatlichen Rahmen[14]).

Demokratie und Rechtsstaat können nicht mechanisch von den nationalstaatlichen Verfassungen auf die internationalen Einrichtungen übertragen werden, sondern sie müssen für diese neuartigen Träger öffentlicher Gewalt neu durchdacht werden.

---

[12]) Hans-Joachim Seeler, Die europäische Einigung und das Problem der Gewaltenteilung, 1957, S. 174, für das Prinzip der Gewaltenteilung.

[13]) Wildenmann, Macht und Konsens, S. 263, beschreibt den Gegensatz der auf Kooperation zielenden nationalstaatlichen Demokratie und der auf Föderation zielenden übernationalen Demokratie.

[14]) Das ist wohl auch gemeint, wenn Ipsen/Nicolaysen, NJW 1964, 965, betonen, daß es bei der Beurteilung des Rechtsschutzes in den Europäischen Gemeinschaften auf den zulänglichen Schutz der Eigensphäre des Bürgers ankommt und nicht auf die rechtstechnische Ausgestaltung dieses Schutzes.

Das verkennt die gelegentlich erhobene Forderung „struktureller Kongruenz“ (Herbert Kraus), wonach die internationalisierten Hoheitsrechte von internationalen Organen ausgeübt werden sollen, die den Organen, die jene Hoheitsrechte sonst im nationalen Bereich ausüben, prinzipiell gleichartig sind, so daß beispielsweise auch in den Europäischen Gemeinschaften nur eine parlamentarische oder auf parlamentarischer Delegation beruhende Rechtsetzung zulässig wäre [15]). Zu Recht ist diese Forderung weithin auf Ablehnung gestoßen [16]).

---

[15]) Ewald Bucher, Verfassungsrechtliche Probleme des Gemeinsamen Marktes, NJW 1957, 850; Karl Heinrich Friauf, Die Staatenvertretung in supranationalen Gemeinschaften, 1960, S. 81; Kurt Hauri, Die Verfassungsmäßigkeit der Staatsverträge, Diss. Bern 1962, S. 24 f.; Karl Heinz Klein, Die Übertragung von Hoheitsrechten, 1952, S. 22; Hans Kruse, Strukturelle Kongruenz und Homogenität, in: Mensch und Staat in Recht und Geschichte, Festschrift für Herbert Kraus, 1954, S. 112—127.

In dem Schriftlichen Bericht des 3. Sonderausschusses a.a.O. (Anm. 3) wird es als ein Grundsatz, der in den Beratungen im Bundestag immer wieder aufgestellt, aber in den Europäischen Verträgen nicht verwirklicht worden sei, bezeichnet, daß Rechte, die dem nationalen Parlament durch Zustimmung zur Schaffung übernationaler Instanzen entzogen würden, sich beim übernationalen Parlament wiederfinden müßten (S. 13 389 D).

[16]) Hartwig Bülck, Der Strukturwandel der internationalen Verwaltung, 1962, S. 31 f.; Erler, Öffentliche Gewalt, S. 41 f.; Ophüls, Zustimmungsgesetz, S. 66; Ernst Wohlfarth, Anfänge einer Europäischen Rechtsordnung und ihr Verhältnis zum deutschen Recht, Juristen-Jahrbuch 3 (1962/63), S. 267 f. — Von anderen wird die „strukturelle Kongruenz“ als ein nicht verfassungsrechtliches, wohl aber verfassungspolitisches Postulat angesehen (Werner Thieme, Das Grundgesetz und die öffentliche Gewalt internationaler Staatengemeinschaften, VVdStL 18/1960, 58 f.; Wohlfarth/Everling/Glaesner/Sprung, Die Europäische Wirtschaftsgemeinschaft, Vorb. vor Art. 137 Anm. 13).

Soweit lediglich eine „Gleichrichtung der wesensmäßigen Grundentscheidungen“, „keine wesentliche Beeinflussung des im Grundgesetz gespiegelten Strukturbildes des modernen gewaltenteilenden demokratischen Rechtsstaates“ o. ä. gefordert wird (Georg Erler, Grundprobleme des Internationalen Wirtschaftsrechts, 1956, S. 30; v. Mangoldt/Klein, Das Bonner Grundgesetz, Bd. I, 1957, Art. 24 Anm. III 5 d; Hans-Jürgen Schlochauer, Zur Frage der Rechtsnatur der Europäischen Gemeinschaft für Kohle und Stahl, in: Rechtsfragen der internationalen Organisation, Festschrift für Hans Wehberg, 1956, S. 367; ders., Das Verhältnis des Rechts der Europäischen Wirtschaftsgemeinschaft zu den nationalen Rechtsordnungen der Mitgliedstaaten, ArchVR 11/1963, 25), muß das wohl in dem hier vertretenen Sinn verstanden werden als eine den inter-

Allgemein ist als Richtschnur zu nehmen, daß Demokratie und Rechtsstaat als durch vielfältige geschichtliche Erfahrungen und Auseinandersetzungen geprägte politische Ideen, selbst wenn sie in Verfassungsrecht rezipiert sind, sich für juristisch-technische Subsumtion nicht eignen, sondern steter Konkretisierung bedürftige Komplexe direktiver Regeln[17]) für den politischen Prozeß darstellen.

[3. a) Die Beteiligung der Bundesrepublik an der europäischen Wirtschafts- und Militärverwaltung zeigt eine Besonderheit, die aus der Niederlage des Deutschen Reiches im II. Weltkrieg entspringt: Die Rückgewinnung autonomer Staatlichkeit und die Ablösung des Besatzungsregimes verliefen parallel zu der Eingliederung in internationale Gemeinschaften und Bündnisse[18]), so daß bestimmte Hoheitsrechte aus der Hand der Besatzungsmächte praktisch unmittelbar auf die internationalen Einrichtungen übergingen und sozusagen nur eine juristische Sekunde der Bundesrepublik zugerechnet werden konnten. Das gilt insb. für Teile der Militärhoheit und für die wirtschaftslenkenden Kompetenzen gegenüber der Montanindustrie; bei dieser trat die EGKS an die Stelle der Internationalen Ruhrbehörde[19]).

Wegen dieser Zusammenhänge könnte man daran denken, die Beteiligung der Bundesrepublik an der europäischen Wirtschafts- und Militärverwaltung bereits deswegen als verfassungsrechtlich legal zu betrachten, weil sie einen „näher an das Grundgesetz" heranführenden Abbau des Besatzungsregimes darstellt. Doch lassen sich die im Urteil des BVerfG zum Saarvertrag[20]) ausgesprochenen Grundsätze auf die hier zu beurteilenden Tatbestände nicht anwenden, weil sie nur begrenzte und für eine Übergangszeit berechnete Regelungen treffen wollen, die nicht zugleich eine auf Dauer angelegte völlige Neuordnung an die Stelle der besatzungsrechtlichen Ordnung setzen. Als solche Übergangslösungen aber sind die hier gemeinten internationalen Gemeinschaften gerade nicht gedacht, auch würde eine derartige exzeptionelle Legalisierung nicht der theore-

---

nationalen Gegebenheiten angepaßte Verwirklichung dieser „Grundentscheidungen".

[17]) Vgl. Bäumlin, Staat, Recht und Geschichte, 1961, S. 18, 24, 37.

[18]) Walter Menzel, Grundgesetz und Verfassungswirklichkeit, DVBl 1959, 346; Wildenmann, Macht und Konsens, S. 13, 185, 263.

[19]) Eberhard Menzel, Staats- und völkerrechtliches Gutachten, in: Hamburger Denkschriften zum Schuman-Plan, 1951, S. 45; Wildenmann, Macht und Konsens, S. 196.

[20]) BVerfGE 4, 157. Ebenso zum Überleitungsvertrag: BVerfGE 12, 281/290 ff.; 15, 337/349.

tischen Beurteilung entheben, welche Auswirkungen die Mitgliedschaft in den internationalen Gemeinschaften auf die demokratische und rechtsstaatliche Verfassungsstruktur der Bundesrepublik hat.

b) Von erheblicher Tragweite für die verfassungsrechtliche Beurteilung ist jedoch die allgemeinere Aussage des Saarurteils, daß bei der Auslegung eines völkerrechtlichen Vertrages, der politische Beziehungen des Bundes regelt, der politischen Ausgangslage des Vertrages besondere Bedeutung zukommt. Diese Aussage betrifft die Frage, in welcher Art und Weise die Auswärtige Gewalt im allgemeinen und die Vertragsschließende Gewalt im besonderen an die Verfasung gebunden sind.

Zwar zeigt die Verfassungsgeschichte seit der französischen Revolution eine fortschreitende Konstitutionalisierung auch der Vertragsschließenden Gewalt[21]) und zwar steht der prinzipielle Satz, daß die Vertragsschließende Gewalt nicht nur an die formellen, sondern auch an die sachlichen Normen des Grundgesetzes gebunden ist, fest[22]), doch ist ebenfalls nicht von der Hand zu weisen, daß der Modus dieser Bindung ein anderer sein muß, als wenn es sich um rein innerstaatliche Ausübung öffentlicher Gewalt handeln würde[23]). Die Vertragsschließende Gewalt sieht sich dem Willen einer unabhängigen Gewalt, nämlich ihres Vertragspartners, gegenüber und ebenso bestimmten politischen Gegebenheiten, die ihrem Einfluß entzogen sind. Diese Situation verschärft sich bei multilateralen Verträgen, wie den die europäische Wirtschafts- und Militärverwaltung fundierenden Abkommen. Die Verfassung bleibt auch hier anwendbar, aber die direktive Wirkung ihrer sachlichen Normen ist beschränkt. Für das Grundgesetz kommt noch hinzu, daß es in der Präambel und in Art. 24 die Unterwerfung unter eine internationale nichtdeutsche öffentliche Gewalt ausdrücklich vorsieht und billigt. Das kann bei der Anwendung des Grundgesetzes

---

[21]) Hans Blix, Treaty-Making Power, 1959, S. 225 ff. Vgl. auch Max Beloff, Foreign Policy and the Democratic Process, 1955.

[22]) Hauri, Diss., S. 23 ff.— Die These Scelles (Le phénomène juridique du dédoublement fonctionnel, in: Rechtsfragen der internationalen Organisation, Festschrift für Hans Wehberg, 1956, S. 334 f.), daß ein völkerrechtlicher Vertrag niemals im technischen Sinn verfassungswidrig sein könne, weil die ihn abschließenden nationalen Organe zugleich als Organe der Völkerrechtsgemeinschaft handeln („dédoublement fonctionnel"), beruht auf der überwiegend abgelehnten monistischen Völkerrechtstheorie.

[23]) Vgl. Hauri, Diss., S. 54 ff.; Eberhard Menzel, Diskussionsbeitrag, VVdStL 18 (1960),99.

auf die hier zu behandelnden Vertragsgesetze nicht außer Betracht gelassen werden[24]).]

A. *Evolution der Internationalisierung (Supranationalisierung)*

Um angeben zu können, ob und inwieweit die nationale demokratische und rechtsstaatliche Verfassungsstruktur durch die Internationalisierung der öffentlichen Gewalt modifiziert wird, und um diesen Vorgang am Maßstab der Ideen von Demokratie und Rechtsstaat messen zu können, bedarf es einer Darstellung der Inhalte und Formen der europäischen Wirtschafts- und Miltärverwaltung, der internationalen Verwaltungen also, die nichtstaatliche und nichtnationale öffentliche Gewalt in Europa ausüben.

I.

1. Gegenstände, Organisation und Befugnisse der europäischen Wirtschaftsverwaltung

a) Die von den Organen der EWG, EGKS und EAG ausgeübte Verwaltung[25]) hat vorzugsweise koordinierenden[26]), in erheb-

---

[24]) Die Bundesregierung hat daher auf diesen Gesichtspunkt hinsichtlich der Zustimmung zu den Römischen Verträgen zu Recht hingewiesen (vgl. den Schriftl. Bericht des 3. Sonderausschusses a.a.O. — Anm. 3 — S. 13 390 A): Die Partnerstaaten seien nicht bereit, in diesem Anfangsstadium der Entwicklung supranationaler Gemeinschaften der Versammlung so viel Macht einzuräumen, wie sie das Parlament in der nationalen Verfassungsstruktur besitze; daraus erkläre sich die starke Stellung der Ministerräte. — Vgl. auch List, EWG-Vertrag, S. 208 f.; Klaus Vogel, Die Verfassungsentscheidung des Grundgesetzes für eine internationale Zusammenarbeit, 1964.

[25]) In der Begründung von Institution und Funktion einer europäischen Verwaltung liegt das Neuartige der Europäischen Gemeinschaften, die auf der Theorie der großen Märkte basierende (J. F. Deniau, Der gemeinsame europäische Markt, 1961, S. 9 ff.; René Maury, L'Intégration Européenne, 1958, S. 127 ff.), durch Wirtschaftsunionen stabilisierte und ergänzte Zollunionen, „Gemeinsame Märkte", darstellen (Hallstein, in: Die Beratungen über die Ratifizierung des Schuman-Planes in Bundesrat und Bundestag, EurArch 3/1951, 4305 ff.).

[26]) Cartou S. 60 f.; Günther Jaenicke, Die Europäische Gemeinschaft für Kohle und Stahl, ZaöRuVR 14 (1951/52), 731; Ulrich Scheuner, Die Rechtsetzungsbefugnis internationaler Gemeinschaften, in: Völkerrecht und rechtliches Weltbild, Festschrift für Alfred Verdross, 1960, S. 239 f.

lichem Umfang aber lenkenden[27]) Charakter. Das ihr aufgegebene Grundprinzip ist nichtsdestoweniger die marktorientierte Wettbewerbswirtschaft, ein Grundprinzip, das allerdings für die Bereiche der Montanindustrie, Atomenergie und Landwirtschaft durch dirigistische Steuerungselemente stark abgeschwächt ist. In der EWG finden sich neben der koordinierenden Verwaltung in Form der Europäischen Investitionsbank[28]) und des Europäischen Sozialfonds auch Agenden leistender Verwaltung[29]), sowie in EWG und EGKS Aufgaben sozialpolitischer Art im Hinblick auf die Lebens- und Arbeitsbedingungen der Arbeiter[30]). Von der Internationalisierung unberührt bleiben die herkömmlichen polizeilichen Verwaltungszwecke der Staatssicherheit und Gefahrenabwehr[31]).

[Der EWG-Vertrag stellt, soweit er über die Schaffung einer Zollunion hinausgeht, ein vielfach nur sehr allgemein gehal-

---

[27]) Die insoweit bestehende öffentliche Gewalt der Europäischen Gemeinschaften kann als die partielle Internationalisierung der wirtschaftspolitischen und wirtschaftsverwaltenden Funktionen der entsprechenden nationalen Instanzen aufgefaßt werden (Hans Ballreich, Die Europäische Atomgemeinschaft, ZaöRuVR 19/1958, 37; Bauer in: Beratungen über die Ratifizierung des Schumanplanes a.a.O. — Anm. 25 —, S. 4316; Maurice Lagrange, Die Rechtsnatur der Europäischen Gemeinschaft für Kohle und Stahl und der Europäischen Wirtschaftsgemeinschaft, ZgesHR 124/1962, 97 f.). Die Organe der EWG „fassen nur die Interventionen der öffentlichen Hand in das Wirtschaften zusammen" (Hallstein, Rede vor dem Bundesverband Deutscher Zeitungsverleger am 4. 7. 1963). Die weitestgehenden Lenkungsbefugnisse läßt der EGKS-Vertrag zu (Art. 58, 59, 61), jedoch vornehmlich für bestimmte Krisenlagen (Gerhard Bebr, The European Coal and Steel Community: A Political and Legal Innovation, Yale Law Journal 63/1953—54, 24; Lagrange, Rechtsnatur, S. 102 f.); Näheres unten im Text unter B II 1a. Die Währungs-, Finanz- und Steuerhoheit der Staaten bleibt im wesentlichen erhalten, wenn auch der Koordinationspflicht unterworfen (C. F. Ophüls, Grundzüge europäischer Wirtschaftsverfassung, ZgesHR 124/1962, 177; FG Nürnberg AWD 1963, 315).

[28]) Detlef Killmer, Die Europäische Investitionsbank, Diss. Frankfurt 1963.

[29]) Bülck, Strukturwandel, S. 21.

[30]) Art. 3 lit. e, 56, 68, 69 EGKSV; Art. 49, 51, 117 ff. EWGV. Dazu Ophüls, Wirtschaftsverfassung, S. 165 f.

[31]) Art. 69 § 1 EGKSV; Art. 48 Abs. 3, 56 Abs. 1, 66, 223 EWGV (Cartou S. 56 f.); Art. 195 EAGV.

Zur Geltung der AuslPolVO gegenüber Angehörigen der EWG-Staaten: OVG Münster DVBl 1964, 593 = GewArch 1964, 42 und DVBl 1964, 595.

tenes wirtschaftspolitisches Programm[32]) und ein Arsenal von Regeln zur Realisierung und Konkretisierung dieses Programmes dar. Grundsätzlich bleibt die Wirtschaftspolitik und -verwaltung Angelegenheit der Mitgliedstaaten[33]), wenn auch unter der Verpflichtung zur Koordination, während den Organen der EWG Aufgaben und Befugnisse nur für einzelne Bereiche und in sehr differenzierter und abgestufter Weise zugewiesen sind; eine ausschließliche oder überwiegende Zuständigkeit der EWG ist nach Ablauf der Übergangszeit für die Handelspolitik[34]), die Agrarpolitik[35]) und die Verkehrspolitik[36]) vorgesehen.

Im Gegensatz zum EGW-Vertrag enthält der EGKS-Vertrag eine relativ detaillierte Festlegung der gegenüber der Montanindustrie durchzuführenden Wirtschaftspolitik und -verwaltung, die den Gemeinschaftsorganen einen geringeren Spielraum läßt und eine bedeutende politische Entscheidungsgewalt nicht gibt[37]). Immerhin sind der Hohen Behörde durch die auch außerhalb von Krisen gegebene Möglichkeit von Investitionskontrolle (Art. 54) und Preisregelungen (Art. 61) recht weitreichende Lenkungsbefugnisse eröffnet. Durch die seit der Gründung der EGKS eingetretene Überproduktion von Kohle sind ökonomische Grunddaten, von denen bei Vertragsabschluß ausgegangen worden war, in grundlegender und den Vertragsvollzug sehr erschwerender Weise verändert worden[38]).

---

32) Cartou S. 20.

33) Arg. Art. 2 („schrittweise Annäherung der Wirtschaftspolitik der Mitgliedsstaaten"), 3 lit. g, 6 Abs. 1, 103 Abs. 1, 105 Abs. 1; 145 alin. 1 EWGV. Vgl. Karl Albrecht, Planifikateure am Werk, 1964, S. 315; Claudius Alder, Die Befugnisse der Organe der Europäischen Wirtschaftsgemeinschaft gegenüber Mitgliedstaaten und Privatunternehmen, 1962, S. 120 ff.; Lagrange, Rechtsnatur, S. 103.

34) Art. 3 lit. b, 113—116 EWGV.

35) Art. 3 lit. d, 40, 43 EWGV. Die seit 1962 erfolgten Schritte zu einer „gemeinsamen Organisation der Agrarmärkte" bedienten sich stets der Organisationsform der „Europäischen Marktordnung". Näheres: Ditges/Ehle, Die Europäische Agrarmarktordnung und ihre Rechtsprobleme, NJW 1964, 473—477; Krohn/Wächter, Der gemeinsame Getreidepreis in der EWG, EurArch 19 (1964), 19—26.

36) Art. 3 lit. e, 74, 75 EWGV.

37) Jaenicke, EGKS, S. 737 verneint eine politische Entscheidungsgewalt der EGKS überhaupt.

38) Vgl. die Darlegungen von Much in seinem Vortrag „Entwicklungstendenzen des Rechts der EGKS" bei der Tagung in Speyer „Staat und Wirtschaft im nationalen und übernationalen Recht" am 23. 4. 1964; Wildenmann, Macht und Konsens, S. 205.

Die EAG ist aus der Überlegung heraus geschaffen, das für die nächsten Jahrzehnte in Europa befürchtete und durch die konventionellen Energiequellen nicht abdeckbare Energiedefizit durch die forcierte Nutzbarmachung der Atomenergie abzuwenden[39]). Die im EAG-Vertrag dafür vorgesehenen Mittel sind gemeinsame Anstrengungen auf dem Gebiet der Forschung[40]) und eine nicht markt-, sondern versorgungswirtschaftlich orientierte, durch eine Agentur kontrollierte Einfuhr, Produktion und Distribution der Energieträger[41]). Wegen der begrenzten Zwecksetzung und der zentralen Stellung der Agentur im Versorgungssystem hat man die EAG etwas zu geringschätzig mit einem internationalen „öffentlichen Unternehmen" [42]) verglichen[43]); der dirigistische Charakter der EAG auf dem Gebiet der Versorgung ist bisher allerdings nicht zum Tragen gekommen, da das erwartete Unterangebot an Atomenergieträgern nicht eingetreten ist.]

b) Aus diesem Überblick über die Gegenstände und Ziele europäischer Wirtschaftsverwaltung ergibt sich, daß EGKS und EAG begrenzte, überschaubare und weitgehend abgeschlossene Regelungen zur Grundlage ihrer Tätigkeit haben[44]),

---

[39]) Ziele und Aufgaben für EURATOM, Bericht von Louis Armand, Franz Etzel und Francesco Giordani, Mai 1957; Erläuterungen zum Vertrag zur Gründung der Europäischen Atomgemeinschaft, 3. Bundestag, Drucks. 3440 Anlage C, unter C und D I; Louis Armand, Euratom et les problèmes énergétiques de l'Europe, European Yearbook/Annuaire Européen IV (1958), 21—35; M. J. Errera et al., Euratom, 1958, No 9. Die EAG hat über die Energiepolitik hinaus eine außenwirtschaftliche und selbst außenpolitische Bedeutung, weil sie die angesichts des steigenden Energiedefizits befürchteten übermäßigen Einfuhren und die daraus resultierende Belastung der Zahlungsbilanz und Abhängigkeit von den Importländern, insb. des Nahen Ostens, verhindern soll (Ziele und Aufgaben, S. 18, Ophüls, Wirtschaftsverfassung, S. 173).

[40]) Fernand Dehousse, L'énergie atomique et la politique, Annales de la Faculté de Droit de Liège, 1958, S. 300.

[41]) Hugo J. Hahn, EURATOM: The Conception of an International Personality, Harvard Law Review 71 (1957/58), 1006; Badura, Das Verwaltungsmonopol, 1963, S. 145.

[42]) Korrekter wäre es, von einer „öffentlichen Anstalt" zu sprechen, da die Agentur nicht selbst wirtschaftet, sondern Lenkungsbefugnisse ausübt.

[43]) Hermann Berié / Rudolf Miller, Gemeinsamer Markt und Euratom, 2. Aufl., 1959, S. 17 und Anm. 1 zu Art. 54 EAGV; E. Steindorff, Europ. Markt und Euratom, ArchVR 6 (1956/57), 189.

[44]) Jaenicke, EGKS, S. 731; Wohlfarth, Anfänge, S. 242 f.

während der EWG-Vertrag durch seinen „Rahmencharakter“[45]) fortdauernder Konkretisierung bedarf. Das hat für die institutionelle Ausgestaltung der drei Gemeinschaften[46]) charakteristische Konsequenzen. Das die nationale Verfassungsstruktur besonders berührende Phänomen, die Rechtsetzung durch eine europäische öffentliche Gewalt[47]), spielt eine bedeutende Rolle nur beim Vollzug des EWG-Vertrages. Weil damit aber eine besonders einschneidende Ingerenz in das nationale Verfassungs- und Rechtssystem erfolgt, ist diese Kompetenz grds. nicht dem national unabhängigen Gemeinschaftsorgan gegeben, wie in der EGKS[48]), sondern dem

---

[45]) Catalano S. 109 ff.; Dietrich Ehle, Verfassungskontrolle und Gemeinschaftsrecht, NJW 1964, 323; Lagrange, Rechtsnatur, S. 106 f. — Wie Bruns in seinem Vortrag in Speyer a.a.O. (Anm. 38) „Entwicklungstendenzen des Rechts der EWG“ mitteilte, hat der Rahmencharakter der EWG zur Folge, daß Rechtsprobleme nicht so sehr in sachlichen als in Verfahrensfragen entstehen.

[46]) Positivrechtlich handelt es sich trotz der gemeinsamen Organe Versammlung und EuGH und der anderen gemeinsamen Einrichtungen (Gemeinsamer Juristischer Dienst, Gemeinsamer Presse- und Informationsdienst, Statistisches Amt der Gemeinschaften, Sekretariat der Räte) nach wie vor um drei selbständige Gemeinschaften, so sehr auch eine „ideelle Einheit“ bereits eingetreten sein mag (Karl Roemer, Schlußanträge in den Verb. Rechtssachen Nr. 27/59 und 39/59, Slg. des EuGH 6/2, 873 f.).

[47]) Unter „Rechtsetzung“ wird hier wie sonst die Fähigkeit europäischer Organe verstanden, unmittelbar, d. h. ohne nationale Transformation, für die Angehörigen der Mitgliedstaaten verbindliche normative Anordnungen zu setzen. Technisch gesprochen handelt es sich dabei also um die „Verordnungen“ des EWGV (Art. 189) und des EAGV (Art. 161) und die „allgemeinen Entscheidungen“ des EGKSV (Art. 14; vgl. GerH Slg. 4, 271/297; Hans-Jürgen Rabe, Das Verordnungsrecht der Europäischen Wirtschaftsgemeinschaft, 1963, S. 65). Zu der Frage, ob auch an Staaten gerichtete „Empfehlungen“ i. S. d. EGKSV und „Richtlinien“ i. S. d. EWGV und EAGV normativen Charakter haben können, soll damit nicht Stellung genommen werden.

[48]) In der EGKS sollte der Ministerrat, der in den ersten Projekten zur Montan-Union nicht vorgesehen war, eine Koordination der allgemeinen nationalen Wirtschaftspolitik und der internationalisierten Montanverwaltung bewirken (Hermann Mosler, Der Vertrag über die EGKS, ZaöRuVR 14/1951—52, 41). Die seither, und in Parallele zur EWG, entwickelte Praxis der Hohen Behörde, sich auch ohne vertragliche Notwendigkeit bei wesentlichen Entscheidungen des Einverständnisses des Rates zu versichern (Gerhard Bebr, The Ballance of Power in the European Communities, Annuaire Européen/European Yearbook V/1959, 57 ff.; Bülck, Strukturwan-

Ministerrat[49]). Auf diese Weise ist gerade hinsichtlich der ungewöhnlichsten Erscheinungsform nichtstaatlicher und nichtnationaler öfentlicher Gewalt, der Rechtsetzung, eine nationale Rückbindung vorhanden[50]).

[c) Wegen des Umstandes, daß in der EGKS und der EAG vollziehende, in der EWG dagegen rechtsetzende Kompetenzen überwiegen, hat man die EGKS und die EAG als „Verwaltungsgemeinschaften" bezeichnet und der EWG als einer „Rechtsgemeinschaft" gegenübergestellt[51]). So sehr damit eine typische Differenz hervorgehoben wird, so sehr können aber auch die gewählten Ausdrücke, indem sie sich zu sehr an innerstaatlichen Vorstellungen orientieren, verdunkeln, daß tatsächlich alle drei Gemeinschaften sowohl Rechts- als auch Verwaltungsgemeinschaften sind. Sie sind Rechtsgemeinschaften, weil sie je über eine eigenartige und gegenüber den nationalen Rechtsordnungen verselbständigte Rechtsordnung verfügen, deren Rechtssubjekte auch Private sind[52]). Sie sind Verwaltungsgemeinschaften, weil die von ihnen ausgeübte öffentliche Gewalt — mit Ausnahme der Rechtsprechung des EuGH — materiell Regierung und Verwaltung ist, die in rechtsetzenden und vollziehenden Akten verwirklicht wird[53]).

---

del, S. 22; William Diebold, The Schuman Plan, 1959, S. 596 f.) hat auch in der EGKS die nationale Rückbindung verstärkt.

[49]) Auch hinsichtlich der vollziehenden Kompetenzen der EWG sind die wichtigen Entscheidungsbefugnisse dem Rat vorbehalten (Rudolf L. Bindschedler, Art. Internationale Organisationen/Grundfragen, WbVR II/1961, III D 2). Das ist bei der EAG nicht anders, wo ebenfalls die gewichtigen Entscheidungskompetenzen beim Rat liegen (Helmut Drück, Die internationale Zusammenarbeit bei der friedlichen Verwendung der Atomenergie innerhalb Europas, 1959, S. 78, 87).

[50]) Die „vertragsergänzende Legislative" wird in allen drei Verträgen durch den einstimmig beschließenden Rat (zusammen mit anderen Organen) ausgeübt (Art. 95 EGKSV; Art. 235 EWGV; Art. 203 EAGV).

[51]) Dietrich Ehle, Rechtsprechung des Gerichtshofes der Europäischen Gemeinschaften zum EWG-Vertrag, JR 1964, 8; Franz W. Jerusalem, Das Recht der Montanunion, 1954, S. 14; Wohlfarth, Anfänge, S. 242 f.; ders., Von der Befugnis der Organe der EWG zur Rechtsetzung, Jb. f. Intern. Recht 9 (1959/60), 13. Schlochauer, Rechtsnatur, S. 372 nennt die EGKS einen „überstaatlichen Zweckverband".

[52]) EuGH Slg. 9, 1/25; EuGH Urteil in der Rechtssache Nr. 6/64; Cartou S. 29, 31; Catalano S. 423.

[53]) Davon abgesehen sind die vollziehenden Befugnisse der EWG auch nicht nur von untergeordneter Bedeutung. Cartou S. 102 ff. spricht in Anlehnung an innerstaatliche Verwaltungsorganisation in

Um die Funktion der Gründungsverträge für die europäische Wirtschaftsverwaltung zu deuten, soweit sich diese Verträge nicht in der Begründung vertraglicher Pflichten der Staaten erschöpfen (z. B. Art. 5 Abs. 2 EWGV), hat man sie als zugleich die „Verfassung" und das „Gesetz" der jeweiligen Gemeinschaft bildend verstanden[54]): „Verfassung" insofern als sie den institutionellen Aufbau, die Aufgaben und die Rechtsetzungsbefugnisse festlegen, „Gesetz" insofern als sie die durch vollziehende Akte auszuführende gemeinsame Wirtschaftsgesetzgebung der Gemeinschaften darstellen. Mit dieser Begriffsbildung soll, wiederum unter Verwendung nationalstaatlicher Kategorien, die unterscheidende Eigenart der Verträge als quasistaatlicher Rechtsordnungen selbständiger und durch eigene Organe zu wirtschaftlicher Rechtsetzung befähigter[55]) Rechtsgemeinschaften betont werden.]

Die außerordentliche Tragweite der den Gemeinschaften gestellten Aufgaben und ihre eigene Entscheidungsgewalt und nicht nur technisch-subsumierende Tätigkeiten implizierenden Befugnisse zwingen zu der Beurteilung, daß ihnen nicht nur technokratischer Sachverstand, sondern auch politische Gestaltung aufgegeben ist[56]), daß ihnen nicht nur Verwaltungsfunktionen, sondern in beschränktem Maße auch Regierungsfunktionen[57]),

---

bezug auf die Einbeziehung der Staaten in den Vollzug der Verträge von „unmittelbarer" Verwaltung (der Staat ist Vollzugsorgan ohne eigene Entscheidungsbefugnis), z. B. in den Fällen der Art. 9, 11, 12, 30, 32, 34, 95, und von „mittelbarer" Verwaltung (Kompetenz und Initiative liegen bei den Staaten), z. B. in den Fällen der Art. Nr. 37, 100, 109.

54) Cartou S. 47; Catalano S. 104; Lagrange, Rechtsnatur, S. 98 f., 106 f.; ders., Le rôle de la Cour de Justice des Communautés européennes, in: Les Problèmes Juridiques et Economiques du Marché Commun, 1960, S. 43; Rabe, Verordnungsrecht, S. 62.

55) J. F. McMahon, The Court of the European Communities, Brit. Year Book of Internat. Law 37 (1961), 329.

56) Norbert Kohlhase, Zum politischen Charakter der Europäischen Wirtschaftsgemeinschaft, EurArch 16 (1961), 339—344; Mason, ECSC, S. 74; Daniel Vignes, La Communauté Européenne du Charbon et de l'Acier, 1956, S. 13.

57) Für diese Beurteilung kann es nicht darauf ankommen, ob jene Regierungsfunktionen Ausdruck einer „den Mitgliedstaaten übergeordneten Staatsgewalt" sind und ob sie im nationalstaatlichen Sinn demokratisch legitimiert sind. Die Bedeutung der in den Gemeinschaften gewählten Organisationsform erschöpft sich gerade nicht darin, eine von den Staaten beschlossene gemeinschaftliche Politik ohne Rücksicht auf nationale Sonderinteressen durchzuführen (gegen Günther Jaenicke, Art. Supranationale Organisationen, WbVR III/1962, 427).

„un pouvoir gouvernemental" (Reuter[58])), zukommen. Deswegen und wegen des von den Staaten unabhängigen Charakters der Hohen Behörde ist die EGKS als ein partiell bundesstaatliches Gebilde mit einer nicht völkerrechtlichen, sondern staatsrechtlichen Grundlage bezeichnet worden[59]).

Doch fehlen den Europäischen Gemeinschaften die Totalität und die Territorialität der Herrschaft sowie die Kompetenz-Kompetenz, so daß die von ihnen ausgeübte öffentliche Gewalt nicht mit derjenigen verglichen werden kann, die die geschichtliche Vergesellschaftungsform des Staates besitzt[60]). Damit ist auch die Anwendung bundesstaatlicher Grundsätze auf sie aus-

---

[58]) Paul Reuter, La Communauté Européenne du Charbon et de l'Acier, 1953, No 82, für die Hohe Behörde. — Bei der EAG ist der gouvernementale Charakter am geringsten ausgebildet, dennoch aber vorhanden (arg. Art. 1 Abs. 2, 2 lit. a, c, g, h EAGV).

[59]) Wolfgang Abendroth, Europäische Integration und demokratische Legitimation, Außenpolitik 3 (1952), 631; K. H. Klein, Übertragung, S. 36 f., 48; Walter Much, Die Amtshaftung im Recht der Europäischen Gemeinschaft für Kohle und Stahl, 1952, S. 15; Hans-Jürgen Schlochauer, Der übernationale Charakter der Europäischen Gemeinschaft für Kohle und Stahl, JZ 1951, 290; ders., Die Gerichtsbarkeit der Europäischen Gemeinschaft für Kohle und Stahl, ArchVR 3 (1951/52), 385 f.; ders., Der Rechtsschutz gegenüber der Tätigkeit internationaler und übernationaler Behörden, 1952, S. 11. Das VG Frankfurt AWD 1964, 60 schreibt auch der EWG eine „partielle Staatsgewalt" zu. — Mosler, EGKS-Vertrag, S. 8, 32, 35 f., 44, nennt zwar die bei der Gründung der EGKS angewandten Mittel solche, die bisher nur der Bildung eines Bundesstaates gedient hätten, verneint aber dann doch, daß die EGKS die Grenze zum Bundesstaat überschritten habe.

[60]) Bindschedler, Intern. Organisationen, I D; Dahm, Völkerrecht, II (1961), § 6 I; Jaenicke, EGKS, S. 785; Herbert Kraus, Betrachtungen über die rechtliche Struktur der Europäischen Gemeinschaft für Kohle und Stahl, in: Rechtsprobleme in Staat und Kirche, Festschrift für Rudolf Smend, 1952, S. 202; Herbert Krüger, Über die Herkunft der Gewalt der Staaten und der sog. supranationalen Organisationen, DÖV 1959, 724 f.; Fritz Münch, Die Abgrenzung des Rechtsbereiches der supranationalen Gemeinschaft gegenüber dem innerstaatlichen Recht, Berichte der Dtsch. Gesellschaft für Völkerrecht, 2 (1958), 77 f.; Reuter, CECA No 35.

Die Mitgliedstaaten behalten alle diese Eigenschaften der Staatsgewalt; die Gemeinschaften bleiben für die Durchsetzung ihrer Anordnungen auf sie angewiesen und können sich auch gegen die Staaten nicht anders als völkerrechtlich durchsetzen (Art. 88, 92 EGKSV; Art. 169, 171, 192 EWGV; Art. 141, 143, 164 EAGV. Erler, Öffentliche Gewalt, S. 18; A. H. Robertson, Legal Problems of European Integration, RdC 91/1957, 147; ders., European Institutions, 1959, S. 108).

geschlossen[61]). Weil andererseits die Organe der europäischen Wirtschaftsverwaltung über eine selbständige und eigenartige öffentliche Gewalt verfügen, können die Gemeinschaften auch nicht als völkerrechtliche Organisationen eingeordnet werden[62]). Denn ihre Unterstellung unter das Regime der einschlägigen Rechtssätze und Kategorien des Völkerrechts müßte die Eigenart ihrer öffentlichen Gewalt verfehlen, durch die jene Gemeinschaften gerade den herkömmlichen begrifflichen Dualismus von Staatenbund und Bundesstaat[63]), von völkerrechtlicher und staatsrechtlicher Staatenverbindung als unzureichend erweisen.

2. Gegenstände, Organisation und Befugnisse der europäischen Militärverwaltung

a) Die globale Auseinandersetzung der beiden kontinentalen Weltmächte hat in Westeuropa in NATO und WEU zwei militärische Auxiliarsysteme der westlichen Vormacht hervorgebracht. Während der Grundvertrag der WEU eine automatische Beistandspflicht der Mitgliedstaaten vorsieht (Art. 5), hat die Mitgliedschaft der USA, die ein unmittelbares militärisches Engagement ohne eine auf den konkreten Fall bezogene Entscheidung des Kongresses traditionell und aus verfassungsrechtlichen Gründen (Art. 1 Sect. 8 USConst) ablehnen, eine derart weitreichende Bündnisverpflichtung für den NATO-Vertrag verhindert (Art. 5)[64]). NATO und WEU besitzen internationalisierte öffentliche Gewalt nur in einem derart begrenzten und national rückgebundenen Umfang, daß sie sich dem Begriff der völkerrechtlichen Staatenverbindung noch nicht entziehen[65]).

---

[61]) Münch, Abgrenzung, S. 76; Scheuner, Rechtsetzungsbefugnis, S. 239 f.

[62]) Gegen Wengler, Völkerrecht, 1964, II, 1257. Wie hier Catalano S. 419 ff.

[63]) Gegen Günther Jaenicke, Die Sicherung des übernationalen Charakters der Organe internationaler Organisationen, ZaöRuVR 14 (1951/52), 51, und ders., Bundesstaat oder Staatenbund, Festschrift für Bilfinger, 1954, S. 71—108.

[64]) Dahm, VR, II § 59 II 2; D. W. Bowett, The Law of International Institutions, 1963, S. 152; Per Fischer, Dreijährige Bilanz der WEU, EurArch 14 (1959), 49; Stephan S. Goodspeed, The Nature and Function of International Organization, 1959, S. 583; Wilhelm G. Grewe, Deutsche Außenpolitik der Nachkriegszeit, 1960, S. 63; Robertson, Institutions, S. 80.

[65]) Dahm, VR, II § 58 IV und § 59 III 1; Herbert Kraus, Probleme der europäischen Zusammenarbeit, 1956, S. 62 ff.; Paul Reuter, Institutions Internationales, 1962, S. 288; Robertson, Legal Problems, S. 137.

b) [Die NATO ist eine auf Grund Art. 9 NATOV errichtete permanente Regionalorganisation mit zivilen und militärischen Organen[66]). Der diskontinuierlich zusammentretende NATO-Rat, an dessen Stelle außerhalb der Ratssitzungen die mit denselben Befugnissen ausgestatteten „Ständigen Vertreter" unter Vorsitz des Generalsekretärs in Paris handeln, ist das zentrale Organ der NATO. Rat und „Ständige Vertreter" sind nach dem Einstimmigkeitsprinzip beschließende, zivile Organe, denen die militärischen Organe und Einrichtungen untergeordnet sind. Die oberste militärische Instanz der NATO ist der aus den Stabschefs der Mitgliedstaaten bestehende Militärausschuß in Washington, der außerhalb seiner Sitzungen durch einen permanenten Vertreterausschuß tätig wird und sich als Exekutivorgan der Standing Group bedient. Diese, aus den Vertretern der Stabschefs der USA, Großbritanniens und Frankreichs zusammengesetzt und ebenfalls in Washington ansässig, hat Befehlsgewalt über die Oberkommandierenden der verschiedenen NATO-Regionen, insb. über SACEUR und SACLANT[67]).]

Die Streitkräfte der NATO-Staaten sind zum Teil, diejenigen der Bundesrepublik in vollem Umfang, der NATO unterstellt[68]), wodurch zwar ihr Charakter als nationale Streitkräfte nicht aufgehoben wird, sie aber einem nichtnationalen Kommando und einem nichtnationalen Konzept der Strategie, Logistik und Dislozierung unterworfen werden[69]). Die NATO, in ziviler und politischer Hinsicht rein kooperativ, besitzt also in militärisch-technischer Hinsicht integrierte Organe, Einrichtungen

---

[66]) Darstellungen der Grundzüge der zivilen und militärischen Organisation der NATO: Charles Brown, Die militärische Bedeutung der Südflanke der NATO, EurArch 16 (1961), 545; Goodspeed, International Organization, S. 583; Gerhard J. Mangone, A Short History of International Organization, 1954, S. 307; Robertson, Institutions, S. 84 ff.

[67]) Supreme Allied Commander Europe; Supreme Allied Commander Atlantic.

[68]) Die Streitkräfte der NATO-Staaten sind gegliedert in Einheiten, die auch im Frieden der NATO unterstehen, in solche, deren Unterstellung unter die NATO nur für den Kriegsfall vorgesehen ist, und in stets unter nationalem Kommando verbleibende Truppenteile (Franz-Wilhelm Engel, Handbuch der NATO, F S. 7).

[69]) Hartwig Bülck, Föderalismus als internationales Ordnungsprinzip, VVdStL 21 (1963), 43; Dahm, VR, 88 § 59 III 2; W. J. Ganshof van der Meersch, Défense nationale et souveraineté, in: Revue de l'Université de Bruxelles III (1950—1951), 220; Kraus, Probleme, S. 68 f.; Eberhard Menzel, Die Rüstungskontrolle der Westeuropäischen Union und das NATO-System, EurArch 12 (1957), 9768.

und Befehlsgewalt; insofern verfügt sie über nichtnationale öffentliche Gewalt und ist sie eine Militär-Koalition neuen Stils[70]). Die Umschaltung der begrenzten Friedensintegration auf die weiterreichende Kriegsintegration ist de jure dem NATO-Rat vorbehalten[71]). Da jedoch das US Strategic Air Command der NATO gar nicht und ihr von den amerikanischen Polaris-U-Booten nur drei unterstellt sind und da weiterhin taktische wie strategische Atomwaffen nach wie vor unter amerikanischer Kontrolle stehen[72]), liegt die Entscheidung über Krieg und Frieden für alle NATO-Staaten praktisch in der Hand des amerikanischen Präsidenten.

c) Die wesentliche militärische Funktion der WEU besteht in der Regelung der Rüstung der Mitgliedstaaten[73]) durch Rüstungsbegrenzungen[74]) und durch — nur die Bundesrepublik

---

[70]) Max Beloff, Neue Dimensionen der Außenpolitik, 1961, S. 80; Grewe, Außenpolitik, S. 65, 102.

Die ersten Maßnahmen zur Errichtung der NATO wurden auf der 1. Sitzung des Rates am 17. 9. 1949 getroffen. Mit der Billigung des vom NATO-Verteidigungsausschuß ausgearbeiteten und in der 3. Sitzung des Rates am 6. 1. 1950 genehmigten integrierten Verteidigungsplanes durch Truman am 27. 1. 1950 war der Weg zur militärischen Integration beschritten. Zur Bildung einer einheitlichen militärischen Struktur durch die Unterstellung der dafür vorgesehenen Streitkräfte der Mitgliedstaaten unter SACEUR kam es erst nach dem Scheitern der EVG (August 1954). Die Londoner Neun-Mächte-Konferenz, am 28. 9. 1954 zusammengetreten, beschloß am 3. 10. 1954 synchron, der Bundesrepublik die Souveränität zu geben, die Bundesrepublik zum Eintritt in die NATO aufzufordern und der NATO eine integrierte europäische Militärorganisation vorzuschlagen (im einzelnen: Abschn. I und IV der Schlußakte der Londoner Konferenz). Der NATO-Rat machte sich in seiner 14. Sitzung vom 20.—23. 10. 1954 den letztgenannten Vorschlag zu eigen und verwirklichte so praktisch, was durch die EVG, jedenfalls in militärischer Hinsicht, erreicht werden sollte (Goodspeed, International Organization, S. 587). De Gaulle lehnt eine Integration auf militärischem Gebiet, m. a. W. die Entwicklung der NATO seit 1954, ab (Engel, Handbuch, F S. 461).

[71]) Wilhelm Meyer-Detring, Als Deutscher bei der NATO, 1960, S. 76.

[72]) Henry A. Kissinger, Kernwaffen und auswärtige Politik, 1959, S. 233 f.

[73]) E. Ferreri, L'Agence de l'Union de l'Europe Occidentale pour le Contrôle des Armements, Annuaire Européen/European Yearbook V (1959), 30—52; Menzel, Rüstungskontrolle, S. 9767—9776.

[74]) Art. 3, 4 Protokoll III zum Revidierten Brüsseler Vertrag (BrüssV) in Verb. mit Anlage IV: „Kontrollierte Rüstung".

betreffende — Herstellungsverbote[75]) sowie durch eine Kontrolle dieser Festlegungen vermittels des in Paris ansässigen und dem Rat der WEU untergeordneten Amtes für Rüstungskontrolle[76]). Der Rat erstattet der Versammlung der WEU jährlich einmal über die Rüstungskontrolle Bericht (Art. IX BrüssV) und beschließt ausnahmsweise mit einfacher Mehrheit über die ihm notwendig erscheinenden Maßnahmen, wenn das Amt ihm über Verstöße gegen die Rüstungsbegrenzungen oder Herstellungsverbote berichtet (Art. VIII Ziff. 4 BrüssV; Art. 20 Protokoll IV).

Die Rüstungskontrolle erfolgt durch büromäßige Bearbeitung der von den Staaten einzureichenden Bestandsangaben („contrôle sur place") und durch Inspektionen an Ort und Stelle („contrôle sur pièce")[77]). Die an sich auch vorgesehenen unangekündigten Kontrollen privater Fabriken, in denen sich eine, wenn auch sehr partielle, öffentliche Gewalt der WEU äußern würde, können bisher nicht stattfinden, weil dafür gemäß Art. 11 Protokoll IV zuvor ein „angemessenes Rechtsverfahren in Bezug auf private Interessen" festgelegt werden muß, das entsprechende, am 14. 12. 1957 unterzeichnete Abkommen aber erst von Großbritannien, Belgien und der Bundesrepublik ratifiziert worden ist[78]).

---

[75]) Die Bundesrepublik hat auf die Herstellung von ABC-Waffen endgültig und auf die von bestimmten anderen Waffen und Waffenträgern aufhebbar verzichtet und sich einverstanden erklärt, daß die Einhaltung dieser Verpflichtungen durch die WEU überwacht wird (Art. 1, 2 Prot. III zum BrüssV in Verb. mit Anlagen I, II, III): „Unzulässige Rüstungsproduktion".

[76]) Art. VIII Ziff. 2 BrüssV; Prot. IV zum BrüssV, insb. Art. 7. — Die Tätigkeit des Amtes beschränkt sich auf das europäische Festland (Art. 9 Prot. IV). Es wurde am 23. 10. 1954 errichtet und nahm am 6. 5. 1955 seine Tätigkeit auf. Das erste Jahr effektiver Kontrolle war 1957.

[77]) Für die der NATO unterstehenden Streitkräfte und Depots kommen Inspektionen nicht in Betracht (Art. 7 Nr. 2 lit. b, 8 Prot. IV).

[78]) Ferreri, Agence, S. 34; Fischer, Bilanz, S. 53; Etienne de la Vallée Poussin, Erfahrungen der europäischen Rüstungskontrolle, EurArch 16 (1961), 683.— Die WEU-Versammlung hat auf ihrer 8. Sitzung am 4.—8. 6. 1962 in einer Empfehlung Nr. 79 vom 7. Juni 1962 dem Rat empfohlen, die Regierungen Frankreichs, Italiens, Luxemburgs und der Niederlande zu ersuchen, auf eine Ratifizierung des erwähnten Abkommens hinzuwirken (EurArch 17/1962, D 344). Der Rat hat darauf am 23. 10. 1962 mit dem Hinweis geantwortet, daß es in erster Linie an den Parlamenten liege, dem Abkommen zuzustimmen, und folglich die Parlamentarier selbst dazu beitragen könn-

II. Die neue Technik der Supranationalisierung

Für die Ausübung nichtstaatlicher und nichtnationaler öffentlicher Gewalt durch von den Mitgliedstaaten unabhängige Organe einer die Angehörigen mehrerer Staaten umfassenden Rechtsgemeinschaft, die eine selbständige und eigenartige Rechtsordnung besitzt, wird häufig der Ausdruck „supranational" verwendet. In der theoretischen Diskussion hat sich allerdings darüber, ob dieser Ausdruck eine angebbare Bedeutung habe, welche Bedeutung das sei und ob es sich bei dem Gemeinten überhaupt um eine nicht auf geläufige Begriffe zurückführbare Bedeutung handle, keine Einigkeit herstellen lassen.

1. Welche Besonderheiten sind es, die sich in den Europäischen Verträgen finden und die die durch diese Verträge begründete öffentliche Gewalt als etwas gegenüber anderen Formen internationaler Zusammenarbeit von Staaten Neuartiges charakterisieren?

Die Europäischen Gemeinschaften besitzen je ein mit der Ausübung von wirtschaftsverwaltungsrechtlichen Befugnissen betrautes Organ, dessen Organwalter von den nationalen Organen sachlich und persönlich unabhängig sind[79]). Dieses Organ beschließt stets, der daneben vorhandene und in EWG und EAG der Kommission überlegene Ministerrat, der national rückgebunden ist, immerhin in nennenswertem Umfang nach dem Mehrheitsprinzip[80]). Das unabhängige Organ und der Ministerrat sind in zahlreichen Fällen zu vollziehenden und rechtsetzenden Hoheitsakten ermächtigt, die an Angehörige der Mitgliedstaaten unmittelbar adressiert und für sie unmittelbar verbindlich sind[81]). Das Ensemble dieser drei Besonderheiten rechtfer-

---

ten; außerdem habe der Rat die betroffenen Regierungen mehrfach auf die Bedeutung der Frage hingewiesen (Engel, Handbuch, D 112, S. 59). Der Empfehlung Nr. 79 war bereits eine gleichartige Empfehlung Nr. 67 vom 1. Juni 1961 vorausgegangen (EurArch 16/1961, D 408).

[79]) Art. 9, 10 Abs. 12, 12 Abs. 2 EGKSV; Art. 157, 160 EWGV; Art. 126, 128 EAGV. Vgl. dazu: Jaenicke, Sicherung; ders., EGKS, S. 737, 740; Bindschedler, Internationale Organisationen, III C 1; Dahm, VR, II § 13 I.

[80]) Cartou S. 110 f.

[81]) Für diese — die hervorstechendste — Besonderheit, welche die im Völkerrecht grds. vorausgesetzte Undurchdringlichkeit der Staaten durchbricht, hat Erler, Öffentliche Gewalt, S. 22, den Ausdruck „transnational" vorgeschlagen. Vgl. auch Bindschedler, Intern. Organisationen, II C 1; Jaenicke, EGKS, S. 744 f.

tigt es, davon zu sprechen, daß den Europäischen Gemeinschaften, mit den Worten des Art. 24 Abs. 1 GrundG ausgedrückt, „Hoheitsrechte übertragen" worden sind.

Grundlagen dieser „Übertragung" sind multilaterale völkerrechtliche Verträge[82]), deren Regelungen jedoch mit ihrem Inkrafttreten insoweit zur eigenartigen Rechtsordnung der neuentstandenen Rechtsgemeinschaft, zu primärem Gemeinschaftsrecht, werden, als sie Organisation, Aufgaben und Befugnisse der Gemeinschaftsorgane festlegen und als sie unmittelbar Rechte einzelner begründen, wie z. B. Art. 12 und 53 EWGV[83]). Übergehende „Hoheitsrechte" sind die betroffenen Materien der Wirtschaftsverwaltung und -politik und die zu ihrer Verwirklichung vorgesehenen Zuständigkeiten der Rechtsetzung, Vollziehung und Rechtsprechung[84]). Dem speziellen und begrenzten Charakter der europäischen Wirtschaftsverwaltung entsprechend[85]) sind diese Zuständigkeiten stets ausdrücklich zugewiesene und begrenzte Spezialermächtigungen[86]). Obwohl das diese Ermächtigungen zuweisende primäre Gemeinschaftsrecht nicht mit souveränitätsfreundlicher Restriktion auszulegen ist[87]), weil es von dem zugrundeliegenden völkerrechtlichen Vertrag inhaltlich abgelöst ist, ist wegen der vorgesehenen „vertrags-

---

82) Die Verträge bleiben auch nach ihrem Inkraftteten und Vollzug als solche bestehen, soweit sie nicht zu primärem Gemeinschaftsrecht werden; aber auch für dieses bleiben sie Entstehungs- und Geltungsgrund (vgl. Rudolf L. Bindschedler, Rechtsfragen der europäischen Einigung, 1954, S. 201; ders., Intern. Organisationen, I A).

83) Catalano S. 105; Maurice Lagrange, Schlußanträge in der Rechtssache Nr. 8/55, GerH Slg. 2, 231.

84) Catalano S. 17 f.; Adolf Schüle, Grenzen der Klagebefugnis vor dem Gerichtshof der Montanunion, ZaöRuVR 16 (1955/56), 245.

85) Catalano S. 19; Jaenicke, EGKS, S. 749; Krüger, Herkunft, S. 724 f. Vgl. auch oben Anm. 60.

86) Arg. Art. 5, 8 EGKSV; Art. 4 Abs. 1 Satz 2 EWGV; Art. 3 Abs. 1 Satz 2 EAGV. Dazu: Jaenicke, EGKS, S. 737, 749; Rabe, Verordnungsrecht, S. 69, 70 ff., 102 ff.

87) Münch, Abgrenzung, S. 81, zust. Schlochauer in der Diskussion S. 117; C. F. Ophüls, Über die Auslegung der Europäischen Gemeinschaftsverträge, in: Wirtschaft, Gesellschaft und Kultur, Festgabe für Alfred Müller-Armack, 1961, S. 289; Rabe, Verordnungsrecht, S. 133 ff. Es gilt insb. der Grundsatz, daß die Vorschriften über den Rechtsschutz nicht zuungunsten des Rechtsunterworfenen einschränkend ausgelegt werden dürfen (EuGH Slg. 6/2, 1163/1189; 9, 211/237).

ergänzenden Legislative"[88]) kompetenzbegründendes ungeschriebenes Gemeinschaftsrecht offenbar ausgeschlossen[89]).

Diese partielle Internationalisierung öffentlicher Gewalt, die mit der mißverständlichen Formulierung „Übertragung von Hoheitsrechten" gemeint ist, kann nicht als ein Verzicht auf oder eine Fusion von Souveränität verstanden werden[90]); denn Souveränität ist eine Eigenschaft der Staatsgewalt, nicht eine besondere Fähigkeit des Staates. Was aus der Hand des Nationalstaates in ein nichtnationales Regime übergeht, sind bestimmte Aufgaben[91]) der Wirtschaftslenkung, also auch nicht etwa bestimmte rechtliche Befugnisse. Für die Bewältigung dieser Aufgaben werden auf nichtnationaler Ebene neue, und nicht notwendig gleichartige, rechtliche Befugnisse geschaffen, deren Ausgestaltung dem nichtnationalen und nichtstaatlichen Charakter der so entstehenden öffentlichen Gewalt und dem konkurrierenden Weiterbestehen der nationalen Staatsgewalt Rechnung trägt. Insofern kann weder von einem „Übertragen" noch von einer „Delegation" rechtlicher Befugnisse gesprochen werden[92]). Soweit Aufgaben auf die europäische Wirtschaftsverwaltung übergegangen und soweit entsprechende rechtliche Befugnisse begründet worden sind[93]), besteht nicht nur eine völker-

---

[88]) Oben Anm. 50.

[89]) EuGH Slg. 6/2, 681/708 ff. (weder einzelne Bestimmungen noch der Gesamtzusammenhang des EGKSV verleihen der Hohen Behörde stillschweigende Rechtsetzungsbefugnisse auf dem Gebiet der Veröffentlichung der Beförderungstarife); Hans Joachim Glaesner, Übertragung rechtsetzender Gewalt auf internationale Organisationen in der völkerrechtlichen Praxis, DÖV 1959, 657; Günther Jaenicke, Der übernationale Charakter der Europäischen Wirtschaftsgemeinschaft, ZaöRuVR 19 (1958), 174; Rabe, Verordnungsrecht, S. 151 ff. — Abw. McMahon, Court, S. 340 ff; Ophüls, Auslegung, S. 290.

[90]) So: Kunz, Supra-national Organs, S. 697; Robertson, Legal Problems, S. 203; Schlochauer, Übernationaler Charakter, S. 289. Dagegen: Bindschedler, Rechtsfragen, S. 74 f., 201; Catalano S. 19; Krüger, Herkunft, S. 725.

[91]) Glaesner, Übertragung, S. 653; Krüger, Herkunft, S. 724; Eberhard Menzel, Völkerrecht, 1962, § 83; Ulrich Scheuner, Gutachten, in: Der Kampf um den Wehrbeitrag, II (1953), 139 f.

[92]) Catalano S. 19; Erich Kaufmann, Gutachten, in: Der Kampf um den Wehrbeitrag, II (1953), 54 f.; Krüger, Herkunft, S. 722 f.; Maunz in: Maunz/Dürig, Grundgesetz, 1964, Art. 24 RNr. 6, 7; Rabe, Verordnungsrecht, S. 121; Scheuner, Rechtsetzungsbefugnis, S. 232; Zemanek in: Verdroß, Völkerrecht, 5. Aufl., 1964, S. 356.

[93]) Die Kompetenzen der Europäischen Gemeinschaften sind gegenüber den Staaten ausschließlich, soweit sich nicht aus den Verträgen

rechtliche Verpflichtung der Staaten, jene Aufgaben und Befugnisse nicht wahrzunehmen[94]), sondern ist die europäische öffentliche Gewalt an die Stelle der nationalen Staatsgewalt getreten[95]). Diese neue und eigenartige öffentliche Gewalt ist demzufolge einheitlich[96]) und originär[97]).

2. a) Für die beschriebene Eigenart der Europäischen Gemeinschaften und ihre Wirkung auf die nationalen Rechtsgemeinschaften, Rechtsordnungen und Institutionen bietet sich der Ausdruck „supranational" an. Im Interesse einer klaren und eindeutigen Redeweise darf jedoch nicht außer acht gelassen werden, daß dieser Ausdruck je nach seiner Verwendungsweise[98]) verschiedene Bedeutungen haben, also verschiedene

---

ergibt, daß eine konkurrierende Zuständigkeit der Staaten bestehen bleiben soll (Friauf, Staatenvertretung, S. 73; Much, Amtshaftung, S. 24; EuGH Slg. 6/2, 1163/1184: Der EGKSV wird von dem Grundsatz einer strengen Scheidung zwischen den Kompetenzen der Gemeinschaftsorgane und der Staatsorgane beherrscht). Reuter, CECA No 99, 99bis, und Scheuner, Rechtsetzungsbefugnis, S. 239, wollen als Grundsatz nur konkurrierende Zuständigkeiten annehmen. Für die Rechtsetzungsbefugnisse der EWG kommen Wohlfarth, Rechtsetzung, S. 29 f., und Wohlfarth et al., EWG, Vorb. vor Art. 189 Anm. 3, zu dem Ergebnis, daß diese, mit Ausnahme der Zollgesetzgebung nach Abschluß der Übergangszeit, stets nur konkurrierend seien.

94) Diese Auffassung scheint allerdings zu überwiegen; vgl. Erler, Öffentliche Gewalt, S. 19 f., 22; Glaesner, Übertragung, S. 653; Maunz, Art. 24 RNr. 5; Mosler, Internationale Organisation, S. 294; Zemanek in: Verdroß, VR, S. 356.

95) Catalano S. 17 f. („Les Etats membres ont non seulement assumé des obligations déterminées mais ils ont conféré à l'organisme commun des pouvoirs et des compétences en se dépouillant des pouvoirs et des compétences correspondants qui leur appartiennent"); Menzel, VR, § 83 (die internationalen Organisationen nehmen dem Staat Funktionen ab und erfüllen sie an seiner Stelle); Reuter, CECA No 97 (der Staat „accepte non seulement des limitations, mais un dessaisissement de ses compétences..."); EuGH Urteil in der Rechtssache Nr. 6/64 („endgültige Beschränkung ihrer — sc. der Staaten — Hoheitsrechte").

96) Kaufmann, Gutachten, S. 54 f.; Krüger, Herkunft, S. 722.

97) Glaesner, Übertragung, S. 656; Maunz, Art. 24 RNr. 8; Dietrich Mehnert, Herkunft und Grenzen der hoheitlichen Gewalt supranationaler Organisationen, Diss. Hamburg 1958; Rabe, Verordnungsrecht, S. 62 f.; Schüle, Klagebefugnis, S. 243 ff.; Wohlfarth, Anfänge, S. 246 f., 260 f.; Wohlfarth et al., EWG, Vorb. vor Art. 189 Anm. 2. Abw. Karl Heinrich Friauf, Die Notwendigkeit einer verfassungskonformen Auslegung im Recht der westeuropäischen Gemeinschaften, AöR 85 (1960), 226 f.

98) Catalano S. 15 f., 50 unterscheidet eine politische und eine

Begriffe bezeichnen kann, daß es somit einen von vornherein festliegenden und von der wissenschaftlichen Arbeit nur zu übernehmenden Begriff der Supranationalität nicht gibt[99]).

[Der Ausdruck „supranational" kann einerseits in theoretischer Absicht gebraucht werden, um die Eigenarten der Europäischen Gemeinschaften für eine systematische Überlegung zu verdeutlichen und in eine solche einzuordnen. In diesem Sinn kann man die Verwirklichung des politischen Zieles der europäischen Integration durch eine sich „dynamisch" auf einen Bundesstaat hin entwickelnde Staatenverbindung als Supranationalität bezeichnen[100]) und bildet so einen Begriff der politischen Theorie. Zu einem Begriff der Völkerrechtstheorie dagegen gelangt das Bestreben, unter Hervorhebung eines, mehrerer oder aller der geschilderten Besonderheiten der europäischen Wirtschaftsverwaltung deren Eigenart im Verhältnis zu den herkömmlichen internationalen Organisationen zum wissenschaftlichen Begriff zu bringen[101]).

Andererseits kann der Ausdruck „supranational" in praktischer Absicht gebraucht werden, nämlich im Zusammenhang mit und als Hilfsmittel für die Interpretation von Rechtssätzen bei der Anwendung des primären und sekundären Gemeinschaftsrechts. Das kann, vom Völkerrecht aus denkend, hinsichtlich der Bestimmungen über die Organe der Europäischen Gemeinschaften, insbesondere über die Hohe Behörde und die

---

rechtliche Bedeutung des Ausdrucks und ganz ähnlich Louis Delvaux, La notion de supranationalité, Annales de Droit et des Sciences Politiques XVII (1957), 185—200, die Idee der Supranationalität und ihre juristische Ausdrucksform.

99) Besonders Erler, Grundprobleme, passim, hat auf den nominalistischen und pragmatischen Charakter wissenschaftlicher Begriffsbildung nachdrücklich hingewiesen.

100) Albert Wehrer, Le principe supranational dans le traité instituant la CECA, Mélanges Sériadès, 1961, I, 42; Wirsing in seinem Vortrag „Probleme supranationaler Wirtschaftsverwaltung" auf der Tagung in Speyer a.a.O. (oben Anm. 38).

101) Friedrich Berber, Lehrbuch des Völkerrechts, III. Band, 1964, S. 255; Jaenicke, Sicherung, S. 53; Pierre Mathijsen, Le Droit de la Communauté Européenne du Charbon et de l'Acier, 1958, S. 144 ff.; Menzel, VR, § 83; Pitman B. Potter, An Introduction to the Study of International Organization, 4th ed., 1935, S. 278 („international federation"); Reuter, CECA Nos 141 ff.; Scheuner, Rechtsetzungsbefugnis, S. 233; Schlochauer, Verhältnis, S. 1 ff.; Wehrer, Principe supranational, S. 41. — Wie Berber, a.a.O., mit Recht gegen Wengler, VR II, 1315, hervorhebt, handelt es sich hier nicht um einen politisch-soziologischen, sondern um einen juristischen (rechtssystematischen) Begriff.

Kommissionen, geschehen[102]). Man kann aber den Begriff auch bilden im Hinblick auf die rechtliche Aporie des Verhältnisses der Aufgaben und Befugnisse der Europäischen Gemeinschaften zur nationalen Staatsgewalt, vor allem auf die Frage der Konkurrenz des primären und sekundären Gemeinschaftsrechts mit den nationalen Rechtsordnungen[103]).]

b) Von diesen vier Begriffen des Supranationalen ist keiner richtiger als der andere; denn die vier zugrundeliegenden Fragestellungen haben alle ihre je spezifische Berechtigung. Hier interessiert nur der letztgenannte Begriff, der auf die Eigenart der Aufgaben und Befugnisse der Europäischen Gemeinschaften, d. h. auf die Eigenart der öffentlichen Gewalt der europäischen Wirtschaftsverwaltung abhebt. Diese ist nach dem vorher Dargelegten zu bestimmen als eine originäre und einheitliche, nichtnationale und nichtstaatliche Herrschaftsgewalt einer neuartigen Rechtsgemeinschaft der Angehörigen der Mitgliedstaaten, die auf Grund einer selbständigen Rechtsordnung ohne Bindung an die nationalen Rechts- und Verfassungsordnungen ausgeübt wird[104]). Diese supranationale Herrschaftsgewalt folgt weder staatsrechtlichen noch völkerrechtlichen Grundsätzen der überkommenen Art. Aus dem so verstandenen Begriff des Supranationalen ergeben sich unmittelbare Konsequenzen für die Eigenart des Gemeinschaftsrechts und für dessen Verhältnis zum nationalen Recht.

Das primäre und sekundäre Gemeinschaftsrecht ist kein Völkerrecht oder eine Abart des Völkerrechts[105]). Es wird zwar auch von nationalen Organen angewandt, ist aber dennoch nicht auch nationales Recht[106]); denn es ist nicht aus nationaler Wurzel

---

102) Bindschedler, Rechtsfragen, S. 232 f.; Jonkheer W. I. M. van Eysinga, Supranational, in: Rechtsfragen der internationalen Organisation, Festschrift für Hans Wehberg, 1956, S. 130—132; Jaenicke, Sicherung, S. 46; ders., EWG, S. 170 f.; 172; ders., Supranationale Organisationen; Kunz, Supra-national Organs, S. 697.

103) Bowett, International Institutions, S. 171; Dahm, VR, II § 8 I; Menzel, VR, § 88 II; Robertson, Legal Problems, S. 145; ders., Institutions, S. 106; Paul de Visscher, La nature de la CECA, Annales de la Faculté du Droit de Liège, 1957, S. 125 f.

104) Im wesentlichen übereinstimmend Ipsen/Nicolaysen, NJW 1964, 340.

105) So Berber, VR, III, 257. Wie hier Schlochauer, Verhältnis, S. 4 ff.

106) So Dietrich Ehle, Zum Verhältnis von Gemeinschaftsrecht und nationalem Recht, MDR 1964, 10 f.; Heinrich Matthies, Das Recht der Europ. Gemeinschaft für Kohle und Stahl und die nationalen Gerichte der Mitgliedstaaten, JZ 1954, 305; Much, Amts-

entstanden und kann durch Akte nationaler Gesetzgebung nicht aufgehoben oder geändert werden[107]). Die völkerrechtliche Transformationstheorie kann auf das Gemeinschaftsrecht nicht angewandt werden[108]), auch nicht auf das primäre Gemeinschaftsrecht, da dieses von dem zugrundeliegenden Vertrag inhaltlich losgelöst ist und nichtvölkerrechtliche Rechtsfolgen auszulösen vermag. Das Gemeinschaftsrecht ist eine selbständige Rechtsordnung eigener Art[109]).

Das schließt weiterhin aus, auf das sekundäre Gemeinschaftsrecht die innerstaatlichen Rechtsbegriffe „Gesetz" und „Rechtsverordnung" anzuwenden, die allein für die Ausübung von Staatsgewalt passen[110]). Ungeachtet ihrer Bezeichnung sind die „Verordnungen" der Europäischen Gemeinschaften keine dele-

---

haftung, S. 19 f.; Schlochauer, Verhältnis, S. 24 f. Wie hier Ophüls, Quellen und Aufbau des Europäischen Gemeinschaftsrechts, NJW 1963, 1699, für das sekundäre Gemeinschaftsrecht.

[107]) Deswegen kann hinsichtlich des sekundären Gemeinschaftsrechts nicht von einer „vorweggenommenen Transformation" durch die Vertragsbestimmungen über die Rechtsetzungsbefugnisse der Gemeinschaften (Ehle, Verhältnis, S. 10 f.; Schlochauer, Verhältnis, S. 24 f.) gesprochen werden (Rabe, Verordnungsrecht, S. 29).

[108]) Wenn der EuGH Slg. 6/2, 681/707 von der „mit der Ratifikation des Vertrages erfolgten Eingliederung (des EGKSV) in die Rechtsordnungen der Mitgliedstaaten" spricht (der Sache nach ebenso das Urteil in der Rechtssache Nr. 6/64 für den EWGV), soll damit, wie der Zusammenhang ergibt, nur die unmittelbare Anwendung des Vertrages durch die Organe der Mitgliedstaaten begründet werden.

[109]) Mathijsen, CECA, S. 152; Rabe, Verordnungsrecht, S. 58 f.; Wohlfarth, Rechtsetzung, S. 28; Wohlfarth et al., EWG, Vorb. vor Art. 189 Anm. 1 (für das sekundäre Gemeinschaftsrecht). Der EuGH stellt im Bosch-Urteil (Slg. 8, 97/110) das Gemeinschaftsrecht und das nationale Recht als „zwei selbständige, voneinander verschiedene Rechtsordnungen" gegenüber und nennt im 1. Tariefcommissie-Urteil (Slg. 9, 1/25) „die Gemeinschaft" eine „neue Rechtsordnung des Völkerrechts", deren Rechtssubjekte auch die Einzelnen sind und die von der Gesetzgebung der Mitgliedstaaten unabhängig ist. In dem Urteil in der Rechtssache Nr. 6/64 ist dargelegt, daß der EWG-Vertrag zum Unterschied von gewöhnlichen internationalen Verträgen eine „eigene Rechtsordnung" geschaffen habe, die „aus einer autonomen Rechtsquelle" fließe.

Mit Recht wird von Kaiser, Differenzierung, S. 415, darauf hingewiesen, daß mit der Durchbrechung des staatlichen Rechtsetzungsmonopols die Einheit des Rechts aufgehoben ist.

[110]) Catalano S. 109 ff.; Rabe, Verordnungsrecht, S. 60 ff. (Catalano folgend); Ophüls, Zustimmungsgesetz, S. 67. — Abw. Reuter, CECA No 44, der die Rechtsetzungsgewalt der Hohen Behörde als „pouvoir réglementaire" auffaßt.

gierte Rechtsetzung einer Exekutive, sondern die originäre Rechtsetzung[111]) einer dem historischen Modell der Gewaltenteilung nicht folgenden, nichtstaatlichen öffentlichen Gewalt. Damit ist Überlegungen, die sich an Art. 80 Abs. 1 Satz 2 GrundG orientieren, der Boden entzogen.

Da die Frage nach dem Verhältnis des Gemeinschaftsrechts zum nationalen Recht vor dem Hintergrund der originären und einheitlichen öffentlichen Gewalt der Europäischen Gemeinschaften zu beantworten ist, muß diese Antwort für das nationale Gesetzesrecht ebenso ausfallen wie für das nationale Verfassungsrecht[112]). Das Verfassungsrecht kann hier keine Sonderstellung einnehmen, da das mit dem Ziel einer in allen Mitgliedstaaten einheitlichen Geltung des Gemeinschaftsrechts unvereinbar wäre. Die für die Lösung des Rangproblems heranzuziehende Rechtsquelle kann deshalb auch nicht das nationale Verfassungsrecht sein[113]), das möglicherweise zu einer unterschiedlichen Geltungskraft des Gemeinschaftsrechts in den einzelnen Mitgliedstaaten führen würde. Das nationale Verfas-

---

[111]) Oben Anm. 97.

[112]) Gerhard Bebr, The Relation of the ECSC Law to the Law of the Member States: A Peculiar Legal Symbiosis, Columbia Law Review 58 (1958), 788; Wohlfarth, Rechtsetzung, S. 30; Wohlfarth et al., EWG, Vorb. vor Art. 189 Anm. 4 (für das sekundäre Gemeinschaftsrecht). Das ist auch der Standpunkt des EuGH, wie er in dem Urteil in der Rechtssache Nr. 6/64 zum Ausdruck kommt: Dem primären Gemeinschaftsrecht können wegen seiner Eigenständigkeit keine wie immer gearteten innerstaatlichen Rechtsquellen vorgehen, wenn ihm nicht sein Charakter als Gemeinschaftsrecht aberkannt und wenn nicht die Rechtsgrundlage der Gemeinschaft selbst in Frage gestellt werden soll. Es würde eine Gefahr für die in Art. 5 Abs. 2 EWGV aufgeführten Ziele des Vertrages bedeuten und dem Verbot des Art. 7 widersprechende Diskriminierungen zur Folge haben, wenn das Gemeinschaftsrecht je nach der nachträglichen innerstaatlichen Gesetzgebung von einem Staat zum anderen verschiedene Geltung haben könnte. — Abw. Ehle, Verhältnis, S. 14; Scheuner, Rechtsetzungsbefugnis, S. 241; Schröcker, Das vertragswidrige Gesetz, DVBl 1958, 413: Das Verfassungsrecht geht stets vor.

[113]) So: Ipsen/Nicolaysen, NJW 1964, 341 f.; Werner Knopp, Über die Pflicht deutscher Gerichte zur Vorlage von Auslegungsfragen an den Gerichtshof, JZ 1961, 310; Maurice Lagrange, Les entreprises sont-elles responsables vis-à-vis de la Communauté d'avoir obéi à une législation nationale contraire au Traité? Actes Officiels du Congres International d'Etudes sur la CECA Milan-Stresa, 1958, IV, 68; Münch, Abgrenzung, S. 78; Scheuner, Rechtsetzungsbefugnis, S. 241; Schlochauer, Verhältnis, S. 22, 25, 27; Schröcker, Vertragsw. Gesetz, S. 413.

sungsrecht entscheidet nur darüber, ob das Gemeinschaftsrecht den ihm zuerkannten Rang in der Hierarchie der Rechtsquellen bekommen durfte. Das zeigt, daß das Rangproblem allein durch eine Anwendung der Europäischen Verträge zu lösen ist[114]), aus denen sich die Eigenart der neuen Rechtsordnung ergibt; eine Regelung wie Art. 24 Abs. 1 GrundG kann dabei als Auslegungshilfsmittel dienen[115]).

Daraus folgt, daß die zur Lösung der Rangfrage vertretene völkerrechtliche These[116]), wonach das Gemeinschaftsrecht wie ein transformierter self-executing Vertrag zu behandeln ist und eine nationale lex posterior älteres Gemeinschaftsrecht bricht,

---

114) Catalano S. 124; Much, Amtshaftung, S. 22. Dies ist auch der Standpunkt der EWG-Kommission (siehe EuGH Slg. 9, 1/14) und des EuGH (Urteil in der Rechtssache Nr. 6/64; dazu Jochen Frowein, Zum Verhältnis zwischen dem EWG-Recht und nationalem Recht aus der Sicht des EuGH, AWD 1964, 236).

Die weitere Folge dieser Auffassung ist, daß für die Entscheidung der Rangfrage — m. a. W. der Frage, ob eine konkrete Verpflichtung kraft Gemeinschaftsrechts trotz einer widersprechenden nationalen lex posterior besteht — der EuGH (auch) zuständig ist (abw. Ipsen/Nicolaysen, NJW 1963, 1716), und daß die nationalen Gerichte ggf. zur Herbeiführung einer Vorabentscheidung verpflichtet sind (Bülow, Zur unmittelbaren Wirkung von Stillhalteverpflichtungen im EWG-Vertrag, AWD 1963, 162; Carlo Piola-Caselli, Verhältnis des EWG-Vertrages zum nationalen Recht, AWD 1964, 220). EuGH Slg. 9, 1/23: Der Gerichtshof ist zuständig (Art. 177 lit. a EWGV), die Tragweite des Art. 12 EWGV im Rahmen des Gemeinschaftsrechts unter dem Gesichtspunkt seiner Geltung für den Einzelnen festzustellen. Dies impliziert nicht auch die andere Zuständigkeit, über die Vereinbarkeit einer innerstaatlichen Maßnahme, also auch einer nationalen lex posterior, mit dem Vertrag zu befinden; darüber kann der EuGH nur in dem Verfahren gemäß Art. 169 EWGV entscheiden.

115) Abw. erblicken Ipsen/Nicolaysen, NJW 1964, 341 f., in Art. 24 Abs. 1 GrundG die maßgebende Kollisions- und Rangregel. Im Gegensatz dazu zieht Ipsen in seinem Vortrag „Das Verhältnis des Rechts der europäischen Gemeinschaften zum nationalen Recht" bei dem Kolloqium der Wissenschaftlichen Gesellschaft für Europarecht am 10. und 11. 7. 1964 in Bensheim-Auerbach das Prinzip der Sicherung der Funktionsfähigkeit der Gemeinschaften und den Art. 189 Abs. 2 EWGV zur Lösung der Kollisionsfrage heran (nach dem Bericht von Rabe, NJW 1964, 1608).

116) Erler, Öffentliche Gewalt, S. 19, 22 f.; Jerusalem, Montanunion, S. 71; Münch, Abgrenzung, S. 89; Scheuner, Rechtsetzungsbefugnis, S. 240 f.; Schlochauer, Verhältnis, S. 27 f.; Schröcker, Vertragsw. Gesetz, S. 417 f. — Normalerweise wird der Gesetzgeber innerstaatlich durch transformierte völkerrechtliche Verträge nicht gebunden (BVerfGE 6, 309/363).

die Selbständigkeit der europäischen Rechtsordnung verkennt. Auch die staatsrechtliche These[117]), wonach das Gemeinschaftsrecht das nationale Recht in Analogie zur Rangregelung im Bundesstaat „bricht“, kann nicht befriedigen. Denn die Gemeinschaften bilden weder, wie Zentralstaat und Gliedstaaten im Bundesstaat, mit den Staaten eine einheitliche Rechtsgemeinschaft, noch besitzen sie eine staatliche öffentliche Gewalt. Es müssen vielmehr für den hier möglichen Normenkonflikt[118]) neue Regeln gefunden werden[119]). Diese können nur dahin gehen, daß im Konfliktsfall das Gemeinschaftsrecht vorgeht[120]), dessen Verpflichtungen also die durch das nationale Recht begründeten verdrängen und die nationalen Organe, einschließlich der Gerichte[121]), nach dieser Kollisionsregel zu verfahren haben, daß aber andererseits das betroffene nationale Recht nicht beseitigt, sondern nur überlagert, d. h. für die Dauer des Kon-

---

117) Maunz, Art. 24 RNr. 10, 11; Wohlfarth, Anfänge, S. 264 ff.; ders., Rechtsetzung, S. 30; Wohlfarth et al., EWG, Vorb. vor Art. 189 Anm. 4.

118) Zu derartigen Kollisionen kann es bei einer nationalen Durchführungsgesetzgebung zu Gemeinschaftsverordnungen (z. B. DurchfG VO Nr. 19 vom 26. 7. 1962 — BGBl I S. 455), bei nationalen Gesetzen, die durch bestimmte Regelungen des Gemeinschaftsrechts notwendig werden (z. B. Zolltarif 1961 vom 23. 12. 1960 — dazu Wolfgang Wenner, Rechtsschutz gegenüber Rechtsetzungen auf Grund des Vertrages über die EWG, AWD 1961, 64 —; Abschöpfungserhebungsgesetz vom 25. 7. 1962 — BGBl I S. 453), oder auch bei nationalem Recht, das mit dem Gemeinschaftsrecht in keinem unmittelbaren Zusammenhang steht (z. B. die Regelung der Umsatzausgleichssteuer — dazu FG Bremen AWD 1963, 281; Walter Leisner, Grenzüberschreitende umsatzsteuerliche Organschaft, FinArch 23/1964, 298 bis 341), kommen.

119) Gerhard Bebr, Judicial Control of the European Communities, 1962, S. 216; Thieme, Öffentliche Gewalt, S. 54 f.

120) Bebr, Relation, S. 768 f.; Bülow, Stillhalteverpflichtungen, S. 163; Catalano S. 124; Ehle, Verhältnis, S. 12 f. (nur für das einfache Bundesrecht); Ipsen/Nicolaysen, NJW 1964, 341 f.; Ernst Steindorff, Besprechung von Mathijsen CECA, ArchVR 8 (1959/60), 121; FG Bremen AWD 1963, 281. Dies ist nach Riesenfeld/Buxbaum, Anmerkung zum 1. Tariefcommissie-Urteil, AJIL 58 (1964), 152—159, auch der Standpunkt der EWG-Kommission.

121) Da diese Kollisionsregel dem Gemeinschaftsrecht angehört, das nicht Bundesrecht ist, und da der Vorrang auch gegenüber dem Verfassungsrecht besteht, kommt im Konfliktsfall eine Vorlage gem. Art. 100 Abs. 1 GrundG nicht in Betracht, sondern nur ggf. die Herbeiführung einer Vorabentscheidung des EuGH (abw. Ehle, Verhältnis, S. 15; Thieme, Öffentliche Gewalt, S. 74).

flikts in seinen Wirkungen suspendiert wird[122]). Eine Aufhebung des mit Gemeinschaftsrecht in Widerspruch stehenden nationalen Rechts kann nur durch den nationalen Gesetzgeber, äußerstenfalls unter dem nur völkerrechtlichen Zwang des in den Verträgen dafür vorgesehenen Verfahrens[123]) erfolgen. Darin zeigt sich, daß das Band zwischen den Rechtsgemeinschaften der Europäischen Verträge und den nationalen Rechtsgemeinschaften völkerrechtlicher Art ist und die Stufentheorie der Rechtsquellen nicht herangezogen werden kann.

c) Die weitreichenden Rückwirkungen der supranationalen öffentlichen Gewalt auf die nationalen Rechtsordnungen unterstreichen die eingangs getroffene Feststellung, daß die Begründung der europäischen Wirtschaftsverwaltung ein Vorgang ist, der verfassungsrechtlichen Charakter hat. Da der neuzeitliche Verfassungsbegriff keine öffentliche Gewalt kennt, die nicht Staatsgewalt oder von dieser abgeleitet ist, stellt die Gründung der Europäischen Gemeinschaften eine Verfassungsänderung dar. Die Bedeutung des Art. 24 Abs. 1 GrundG und der entsprechenden Bestimmungen in den Verfassungen anderer Mitgliedstaaten[124]) besteht darin, diese Verfassungsänderung, die

---

[122]) Übereinstimmend offenbar: Much, Amtshaftung, S. 22 f.; Matthies, Recht der EGKS, S. 306. Dies scheint auch der Standpunkt des EuGH zu sein (arg. Slg. 6/2, 1163/1184 f.; Urteil in der Rechtssache Nr. 6/64).

Aus den Art. 100 ff. EWGV kann gegen den Vorrang des Gemeinschaftsrechts nichts abgeleitet werden, da die dort vorgesehene Rechtsangleichung gerade nur das nationale Recht betrifft, das, ohne im Widerspruch zum Gemeinschaftsrecht zu stehen, dessen Wirkung mittelbar beeinträchtigt (Eric Stein, Assimilation of National Laws as a Function of European Integration, AJIL 58/1964, 29).

[123]) Art. 169—171 EWGV; Art. 88 EGKSV; Art. 141—143 EAGV.

[124]) Zu diesen: Bebr, Relation, S. 776 ff.; M. Münch, Staatsverfassungen und Friedenspolitik, Friedenswarte 50 (1950/51), 346 bis 356; Raymond Prieur, Les Relations Internes et Externes de la Communauté Européenne du Charbon et de l'Acier, 1958, S. 87 ff.; Schlochauer, Verhältnis, S. 25; de Visscher, Tendances, S. 549 ff.

Im einzelnen: Frankreich: Präambel Verf 1946, alin. 15: „Sous réserve de réciprocité la France consent aux limitations de souveraineté nécessaires à l'organisation et à la défense de la paix." Dazu: René Capitant, La Constitutionalité des Traités Européens, L'Année Politique et Economique 30 (1957), 274—279; Mason, CECA, S. 19 ff.; Prieur, Relations, S. 87 ff.; Georges Scelle, De la prétendue inconstitutionnalité interne des traités, Revue du Droit public et de la Science politique 68 (1952), 1018 f.

Italien: Art. 11 Verf 1947: „Italien . . . stimmt unter der Bedingung der Gleichstellung mit den übrigen Staaten den Einschränungewöhnlicherweise durch eine Ausübung der Auswärtigen Gewalt bewirkt wird, durch einfaches Gesetz zuzulassen[125]). Es ist deswegen auch nicht unberechtigt, die Auswärtige Gewalt insofern, als sie mit dieser verfassungsändernden Wirkung ausgestattet ist, „Integrationsgewalt" zu nennen[126]).

---

kungen der Souveränität zu, die für eine Ordnung notwendig sind, welche den Frieden und die Gerechtigkeit unter den Nationen gewährleisten soll" (nach der Übersetzung von Ritterspach, JöR 8/1959, 199 f.). Dazu: Sciascia, Verfassung, S. 171 f.; Piola-Caselli, Verhältnis, S. 219—221.

Die eingehendsten Regelungen enthält die Verfassung der Niederlande in der Neufassung vom 11. 9. 1956 auf Grund der Verfassungsänderungen vom 22. 6. 1953 und 10. 9. 1956. Nach Art. 67 dürfen einzelne Kompetenzen der Gesetzgebung, Verwaltung und Rechtsprechung durch oder kraft eines Abkommens auf Organisationen übertragen werden, die auf internationalem Recht beruhen. Sofern jedoch dadurch eine Abweichung von einzelnen Bestimmungen der Verfassung erfolgt, bedarf das Zustimmungsgesetz gem. Art. 63 einer verfassungsändernden Mehrheit in beiden Kammern, ein Verfahren, das beim EVG-Vertrag und beim Vertrag über Neu-Guinea, nicht aber bei den Verträgen über EWG und EAG zur Anwendung kam (Jonkheer H. F. van Panhuys, The Netherlands Constitution and the International Law, AJIL 58/1964, 98 f.). Überdies legt Art. 66 den Vorrang des transformierten Völkervertragsrechts vor ndl. Gesetzes- und Verfassungsrecht fest (Erades/Gould, The Relation between International Law and Municipal Law in the Netherlands and in the United States, 1961, S. 416; Erich Zimmermann, Die Neuregelungen der auswärtigen Gewalt in der Verfassung der Niederlande, ZaöRuVR 15/1953—54, 201). Zu diesen Vorschriften: Reinhart Bauer, Die niederländische Verfassungsänderung von 1956 betreffend die auswärtige Gewalt, ZaöRuVR 18 (1957/58), 137—155; Erades/Gould, Relation, S. 196 ff. und 466 ff.; Wilhelm Grewe, Die auswärtige Gewalt der Bundesrepublik, VVdStL 12 (1954), 145 f.; Hauri, Diss., S. 27 ff.; Jonkheer H. F. van Panhuys, The Netherlands Constitution and International Law, AJIL 47 (1953), 537—558; ders., Constitution, S. 88—108; de Visscher, Tendances, S. 568 ff.; Zimmermann, Neuregelungen, S. 164—210.

[125]) Ernst Forsthoff, Gutachten, in: Der Kampf um den Wehrbeitrag, II (1953), 330; Grewe, Auswärtige Gewalt, S. 147; K. H. Klein, Übertragung, S. 27 f.; v. Mangoldt/Klein, Art. 24 Anm. III 4 b; Maunz Art. 24 RNr. 3, 15; Fritz Münch, Föderalismus, Völkerrecht und Gemeinschaften, DÖV 1962, 650; Thieme, Öffentliche Gewalt, S. 55; de Visscher, Tendances, S. 547. Abw. Krüger, Herkunft, S. 724, weil die staatsbildende Gewalt der Staatsgewalt inhärent sei. Auch die verfassungsändernden Faktoren der Niederlande hielten die Regelung des Art. 67 NdlVerf nur für deklaratorisch (Zimmermann, Neuregelungen, S. 207).

[126]) Grewe, Auswärtige Gewalt, S. 143 f.; Hauri, Diss., S. 61 f.

B. Durch die Internationalisierung (Supranationalisierung) bewirkte Veränderungen des Rechts- und Verfassungsprozesses

Mit der Gründung der Europäischen Gemeinschaften haben die westeuropäischen Staaten eine öffentliche Gewalt geschaffen, die gegenüber den nationalen Rechtsordnungen selbständig ist; ihre Ausübung, insbesondere die ihr zugewiesene Befugnis, sekundäres Gemeinschaftsrecht zu erzeugen, ist damit auch von den Begrenzungen entbunden, die das nationale Verfassungsrecht der Staatsgewalt auferlegt[127]). Durfte die nationale Staatsgewalt eine derartige öffentliche Gewalt begründen? Die Antwort darauf gibt das nationale Verfassungsrecht, an ihm ist also das primäre Gemeinschaftsrecht, und nur dieses, zu messen. Doch kann es dabei nicht darum gehen, die Normen, in denen sich die nationale demokratische und rechtsstaatliche Verfassungsstruktur niedergeschlagen hat, so anzuwenden, wie wenn innerstaatliche Ausübung von Staatsgewalt nach ihnen zu beurteilen wäre. Weil mehrere Staaten unterschiedlicher Verfassungsstruktur zusammengewirkt haben, um die europäische öffentliche Gewalt zu begründen, und weil wegen des Fortbestehens der Nationalstaaten die Gegebenheiten, unter denen diese Gewalt auszuüben ist, mit denjenigen, welche die Ausübung von Staatsgewalt bedingen, nicht vergleichbar sind, kann die verfassungsrechtliche Beurteilung der Europäischen Verträge nur danach fragen, ob die der Verfassung zugrundeliegenden Ideen von Demokratie und Rechtsstaat im primären Ge-

---

[127]) Erler, Öffentliche Gewalt, S. 33; Ipsen, Diskussionsbeiträge, VVdStL 18 (1960), 87 und 92; Kaiser, Differenzierung, S. 416; Dietrich Küchenhoff, Grundrechte und europäisches Staatengemeinschaftsrecht, DÖV 1963, 162, 163 f.; Maunz Art. 24 RNr. 18; Rabe, Verordnungsrecht, S. 126; Thieme, Öffentliche Gewalt, S. 51; Wengler, VR, II, 1280. Der EuGH hat zweimal (Slg. 5, 43/63 f.; 6/2, 885/920 f.) die Anwendung nationaler Grundrechte auf das Handeln der Hohen Behörde (in beiden Fällen handelte es sich um Grundrechte des Grundgesetzes) in Übereinstimmung mit den Generalanwälten (Roemer, Slg. 5, 162 f.; Lagrange, Slg. 6/2, 940) abgelehnt.

Die These Friaufs, daß die Organe der Gemeinschaften das primäre Gemeinschaftsrecht so anzuwenden hätten, daß es mit allen nationalen Verfassungen im Einklang stehe — „verfassungskonforme Vertragsauslegung", „mittelbare Verfassungsgeltung" — (Staatenvertretung, S. 95 ff. und Auslegung, S. 224—235) ist Rabe, Verordnungsrecht, S. 118 ff. mit guten Gründen entgegengetreten. Diese These bedeutet praktisch den Vorrang des Verfassungsrechts vor dem primären Gemeinschaftsrecht; oben (bei Anm. 112) ist bereits dargetan worden, daß davon nicht ausgegangen werden kann.

meinschaftsrecht eine so hinreichende Verwirklichung gefunden haben, daß sie ihre verfassungspolitische Funktion der Kontrolle und Begrenzung öffentlicher Gewalt noch erfüllen können. Auf das primäre Gemeinschaftsrecht angewandt, also auf einen Tatbestand der Ausübung der Integrationsgewalt, müssen die Verfassungsrechtssätze über die Grundrechte, die Gewaltenteilung, den rechtsstaatlichen Gesetzesbegriff, das parlamentarische System auch Rechtsfolgen besonderer Art ergeben. Die Aufmerksamkeit wird sich dabei vor allem drei Eigenarten des primären Gemeinschaftsrechts zuwenden: Der nichtparlamentarischen und dem nationalen Modell der Gewaltenteilung nicht entsprechenden Rechtsetzung, der bürgerlichen Freiheit im Rahmen der europäischen Wirtschaftsverfassung und dem Rechtsschutz gegenüber Hoheitsakten der europäischen öffentlichen Gewalt. Bereits die geläufig gewordene Rede von der „politischen" und „rechtlichen" Kontrolle in den Europäischen Gemeinschaften[128]) zeigt, daß man die institutionelle Eigenart dieser Einrichtungen nicht übersieht. Keine unmittelbare Bedeutung dafür, ob die Gründung der Europäischen Gemeinschaften mit dem Grundgesetz im Einklang steht, hat Art. 24 Abs. 1 GrundG. Wortlaut und bereits beschriebener Sinngehalt dieser Norm lassen es nicht zu, sie als Grundlage einer verfassungsdurchbrechenden Integrationsgewalt zu deuten, die eine unübersehbare und inhaltlich nicht deutlich feststellbare Nebenverfassung zugunsten zwischenstaatlicher Einrichtungen hervorbringen könnte[129]).

---

[128]) Bindschedler, Rechtsfragen, S. 231; Robertson, Legal Problems, S. 154.

[129]) Kurt Ballerstedt, Übernationale und nationale Marktordnung, 1955, S. 58 ff.; Bebr, Relation, S. 780 f.; Forsthoff, Gutachten, S. 330 ff.; Hauri, Diss., S. 24 f.; Friedrich Klein, Gutachten, in: Der Kampf um den Wehrbeitrag, II (1953), 465 f.; Krüger, Herkunft, S. 725; Maunz, Gutachten, in: Der Kampf um den Wehrbeitrag, II (1953), 595 ff.; ders., Art. 24 RNr. 17; Walter Schätzel, Gutachten, in: Der Kampf um den Wehrbeitrag, II (1953), 637. Das war auch die Auffassung der verfassungsändernden Faktoren in den Niederlanden (Zimmermann, Neuregelungen, S. 190 f.).

Demgegenüber sehen eine Anzahl Autoren in Art. 24 Abs. 1 GrundG die Basis für eine in gewissem Umfang verfassungsändernde Ausübung der Integrationsgewalt, wollen diese aber an Art. 79 Abs. 3 GrundG (Bucher, Probleme, S. 850; Ehle, Verhältnis, S. 14; Erler, Öffentliche Gewalt, S. 40 ff.; Friauf, Staatenvertretung, S. 78 ff.; Glaesner, Übertragung, S. 653, 657; Schlochauer, Rechtsnatur, S. 367; ders., Verhältnis, S. 25) oder an besondere, aus Art. 24 Abs. 1 durch Auslegung zu ermittelnde Schran-

Verfahrensrechtlich wäre nicht das primäre Gemeinschaftsrecht selbst, sondern das Zustimmungsgesetz Gegenstand einer verfassungsrechtlichen Überprüfung vor dem BVerfG[130]). Dazu könnte es durch einen Antrag auf abstrakte oder eine Vorlage zur konkreten Normenkontrolle kommen. Eine Verfassungsbeschwerde gegen das Zustimmungsgesetz wäre wegen Fristablaufs (§ 93 Abs. 2 BVerfGG) unzulässig, sie könnte sich allerdings im Rahmen eines Angriffs auf einen nationalen Vollzugsakt mittelbar auch gegen das Zustimmungsgesetz richten. Wird das Zustimmungsgesetz insoweit, als es eine bestimmte Regelung des primären Gemeinschaftsrechts zuläßt, durch das BVerfG für verfassungswidrig erklärt, entfällt die innerstaatliche Verbindlichkeit dieser Regelung und kann eine darauf beruhende Ausübung europäischer öffentlicher Gewalt keine innerstaatlichen Wirkungen haben[131]). Das BVerfG entscheidet dabei nicht über den Rechtsbestand des primären oder sekundären Gemeinschaftsrechts, sondern nur darüber, ob derartiges Recht durch die Vertragsschließende Gewalt geschaffen bzw. ermöglicht werden durfte.

I. Rechtsetzung durch die Europäischen Gemeinschaften

[Das Rechtsetzungsorgan der EWG[132]) ist, von unwesentlichen Ausnahmen abgesehen[133]), der Ministerrat, der dabei grundsätz-

---

ken binden (Menzel, Diskussionsbeitrag, VVdStL 18/1960, 98 f.; Rabe, Verordnungsrecht, S. 124; Scheuner, Gutachten, S. 137, 140, 143; Thieme, Öffentliche Gewalt, S. 55 ff., 62, 83, 91 — abl. Kaiser, ebd., S. 88 f.). Eine Minderheit erblickt in Art. 24 Abs. 1 offenbar eine gänzliche „Freizeichnung" der Integrationsgewalt (Ipsen, Diskussionsbeitrag, S. 92; Kaiser, Differenzierung, S. 418 f.; Münch, Abgrenzung, S. 88).

[130]) Das BVerfG überprüft in ständiger Rspr. die Verfassungsmäßigkeit der Ausübung der Vertragsschließenden Gewalt durch Überprüfung des Zustimmungsgesetzes: BVerfGE 1, 396/410 ff. (abstr. Normenkontrolle); 4, 157/162 f. (abstr. Normenkontrolle — kritisch Erich Kaufmann, Normenkontrollverfahren und völkerrechtliche Verträge, in: Gedächtnisschrift für Walter Jellinek, 1955, S. 445—456); 6, 290 (Verfassungsbeschwerde); 6, 309/326 f.; 12, 281/288 (konkr. Normenkontrolle).

[131]) Ballerstedt, Marktordnung, S. 60 f.; Ehle, Verhältnis, S. 15; ders., Verfassungskontrolle, S. 321 ff.; Erler, Öffentliche Gewalt, S. 44 f., 102; Hans Mosler, L'application du droit international public par les tribunaux nationaux, RdC 91 (1957), 685 f.

[132]) Die Rechtsetzung der EWG soll hier wegen ihrer ganz vorwiegenden Bedeutung allein behandelt werden.

[133]) Verordnungen der Kommission sind sowohl als vom Rat delegierte Rechtsetzung (Art. 155 alin. 4 EWGV) als auch kraft Vertrages (z. B. gemäß Art. 10 Abs. 2, 48 Abs. 3 lit. d, 91 Abs. 2) möglich.

lich mit Mehrheit (Art. 148 EWGV), in wichtigen Fragen[134]) einstimmig beschließt. Die Versammlung und der Sozial- und Wirtschaftsausschuß sind dabei in der Regel[135]) zu hören. Ein Gegengewicht gegen die nationale Rückbindung des Rates ist dadurch gegeben, daß der Rat fast immer[136]) nur auf Vorschlag der Kommission tätig werden darf, diesen Vorschlag aber nur einstimmig überwinden kann (Art. 149 EWGV)[137]). Damit soll nicht die Tätigkeit des Rates durch die Mitwirkung der Kommission beschränkt, sondern umgekehrt ein besonderes Verfahren dafür vorgesehen sein, von der Kommission gewünschte Maßnahmen an die Zustimmung der Staaten zu binden[138]).

Der Ministerrat ist, anders als die Kommission[139]), keinen Kontrollbefugnissen der Versammlung ausgesetzt; die Mitwirkung der Versammlung bei der Rechtsetzung ist rein beratend[140]). Die Befugnisse der Versammlung bei der Aufstellung

---

[134]) Z. B. Art. 28, 51, 84 Abs. 2, 217 EWGV.

[135]) Eine Anhörungspflicht besteht z. B. nicht in den Fällen der Art. 75 Abs. 3 und 84 Abs. 2 EWGV.

[136]) Ausnahmen z. B. Art. 28, 84 Abs. 2, 212 EWGV.

[137]) Die charakteristische Eigenart dieser Konstruktion ist alsbald erkannt worden; vgl. Catalano S. 53 ff.; Jaenicke, EWG, S. 175 f.; Erich Wirsing, Aufgaben und Stellung der Hohen Kommission in der Verfassungsstruktur der EWG, EurArch 19 (1964), 77—90.

[138]) Jaenicke, EWG, S. 176. — Die Praxis der Kommission, vor Abgabe des Vorschlags mit den zuständigen nationalen Instanzen in einem informellen Verfahren zu beraten (Alder, Befugnisse, S. 183), nimmt dem Rechtsetzungsrecht der EWG faktisch etwas von seiner supranationalen Schärfe.

[139]) Vgl. Art. 140 Abs. 3 (Interpellationsrecht), 143 (Berichtspflicht), 144 (Mißtrauensvotum), 160 („Ministeranklage").

[140]) Zur politischen Kontrolle durch die Versammlung: Karl-Heinz Mattern, Rechtsgrundlagen und Praxis des Europäischen Parlaments, EurArch 15 (1960), 454 ff. — Die Mündl. Anfrage des MdB Holkenbrink (BTag, Drucks. IV/1842), wie sich die Bundesregierung eine verstärkte Mitwirkung der Versammlung bei der EWG-Rechtsetzung vorstelle, beantwortete der Außenminister: Die Bundesregierung erwägt anzuregen, bei besonders wichtigen Verordnungen und Richtlinien nach Anhörung des Europ. Parlaments diese nach Beschlußfassung durch den Rat der Versammlung erneut zur Stellungnahme zuzuleiten. Folgt der Rat den Änderungsvorschlägen der Versammlung nicht, muß er erneut beschließen und der Versammlung die Gründe mitteilen, aus denen er von dem Vorschlag der Versammlung abweicht (Sitzungsberichte S. 4 928). In ähnlicher Richtung zielt der Antrag Strobel usf. und Fraktion der SPD vom 28. 4. 1964 (Drucks. IV/2211). Einen Schritt weiter geht der Antrag der Fraktion der FDP vom 19. 3. 1964 (Drucks. IV/2091), wonach die Bun-

des Haushaltsplans sind etwas stärker, ein Budgetrecht besitzt sie jedoch nicht (Art. 203 EWGV). Angesichts dessen kann die Versammlung — ganz abgesehen von dem Wahlmodus — nicht als Parlament oder parlamentsähnliche Körperschaft angesehen werden.]

1. Man hat dem Rechtsetzungsrecht des EWG-Ministerrats rechtsstaatlichen Charakter abgesprochen, weil hier unter Verletzung des Gewaltenteilungsprinzips eine Exekutive Gesetzgebung ausüben dürfe[141]). Ohne daß in Abrede gestellt werden kann, daß durch die Mitwirkung an der europäischen Rechtsetzung die Stellung der nationalen Exekutiven eine Verstärkung erfährt, müssen doch die methodische Voraussetzung dieser Kritik, nämlich die starre Übertragung innerstaatlicher Vorstellungen auf die supranationale öffentliche Gewalt[142]), und die sachliche Voraussetzung dieser Kritik, daß man es hier mit der Rechtsetzung einer Exekutive zu tun habe, in Frage gestellt werden. Der Ministerrat ist durch das primäre Gemeinschaftsrecht als Rechtsetzungsorgan eingesetzt worden, weil nur so die erwünschte nationale Rückbindung erreicht werden konnte, eine Rückbindung, die erwünscht und notwendig ist, weil und solange die Staaten als solche fortbestehen. Solange es ein europäisches Volk im Rechtssinne nicht gibt, kann es auch eine europäische Volksvertretung nicht geben, und kann das auf der nationalstaatlichen Ebene sinnvolle Postulat des Gewaltenteilungsprinzips, die Gesetzgebung müsse prinzipiell in der Hand

desregierung ersucht werden soll, einen Ratsbeschluß herbeizuführen u. a. dahingehend, daß Änderungsvorschläge der Versammlung durch den Rat nur einstimmig verworfen werden dürfen. Begründung und Beratung beider Anträge in der 133. Sitzung des Bundestages (Sitzungsberichte S. 6 586 ff.).

[141]) Hans W. Baade, Das Verhältnis von Parlament und Regierung im Bereich der Auswärtigen Gewalt der Bundesrepublik Deutschland, 1962, S. 97; Friauf, Staatenvertretung, S. 83 ff.; FG Neustadt/Weinstr. DÖV 1964, 306. Dagegen: K. H. Klein, Anm., S. 310; Ophüls, Zustimmungsgesetz, S. 68; Rabe, Verordnungsrecht, S. 121 ff.; Wohlfarth, Anfänge, S. 268 f.; VG Frankfurt AWD 1964, 60.

[142]) Vgl. Capitant, Constitutionalité, S. 275 f.; Menzel, Gutachten, S. 39; Rabe, Verordnungsrecht, S. 122 f. In diesen Zusammenhang gehört auch das Argument Seelers (Europäische Einigung, S. 175 f., und Politische Integration und Gewaltenteilung, EurArch 15/1960, 15; ebenso VG Frankfurt AWD 1964, 60), daß die gegenüber dem umfassenden Inhalt der Staatsgewalt begrenzte öffentliche Gewalt der Gemeinschaften eine unterschiedliche Berücksichtigung des Gewaltenteilungsprinzips verlange.

des Parlaments liegen, auf der europäischen Ebene nicht verwirklicht werden.

Allein mit dem nichtstaatlichen und supranationalen Charakter der europäischen Institutionen vereinbar ist die Anwendung des Grundgedankens des Gewaltenteilungsprinzips, daß Herrschaft ohne Aufspaltung auf sich gegenseitig hemmende Herrschaftsträger tyrannisch zu werden drohe. Dieser Grundgedanke hat denn auch in den Europäischen Gemeinschaften einen auf deren Eigenart abgestimmten Niederschlag gefunden. Hinsichtlich der Rechtsetzung der EWG drückt er sich in der Balance zwischen Rat und Kommission[143]) und zwischen Rat und EuGH aus; darin liegt die für die EWG spezifische Gewaltenteilung.

2. Der am häufigsten und vor allem gegen die nichtparlamentarische Rechtsetzung der EWG erhobene Einwand geht dahin, daß sie von einem nicht volksgewählten und somit nicht demokratisch legitimierten Organ ausgeübt werde, und daß angesichts der Schwäche der wenigstens mittelbar volksgewählten Versammlung[144]) die Rechtsetzung, wie die Tätigkeit der Europäischen Gemeinschaften überhaupt, nicht einmal demokratisch kontrolliert sei[145]). Die Spielweite der Diskussion zeigt sich an Äußerungen einerseits der Art, daß die europäische öffentliche Gewalt eine „neo-absolutistische Herrschaft von Bürokraten und Technokraten"[146]), ein „gegenstandsmäßig beschränktes autoritäres Regime"[147]) sei, andererseits des Inhalts, daß der Grundsatz der Volkssouveränität ein „Museumsstück" sei, das

---

[143]) Bebr, Judicial Control, S. 33; ders., Balance of Power, S. 56 ff.; Rabe, Verordnungsrecht, S. 122 f.; Gerda Zellentin, Der Wirtschafts- und Sozialausschuß der EWG und Euratom, 1962, S. 186. Für die Balance zwischen Rat und Hoher Behörde in der EGKS vgl. Jaenicke, EGKS, S. 754 ff. — Kritisch dazu: Wildenmann, Macht und Konsens, S. 113 Anm. 5.

[144]) Die Versammlung „n'est pas représentative qu'au second degré" (Maurice Lagrange, La protection juridique des entreprises dans la Communauté et dans les Etats Membres, Actes Officiels — Anm. 113 — IV, 183).

[145]) Ernst Forsthoff, Strukturwandlungen der modernen Demokratie, 1964, S. 22; Mason, ECSC, S. 22 ff.; Thieme, Öffentliche Gewalt, S. 60 ff.; Wildenmann, Macht und Konsens, S. 161. Vgl. auch oben Anm. 3 und 4. Abendroth, Integration und Legitimation, S. 624 ff., und Deutsche Einheit und europäische Integration in der Präambel des Grundgesetzes der BRD, EurArch 6 (1951), 4391, sieht den demokratischen Mangel der EGKS in der fremden Hegemonie zu Lasten der Bundesrepublik, die sie mit sich bringe.

[146]) Werner Kaltefleiter, Funktion und Verantwortung in den Europäischen Organisationen, 1964, S. 137.

[147]) Kruse, Strukturelle Kongruenz, S. 119.

die Bürger gegen absolutistische Könige, nicht aber gegen supranationale Gemeinschaften schützen solle[148]). Die Ablehnung Englands, sich an der EGKS zu beteiligen, scheint auch durch den Gesichtspunkt beeinflußt worden zu sein, daß durch die Beteiligung die Suprematie des Parlaments in Frage gestellt worden wäre[149]).

a) Die demokratische Idee fordert, daß die Ausübung öffentlicher Gewalt egalitär und nach Maßgabe des Prinzips der Repräsentation der Zustimmung und der Kontrolle der von dieser Gewalt Betroffenen unterworfen ist. Deshalb kann abgekürzt gesagt werden, daß eine ohne Zustimmung und Kontrolle des Parlaments ausgeübte öffentliche Gewalt nicht demokratisch sein kann[150]).

Die europäische öffentliche Gewalt beruht auf einer demokratischen Zustimmung, weil das sie fundierende Gemeinschaftsrecht erst nach einer gesetzesförmigen Billigung der Europäischen Verträge durch die nationalen Parlamente entstanden ist. Sie ist demokratischer Kontrolle unterworfen, weil an ihrer Ausübung die Versammlung beratend mitwirkt und weil die Angehörigen des zur Rechtsetzung berufenen Ministerrats durch das nationalstaatliche parlamentarische System von den Parlamenten abhängig sind[151]). Soweit der Ministerrat mit Mehrheit entscheidet, ist die mittelbare Kontrolle durch die Parlamente allerdings deutlich abgeschwächt[152]).

Diese drei demokratischen Elemente der Gemeinschaften zeigen, daß die europäische öffentliche Gewalt nicht jeglicher demokratischen „Weihe"[153]) entbehrt. Es kann sich daher nur um die Frage nach dem notwendigen, ausreichenden und möglichen Maß der Verwirklichung von Demokratie in den Gemein-

---

148) Der holländische sozialistische Verfassungsrechtler van der Goes van Naters (nach Mason, ECSC, S. 19).

149) Beloff, Neue Dimensionen, S. 296, 300; Wildenmann, Macht und Konsens, S. 211.

150) Forsthoff, Demokratie, S. 21. — Daraus folgt, daß die von Robert Mossé, La Démocratie dans l'élaboration des décisions, Actes Officiels — Anm. 113 — V, 183—195, dafür, daß die Willensbildung der EGKS demokratisch sei, angegebenen fünf Gesichtspunkte (Kollegialität, Vertragsgebundenheit, Organbalance, Publizität, Sachgebundenheit) am Kern der demokratischen Idee vorbeigehen.

151) Wohlfarth, Anfänge, S. 269 f.; ders., Rechtsetzung, S. 32; Wohlfarth et al., EWG, Vorb. vor Art. 137 Anm. 13.

152) Friauf, Staatenvertretung, S. 119.

153) Ein von Mommer/SPD bevorzugter Ausdruck; vgl. BTag, Sitzungsberichte S. 6 586 C, 6 587 C.

schaften[154]) handeln. Eine nähere Betrachtung des Problems macht sichtbar, daß eine über das Gegebene hinausführende „Demokratisierung" der Gemeinschaften, wie sie etwa in Form der direkten Wahl der Versammlung[155]), der Übertragung der

---

[154]) Vgl. Erler, Öffentliche Gewalt, S. 42; Hauri, Diss., S. 5 f.; Robertson, Legal Problems, S. 204: Die Versammlung „represents the projection on to the international scene of the principle of democratic control of the executive and the application of the democratic process to the conduct of international relations".

[155]) Zur Verwirklichung der Art. 21 Abs. 3 EGKSV, 138 Abs. 3 EWGV, 108 Abs. 3 EAGV hat eine Arbeitsgruppe unter Dehousse bereits im Februar 1960 einen Bericht vorgelegt, der im Mai 1960 zur Verabschiedung eines Abkommensentwurfs in der Versammlung führte (Battista / Dehousse / Faure / Schuijt / Metzger, Direkte Wahlen für das Europäische Parlament, 1960; Wolfgang Birke, European Elections, 1961, S. 21 f.; Franz C. Heidelberg, Das europäische Parlament, 2. Aufl., 1963, S. 39 ff.), die Einführung unmittelbarer Wahlen scheint jedoch gegenwärtig an der Haltung Frankreichs zu scheitern. Der Außenminister der Bundesrepublik hat mehrmals erklärt, daß die Bundesregierung direkte Wahlen zur Versammlung für wünschenswert hält, jedoch mangels Einstimmigkeit im Ministerrat für sie keine Chance sieht (Antwort auf die Zusatzfrage des MdB Mommer am 22. 1. 1964, Sitzungsberichte des Bundestages S. 4 926 f.; Antworten auf zwei Fragen des MdB Rollmann am selben Tage, Sitzungsberichte S. 4 926).

Die SPD, die sich ursprünglich gegen unmittelbare Wahlen ausgesprochen hatte (Birke, Elections, S. 26), versucht nunmehr einen Alleingang der Bundesrepublik in dieser Sache herbeizuführen. Durch eine Mündl. Anfrage des MdB Mommer am 5. 2. 1964 eingeleitet (Drucks. IV/1884, Sitzungsberichte S. 5 036 f.), haben Mommer und die Fraktion der SPD am 11. 6. 1964 den „Entwurf eines Gesetzes über die Wahl deutscher Mitglieder in das Europäische Parlament" eingebracht (Drucks. IV/2338). Der Grundgedanke des Entwurfs kommt in dessen § 2 zum Ausdruck, wonach der Bundestag diejenigen seiner Mitglieder zu Abgeordneten der Versammlung ernennt, die in einem besonderen Wahlgang auf Bundeslisten am Tag der Wahl zum Bundestag ermittelt werden. Die politischen und (vertrags-) rechtlichen Bedenken sind von Carstens in seiner Antwort auf die Anfrage Mommers (Sitzungsberichte S. 5 036) und von Furler in der 1. Beratung des Entwurfs (Sitzungsberichte S. 6 593) dargelegt worden.

So sehr es denkbar ist, daß eine unmittelbare Wahl zur europ. Versammlung die Bildung eines europäischen Bewußtseins begünstigen würde, so sehr muß andererseits bedacht werden, daß dadurch — weil die gleichzeitige Mitgliedschaft in den nationalen Parlamenten nicht mehr gewährleistet ist — eine Schwächung der Versammlung gegenüber dem Ministerrat eintreten könnte (Bebr, Balance of Power, S. 64 f; Birke, Elections, S. 24 f.; Hans-Viktor Schier-

Rechtsetzungsbefugnis[156]) und des Budgetrechts[157]) auf die Versammlung erwogen wird[158]), die Preisgabe des Nationalstaates bedeutet oder ihr zumindest sehr nahe kommt. Der Schritt zu einer national nicht mehr institutionell rückgebundenen europäischen öffentlichen Gewalt würde nicht nur den supranationalen Charakter der Europäischen Gemeinschaften aufheben und durch eine bundesstaatliche Konstruktion ersetzen, sondern auch einen neuen und weiteren Abschnitt der Internationalisierung bedeuten, der die nationalstaatliche Verfassungsstruktur grundlegend verändert. Das wäre durch Art. 24 Abs. 1 GrundG nicht mehr gedeckt und würde eine Verfassungsänderung im Wege des Art. 79 GrundG voraussetzen.

Diese Überlegungen zeigen, daß der Demokratisierung der Gemeinschaften de constitutione lata Grenzen durch die nationalstaatliche Verfassungsstruktur gesetzt sind und daß die supranationale Konstruktion dadurch, daß sie den Fortbestand der Nationalstaaten impliziert, nur mit den dargestellten Formen demokratischer Kontrolle vereinbar ist.

b) Die hauptsächlichen formellen Instrumente der mittelbaren Kontrolle der EWG durch das Parlament der Bundesrepublik sind die Ausübung des Interpellationsrechts[159]), die Jahresberichte über die landwirtschaftlichen Marktordnungen[160]) und die Unterrichtung des Bundestages und des Bundes-

---

w a t e r, Parlament und Hohe Behörde der Montanunion, 1961, S. 29 f., 105).

[156]) Vgl. Ziff. 8 des am 5. 7. 1957 vom Plenum angenommenen Entschließungsantrages der Fraktionen der CDU/CSU und DP (FVP) zur 3. Beratung des ZustG/EWGEAG (Sitzungsberichte 2.BTag, S. 13 349 D und 13 464); Mündl. Anfrage Holkenbrink am 22. 1. 1964 (Sitzungsberichte S. 4 928).

[157]) Vgl. Mündl. Anfrage Böhme (Hildesheim) in der 107. Sitzung des Bundestages (Sitzungsberichte S. 4 926); Antrag Strobel usf. und Fraktion der SPD vom 28. 4. 1964 (Drucks. IV/2212) sowie dessen Begründung und Debatte (Sitzungsberichte S. 6 586 ff.).

[158]) Hallstein erklärte bei der 1. Lesung des ZustG/EWGEAG am 21. 3. 1957: „Das Ziel für die europäische parlamentarische Versammlung muß die Herstellung einer echten parlamentarischen Kontrolle durch ein in direkten Wahlen frei gewähltes europäisches Parlament sein.“ (nach Wildenmann, Macht und Konsens, S. 210). Heute setzt sich insb. die EWG-Kommission für eine Stärkung der Versammlung ein, in der sie ihren natürlichen Verbündeten gegen den Ministerrat erblicken muß.

[159]) Beispiel für eine Große Anfrage: Anfrage der FDP-, CDU/CSU-Fraktionen vom 6. 2. 1964 betr. die EWG-Agrarpolitik (Drucks. IV/1903).

[160]) Vgl. den Schriftl. Bericht des Ausschusses für Ernährung, Landwirtschaft und Forsten über den von der Bundesregierung vor-

rates vor der Beschlußfassung des Rates gemäß Art. 2 Satz 2 des Zustimmungsgesetzes vom 27. Juli 1957[161]).

Hinsichtlich der Anwendung des Art. 2 Satz 2 ZustG hat der Bundestag durch Beschluß vom 25. 6. 1959[162]) in Abweichung von der GeschäftsO festgelegt, daß die Vorlagen unmittelbar durch den Präsidenten des Bundestages im Benehmen mit dem Ältestenrat an die zuständigen Ausschüsse überwiesen werden und daß der federführende Ausschuß dem Bundestag einen Bericht zu erstatten hat, wofür ihm der Präsident eine Frist bestimmen kann. Durch denselben Beschluß wurde einem Entschließungsantrag zugestimmt, durch den die Bundesregierung ersucht wird, die Vorlagen so rechtzeitig vorzulegen, daß der Bundestag die ihm nach dem ZustG zustehenden Rechte ordnungsgemäß wahrnehmen kann.

Entsprechend dem Rechtsetzungsverfahren der EWG stellen die dem Bundestag zur Unterrichtung vorgelegten Schriftstücke in der Regel Vorschläge der Kommission für eine Ratsverordnung dar. Wie die Praxis der letzten Zeit zeigt, dauert dieses Verfahren von der Vorlage über den Ausschußbericht bis zum Beschluß des Plenums im günstigsten Fall drei Tage[163]), im Durchschnitt drei bis vier Wochen. Die Annahme des Ausschußantrages erfolgt fast immer ohne Debatte und verbindet häufig die Kenntnisnahme mit einer Aufforderung an die Bundesregierung, im Ministerrat in einem bestimmten Sinne tätig zu werden[164]).

---

gelegten 2. Halbjahresbericht über die Auswirkungen der EWG-Marktorganisationen auf dem Agrargebiet für das 1. Halbjahr 1963 — Drucks. IV/1548 — vom 28. 1. 1964 (Drucks. IV/1883).

[161]) Dafür scheint das französische Zustimmungsgesetz zu den Römischen Verträgen als Vorbild gedient zu haben, dem folgender Art. 2 angefügt wurde: „Le gouvernement devra déposer annuellement au Parlament en vue de son approbation, un compte-rendu de l'application du traité de C. E. E. et des mesures économiques, fiscales et sociales intervenues dans la Communauté, en exposant les mesures qu'il a prises ou qu'il entend prendre pour faciliter l'adaptation des activités nationales aux nouvelles conditions du marché." (Cocatre-Zilgien, Traités de Rome, S. 533).

[162]) 3. Wahlp. Drucks. 1187.

[163]) Vgl. Drucks. IV/1755; IV/1760; angenommen in der Sitzung vom 13. 12. 1963.

[164]) Vgl. Drucks. IV/1972; IV/1979; IV/2036; IV/2184; IV/2291. — Ein Antrag der Fraktion der FDP vom 19. 3. 1964 (Drucks. IV/2091), begründet in der Sitzung des Bundestages vom 25. 6. 1964 durch Margulies (Sitzungsberichte S. 6 588 f.), richtet sich auf eine Änderung des ZustG dahingehend, daß das Votum der Bundesregierung im Ministerrat an einen empfehlenden Beschluß des Bundestages ge-

Bei der Unterrichtung ist stets der vermutliche Zeitpunkt der Beschlußfassung des Ministerrats angegeben. Nahezu ausnahmslos ist die Zeitspanne zwischen der Unterrichtung und der Entscheidung des Rates für die Willensbildung von Ausschuß und Plenum ausreichend, jedoch nicht stets[165]). Aus gegebenem Anlaß hat daher der Bundestag am 9. 10. 1963 die Bundesregierung ersucht, dem Bundestag zu berichten, wie den Schwierigkeiten des Parlaments zur Wahrung seiner Rechte gemäß Art. 2 Satz 2 ZustG begegnet werden kann[166]). Dieser Bericht ist durch den Wirtschaftsminister am 13. 2. 1964 erstattet worden[167]). Er macht für die Unterrichtungsschwierigkeiten letztlich die Form der Willensbildung im Ministerrat verantwortlich, die häufig erst im letzten Moment zu einer Einigung, nicht selten zu einem Kompromiß, führe, worauf die Beschlußfassung unmittelbar folge. Eine Verzögerung, wie sie die Unterrichtung in dieser Situation mit sich brächte, könnte dann nicht mehr in Kauf genommen werden. Dies läßt erkennen, daß die parlamentarische Kontrolle der nationalen Mitwirkung im Ministerrat nicht nur deswegen erschwert ist, weil sie in nicht stets deutlichem Umfang in der Entscheidung des europäischen Organs aufgeht[168]), sondern auch deswegen, weil die Willensbildung des Ministerrats weniger Kollegialentscheidungen als internationalen Verhandlungen ähnelt[169]).

[c) Ein nichtparlamentarisches Element demokratischer Mitwirkung und Kontrolle in der europäischen Wirtschaftsverwaltung äußert sich in den Aufgaben und Befugnissen des Wirtschafts- und Sozialausschusses von EWG und EAG[170]) und des Beratenden Ausschusses der EGKS[171]). Hier findet eine europäische Repräsentation der organisierten Interessen des wirtschaftlichen und sozialen Lebens statt[172]). Das Schlagwort von

---

bunden sein soll. Dieser Antrag ist in der Debatte (Strobel, Sitzungsberichte S. 6 590; Furler, ebd., S. 6 595 D) zu Recht auf Widerstand gestoßen; denn er müßte die auch gemeinschaftsorientierte Arbeit des Ministerrates durch Renationalisierung im Kern denaturieren.

[165]) Ein neueres Beispiel: Drucks. IV/2251; Sitzungsberichte S. 6 169 D.

[166]) Drucks. IV/1497; Sitzungsberichte S. 4 132.

[167]) Drucks. IV/1944.

[168]) Mosler, Intern. Organisation, S. 288.

[169]) Beloff, Neue Dimensionen, S. 298.

[170]) Art. 193 ff. EWGV; Art. 165 ff. EAGV; Art. 5 des Abkommens über gemeinsame Organe für die europäischen Gemeinschaften.

[171]) Art. 18, 19, 48 EGKSV.

[172]) Vortrag von Ryffel, „Staat und Wirtschaftsverbände im nationalen und übernationalen Bereich“ auf der Tagung in Speyer

der „Wirtschaftsdemokratie" der Verbände sollte allerdings nicht darüber hinwegtäuschen, daß die Institutionalisierung des Verbandseinflusses den desintegrierenden Trend der sich auf das Partikuläre richtenden Interessen[173]) verstärken kann und daß damit möglicherweise eine Annäherung an die undemokratische Idee einer ständisch-korporativen Legitimierung öffentlicher Gewalt begünstigt wird.]

II. Die bürgerliche Freiheit in der europäischen Wirtschaftsverfassung

Die Internationalisierung wirtschaftsverwaltender und wirtschaftspolitischer öffentlicher Gewalt konfrontiert mit der Frage, welche Wirtschaftsidee es ist, die sich in den von der europäischen Verwaltung zu verwirklichenden Normen verkörpert, und ob diese Normen es zulassen oder ermöglichen, die in der nationalen Verfassung garantierten Freiheitsrechte des Wirtschaftens einzuschränken. Inwieweit treffen Beurteilungen zu, die von einem „internationalen Dirigismus"[174]), einer „dirigistisch verplanten Integration"[175]) oder davon sprechen, daß die freiheitlich ausgerichtete deutsche Atomwirtschaft mit interventionistischen Bazillen angesteckt werden könnte[176])?

1. Die europäische Wirtschaftsverfassung

a) Das Recht der drei Europäischen Gemeinschaften geht vom Bestehen und von der Beibehaltung einer Privatwirtschaft aus, die vermöge der durch Wettbewerb bestimmten Marktpreise die rationellste und vollkommenste Versorgung herstellen werde. Der Grundsatz der europäischen Wirtschaftsverfassung ist die liberalem Denken entspringende und in ihrer Wirkung durch Erfahrung bekräftigte marktorientierte Wettbewerbswirtschaft[177]). Allerdings ist das Konzept der Europäischen Verträge

(a.a.O. — Anm. 38); Zellentin, Wirtschafts- und Sozialausschuß, S. VI, 189 f.

173) Vgl. die Mitteilung von Albrecht, Planifikateure, S. 281, über die Auswirkungen des Verbandseinflusses bei der französischen planification.

174) Adolf Schüle, Die staatliche Intervention im Bereich der Wirtschaft, VVdStL 11 (1954), 77.

175) Erler, Öffentliche Gewalt, S. 27.

176) Peter Muthesius, EURATOM und die soziale Marktwirtschaft, Ordo 10 (1958), 128.

177) Art. 2 Abs. 2, 5 Abs. 2 alin. 3, 65, 66, 67, 83 EGKSV; Art. 2, 85 bis

nicht der staatsfeindliche Liberalismus der Klassiker, sondern der Neuliberalismus der durch die soziale Frage aufgerüttelten, durch die Weltwirtschaftskrise ernüchterten und durch Keynes belehrten Gegenwart. Für dieses Denken ist der Wettbewerb nicht ein Naturvorgang, sondern eine Veranstaltung des Staates, d. h. einer die Wirtschaft beobachtenden und in ihr den unverfälschten Wettbewerb notfalls interventionistisch herstellenden Wirtschaftspolitik[178]).

Insofern kann das Wirtschaftssystem der Europäischen Verträge eine „geordnete" oder „geregelte" Wettbewerbswirtschaft genannt werden[179]). Mit diesem Grundgedanken vereinbar ist auch, daß in Bereichen, in denen unverzerrter Wettbewerb entweder nicht herstellbar oder aus sozialpolitischen Gründen nicht wünschbar ist, wie in Land- und Montanwirtschaft, der Privatwirtschaft eine Marktorganisation oktroyiert wird[180]). Ebenso nicht eine Verletzung des Wettbewerbsgrundsatzes ist es schließlich, wenn für Krisen der öffentlichen Gewalt außerordentliche

---

90, 222 EWGV; Art. 2 lit. c und g, 67, 91 EAGV. — Alder, Befugnisse, S. 72; Charles Henry Alexandrowicz, International Economic Organisations, 1952, S. 211; Ballerstedt, Marktordnung, S. 1, 13; Bebr, ECSC, S. 6 f.; Giovanni Demaria, Le Système des Prix et la Concurrence dans le Marché Commun, Actes Officiels (Anm. 113) VI, 36 ff.; Drück, Zusammenarbeit, S. 92; Hans von der Groeben, Wettbewerb im Gemeinsamen Markt, EurArch 16 (1961), 644 ff.; Jaenicke, EGKS, S. 731, 735 f., 750; Jerusalem, Montanunion, S. 86 f.; Maurice Lagrange, Schlußanträge, EuGH Slg. 4, 348 f.; ders., Rechtsnatur, S. 97 f.; Ophüls, Wirtschaftsverfassung, S. 148 ff.; 160; Reuter, CECA No 145; Steindorff, Die Vertragsziele der Europäischen Gemeinschaft für Kohle und Stahl als Rechtsvorschriften und Richtlinien, Berichte der Dtsch. Gesellschaft für Völkerrecht 2 (1958), 99 f.; BGHZ 30, 74/82.

[178]) Giuseppe Pella, Die Gemeinschaft für Kohle und Stahl als Musterbeispiel einer Integration, in: C. Grove Haines, Europäische Integration, 1958, S. 126; Reuter, CECA Nos. 146—148; ders., Les Interventions de la Haute Autorité, Actes Officiels (Anm. 113) V, 23 ff.; Jaques Trempont, L'Unification de l'Europe, 1955, S. 207, 322 f. („Diriger pour libérer." „Libéralisme dans ses buts, dirigisme dans ses moyens").

[179]) Bindschedler, Rechtsfragen, S. 209 f.; Dahm, VR, II § 128 III 4; Lagrange, Schlußanträge, EuGH Slg. 4, 349; Paul Reuter, La Conception du Pouvoir Politique dans le Plan Schuman, Revue française de Science Politique I (1951), 265 („une économie de marché avec une concurrence surveillée et contrôlée"); ders., Communautés européennes et techniques d'unification, in: Les Problèmes Juridiques et Economiques du Marché Commun, 1960, S. 22.

[180]) Ophüls, Wirtschaftsverfassung, S. 152, 168 ff.

Befugnisse eingeräumt werden, wie in der EGKS[181]) und in der EAG, die insgesamt auf der Vorstellung einer permanent krisenhaften Übernachfrage nach Kernenergieträgern beruht[182]).

Nicht mehr ohne weiteres und fugenlos in ein System der Marktwirtschaft einzuordnen sind wirtschaftspolitische Aufgaben und Befugnisse, die aus prinzipiellem Mißtrauen gegen die Gerechtigkeit und Zweckmäßigkeit des Marktmechanismus Hebung der Lebenshaltung, Vollbeschäftigung, Versorgung, niedrigste Preise und Produktivität interventionistisch herbeizuführen trachten[183]). Von den Befugnissen der europäischen Wirtschaftsverwaltung sind es, neben dem Verteilungsmonopol der EAG, vor allem die Zuständigkeiten der EGKS zu Preisfestsetzungen (Art. 61)[184]) und zur Investitionskontrolle (Art. 54 Abs. 5), die als freiheitsgefährdender Ansatz eines europäischen Dirigismus beargwöhnt werden[185]). Wie begrenzt die Reichweite dieser marktwirtschaftsfeindlich erscheinenden Befugnisse allerdings ist, ergibt sich daraus, daß bei der Anwendung des Vertrages die Herstellung eines funktionsfähigen Marktes vor dem Einsatz interventionistischer Instrumente den Vorrang hat[186]), daß der Grundsatz des Interventionsminimums gilt[187]) und daß indirekte Interventionen[188]) den Vorrang vor den grundsätzlich subsidiären unmittelbaren Eingriffen besitzen[189]).

---

[181]) Art. 8, 9 EGKSV. Bebr, ECSC, S. 15; Reuter, Conception, S. 262 ff.; ders., CECA No 150; Raymond Vernon, The Schuman Plan, AJIL 47 (1953), 198.

[182]) Über die Handhabung der Regelungen des Verteilungsmonopols der Agentur (hierzu: Badura, Verwaltungsmonopol, S. 145) angesichts der veränderten Lage: Drück, Zusammenarbeit, S. 91 f.; August Martin Euler, Die Versorgungsagentur der Euratom, Atomwirtschaft 1960, 102—104.

[183]) Art. 2 EWGV („beständige und ausgewogene Wirtschaftsausweitung"); Art. 2, 3 lit. a—c EGKSV; Art. 1 Abs. 2, 2 lit. a, d EAGV.

[184]) Jerusalem, Montanunion, S. 140; Arthur Frey, Die Montan-Union in der Sicht der Theorien der Wirtschaftssysteme und der Marktformen, Diss. Zürich, Winterthur 1959, S. 113, 183 ff.

[185]) Jaenicke, EGKS, S. 735 f.

[186]) Much, Vortrag in Speyer a.a.O. (oben Anm. 38); Steindorff, Vertragsziele, S. 100.

[187]) Bebr, ECSC, S. 15; Rabe, Verordnungsrecht, S. 79.

[188]) Beispiel: Einrichtung einer Schrottausgleichskasse gem. Art. 53 EGKSV (Gerh Slg. 4, 231; Adolf Schüle, Marktinterventionen der Hohen Behörde und finanzielle Einrichtungen, ZaöRuVR 19/1958, 481 f.).

[189]) Art. 5 Abs. 2 alin. 3, 57 EGKSV. Bindschedler, Rechtsfragen, S. 209 f.; Schüle, Marktinterventionen, S. 472 f.

Hinsichtlich des Regimes der Kernenergie aber ist zu bedenken, daß der rasche, dem Zufall der Privatinteressen enthobene und übernationale Aufbau von Forschung und Produktion, auf lange Sicht, eine Lebensfrage für die europäische Wirtschaft darstellt[190]).

Die bürgerliche Freiheit, soweit sie verfassungsrechtlich in wirtschaftlichen Grundrechten Schutz erhalten hat, wird, wie sich gezeigt hat, durch die europäische Wirtschaftsverfassung stärkeren Einschränkungen ausgesetzt, als es eine liberale Grundrechtsvorstellung für tragbar erachten würde. Das könnte jedoch nur dann als alarmierend empfunden werden, wenn Rechtsstaat nur als liberaler Rechtsstaat denkbar wäre und Freiheit nur als Frucht und Ausprägung liberalen Denkens zu gelten hätte. Wie der einzelne ist aber auch seine Freiheit unter neue Bedingungen getreten, und eine Freiheit, die nicht nur eine solche der happy few ist, wird mehr auf wohlfahrtsstaatliche „Teilhabe" angewiesen sein, wofür Vollbeschäftigungs- und Versorgungspolitik die Voraussetzung sind, als auf bürgerliche „Ausgrenzung" (Forsthoff). So ist denn auch die Verfassung der Bundesrepublik die eines „sozialen Rechtsstaates" und wird durch sie keineswegs eine interventionsfreie Wirtschaftspolitik vorgeschrieben[191]).

Die Aufgaben und Befugnisse der europäischen Wirtschaftsverwaltung gehen somit nicht über das hinaus, was der moderne Staat für seine Wirtschaftspolitik in Anspruch nimmt und nehmen darf[192]). Das Problem der bürgerlichen Freiheit in der europäischen Wirtschaftsverfassung erweist sich als ein Aspekt der allgemeineren Frage, wie Freiheit im Wohlfahrtsstaat möglich ist.

[b) Aus den gleichen Gründen können die Bestrebungen der EWG-Kommission zu einer europäischen planification[193]) oder zu

---

[190]) Gegen Muthesius, EURATOM, S. 113—132.

[191]) Ulrich Scheuner, Die staatliche Intervention im Bereich der Wirtschaft, VVdStL 11 (1954), 14 ff; ders., Berichte der Dtsch. Gesellschaft für Völkerrecht 1 (1957), 59 f.; ders., Verfassungsrechtliche Grundlagen der staatlichen Wirtschaftspolitik, in: Jahresbericht der Gesellschaft von Freunden und Förderern der Rhein. Friedrich-Wilhelm-Universität zu Bonn e. V., 1963, S. 37 f.; Badura, Verwaltungsmonopol, S. 316 ff., 327 ff. Zur „preferred-freedoms"-Doktrin: Horst Ehmke, Wirtschaft und Verfassung, 1961, S. 437; ders., VVdStL 20 (1963), 76 f.

[192]) Lagrange, Rechtsnatur, S. 97 f.; Robertson, Legal Problems, S. 142; Vernon, Schuman-Plan, S. 198.

[193]) Art. 3 lit. g, 103, 105 Abs. 1 Satz 3, 155 alin. 2 EWGV. Eine ent-

der neuerdings nur in Aussicht genommenen „mittelfristigen Wirtschaftspolitik“[194]) nicht als eine Gefährdung rechtsstaatlicher Verfassungsstruktur betrachtet werden. Wie den Interpretationen des Aktionsprogramms vom November 1962 durch Mitglieder der Kommission entnommen werden kann[195]), sollte die europäische planification nicht die Intensität aufweisen wie ihr französisches Vorbild[196]). Es sollte und soll dadurch lediglich

---

sprechende Zuständigkeit der Hohen Behörde besteht gem. Art. 5 Abs. 2 alin. 2, 46 Abs. 3—5 EGKSV (vgl. Reuter, CECA No 221).

Bereits Anfang 1962 schlug die Kommission vor, „die bereits von den Regierungen einiger Mitgliedstaaten angewendete Praxis der Aufstellung jährlicher Wirtschaftsbudgets in der Form genügend detaillierter prospektiver volkswirtschaftlicher Gesamtrechnungen auf alle Mitgliedstaaten auszudehnen“ (nach Frhr. Loeffelholz von Colberg, Vorteile und Schwächen der französischen Wirtschaftsplanung, EurArch 17/1962, 504). Am 20. 6. 1962 legte die Arbeitsgruppe für Struktur und langfristige Entwicklungsfragen unter Pierre Uri einen Bericht über die Aussichten der wirtschaftlichen Entwicklung bis 1970 vor, der „Projektionen“ angab; Uri bezeichnete eine europäische Planung als unausweichlich (Albrecht, Planifikateure, S. 24 f., 301 f.). Ein europäisches Wirtschaftsbudget wurde auch von der Versammlung gefordert (Albrecht, Planifikateure, S. 309 ff.). Die Kommission entwickelte dann in ihrem „Memorandum für ein Aktionsprogramm“ vom November 1962 einen Plan für eine „langfristige Wirtschaftsprogrammierung“ (Albrecht, Planifikateure, S. 9, 319 ff.; Ipsen/Nicolaysen, NJW 1963, 1713 ff.). Obwohl die Kommission betonte, daß dem Wettbewerb als Lenkungsinstrument des Wirtschaftsablaufs eine entscheidende Rolle zugedacht sei, stieß ihre Absicht der langfristigen Programmierung auf Widerstand, insb. seitens der Bundesregierung.

[194]) Empfehlung der Kommission an den Rat vom Juli 1963. Dabei handelt es sich nicht mehr um eine Programmierung des Wirtschaftsprozesses, sondern nur noch der Daten des Wirtschaftens, um so Anhaltspunkte für eine koordinierte Wirtschaftspolitik zu geben (Albrecht, Planifikateure, S. 25, 360 ff.; Ipsen/Nicolaysen, NJW 1963, 2212; Schlecht, Vortrag „Wirtschaftspolitische Grundsatzfragen des Bundes“ in Speyer a.a.O. — Anm. 38).

[195]) Vgl. die bei Albrecht, Planifikateure, S. 23, 337 ff., wiedergegebenen Äußerungen von Marjolin und von der Groeben.

[196]) Die formell nur „indikativen“ Vierjahrespläne der französischen planification stellen allgemeine und besondere Ziele für die Produktion auf und versuchen diese Ziele mittelbar, nicht obligatorisch und „imperativ“, durch systematische Steuerung des öffentlichen Auftragswesen, der öffentlichen Unternehmen, der Kreditvergabe durch das öffentliche Banksystem, durch Subventionen, steuerliche Maßnahmen etc. zu erreichen. Um der optimalen und rationalsten Ausschöpfung der nationalen Produktionskapazität willen werden nach dem Prinzip der „Verpflichtung des Unternehmers

ohne Vorwegnahme wirtschaftspolitischer Entscheidungen und ohne obligatorische Festsetzungen der Wirtschaft und der Wirtschaftspolitik eine rationale, quantitative Grundlage geschaffen werden, indem mithilfe der (rückblickenden) volkswirtschaftlichen Gesamtrechnung und eines (prospektiven) Wirtschaftsbudgets die zu erwartende Entwicklung veranschlagt wird.]

c) In der Literatur sind mehrfach Grundrechtsverletzungen durch die Europäischen Verträge erwogen und behauptet worden[197]). Neben der zwar im Verhältnis zum deutschen Recht ungünstigen, aber nicht ganz ungewöhnlichen Regelung der Amtshaftung im EGKS-Vertrag[198]) ist die auffälligste der die Grundrechte berührenden Bestimmungen die Einführung des Kernbrennstoffeigentums der EAG (Art. 86—90 EAGV)[199]). Es ist gesagt worden, daß dadurch die allgemeine Ordnung des Art. 14 GrundG schlechthin geleugnet und eine permanente entschädi-

---

zur kollektiven Nützlichkeit" durch den „plan souple", den allerdings der Generalkommissar für den Plan, Pierre Massé, gern „plan actif" nennt, bewußt Wettbewerbsverzerrungen zugunsten derjenigen herbeigeführt, die sich plangemäß verhalten (Albrecht, Planifikateure, S. 28 ff., 53 ff., 278 ff.; Pierre Bauchet, La Planification Française, 1962; F. Bloch-Lainé, A la Recherche dune „Économie Concertée", 2. Aufl., 1961; Bericht der Europ. Vereinigung für wirtschaftl. und soziale Entwicklung — CEPES —: System und Zielsetzung der französischen Wirtschaftsplanung, EurArch 17/1962, 491—497).

Eine mehr oder weniger intensive Wirtschaftsprogrammierung gibt es neben der seit den Dekreten Nr. 46—2 vom 3. 1. 1946 und Nr. 47—119 vom 16. 1. 1947 bestehenden franz. planification seit 1945 in den Niederlanden („Zentrales Plan-Büro"), seit 1959 in Belgien („Bureau de Programmation Economique") und seit 1962 in England („National Economic Development Council"); vgl. Albrecht, Planifikateure, S. 9.

197) Ballerstedt, Marktordnung, S. 62 ff.; Goossens, CECA, S. 101 ff.; Küchenhoff, Grundrechte, S. 161.

198) Art. 34, 40 EGKSV. Dazu Hans-Wolfram Daig, Réparation d'un préjudice; indemnité, Actes Officiels (Anm. 113) IV, 66; Much, Amtshaftung, S. 53 ff.; Schlochauer, Gerichtsbarkeit, S. 407 ff.; ders., Rechtsschutz, S. 34 ff.; Thieme, Öffentliche Gewalt, S. 67 f. (Verstoß gegen Art. 34 GrundG — dagegen Merk, ebd., S. 109); EuGH Slg. 7, 427/464 f. — In den Römischen Verträgen ist eine günstigere Regelung gewählt worden (Art. 215 Abs. 2 EWGV; Art. 188 Abs. 2 EAGV).

199) Hierzu: Peter P. Böhm, Die juristische Problematik des europäischen Kernbrennstoffeigentums, NJW 1961, 1553—1558; Errera, Euratom, No 160; Georges Vedel, Le ‚Régime de Propriété' dans le Traité d Euratom, Annuaire Français de Droit International 1957, 586—596; Badura, Verwaltungsmonopol, S. 146.

gungslose Enteignung vorgenommen werde[200]). Dieser Vorwurf überschätzt die Wirkungen dieses „Eigentums". Es ist nicht das Ergebnis sozialistischer Sozialisierungsbestrebungen[201]) und soll auch nicht die EAG zu einem „supranationalen Kapitalisten"[202]) machen, sondern stellt lediglich eine die wirtschaftliche Nutzungsmöglichkeit unberührt lassende[203]) juristische Technik im Interesse der Gefahrenabwehr, der Kontrolle gegen einen Mißbrauch von Kernbrennstoffen dar[204]). Entgegen dem Anschein erweist sich daher das Kernbrennstoffeigentum der EAG, grundrechtlich betrachtet, als eine Inhaltsbestimmung des Eigentums.

2. Grundrechte in der europäischen Wirtschaftsverfassung

Der zweite Kreis von Überlegungen, der durch die Frage nach der bürgerlichen Freiheit in der europäischen Wirtschaftsverfassung angeschnitten wird, bezieht sich darauf, ob das von den Organen der Gemeinschaften anzuwendende Recht Grundrechtsverbürgungen enthält.

a) Das von den Gemeinschaftsorganen anzuwendende Recht ist das Gemeinschaftsrecht und nur dieses. Die Grundrechte der

---

200) Erler, Diskussionsbeitrag, VVdStL 18 (1960), 104.

201) Das war die Befürchtung der Bundesregierung (Vedel, Régime de Propriété, S. 588 f.). Ähnlich sieht Merk, VVdStL 18 (1960), 109, hier ein Problem des Art. 15 GrundG.

202) Vedel, Régime de Propriété, S. 591.

203) Insofern weicht das Kernbrennstoffeigentum der EAG von demjenigen, das in den USA bis vor kurzem bestand und dessen Vorbild es gefolgt war, ab. Denn dieses umfaßte auch die wirtschaftliche Funktion des Eigentums (Böhm, Problematik, S. 1553, 1556; Everett L. Hollis, The US Atomic Energy Act of 1954, in: J. Guéron et al., The Economics of Nuclear Power, 1956, S. 497). Sect. 52 US Atomic Energy Act 1954 (Text bei Hugo J. Hahn, Das staatliche Eigentumsmonopol an Kernmaterial in den USA, Atomwirtschaft 1957, 39) sah deswegen auch eine Entschädigungsregelung vor.

204) Berié/Miller Art. 62 EAGV Anm. 2; Catalano S. 410; Errera, Euratom, No 160; Vedel, Régime de Propriété, S. 590; ders., L'Euratom, in: Les Problèmes Juridiques et Economiques du Marché Commun, 1960, S. 194 f.

Die wirtschaftliche Nutzungsmöglichkeit wird allerdings vom Optionsrecht der Agentur im Rahmen des dieser zustehenden Verteilungsmonopols erfaßt. Doch auch das nicht um einer eigenen Nutzung der EAG willen, sondern nur um eine Versorgungslenkung zu ermöglichen (Böhm, Problematik, S. 1555; Badura, Verwaltungsmonopol, S. 145).

nationalen Verfassungen brauchen daher, wie das nationale Recht insgesamt, von den Gemeinschaftsorganen nicht beachtet zu werden und können auch vor dem EuGH nicht geltend gemacht werden[205]).

Dasselbe muß für die Grundrechte der Europäischen Menschenrechtskonvention angenommen werden, da diese weder partikuläres Völkergewohnheitsrecht noch Bestandteil des Gemeinschaftsrechts ist[206]). Solange Frankreich die Konvention nicht ratifiziert hat, kann sie auch nicht ohne weiteres als ungeschriebenes Gemeinschaftsrecht betrachtet werden[207]).

b) Dem Gegenstand, den Aufgaben und den Befugnissen der europäischen Wirtschaftsverwaltung entsprechend kann es sich bei den im Gemeinschaftsrecht zu erwartenden und allein benötigten Grundrechts- oder grundrechtsartigen Regelungen nur um solche der wirtschaftlichen Freiheit handeln[208]).

Dadurch, daß die Europäischen Verträge Gemeinsame Märkte geschaffen haben, haben sie zugleich die nationalen Grenzen des Gebrauchs wirtschaftlicher Freiheit für das Territorium der Gemeinschaften beseitigt bzw. die Staaten zur Beseitigung dieser Grenzen verpflichtet und den Inhalt dieser erweiterten wirtschaftlichen Freiheit näher bestimmt. Das bedeutet allgemein die Herstellung der von Zöllen, Kontingenten und sonstigen protektionistischen Beschränkungen entbundenen Handelsfreiheit, die Herstellung und Erhaltung der Wettbewerbsfreiheit auf den europäischen Märkten und das Verbot nationalitätsbezogener Diskriminierung[209]). Das bedeutet im besonderen die

---

[205]) Vgl. oben Anm. 127.

[206]) Erler, Öffentliche Gewalt, S. 32 f. (in der Diskussion zust. Bachof, ebd., S. 83, und Kaiser, ebd., S. 89; abl. Ermacora, ebd., S. 85 f. und Pfeifer, ebd., S. 85); Küchenhoff, Grundrechte, S. 162 f.; Christian Runge, Das Recht der Europäischen Gemeinschaften, JuS 1964, 343.

[207]) Gegen: Dietrich Ehle, Wirtschaftslenkung und Verfassungsrechtsschutz im Gemeinsamen Markt, AWD 1963, 158; v. d. Heydte, Diskussionsbeitrag, VVdStL 18 (1960), 83 f., 93; Kaufmann, Gutachten, S. 60; Krüger, Herkunft, S. 726.

[208]) Goossens, CECA, S. 114; Ipsen, Diskussionsbeitrag, VVdStL 18 (1960), 87. — Art. 220 alin. 1 EWGV betrifft die Angleichung der nationalen Grundrechtsordnungen und die Erstreckung der Grundrechtsgeltung auf alle EWG-Angehörigen.

[209]) Art. 3 lit. b, 4 lit. b, 70 Abs. 2 EGKSV; Art. 7, 45 EWGV; Art. 2 lit. d, 52, 97 EAGV. GerH Slg. 4, 231/257; EuGH Slg. 8, 652/692 f.; 9, 357; Monika Hochbaum, Das Diskriminierungs- und Subventionsverbot in der EGKS und EWG, 1962; Andreas Jerusalem, Das Diskriminierungsverbot in der Marktordnung des Montanvertrages, 1961; Küchenhoff, Grundrechte, S. 162.

Liberalisierung des Warenverkehrs, der freien und der abhängigen Arbeit[210]), des Dienstleistungsverkehrs[211]) und des Kapitalverkehrs einschließlich der Möglichkeit, Gesellschaften zu gründen und sich an ihnen zu beteiligen[212])[213]).

c) Eine wesentliche Rechtsquelle für bei der Ausübung der europäischen öffentlichen Gewalt zu beachtende rechtsstaatliche Garantien und Grundsätze ist das ungeschriebene Gemeinschaftsrecht. Die Existenz derartigen ungeschriebenen Gemeinschaftsrechts läßt sich unmittelbar aus den Europäischen Verträgen ableiten, die dem EuGH auftragen, „die Wahrung des Rechts bei der Auslegung und Anwendung" der Verträge zu sichern (Art. 164 EWGV, Art. 31 EGKSV, Art. 136 EAGV)[214]). Es handelt sich dabei um zwei verschiedene Gattungen von ungeschriebenen Rechtssätzen.

Erstens sind die Organe der Gemeinschaften an die allgemeinen Rechtsgrundsätze gebunden, die nach der heutigen Rechtskultur zum Begriff des Rechts und des rechtlich geordneten Normvollzugs gehören[215]). Darunter fallen jedenfalls die Rechtssicherheit[216]), allgemeiner Gleichheitssatz und Willkürverbot[217]), Übermaßverbot und Verhältnismäßigkeit der Mittel[218]).

Zweitens kann sich ungeschriebenes Gemeinschaftsrecht aus einer vergleichenden Ermittlung von in den Rechtsordnungen der Mitgliedstaaten allgemein anerkannten Rechtsgrundsätzen

---

[210]) Niederlassungsfreiheit: Art. 52 ff. EWGV (Ulrich Everling, Das Niederlassungsrecht im Gemeinsamen Markt, 1963); Arbeitnehmerfreizügigkeit: Art. 48 ff. EWGV; Art. 69 EGKSV; Art. 96 EAGV; EWG-VO Nr. 15 über die ersten Maßnahmen zur Herstellung der Freizügigkeit der Arbeitnehmer innerhalb der Gemeinschaft vom 16. 8. 1961; Beschluß des EGKS-Ministerrats vom 8. 12. 1954 betr. die Anwendung des Art. 69 EGKSV (BGBl II S. 599; Ergänzung: BGBl 1963 II S. 173).

[211]) Art. 59 ff. EWGV.

[212]) Art. 67 ff., 61 Abs. 2, 52 Abs. 2, 221 EWGV.

[213]) Zum Ganzen: Cartou S. 52 ff.; Catalano S. 256.

[214]) Catalano S. 107; Ehle, Verfassungskontrolle, S. 323; Mathijsen, CECA, S. 109 ff.; Donald Graham Valentine, The Court of Justice of the European Coal and Steel Community, 1954, S. 56 f.

[215]) Catalano S. 107; Lagrange, Schlußanträge, EuGH Slg. 6/2, 940; Mathijsen, CECA, S. 109 ff.

[216]) EuGH Slg. 8, 97/113.

[217]) Ehle, NJW 1964, 374 f.; Rabe, Verordnungsrecht, S. 78.

[218]) GerH Slg. 4, 159/196 f.; EuGH Slg. 8, 917/944.

ergeben[219]). Das geschriebene Gemeinschaftsrecht legt diese Annahme auch dadurch nahe, daß es für die Amtshaftung der EWG und der EAG auf die „allgemeinen Rechtsgrundsätze" verweist, „die den Rechtsordnungen der Mitgliedstaaten gemeinsam sind" (Art. 215 Abs. 2 EWGV, Art. 188 Abs. 2 EAGV). Es ist deshalb eine vielfach vertretene und einleuchtend erscheinende These, daß die Gemeinschaftsorgane den den Mitgliedstaaten gemeinsamen rechtsstaatlichen Standard zu beachten haben[220]). Welche konkreten Rechtsfolgen sich daraus ergeben könnten und in welchem Umfang es über diese These zu einer Europäisierung der nationalen Grundrechte kommen kann, ist allerdings eine offene Frage. Zweckbestimmung und Eigenart der europäischen öffentlichen Gewalt schließen es jedenfalls aus, selbst den Mitgliedstaaten gemeinsame Grundrechte als Bastionen nationaler oder liberaler Wirtschaftsfreiheit der Ausübung von Aufgaben und Befugnissen der Europäischen Verträge entgegenzuhalten. Der EuGH hat denn auch einen auf Art. 14 GrundG gestützten Antrag mit der Begründung als unzulässig verworfen, daß das Recht der EGKS weder einen geschriebenen noch einen ungeschriebenen allgemeinen Rechtsgrundsatz des Inhalts enthalte, daß ein erworbener Besitzstand nicht angetastet werden darf[221]).

---

219) Bindschedler, Rechtsfragen, S. 231; Catalano S. 107; Hans-Wolfram Daig, Die Gerichtsbarkeit der EWG und der EAG, AöR 83 (1958), 155 f.; Lagrange, Schlußanträge, GerH Slg. 4, 363; Mathijsen, CECA, S. 113 ff.; McMahon, Court, S. 334 ff.; Reuter, Institutions, S. 298; GerH Slg. 4, 231/257.

Der Gerichtshof hat diese Rechtsquelle mehrmals für die Aufstellung verwaltungsrechtlicher Grundsätze herangezogen: Slg. 3, 83/118 (Widerruf von Verwaltungsakten); 6/2, 965/986 f. und 9, 107/123 (öffentl. Dienstrecht).

220) Ehle, Wirtschaftslenkung, S. 158 f.; Franz W. Jerusalem, Die Rechtslage der Unternehmen in der Montanunion, NJW 1958, 411; Kaiser, Differenzierung, S. 417; Menzel, Diskussionsbeitrag, VVdStL 18 (1960), 97; Rabe, Verordnungsrecht, S. 129; Roemer, Schlußanträge, EuGH Slg. 5, 162 f.; Thieme, Öffentliche Gewalt, S. 54; Wohlfarth, Anfänge, S. 270 f.; ders., Das Auskunftsrecht gegenüber Unternehmen und Unternehmenszusammenschlüssen innerhalb internationaler Gemeinschaften, Referat auf der Tagung für Rechtsvergleichung Sept. 1963 in Wien (nach dem Bericht von Rabe, JZ 1964, 195); Joseph Wolany, Diskussionsbeitrag, Actes Officiels (Anm. 113) IV, 346; Hans Würdinger, Das Auskunftsrecht usf., Referat auf der Tagung für Rechtsvergleichung in Wien (nach dem Bericht von Rabe, JZ 1964, 195).

221) EuGH Slg. 6/2, 885/920 f.

III. Rechtsschutz gegenüber der europäischen öffentlichen Gewalt

1. Die vor dem EuGH eingeräumten Rechtsschutzmöglichkeiten erreichen nicht die Perfektion, die das in der Bundesrepublik durch Verwaltungs- und Verfassungsgerichtsbarkeit gegen Rechtsverletzungen durch die öffentliche Gewalt zur Verfügung gestellte Rechtsschutzsystem auszeichnet. Im Bereich der Zuständigkeit des Gerichtshofes für montanrechtliche Streitigkeiten sind das fehlende Klagerecht Montanfremder (Art. 80 EGKSV) bei mittelbaren Rechtsbeeinträchtigungen[222]), die Beschränkung des Klagerechts gegen „allgemeine Entscheidungen" (Art. 33 Abs. 2 EGKSV)[223]) und das Vorhandensein eines nichtjustiziablen Beurteilungsspielraums der Hohen Behörde (Art. 33 Abs. 1 Satz 2 EGKSV)[224]) Gegenstand der Kritik gewesen. Rechtsstaatliche Einwände gegen den Rechtsschutz im

---

222) Catalano S. 177 ff.; Schlochauer, Gerichtsbarkeit, S. 402; Schüle, Klagebefugnis, S. 227—255; Thieme, Öffentliche Gewalt, S. 64 f. Der Versuch Steindorffs, Montanfremde Unternehmen in der EGKS, JZ 1953, 718—721, ein weiterreichendes Klagerecht zu begründen, hat keinen Beifall gefunden (Ballerstedt, Marktordnung, S. 14).

Bei unmittelbaren Rechtsbeeinträchtigungen Montanfremder besteht ein Klagerecht: Art. 63 § 2 (Beispiel: Entsch. Nr. 6/53 vom 5. 3. 1953, ABl S. 63) und 66 § 5 Abs. 2 EGKSV.

223) A. Bonaert et al., Fragen der Nichtigkeits- und Untätigkeitsklage nach dem Recht der Europäischen Gemeinschaft für Kohle und Stahl, 1961, S. 28 ff.; Rodolfo de Nova, Le recours des entreprises contre les Décisions Générales de la Haute Autorité, Actes Officiels (Anm. 113) IV, 113—127; Thieme, Öffentliche Gewalt, S. 66 f.; GerH Slg. 2, 197/223, 227; 4, 421/439.

Der Grundgedanke dieser Regelung ist es, den Angriff auf Rechtsetzungsakte grds. dem politischen Ermessen der Staaten zu überlassen. „La justification de la restriction peut être recherchée dans l'intention des Etats membres de se réserver la défense des intérêts généraux (Catalano S. 170 f., 173).

224) Bonaert, Fragen, S. 74 ff.; Jerusalem, Montanunion, S. 53; Heinrich Matthies, Zur Nachprüfungsbefugnis des Gerichtshofs der Montanunion, ZaöRuVR 16 (1955/56), 427—450; Roemer, Schlußanträge, GerH Slg. 1, 249 f., 257 f.; GerH Slg. 1, 213/237.

Die Bedenken Ules (Der Gerichtshof der Montangemeinschaft als europ. Verwaltungsgericht, DVBl 1952, 69 f., und Verwaltungsgerichte überstaatlicher und internation. Organisationen, DVBl 1953, 496 f.) werden überwiegend nicht geteilt (Jaenicke, EGKS, S. 778 f.; Heinrich Matthies, Diskussionsbeitrag, Actes Officiels — Anm. 113 — IV, 309—312; Schlochauer, Gerichtsbarkeit, S. 404; ders., Rechtsschutz, S. 32 f.; Thieme, Öffentliche Gewalt, S. 64 f.).

EWG-Bereich sind vor allem deshalb erhoben worden, weil das Klagerecht gegen Verordnungen ausgeschlossen ist[225]).

Diese Vorwürfe haben sich in der Regel auf Art. 19 Abs. 4 GrundG berufen. Diese Garantie kann aber ebensowenig wie die bisher erörterten Verfassungsrechtssätze ohne Berücksichtigung der Eigenart der Gemeinschaften und ihrer Entstehung durch Handlungen der Auswärtigen Gewalt auf das europäische Rechtsschutzsystem angewandt werden. Um den gegenwärtig im Brennpunkt der Diskussion stehenden Rechtsschutz gegen EWG-Verordnungen zu betrachten: Es ist ja keinesfalls so, daß mit dem Fehlen des unmittelbaren Klagerechts für den Privaten jeder Weg verschlossen wäre, eine gerichtliche Überprüfung der Verordnungen herbeizuführen. Wird eine beanstandete Verordnung durch die europäische Verwaltung vollzogen, kann ihre Rechtswidrigkeit im Verfahren gegen den Vollzugsakt geltend gemacht werden (Art. 184 EWGV)[226]). Wird sie dagegen durch deutsche Organe zum Nachteil eines einzelnen angewandt, kann dieser die Ungültigkeit der Verordnung im Verfahren gegen den nationalen Vollzugsakt vor dem deutschen Gericht rügen, worauf dieses die Frage zur Vorabentscheidung vor den EuGH bringen kann oder muß (Art. 177 EWGV). In beiden Fällen wirkt die inzidente Feststellung der Ungültigkeit allerdings nicht erga omnes, sondern nur inter partes[227]) [228]).

---

[225]) Ditges/Ehle, Agrarmarktordnung, S. 477; Ehle, Wirtschaftslenkung, S. 157; ders., Verfassungskontrolle, S. 323 ff. Der EuGH hat zu dieser Frage in zwei Urteilen Stellung genommen (Slg. 8, 961/977 f.; 8, 1003/1019 f. mit Anm. Ehle, NJW 1963, 782).

Zweigert hat in seinem Referat „Empfiehlt es sich, Bestimmungen über den Rechtsschutz zu ändern?“ auf der Tagung in Köln „Zehn Jahre Rechtsprechung des Gerichtshofs der Europäischen Gemeinschaften“ (April 1963) Maßnahmen zur Stärkung der Unabhängigkeit der Richter vorgeschlagen; ähnliche Forderungen hat Geisseler in seinem Korreferat erhoben (nach Walter Skaupy, Europ. Gemeinschaftsrecht in der Entwicklung, JR 1963, 329).

[226]) Vgl. EuGH Slg. 8, 1027. — Obwohl eine dem Art. 184 EWGV entsprechende Vorschrift fehlt, hat der GerH der EGKS die Inzidentkontrolle von allgemeinen Entscheidungen analog Art. 36 Abs. 3 EGKSV zugelassen (Slg. 4, 9; 4, 159/190 ff.), den Generalanwälten folgend (Lagrange, Slg. 4, 210 ff. und Roemer, Slg. 4, 101 ff.). Ebenso Bonaert, Fragen, S. 30 ff.

[227]) Bebr, Relation, S. 791; EuGH Slg. 8, 1027/1042.

[228]) Zu diesem mittelbaren Rechtsschutz gegen Verordnungen und seine Übereinstimmung mit rechtsstaatlichen Anforderungen: Robert Knöpfle, Das Klagerecht Privater vor dem Gerichtshof der Europäischen Gemeinschaften, NJW 1959, 555 f.; Lagrange, Schlußanträge, EuGH Slg. 8, 995; Wolfgang Wenner, Die neue

Somit erweist sich zwar die von den Europäischen Verträgen gewählte[229]) Technik des Rechtsschutzes als andersartig und möglicherweise schwerfälliger und zeitraubender als die des deutschen Rechts, doch kann das nicht zu der rechtlichen Folgerung führen, daß durch den Abschluß der Europäischen Verträge für den durch sie betroffenen Bereich eine untragbare Schwächung des Individualrechtsschutzes eingetreten wäre.

2. Es ist nicht möglich, das durch die Europäischen Verträge vor dem EuGH eingerichtete Rechtsschutzverfahren gegen Akte der europäischen öffentlichen Gewalt, insbesondere gegen EWG-Verordnungen, weil es als unbefriedigend empfunden wird, auf dem Umweg über die nationalen Gerichte zu korrigieren. Dieser Ausweg steht zu den Europäischen Verträgen und zu der Eigenart des sekundären Gemeinschaftsrechts, das nicht Bundesrecht ist, im Widerspruch. Wie sich aus den Regelungen über die obligatorische Vorabentscheidung des EuGH (Art. 177 EWGV, Art. 41 EGKSV, Art. 150 EAGV) ergibt, besteht hinsichtlich der Gültigkeit von Handlungen der Gemeinschaftsorgane eine ausschließliche Entscheidungszuständigkeit des EuGH[230]), der dabei an nationales Recht nicht gebunden ist[231]). Daraus folgt, daß den ohne weitere Anfechtungsmöglichkeit entscheidenden deutschen Gerichten die Gerichtsbarkeit über Akte der europäischen öffentlichen Gewalt fehlt; insoweit ist die supranationale an die Stelle der nationalen Rechtsprechung getreten[232]).

Rechtsprechung des Europäischen Gerichtshofes zum Rechtsschutz für Privatpersonen, AWD 1963, 72—73.

[229]) Die deutsche Delegation sah sich durch Art. 19 Abs. 4 GrundG veranlaßt, bei den Verhandlungen über den EGKS-Vertrag für die Ausgestaltung des Gerichtshofes als eines auch für Private zugänglichen Verwaltungsgerichts einzutreten (Mosler, EGKSV, S. 42).

[230]) Ballerstedt, Marktordnung, S. 18; Bebr, ECSC, S. 21; ders., Relation, S. 769, 783, 788 f.; Georg Erler, Die Beschränkung der rechtsprechenden Gewalt in der Bundesrepublik durch die Zuständigkeit internationaler Gerichte, in: Göttinger Festschrift für das OLG Celle, 1961, S. 43 f., 55; Lagrange, Schlußanträge, EuGH Slg. 6/2, 1213; Scheuner, Rechtsetzungsbefugnis, S. 242; Wohlfarth, Anfänge, S. 247; BGHZ 30, 74/78. — Zur Auslegungszuständigkeit des EuGH: EuGH Slg. 9, 63; BGH JZ 1964, 219 mit Anm. Steindorff; Conseil d'Etat AWD 1964, 261 mit Anm. Wenner.

[231]) Daig, Gerichtsbarkeit, S. 154; Knopp, Pflicht, S. 308. Vgl. oben Anm. 127.

[232]) Art. 19 Abs. 4 GrundG bezieht sich nur auf die Ausübung deutscher öffentlicher Gewalt und kann daher den Rechtsweg gegen europäische Hoheitsakte nicht eröffnen (Erler, Öffentliche Gewalt, S. 36; Wohlfarth et al., EWG, Art. 164 Anm. 6; abw. Küchenhoff, Grundrechte, S. 167).

Das gilt auch für das BVerfG[233]). Denn die angestrebte einheitliche Geltung des übernationalen sekundären Gemeinschaftsrechts, der auch die obligatorische Vorabentscheidung des EuGH über die Gültigkeit der europäischen Rechtsetzungsakte dient, würde durch konkurrierende Zuständigkeiten nationaler Verfassungsgerichte ebenso in Frage gestellt werden wie durch konkurrierende Zuständigkeiten nationaler Verwaltungsgerichte. Dem BVerfG fehlt daher die Gerichtsbarkeit, sekundäres Gemeinschaftsrecht am Grundgesetz zu messen[234]). Es besteht wegen des Vorranges des sekundären Gemeinschaftsrechts vor dem nationalen Verfassungsrecht auch kein Bedürfnis für eine derartige Zuständigkeit des BVerfG.

Der einzige Weg, eine Verletzung des Grundgesetzes durch das Gemeinschaftsrecht geltend zu machen, ist die schon beschriebene verfassungsrechtliche Überprüfung des Zustim-

---

[233]) Knopp, Pflicht, S. 306; Walter Rietz, Die Vorabentscheidung im Recht der Europäischen Gemeinschaften, Diss. Saarbrücken 1962, S. 130; Dietrich Ehle, Vorlage an den Europäischen Gerichtshof gemäß Art. 177 EWG-Vertrag, NJW 1963, 935. Abw. Bebr, Judicial Control, S. 189 f. Das italienische Verfassungsgericht hat in der mit Urteil vom 7. 3. 1964 entschiedenen Sache betr. die Verfassungsmäßigkeit der Verstaatlichung der Elektrizitätsproduktion (das Friedensgericht Mailand hatte in derselben Sache auch um eine Vorabentscheidung des EuGH gebeten, die durch das Urteil in der Rechtssache 6/64 erfolgte), in der es auch auf das Verhältnis von primärem Gemeinschaftsrecht und nationaler lex posterior ankam, Art. 177 EWGV nicht angewandt (Piola-Caselli, Verhältnis, S. 219 bis 221). Das jedoch nicht wegen seiner Eigenschaft als Verfassungsgericht, sondern weil das primäre Gemeinschaftsrecht italienisches Recht sei.

[234]) Bebr, Relation, S. 783; ders., Judicial Control, S. 225 f. Abw.: Ehle, Verfassungskontrolle, S. 234 f.; ders., Verhältnis, S. 15; Küchenhoff, Grundrechte, S. 167 f.; Schröcker, Vertragsw. Gesetz, S. 418; Thieme, Öffentliche Gewalt, S. 74. Die Basis der hier abgelehnten Auffassung ist die Annahme, daß das sekundäre Gemeinschaftsrecht zumindest auch als Bundesrecht anzusehen und daß es dem nationalen Verfassungsrecht zumindest insoweit nachrangig sei.

Aus der hier vertretenen Auffassung folgt: Eine Verfassungsbeschwerde gegen sekundäres Gemeinschaftsrecht ist unzulässig, weil die europäische öffentliche Gewalt nicht „öffentliche Gewalt" i. S. d. § 90 BVerfGG ist (ebenso Erler, Öffentliche Gewalt, S. 36. Nach der Rspr. des BVerfG ist öffentliche Gewalt i. S. d. § 90 BVerfGG nur deutsche öffentliche Gewalt; BVerfGE 1, 10). Eine abstrakte oder konkrete Normenkontrolle ist unzulässig, weil das sekundäre Gemeinschaftsrecht nicht „Bundesrecht" bzw. ein „Gesetz" i. S. d. Art. 93 Abs. 1 Nr. 2, 100 GrundG ist.

mungsgesetzes, mit anderen Worten der Ausübung der Vertragsschließenden Gewalt, in einem Verfahren der abstrakten oder konkreten Normenkontrolle vor dem BVerfG.

IV. Demokratische Willensbildung in der NATO

Von ganz anderer Art als in der europäischen Wirtschaftsverwaltung sind die Veränderungen der Verfassungsstruktur durch die Mitgliedschaft der Bundesrepublik in der NATO. Zwei Gesichtspunkte sind es, die hier eine Rolle spielen. Die demokratische Idee fordert die Abhängigkeit der militärischen Entscheidung von der politischen Entscheidung, institutionell gewendet, die Überordnung der politischen Organe über die militärischen[235]). Nur so kann eine parlamentarische Kontrolle über die außerordentliche Machtkonzentration, die in den Streitkräften vorhanden ist, ermöglicht werden. Wird durch die NATO an diesem Prinzip etwas geändert? Ein besonders wesentlicher Aspekt dieses Prinzips ist, zweitens, daß die Entscheidung über Krieg und Frieden in der Hand der Volksvertretung oder wenigstens dieser gegenüber verantwortlicher Personen liegt. Ist dieses Postulat, das durch Art. 59 a GrundG verfassungsrechtlich verankert ist, infolge der militärischen Integration in der NATO in Frage gestellt?[236])

Art. 24 Abs. 2 GrundG läßt eine Einschränkung von Hoheitsrechten des Bundes zugunsten der Einordnung in ein defensives System der kollektiven Sicherheit zu. Doch ist damit nur eine herkömmliche Bündnispolitik gemeint[237]), so daß diese Norm darüber hinausgehende Verfassungsdurchbrechungen nicht rechtfertigt. Von der Sonderform der amending power, die Art. 79 Abs. 1 Satz 2 GrundG auch für Verteidigungsverträge vorsieht, ist im Fall der NATO nicht Gebrauch gemacht worden.

1. Die Überordnung des Politischen über das Militärische ist in der geschilderten Organisation der NATO, insbesondere durch den NATO-Rat, de jure gewährleistet[238]). Daß die integrierten

---

[235]) Horst Ehmke, Militärischer Oberbefehl und parlamentarische Kontrolle, Ztschr. f. Politik 1 (1954), 337—356; Beloff, Foreign Policy, S. 85.

[236]) Menzel, VR, S. 425.

[237]) Maunz, Art. 24 RNr. 24.

[238]) Da die Bundeswehr keine verselbständigte Führungsspitze außerhalb des Ministeriums besitzt, ist die Gefährdung der politisch verantwortlichen Kontrolle des Ministers über das Militär durch informelle Beziehungen zu den NATO-Stäben weniger begünstigt (Wildenmann, Macht und Konsens, S. 255).

militärischen Stäbe ein Eigengewicht gewinnen und so diesen Primat des Politischen gefährden könnten, gehört zu den Imponderabilien, die nicht durch das Verfassungsrecht, sondern nur durch dessen wachsame Beachtung in Schach gehalten werden können.

2. Die Entscheidung über Krieg und Frieden durch das Parlament, wie es Art. 59 a GrundG vorsieht, wird durch die NATO nicht einer nichtparlamentarischen und übernationalen Instanz überantwortet. Denn das Einstimmigkeitserfordernis im NATO-Rat und das Fehlen einer automatischen Beistandspflicht lassen die Entscheidung bei den dazu nach den nationalen Verfassungen berufenen Organen[239]).

Es mag allerdings zweifelhaft sein, ob dieses verfassungsmäßig festgelegte Verfahren in dem Ausnahmefall[240]) eines atomaren Überraschungsangriffs eingehalten werden kann[241]). Die dann zu erwartende Automatik militärischer und von militärischen Gesichtspunkten und Organen beherrschter Reaktion, die die verfassungsrechtliche Forderung obsolet macht, ist weniger eine Folge der militärischen Integration in der NATO als der modernen Waffentechnik. Das wird auch der Grund dafür sein, daß die NATO bisher keine bekannte Regel für die politische Kontrolle ihres Handelns in einer derartigen Krise gefunden hat[242]).

Auch abgesehen von der militärischen Automatik des Grenzfalles ist es vorstellbar, daß die nationalen politischen Entscheidungen über Krieg und Frieden für die Mitgliedstaaten der NATO durch die Entscheidung der USA, die allein über strategische Atomwaffen verfügen, präjudiziert wird. Das ist eine politische Automatik, die durch die militärische Integration

---

239) Der dem Art. 5 NATO-Vertrag entsprechende Art. 4 des SEATO-Vertrages setzt ausdrücklich voraus, daß jede Vertragspartei einer Gefahr „in Übereinstimmung mit dem verfassungsmäßig vorgesehenen Verfahren" begegnen wird.

240) Kissinger, Kernwaffen, S. 26 ff., hält es für verfehlt, diesen nach seiner Auffassung unwahrscheinlichen Fall den Überlegungen zugrundezulegen.

241) Dehoussee, Énergie atomique, S. 313; Wildenmann, Macht und Konsens, S. 217 f., 249.

Im Angesicht dieser Möglichkeit sieht Art. 59 Abs. 1 der Niederl. Verfassung vor, daß die Feststellung des Kriegszustandes durch den König keiner parlamentarischen Zustimmung bedarf, wenn deren Herbeiführung sich infolge eines „vorhandenen Kriegszustandes" als unmöglich erweist (dazu van Panhuys, AJIL 47/1953, 542 f.). Auf derselben Erwägung beruht Art. 59 a Abs. 2 GrundG.

242) Beloff, Neue Dimensionen, S. 303 f.

begünstigt wird. Ihr Grund ist das aus dem übergeordneten Gedanken des Weltfriedens wünschenswerte Monopol der USA für strategische Atomwaffen. Diese Situation tangiert die demokratische Verfassungsstruktur der Bundesrepublik nicht, weil und solange die Entscheidungsbefugnis des Präsidenten der USA demokratisch legitimiert ist.

Schluß

1. Das Neuartige der europäischen Wirtschaftsverwaltung besteht darin, daß hier durch völkerrechtlichen Vertrag eine regionale und partielle, multinationale Rechtsgemeinschaft geschaffen worden ist, die eine selbständige öffentliche Gewalt auf Grund einer selbständigen, dem nationalen Recht überlegenen Rechtsordnung ausübt. Die vor dem Hintergrund herkömmlicher internationaler Zusammenarbeit auffälligste und für die nationalen Rechts- und Verfassungssysteme einschneidendste Fähigkeit dieser öffentlichen Gewalt ist ihre Fähigkeit zur Rechtsetzung [243]).

In alledem äußert sich, wie auch in der integrierten Kommandogewalt der NATO, die verschärfte Interdependenz der Staaten auf politischem, wirtschaftlichem und militärischem

[243]) Soweit bisher überhaupt von „internationaler Gesetzgebung" die Rede war, handelte es sich — mit Ausnahme der ganz untergeordneten Befugnis einzelner Flußschiffahrtskommissionen, Polizeiverordnungen zu erlassen (G. Roth, Territoriale und funktionale Elemente europ. Flußschiffahrtskommissionen, ArchVR 11/1963, 168—184) — um eine die Staaten, nicht die einzelnen bindende Normsetzung völkerrechtlicher Provenienz (Günther Schulz, Entwicklungsformen internationaler Gesetzgebung, Diss. Göttingen 1958, S. 7, 9 f.). Nichts anderes stellt auch die Befugnis der ICAO dar, International Standards and Recommended Practices festzulegen (Art. 37 bis 42 des Abkommens von Chicago vom 7. 12. 1944; in Kraft seit 4. 4. 1947), die häufig als „legislativ" o. ä. bezeichnet wird (Menzel, VR, S. 421; Jacob Schenkman, International Civil Aviation Organization, 1955, S. 257 ff.; Shawcross and Beaumont, On Air Law, 2nd ed., 1951, No 55). Diese Regelungen greifen in die staatlichen Rechtsordnungen nicht ein, weil sie zu ihrer Wirksamkeit der staatlichen Gesetzgebung bedürfen (Cartou S. 23; Ludwig Dischler, Einführung, in: Abkommen über die Internationale Zivilluftfahrt-Organisation, hrsg. von der Forschungsstelle für Völkerrecht u. ausl. öff. Recht an der Universität Hamburg, 1951, S. 6; Otto Riese, Die internationale Organisation der Zivilluftfahrt und die Freiheit des Luftverkehrs seit dem zweiten Weltkrieg, AöR 74/1948, 326).

Gebiet und insofern eine neue Etappe der internationalen Verwaltung[244]) und der Formen internationaler Organisation[245]). Doch das ist nur die formelle und technische Seite dieser Entwicklung. Der Sache nach handelt es sich bei der europäisierten Wirtschaftsverwaltung und Wirtschaftspolitik um eine Erscheinungsweise des Wohlfahrtsstaates[246]). Nach wie vor ist es zwar der Staat, der allein in umfassender Weise zu Sozialgestaltung und Wirtschaftslenkung in der Lage ist, doch hat die Notwendigkeit[247]) die neuartige Form der Supranationalisierung einzelner Aufgaben der Wirtschaftspolitik und Wirtschaftsverwaltung hervorgetrieben und verwaltungsstaatliche Handlungsformen überstaatlicher Art entstehen lassen[248]). Es ist letztlich das für die Ausbildung des Wohlfahrtsstaates konstitutive Erfordernis permanenter Wirtschaftsausweitung und Vollbeschäftigung[249]),

---

[244]) Die herkömmliche internationale Verwaltung umfaßte in der Regel beratende Büros, selten auch entscheidende internationale Organe, letztere jedoch stets in gänzlich sachbezogenen und unpolitischen Materien (Potter, International Organization, S. 201 ff.).

[245]) Bebr, EGKS, S. 1; Cartou S. 25 f.; Grewe, Auswärtige Gewalt, S. 137 ff.; de Visscher, Tendances, S. 546.

[246]) Neben Georg Dahm, Die Stellung des Menschen im Völkerrecht unserer Zeit, 1961, S. 22, ist dafür zu verweisen auf Cartou S. 118 f.; Alder, Befugnisse, S. 1; Hauri, Diss., S. 47; Wildenmann, Macht und Konsens, S. 163.

[247]) Dahm, Stellung des Menschen, S. 11; Potter, International Organization, S. 215: „It is unquestionably true that the unions have arisen chiefly to satisfy the social and economic needs of men, and not the political requirements of the states".

[248]) Bülck, Strukturwandel, S. 3; Forsthoff, Demokratie, S. 19; Grewe, Auswärtige Gewalt, S. 137; Ule, Verwaltungsgerichte, S. 497. Das neuartige Phänomen der institutionell organisierten internationalen Wirtschaftslenkung, der „internationalen Organisationswirtschaft" ist bei Erler, Grundprobleme, in den Mittelpunkt gestellt.

[249]) Vgl. die in der Präambel und in Art. 2 EWGV wiedergegebenen Ziele der EWG: Sicherung des wirtschaftlichen und sozialen Fortschritts, Gewährleistung einer beständigen Wirtschaftsausweitung, Förderung der harmonischen Entwicklung der Volkswirtschaften, Verringerung des Rückstandes weniger begünstigter Gebiete, beschleunigte Hebung der Lebenshaltung.

Auf derselben Linie liegt es, wenn Art. 22 der UN-Menschenrechtserklärung auch die internationale Zusammenarbeit als Voraussetzung der sozialen Sicherheit ansieht und wenn die Vertragsparteien in Teil I der Europäischen Sozialcharta es als Ziel ihrer Politik anerkennen, das auch auf zwischenstaatlicher Ebene zu verfolgen ist, geeignete Voraussetzungen zur Sicherung der Ausübung der sozialen Grundrechte und Grundsätze zu schaffen.

das die Veränderungen der demokratischen und rechtsstaatlichen Verfassungsstruktur im Gewande supranationaler öffentlicher Gewalt bewirkt.

2. Diese Veränderungen erschöpfen sich nicht darin, daß eine öffentliche Gewalt mit anderen Formen der demokratischen Kontrolle und der rechtsstaatlichen Begrenzung, als es für die umfassende Staatsgewalt angemessen ist, begründet wurde. Vielmehr fügt dieser Vorgang auch der Verfassung ein nichtstaatliches und übernationales Konstruktionselement ein, verlagert damit den Verfassungsprozeß partiell auf eine nichtstaatliche und übernationale Ebene[250]) und zwingt so zu einem Neudurchdenken des Verfassungsbegriffs.

Stellt aber die Ausübung der übernationalen öffentlichen Gewalt auch Verwirklichung und Weiterbildung des nationalen Verfassungsrechts dar und stößt die Demokratisierung dieser öffentlichen Gewalt auf eine Grenze, weil andernfalls die nicht aufgebbare nationale Rückbindung in Frage gestellt würde, muß der demokratische Charakter dieser öffentlichen Gewalt bis zu einem gewissen Grade zur Funktion des demokratischen Charakters der Mitgliedstaaten werden. M. a. W. müßte die Veränderung der demokratischen und rechtsstaatlichen Verfassungsstruktur durch die Europäischen Gemeinschaften am ehesten dadurch bedenklich werden, daß einer oder mehrere der Mitgliedstaaten eine hinreichende Verwirklichung von Demokratie und Rechtsstaat vermissen ließen[251]). Daraus folgt, daß die Organe der Bundesrepublik möglicherweise verfassungsrechtlich verpflichtet sein könnten, im Ministerrat gegen die Aufnahme eines Staates in die EWG zu stimmen (Art. 237 EWGV)[252]) und bei Verfassungsänderungen in einem Mitgliedstaat den an sich unkündbaren Vertrag kraft der clausula rebus sic stantibus zu kündigen[253]).

---

[250]) Forsthoff, Gutachten, S. 333; Wildenmann, Macht und Konsens, S. 16, 186.

[251]) Abendroth, Einheit und Integration, S. 4390; ders., Integration und Legitimation, S. 629; Grewe, Außenpolitik, S. 312; Kruse, Strukturelle Kongruenz, S. 126. Dies bringt auch die Präambel des EWG-Vertrages zum Ausdruck, wenn dort die anderen Völker Europas aufgefordert werden, sich der EWG anzuschließen, „die sich zu dem gleichen hohen Ziel (sc. Wahrung und Festigung von Frieden und Freiheit) bekennen".

[252]) Vgl. Wohlfarth et al., EWG, Art. 237 Anm. 2. — Hierauf hat sich unlängst Italien berufen, um einen Beitritt Spaniens in die EWG zu verhindern (Spiegel Nr. 24/1964 S. 66).

[253]) Berber, VR, III S. 255 Anm. 2.

Von diesem Grenzfall abgesehen ist das Problem der Demokratie und des Rechtsstaates in den Europäischen Gemeinschaften nur ein Epiphänomen der schon häufig gestellten und drängenden Frage, wie Demokratie und Rechtsstaat in einer technisierten Gesellschaft und im sozialaktiven Wohlfahrtsstaat möglich sind[254]). Hier wie in den Europäischen Gemeinschaften scheint die Antwort lauten zu müssen, daß die Bewahrung der demokratischen und rechtsstaatlichen Verfassungsstruktur nur durch ihre Veränderung erreicht werden kann.

---

[254]) Vgl. Leibholz, Diskussionsbeitrag, VVdStL 11 (1954), 142 f.; Helmut Schelsky, Der Mensch in der wissenschaftlichen Zivilisation, 1961, S. 21 ff. Schelskys These, daß der technische Staat nicht nur Demokratie illusorisch mache (S. 29), sondern das traditionelle Verhältnis der Herrschaft selbst beseitige (S. 26), basiert auf der Annahme, daß im technischen Staat die politische Entscheidung durch Erkenntnis der Sachgesetzlichkeit ersetzt werde (S. 21 f., 25, 28, 65). Diese Annahme ist angreifbar und scheint eine einseitige Verallgemeinerung industriesoziologischer Beobachtungen zu sein.

Leitsätze des Mitberichterstatters über:

Bewahrung und Veränderung demokratischer und rechtsstaatlicher Verfassungsstruktur in den internationalen Gemeinschaften

Einleitung

1. Im westlichen Nachkriegseuropa wird durch nichtstaatliche und nichtnationale Einrichtungen öffentliche Gewalt im Bereich der Wirtschafts- und Militärverwaltung ausgeübt, die jedenfalls in dem Sinn extrakonstitutionell ist, daß sie nicht an die nationalen Verfassungen gebunden ist. Wird etwa der nationalstaatlich erreichte demokratische und rechtsstaatliche Verfassungsstandard durch diese Internationalisierung öffentlicher Gewalt untragbar tangiert?

2. Die öffentliche Gewalt der Europäischen Gemeinschaften (EWG, EGKS, EAG) wird nicht in der herkömmlichen Weise demokratisch-parlamentarisch kontrolliert und rechtsstaatlich-konstitutionell begrenzt. Durch den Modus der Willensbildung in den Organen dieser Gemeinschaften ist den nationalen Regierungen eine Macht zugewachsen, die ihnen nach den nationalen Verfassungen nicht in dieser Art und nicht in diesem Umfang zusteht.

3. Die daraus resultierenden verfassungsrechtlichen Fragen sind ungeachtet des weiteren politischen Schicksals der Europäischen Gemeinschaften von großer praktischer Dringlichkeit und erheblichem theoretischem Interesse.

4. Die Ideen von Demokratie und Rechtsstaat haben sich zwar im Rahmen der Nationalstaaten gebildet, ihr Anspruch wendet sich jedoch gegen jegliche Erscheinungsform öffentlicher Gewalt. Angesichts der unvermeidlichen Internationalisierung der Militär- und Wirtschaftsverwaltung wird die Möglichkeit, demokratische und rechtsstaatliche Verfassungsstruktur zu bewahren, davon abhängen, ob eine nichtnationalstaatliche Verwirklichung dieser Ideen gelingt.

5. Die Verwirklichung von Demokratie und Rechtsstaat für die internationalisierte öffentliche Gewalt kann nicht durch eine Übertragung der nationalstaatlichen Ausprägungen dieser Ideen, sondern nur durch eine selbständige und eigenartige Gestaltung erfolgen, die den besonderen Bedingungen angepaßt ist, unter denen auf internationaler Ebene Herrschaft begründet und ausgeübt wird.

6. Die verfassungsrechtliche Legalisierung der internationalisierten öffentlichen Gewalt kann nicht durch den im Urteil des BVerfG zum Saarvertrag benutzten Gedanken des „Näher-zum-Grundgesetz" geschehen.

7. Die Bindung der Vertragsschließenden Gewalt an die Verfassung folgt einem anderen Modus als er für die innerstaatliche Ausübung von Hoheitsgewalt anzunehmen ist.

A. Evolution der Internationalisierung (Supranationalisierung)

I.

1. Gegenstände, Organisation und Befugnisse der europäischen Wirtschaftsverwaltung

8. Die von den Organen der Europäischen Gemeinschaften ausgeübte Wirtschaftsverwaltung hat vorzugsweise koordinierenden, in erheblichem Umfang aber auch lenkenden Charakter. Das Grundprinzip der marktorientierten Wettbewerbswirtschaft ist in den Bereichen der Montanindustrie, Atomenergie und Landwirtschaft durch dirigistische Steuerungselemente abgeschwächt.

9. Im Gegensatz zur EGKS und EAG, die begrenzte und weitgehend abgeschlossene Regelungen zur Grundlage ihrer Tätigkeit haben, ist der EWG-Vertrag wegen seines Rahmencharakters auf fortdauernde Konkretisierung angewiesen. Die Rechtsetzung spielt deswegen nur bei der EWG eine nennenswerte Rolle, ist dort aber, dadurch daß sie im wesentlichen in der Hand des Ministerrats liegt, national rückgebunden.

10. Die Europäischen Gemeinschaften sind Rechtsgemeinschaften mit einer gegenüber den nationalen Rechtsordnungen verselbständigten Rechtsordnung.

Sie sind auch Verwaltungsgemeinschaften, ohne daß sich ihre Tätigkeit auf die Handhabung technokratischen Sachverstands beschränkt.

Die ihnen zukommende öffentliche Gewalt trennt sie durch ihre Eigenart von bundesstaatlichen wie von völkerrechtlichen Gebilden.

2. Gegenstände, Organisation und Befugnisse der europäischen Militärverwaltung

11. NATO und WEU verfügen nur in einem derart begrenzten und überdies national rückgebundenen Maß über selbständige öffentliche Gewalt, daß sie noch als völkerrechtliche Staatenverbindungen anzusehen sind.

12. Die NATO besitzt eine selbständige öffentliche Gewalt als militärische Kommandogewalt über integrierte Streitkräfte, jedoch nur nach politischer Weisung.

Die Entscheidung über Krieg und Frieden ist in der NATO nicht internationalisiert, sondern liegt aus praktischen Gründen in der Hand der USA als der Hegemonialmacht dieses Bündnissystems.

13. Die Rüstungskontrolle der WEU stellt gegenwärtig eine selbständige öffentliche Gewalt noch nicht dar.

II. Die neue Technik der Supranationalisierung

14. Die europäische öffentliche Gewalt ist aus einer Internationalisierung bestimmter Aufgaben hervorgegangen, zu deren Bewältigung auf europäischer Ebene neue, den entsprechenden nationalen Befugnissen nicht notwendig gleichartige Befugnisse geschaffen worden sind, deren Ausgestaltung dem nichtnationalen und nichtstaatlichen Charakter der so entstandenen öffentlichen Gewalt und dem Weiterbestehen der Nationalstaaten Rechnung trägt.

Grundlage dieser Internationalisierung öffentlicher Gewalt sind völkerrechtliche Verträge, deren Regelungen jedoch insoweit zur eigenartigen und vom völkerrechtlichen Entstehungsvorgang abgelösten Rechtsordnung der neuentstandenen Rechtsgemeinschaften, zu primärem Gemeinschaftsrecht, geworden sind, als sie Organisation, Aufgaben und Befugnisse der Gemeinschaftsorgane festlegen und als sie unmittelbar Rechte einzelner begründen. Die auf dieser Grundlage ausgeübte öffentliche Gewalt der Europäischen Gemeinschaften ist originär und einheitlich; sie tritt an die Stelle der nationalen Staatsgewalt, die somit nicht nur völkerrechtlich zugunsten der europäischen öffentlichen Gewalt gebunden ist.

15. Der Ausdruck „supranational“ hat, je nach seiner Verwendungsweise, unterschiedliche Bedeutungen, bezeichnet also verschiedene Begriffe.

16. Hier wird derjenige Begriff des „Supranationalen“ zugrundegelegt, der auf die Eigenart der öffentlichen Gewalt der europäischen Wirtschaftsverwaltung abhebt und diese als eine gegenüber staatlicher Herrschaft und völkerrechtlicher Kooperation oder Koordination neuartige Herrschaftsgewalt versteht.

Daraus ergeben sich folgende Konsequenzen:

a) Das primäre und sekundäre Gemeinschaftsrecht ist kein Völkerrecht und es ist kein nationales Recht, sondern eine selbständige Rechtsordnung eigener Art. Die Transformationstheorie ist — auch auf das primäre Gemeinschaftsrecht — nicht anwendbar. Das sekundäre Gemeinschaftsrecht ist keine delegierte Rechtsetzung einer Exekutive, sondern die originäre Rechtsetzung einer dem historischen Modell der Gewaltenteilung nicht folgenden, nichtstaatlichen öffentlichen Gewalt.

b) Das Gemeinschaftsrecht geht dem nationalen Gesetzes- und Verfassungsrecht vor, ohne es aufzuheben. Die Stufentheorie der Rechtsquellen ist nicht anwendbar.

Der Vorrang ergibt sich allein aus den die Gemeinschaften fundierenden Verträgen; eine Norm wie Art. 24 Abs. 1 GrundG kann dabei als Auslegungshilfsmittel dienen.

Gemeinschaftsrecht kann nicht durch den nationalen Gesetzgeber, nationales Recht nicht durch den europäischen Gesetzgeber aufgehoben oder geändert werden.

17. Die Bedeutung des Art. 24 Abs. 1 GrundG besteht darin, die in der Internationalisierung öffentlicher Gewalt liegende Verfassungsänderung, die ungewöhnlicherweise durch eine Ausübung der Auswärtigen Gewalt bewirkt wird, durch einfaches Gesetz zuzulassen.

B. Durch die Internationalisierung (Supranationalisierung) bewirkte Veränderungen des Rechts- und Verfassungsprozesses

18. Das Verfassungsrecht entscheidet darüber, ob die Vertragsschließende Gewalt eine an das Verfassungsrecht nicht gebundene öffentliche Gewalt und eine der nationalen Verfassungs- und Rechtsordnung übergeordnete Sonderrechtsordnung schaffen (primäres Gemeinschaftsrecht) bzw. ermöglichen (sekundäres Gemeinschaftsrecht) durfte. Vgl. aber 5. und 7.

Art. 24 Abs. 1 GrundG ist nicht die Ermächtigung für eine verfassungsdurchbrechende Integrationsgewalt.

Das BVerfG kann über das Zustimmungsgesetz mittelbar das primäre Gemeinschaftsrecht am GrundG messen. Erklärt es das Zustimmungsgesetz insoweit für verfassungswidrig, als es eine bestimmte Regelung des primären Gemeinschaftsrechts zuläßt, entfällt die innerstaatliche Verbindlichkeit dieser Regelung und kann eine darauf beruhende Ausübung europäischer öffentlicher Gewalt keine innerstaatlichen Wirkungen haben.

I. Rechtsetzung durch die Europäischen Gemeinschaften

19. Die Rechtsetzungsbefugnis des EWG-Ministerrats (vgl. 16a) ist erwünscht und notwendig, weil nur so die angesichts des Fortbestehens der Nationalstaaten erforderliche nationale Rückbindung der Rechtsetzung erreicht werden kann.

Der Grundgedanke des Gewaltenteilungsprinzips ist in der EWG durch die Balance zwischen Rat und Kommission sowie Rat und Gerichtshof verwirklicht.

20. Die europäische öffentliche Gewalt beruht auf parlamentarischer Zustimmung und ist einer schwachen quasiparlamentarischen Kontrolle unmittelbar und einer stärkeren parlamentarischen Kontrolle mittelbar unterworfen.

Eine über das Gegebene hinausführende „Demokratisierung" der Gemeinschaften, etwa durch eine Übertragung der Rechtsetzungsbefugnis auf eine direkt gewählte Versammlung, würde den supranationalen Charakter der Gemeinschaften durch eine bundesstaatliche Konstruktion ersetzen und die nationalstaatliche Verfassungsstruktur in einer durch Art. 24 Abs. 1 GrundG nicht mehr gedeckten Weise grundlegend verändern.

21. Das wichtigste formelle Instrument der mittelbaren Kontrolle der Rechtsetzung des EWG-Ministerrats durch das Parlament ist die Unterrichtung des Bundestages und Bundesrates vor der Beschlußfassung des Rates gem. Art. 2 Satz 2 des Zustimmungsgesetzes. Diese Kontrolle ist im Bereich der Mehrheitsentscheidungen des Rates schwach und überhaupt erschwert, weil die nationale Mitwirkung in nicht stets deutlichem Umfang in der Entscheidung des Rates aufgeht und weil dessen Willensbildung weniger Kollegialentscheidungen als internationalen Verhandlungen ähnelt.

22. Ein nichtparlamentarisches Element demokratischer Mitwirkung und Kontrolle ist die Institutionalisierung des Verbandseinflusses im Wirtschafts- und Sozialausschuß der EWG und EAG und im Beratenden Ausschuß der EGKS. Dies birgt allerdings die Gefahr des Interessenpartikularismus und der Belebung ständestaatlich-korporativer Ideen.

II. Die bürgerliche Freiheit in der europäischen Wirtschaftsverfassung

1. Die europäische Wirtschaftsverfassung

23. Den Europäischen Verträgen liegt die Idee der marktorientierten Wettbewerbswirtschaft mit einem neuliberal geordneten Wettbewerb zugrunde. Vgl. 8.

Das Problem der bürgerlichen Freiheit in der europäischen Wirtschaftsverfassung ist ein Aspekt der allgemeineren Frage, wie Freiheit im Wohlfahrtsstaat möglich ist.

24. Die Bestrebungen zu einer europäischen planification haben keinen planwirtschaftlichen oder auch nur dirigistischen Charakter.

25. Das Kernbrennstoffeigentum der EAG ist lediglich eine juristische Technik im Interesse der Verhütung des Mißbrauchs von Kernbrennstoffen und läßt die wirtschaftliche Nutzungsmöglichkeit der Besitzer unberührt.

Es ist deshalb nur eine Inhaltsbestimmung des Eigentums.

2. Grundrechte in der europäischen Wirtschaftsverfassung

26. Die Grundrechte der nationalen Verfassungen und der Europäischen Menschenrechtskonvention binden die Organe der Europäischen Gemeinschaften nicht.

27. Das Gemeinschaftsrecht enthält neuartige und die wirtschaftliche Freiheit erweiternde und bestimmende Regelungen, die sich aus der Schaffung Gemeinsamer Märkte ergeben.

28. Eine wesentliche Rechtsquelle für bei der Ausübung der europäischen öffentlichen Gewalt zu beachtende rechtsstaatliche Garantien und Grundsätze ist das ungeschriebene Gemeinschaftsrecht.

Zweckbestimmung und Eigenart der europäischen öffentlichen Gewalt schließen es allerdings aus, selbst den Mitgliedstaaten gemeinsame Grundrechte als Bastionen liberaler oder nationaler Wirtschaftsfreiheit der Ausübung von Aufgaben und Befugnissen der europäischen Verträge entgegenzuhalten.

III. Rechtsschutz gegenüber der europäischen öffentlichen Gewalt

29. Die vor dem EuGH eingeräumten Rechtsschutzmöglichkeiten erreichen nicht die Perfektion, die das in der Bundesrepublik gegen Rechtsverletzungen durch die öffentliche Gewalt zur Verfügung gestellte Rechtsschutzsystem auszeichnet. Es ist jedoch durch den Abschluß der Europäischen Verträge für den durch sie betroffenen Bereich nicht eine untragbare Schwächung des Individualrechtsschutzes eingetreten.

30. Die ohne weitere Anfechtungsmöglichkeit entscheidenden deutschen Gerichte, zu denen auch das BVerfG gehört, besitzen über die Ausübung der europäischen öffentlichen Gewalt keine Gerichtsbarkeit.

Deswegen ist das BVerfG auch nicht in der Lage, sekundäres Gemeinschaftsrecht auf Verfassungsbeschwerde hin oder in einem Normenkontrollverfahren am GrundG zu messen.

IV. Demokratische Willensbildung in der NATO

31. Aus der demokratischen Idee ergeben sich für die Handhabung militärischer Gewalt zwei Grundsätze:

a) Überordnung der politischen Organe über die militärischen Kommandostellen.

b) Parlamentarische Entscheidung über Krieg und Frieden.

32. Der Primat des Politischen ist in der NATO nach Buchstabe und Sinn des NATO-Vertrages gewahrt.

33. Die in Art. 59a GrundG vorgesehene Zuständigkeit für die Entscheidung über Krieg und Frieden wird durch den NATO-Vertrag de jure nicht berührt. Diese Zuständigkeit kann de facto obsolet werden, jedoch nicht infolge der Konstruktion der NATO, sondern infolge der militärtechnischen Entwicklung, die zu einer militärischen, und infolge des Monopols der Hegemonialmacht USA für strategische Atomwaffen, das zu einer politischen Automatik führen kann. Die politische Automatik tangiert die demokratische Verfassungsstruktur der Bundesrepublik nicht, weil und solange die Entscheidungskompetenz des Präsidenten der USA demokratisch legitimiert ist.

Schluß

34. Das Auftreten einer nichtstaatlichen und nichtnationalen öffentlichen Gewalt, in dem sich die verschärfte politische, wirtschaftliche und militärische Interdependenz der Staaten äußert, ist der Form nach eine neue Etappe der internationalen Verwaltung und der Formen internationaler Organisation, der Sache nach jedoch ein Aspekt des Wohlfahrtsstaates.

35. Die partielle Supranationalisierung auch des Verfassungsprozesses verpflichtet möglicherweise die Organe der Bundesrepublik, im Ministerrat gegen die Aufnahme eines Staates in die EWG zu stimmen und bei Verfassungsänderungen in einem Mitgliedstaat den EWG-Vertrag kraft der clausula rebus sic stantibus zu kündigen.

Bewahrung und Veränderung demokratischer und rechtsstaatlicher Verfassungsstruktur in den internationalen Gemeinschaften

Aussprache und Schlußworte

Herrfahrdt: Mir waren die Ausführungen der beiden Referate insofern besonders interessant, als sie Auffassungen von mir bestätigt haben, die offenbar die beiden Referenten selber nicht vertreten wollten. Es ist die Frage, in wie weit wir heute noch den Begriff der „Demokratie" brauchen können. Bei Herrn Kaiser stehen nebeneinander die Begriffe Demokratie und Rechtsstaat, wobei das Schwergewicht — m. E. durchaus richtig — auf „Rechtsstaat" liegt. Am Schluß heißt es: „Es ist der Beruf unserer Zeit, einen europäischen Rechtsstaat zu schaffen." Der Satz: „Es ist nicht der Beruf unserer Zeit, eine parlamentarische Demokratie in den neuen europäischen Gemeinschaften zu errichten", meint wohl nur, daß die Dinge noch nicht so weit sind. Demgegenüber möchte ich allerdings sagen, daß wir den Begriff „Demokratie" für die Gegenwart und Zukunft überhaupt nicht mehr benutzen sollten und er nur Schaden anrichten kann. Das wird allerdings bei uns dadurch verschleiert, daß wir mit dem Begriff Demokratie keine festen Inhalte verbinden. Der Amerikaner versteht unter Demokratie den Inbegriff von allem dem, was er für das öffentliche Leben für gut hält; dann kann man natürlich von Generation zu Generation immer wieder etwas Neues hineinlegen, aber niemals aus dem Begriff Demokratie etwas folgern. Wenn wir mit Demokratie Rechtsstaat meinen oder ein Höchstmaß an Freiheit, so ist das etwas völlig anderes als Demokratie im Wortsinn, also Volksherrschaft oder eine vom Volke ausgehende Staatsgewalt. Der ganze Begriff „Demokratie" gehört einer bestimmten Epoche an, wo man unmittelbar aus dem Erleben einer Einherrschaft kommt, unter der alle Gruppen des Volkes in gleicher Weise als Untertanen behandelt werden. (Im Altertum „Tyrannis", in der Neuzeit absolute Monarchie.) In solcher Situation kann man in der Illusion leben, wir brauchen keinen Herrscher, das Volk selbst kann regieren. Diese Illusion lebte im alten Griechenland bis zur makedonischen Eroberung, bei uns ungefähr bis zum ersten Weltkrieg. Erkennt man, daß es nicht e i n e volonté générale gibt sondern verschiedene Volks t e i l willen, so wird es nötig, andere Grundlagen der staatlichen Ordnung zu finden, die nicht mehr auf dem Mehrheitsprinzip beruhen. Im Grunde hat es niemals ein Mehrheits p r i n z i p gegeben: Mehrheitsbeschlüsse spielen eine Rolle nur solange man kein Prinzip daraus macht. Sobald ein Teil des Volkes in Anspruch nimmt, als Mehrheit der Minderheit ihren Willen aufzuzwingen, findet die Minderheit in der pluralistischen Gesellschaft andere Mittel, dieser Vergewaltigung zu widerstehen. Das ist das Wesentliche auch für supranationale Organisationen. Es war ein Grundfehler des Parlamentarismus, vor allem in Deutschland, daß bestimmte Gruppen ihren Willen gegen das Ganze durchzusetzen versuchten. Wenn wir unsere Parlamente erhalten wollen, müssen wir das Mehrheitsprinzip in ihnen mehr und mehr zurückdrängen. In der pluralistischen Gesellschaft gibt es nur zwei Möglichkeiten; entweder vergewaltigt eine Gruppe alle anderen, dann kommen wir zu dem kranken Staatstypus des 20. Jahrhunderts (Kommunismus, Faschismus); das ist stets eine Minderheitsherrschaft. Die andere Möglichkeit ist: Es entwickeln sich Autoritäten, die imstande sind, die verschiedenen Gruppen zusammenzufassen. Solche zusammenfassenden Kräfte finden wir heute überall, in den einzelnen Staaten hinter der Fassade demokratischer Formen. In supranationalen Gemeinschaften führt der Zwang der Aufgaben dazu. Entsprechendes gilt von vielen Entwicklungsländern. Der Begriff Demokratie wird von jeder kleinen Gruppe benutzt, die sich für das „eigentliche" Volk hält (z. B. Vortrupp des Proletariats). Wo es keine volonté générale gibt, wird Demokratie zur Minderheitsherrschaft.

Scheuner: Die beiden Vorträge stehen in einer gewissen Fortentwicklung zu den Verhandlungen, die wir vor einigen Jahren in Erlangen führten. Während nach der damaligen Themenstellung der Blick noch sehr stark auf das Grundgesetz gerichtet war und im Mittelpunkt die Frage stand, ob die europäischen Verträge nicht ein Abweichen von den Grundsätzen des Grundgesetzes darstellen, sind die beiden Referate heute über diesen Ansatzpunkt mit vollem Recht hinweggegangen und haben versucht, die europäischen Gemeinschaften aus sich selbst heraus zu verstehen und ihre Beziehung zu den einzelnen Staaten nicht nur aus dem Blickwinkel der nationalen Rechtsordnung aus zu würdigen. Dabei hat Herr Kaiser den Vorgang der Fortentwicklung der Gemeinschaften als einen dynamischen Prozeß angesehen, durch den auch das hier vor uns liegende Problem verändert wird. Herr Badura hat den bestehenden Übergangszustand begrifflich zu fassen gesucht, indem er die Frage aufwarf, ob die Gemeinschaften noch in das Völkerrecht gehören und ein föderales Bundesrecht ihnen angemessen ist. Er hat einen Mittelweg einzuschlagen gesucht, in dem er kein Bundesverhältnis, aber doch ein über ein internationales Vertragsverhältnis hinausführendes Band angenommen hat. Er hat gemeint, daß die europäischen Gemeinschaften eine originäre Basis ihrer Existenz gewonnen hätten, die nicht mehr vom Standpunkt des nationalen Rechts her aufgelöst werden kann. Damit stimmt vielleicht seine Schlußfolgerung in der letzten These nicht ganz überein, daß bei der Abweichung eines Mitgliedstaates vom demokratisch-rechtsstaatlichen Fundament aus dem Gesichtspunkt der clausula sich für die anderen Mitglieder ein Kündigungsrecht ergeben könne. Hier wird dann doch wieder ein Gedanke des Vertragsrechts eingeführt, während er sonst annimmt, daß die Gemeinschaften über die Vertragsgrundlage hinausgewachsen seien. Ich würde hier eher Herrn Kaiser zustimmen, und immer noch eine Vertragsgrundlage der Gemeinschaften annehmen. Noch sind die Staaten in der Lage, durch neue Verträge die Verträge zu ändern und zu ergänzen. Die Gemeinschaften haben nicht etwa selbst eine verfassunggebende Gewalt. Sie liegt, Herr Kaiser hat das sehr schön ausgeführt, bei den Völkern, bei den durch ihre Parlamente und Regierungen vertretenen Mitgliedstaaten, aber jedenfalls nicht bei den Gemeinschaften selbst. Insofern ist ihr völkerrechtlicher Charakter, wenn auch mit Modifikationen, noch erhalten. Der Schritt zur föderalen Lösung ist noch nicht getan und vielleicht liegt die gegenwärtige Lage und Krise der Gemeinschaften darin, daß es allen Teilnehmern oder einigen von ihnen bewußt geworden ist, daß dieser Schritt zu einer eigentlichen föderalen Lösung eine irrevokable Aufgabe der nationalen Souveränität bedeutet. Im Blick hierauf wird erkennbar, daß man von den Gemeinschaften heute nicht einfach die Übernahme der innerstaatlichen Rechtsformen der Demokratie und des Rechtsstaates erwarten kann, sondern daß die Demokratie mittelbar auf die Teilnehmerstaaten begründet sein muß, wo sie durch die mittelbare Beteiligung der Parlamente, der Interessenverbände, der Öffentlichkeit zum Ausdruck kommt. Aber das ist noch immer nicht eine gemeinsame Öffentlichkeit der Gemeinschaften, das sind immer noch die Völker und die staatlich geformten Einheiten.

Die Lage der Gemeinschaften beruht auch darauf, daß die Entscheidungszentren über die politische, militärische und soziale Situation zu einem erheblichen Teile noch bei den Mitgliedstaaten liegen, daß die Entscheidungsgewalt über die wirtschaftliche und zu einem Teil die soziale Entwicklung auf sie übergegangen ist, daß aber eine völlige Abstimmung in diesen Fragen nicht in den Verträgen angelegt, sondern der Entwicklung anheimgegeben ist. Von diesem Gesichtspunkt her löst sich dann auch die Frage, wer letztlich über die Gültigkeit der Rechtsetzung in den Gemeinschaften entscheidet. Herr Badura hat im Grunde eine doppelte Lösung vorgeführt. Auf der einen Seite meinte er, und hier folgt ihm Herr Kaiser wie ich auch, daß die nationalen Gerichte nicht über das sekundäre Gemeinschaftsrecht entscheiden dürfen. Sie können höchstens annehmen, es ändere das nationale Recht nicht ab. Auf der anderen Seite hält er ein nationales Gericht für befähigt, die primäre Grundlage d. h. das einstige Zustimmungsgesetz zu den ganzen Verträgen, als der Verfassung nicht entsprechend zu behandeln. Ich würde Herrn Badura für Aufklärung dankbar sein, ob er meint, daß jenes ganze Zustimmungsgesetz, weil es die rechtsstaatliche Demokratie nicht voll verwirklicht, ungültig sein soll, oder ob man von einer sekundären Norm sagen kann, sie sei nicht rechtsstaatlich und mithin nicht vom Zustimmungsgesetz gedeckt, sie könne daher dem nationalen Recht nicht vorgehen. Offenbar ist wohl das Letztere seine Meinung gewesen. Aber dann würde doch eine Randfrage vom nationalen Gericht entschieden. Hier scheint mir ein Zwiespalt zu liegen, den ich freilich in einer Weise lösen möchte, die nicht allen Kollegen willkommen sein wird. Von Seiten der Gemeinschaften aus gesehen sind die nationalen Verfassungsgerichte dem Gemeinschaftsrecht untergeordnet. Die europäischen Gerichte können nur so entscheiden, daß sie alle Mitgliedstaaten für durch den Vertrag verpflichtet halten, auch ihr Verfassungsrecht dem Vertrage gemäß zu gestalten. Vom Verfassungsstandpunkt des einzelnen Staates aus sieht die Lage anders aus. Die Niederlande kennen allerdings auch in ihrem Verfassungsrecht den Vorrang des internationalen Vertrages. Luxemburg rückt ebenfalls im Wege der Rechtsprechung das nationale Recht zurück, in Frankreich sind die Ansätze in dieser Richtung viel geringer. In Deutschland würde das Bundesverfassungsgericht vor der Vorlagepflicht nach Art. 177 stehen. Man kann freilich fragen, ob die Frage der Gültigkeit des Vertrages als solchen vorlagepflichtig ist, und nicht nur die Auslegung des Vertrages. Diese Divergenz würde es einem nationalen Gericht möglich machen, für die Frage der Gültigkeit eine Kompetenz des europäischen Gerichts nach Art. 177 nicht anzunehmen, und, wie der italienische Kassationshof, eine rein nationale Entscheidung zu fällen.

Das würde einen Widerspruch darstellen, der nur auflösbar wäre durch die Bestimmungen der Verträge über Vertragsverfehlungen der einzelnen Staaten. Jedes Mitglied muß den Vertrag erfüllen. Hindert ihn seine eigene Verfassungsgerichtsbarkeit daran, so entsteht eine Krise in der Gemeinschaft.

Nur ein letzter Punkt sei noch berührt. Mich hat ein Gesichtspunkt aus dem letzten Teil der Ausführungen von Herrn Kaiser als sehr fruchtbar angesprochen. Man könne, so sagte er, die Gemeinschaften nur verstehen, wenn man sich deutlich macht, daß der alte Staatsbegriff dahinschwindet, daß sich der Staat heute öffnet gegenüber der internationalen Gemeinschaft. Aufgaben, die früher der Staat erfüllte, gehen allmählich nicht nur auf die europäischen Gemeinschaften, sondern in kleineren Ansätzen auch auf die allgemeine Völkerrechtsgemeinschaft über. Wo man früher nur den souveränen geschlossenen Staat kannte, steht heute ein viel offeneres, beweglicheres Gebilde vor uns. Nur von einer solchen Sicht her läßt sich das Wesen der Gemeinschaften erfassen. Es kann nicht auf Übernahme einzelstaatlicher Formen, sondern nur auf ein gewisses „Common Law" der Demokratie und des Rechtsstaates gegründet werden. Daß überhaupt die Frage demokratischer und rechtsstaatlicher Züge gestellt wird, ist den europäischen Gemeinschaften eigen. In rein völkerrechtlichen Strukturen, etwa der NATO mit ihrer Hegemonialstellung der Vereinigten Staaten, oder in den Vereinten Nationen, die gar nicht auf einer einheitlichen politisch-sozialen Basis ruhen, kann die Frage nach demokratischen und rechtsstaatlichen Strukturen gar nicht gestellt werden. Nur an die europäischen Gemeinschaften kann man infolge ihrer präföderalen Natur diese staatlich-bundesstaatlich europäische Anforderung stellen.

Wengler: Seit dem Ende des zweiten Weltkrieges kann man beobachten, daß Kräfte, die oft einer antidemokratischen, nichtrechtsstaatlichen oder antiliberalen Ideologie zuneigen, durch Schaffung völkerrechtlicher Bindungen des Staates den Bereich auszuhöhlen versuchen, in dem sich sonst diejenigen Bestimmungen der Staatsverfassung auswirken, welche die Rechtsstaatlichkeit, die Grundrechte und den demokratischen Charakter der Institutionen gewährleisten wollen. Es gilt dies übrigens nicht nur von solchen völkerrechtlichen Bindungen, bei denen es zu einer Schaffung internationaler Organe und zu einer Übertragung von Hoheitsrechten im Sinne des Art. 24 GG kommt. Auch die einfachen kontraktuellen Bindungen des Völkerrechts sind wiederholt benutzt worden, um in einem Vertragsstaat Verfassungsdurchbrechungen zu erzielen, wobei die angebliche außenpolitische Notwendigkeit des völkerrechtlichen Vertrages wiederum gern als eine Art kleiner Notstand hingestellt wird; es gibt ja sogar Fälle, in denen eine staatsvertragliche Bindung des Staates nur herbeigeführt wird, um den zukünftigen Gesetzgeber in einem Sinne zu binden, wie es den gerade an der Macht befindlichen Kräften erwünscht ist.

Diejenigen, welche die Einengung des Bereiches, in dem sich die demokratischen, rechtsstaatlichen und liberalen Grundprinzipien der Staatsverfassung unmittelbar auswirken, mit Sorge beobachten, stehen nun vor einem eigenartigen Dilemma, wenn sie, wie meist, in der Internationalisierung einen Weg zur Überwindung nationalistischer Tendenzen sehen, die ja ihrerseits oft mit antidemokratischen, rechtsstaatsfeindlichen und antiliberalen Kräften Hand in Hand gehen. Für die Freunde der Demokratie stellt sich die taktische Frage, ob es zweckmäßiger ist, die Internationalisierung hinzunehmen, auch wenn dabei zunächst nationale demokratische Institutionen Befugnisse zugunsten internationaler Organe aufgeben, die nicht demokratisch verfaßt sind, oder wenn in den internationalen Organisationen die Sicherung der Rechtsstaatlichkeit und der Grundrechte hinter dem Stand des nationalen Rechts zurückbleibt. Man wird geneigt sein, alles das hinzunehmen, wenn mit Sicherheit erwartet werden kann, daß auch für die internationalen Einrichtungen *nachträglich* dieselben, oder jedenfalls gleichwertige Sicherungen geschaffen werden können, wie sie im Staat bestehen. Ist das aber nicht zu erwarten, so ist es offenbar nützlicher, *rechtzeitig* von den Hemmungen Gebrauch zu machen, welche die Staatsverfassung möglicherweise gegen die Begründung solcher völkerrechtlicher Bindungen enthalten, mit denen der Wirkungsbereich jener fundamentalen Verfassungsprinzipien eingeengt würde.

Ich habe den Eindruck, daß jedenfalls der Erstreferent der ersterwähnten Ansicht zuneigt, und daß in seinen Ausführungen auch eine Reihe von Argumenten für diese Haltung zum Ausdruck gekommen ist. Ich möchte nicht unerwähnt lassen, daß auch Politiker von Ansehen, wie z. B. der Belgier Wigny, seinerzeit erwarteten, daß das Europäische Parlament sich entgegen dem Text des Vertrages im Laufe der Zeit eine Position verschaffen würde, angesichts deren man sagen könnte, daß auch in den Europäischen Gemeinschaften die parlamentarische Demokratie sich durchgesetzt habe. Gerade weil aber diese Hoffnung sich bisher nicht erfüllt hat, möchte ich hier noch keine endgültige Meinung dazu äußern, ob nicht doch die Haltung den Vorzug verdient, welche die Chancen zu nachträglichen Wandlungen internationaler Institutionen skeptisch beurteilt, und die daher jede im Grundgesetz gegebene Chance ausnützen will, um der Aushöhlung des Wirkungsbereiches der staatlichen Demokratie durch Schaffung undemokratischer internationaler Einrichtungen Schranken zu setzen, wobei natürlich die Frage auftaucht, ob es dazu nicht unter Umständen schon zu spät ist.

Meines Erachtens muß man bei der Beurteilung der Chancen für einen Wandel in den bestehenden internationalen Institutionen und demgemäß bei der Beurteilung, ob man sich für die eine oder die andere Technik entscheidet, einen Unterschied machen, je nachdem, ob es um die Frage der Rechtsstaatlichkeit, oder um die Grundrechte i. e. S., oder um die demokratische Verfaßtheit der Institutionen geht.

Das, was im Deutschen als Rechtsstaatlichkeit bezeichnet wird, darf meines Erachtens nicht als eine spezifische Eigenschaft des demokratischen Nationalstaates gesehen werden. Schon die Beobachtung, daß in dem entsprechenden englischen Ausdruck — rule of law — das Wörtchen Staat überhaupt nicht zu finden ist, deutet darauf hin, daß dieses Postulat einfach an jede Rechtsordnung, sei es eine staatliche, sei es eine kirchliche, sei es die Völkerrechtsordnung, gerichtet werden kann und gerichtet wird. So ist gerade für das Völkerrecht in den letzten Jahren immer wieder, ganz unabhängig von den Verfassungsbestimmungen der Staaten über Rechtsstaatlichkeit, gefordert worden, daß die rule of law, d. h. die Kontrolle insbesondere der öffentlichen Gewalt durch unabhängige Gerichte, in größtmöglichem Umfang zu gewährleisten sei. Das Institut de Droit International hat auf der Grundlage eines von mir hergestellten Berichts Resolutionen über den recours judiciaire contre les décisions des organes internationaux gefaßt, und ich wundere mich etwas, daß diese Resolutionen von den beiden Referenten überhaupt nicht erwähnt worden sind. Nach Ansicht der Völkerrechtler soll die Kontrolle des Rechtsgeschehens durch unabhängige Gerichte übrigens keineswegs auf solche Fälle beschränkt sein, in denen internationale Organe gegenüber natürlichen oder juristischen Privatpersonen öffentliche Gewalt ausüben, sondern sie soll auch die Beziehungen zwischen Staaten, bzw. zwischen Staaten und internationalen Organen, erfassen, ganz gleich, ob sich die Streiterledigung hier letztlich zugleich wieder auf die Einzelnen auswirkt — wie z. B. bei der Erledigung von Streitigkeiten über die Anwendung von Doppelbesteuerungsverträgen — oder nicht. Das stärkste Hemmnis gegenüber der konsequenten Verwirklichung der rule of law im Bereich des Völkerrechts ist nun, daß viele, ja vielleicht die meisten Regierungen übereinstimmend der Auffassung sind, sie würden mit den politischen Verfahren zur Rechtsstreiterledigung besser abschneiden als mit der Entscheidung durch unabhängige Gerichte. Im politischen Streiterledigungsverfahren werden dann auch häufig Rechtsverletzungen der einen Seite verziehen, weil die andere Seite dafür über Rechtsverletzungen des Gegners hinwegsieht, und es wird zu diesem Zweck Druck ausgeübt. Es ist bezeichnend, daß die Zahl der Rechtsstreitigkeiten zwischen Mitgliedstaaten, die vor den Gerichtshof der Europäischen Gemeinschaften gebracht werden, minimal geblieben ist im Vergleich zu den Streitigkeiten zwischen den Gemeinschaftsorganen und Privaten. Auch wenn die Institutionen zur Gewährleistung der rule of law in einer internationalen Gemeinschaft geschaffen worden sind, bedeutet das also noch nicht, daß gerade die Regierungen davon auch Gebrauch machen. Das hat natürlich auch Rückwirkungen auf den rechtlichen Schutz des Einzelnen im internationalen Bereich, die nicht immer durch institutionelle Vorkehrungen beseitigt werden können. Erst wenn die Regierungen davon überzeugt sind, daß jede von ihnen auf längere Sicht mit der gerichtlichen Streiterledigung doch besser fährt als mit den politischen Methoden der Streiterledigung, wird sich die Rechtsstaatlichkeit in internationalen Organisationen voll auswirken können.

Etwas anders liegen die Dinge bei der Frage, wie die Grundrechte des Individuums im Bereich internationaler Gemeinschaften gesichert sind und gesichert werden können. Hier liegt es ja zunächst nahe zu prüfen, ob nicht gerade internationale Organe an die durch Völkerrecht gesicherten Menschenrechte so gebunden sind, daß dies dem Schutz der Grundrechte in den Verfassungen im Effekt gleichkommt. In den Referaten ist die Meinung vertreten worden, daß die Europäische Menschenrechtskonvention für die Organe der Europäischen Gemeinschaften nicht bindend sei, solange Frankreich diese Konvention noch nicht ratifiziert habe. Dagegen ist nun doch einiges einzuwenden: Zunächst einmal wäre darauf hinzuweisen, daß sämtliche Mitglieder der Europäischen Gemeinschaften auch Mitglieder des Europarates sind, und daß sämtliche Mitglieder des Europarates nach dessen Statut an die — im Statut allerdings nicht genauer bestimmten — Menschenrechte gebunden sind. Die Tragweite des Menschenrechtsschutzes durch das Europaratsstatut kann meines Erachtens keinesfalls dadurch eingeschränkt werden, daß einzelne Mitglieder des Europarates supranationale Organe begründen, und daß diese öffentliche Gewalt in Zusammenhängen ausüben, wo es sonst die nationalen Organe getan hätten. Die Mitglieder des Europarates können weder sich noch die von ihnen geschaffenen supranationalen Organe aus der vertraglichen Bindung an die Menschenrechte wieder dadurch herauskontrahieren, daß sie staatliche Hoheitsrechte an internationale Organe übertragen. Aber auch die Menschenrechtskonvention bindet meines Erachtens die Organe der Europäischen Gemeinschaften jedenfalls in dem Bereich, in dem sonst nationale Organe derjenigen Staaten tätig gewesen wären, die die Menschenrechtskonvention ratifiziert haben. Es kann doch nicht so sein, daß man die Bindung der Europäischen Gemeinschaftsorgane an die Menschenrechtskonvention dann, und erst dann bejahen müßte, wenn auch Frankreich sie ratifiziert hat, und daß die Bindung wieder gänzlich aufhören würde, wenn später einmal ein Staat in die Gemeinschaften aufgenommen würde, der der Menschenrechtskonvention nicht beigetreten ist. Erst recht aber sehe ich nicht, was den Gerichtshof der Europäischen Gemeinschaften hindern würde, die Menschenrechtsnormen des allgemeinen Völkerrechts gegebenenfalls auch gegenüber Gemeinschaftsorganen zur Anwendung zu bringen.

Stellt man sich allerdings auf den Standpunkt, daß weder gegenwärtig noch zukünftig Rechtsstaatlichkeit und Grundrechte in einer internationalen Organisation in einer dem System des Grundgesetzes gleichwertigen Weise gesichert sind, bzw. in absehbarer Zeit gesichert werden, so neige ich einerseits doch dazu, den Art. 24 GG nicht dahin zu verstehen, daß einfach mit der Übertragung von Hoheitsrechten auf solche internationalen Organe der Grundrechtsschutz in Wegfall kommen darf. Andererseits sichert das GG die Unveräußerlichkeit des Grundrechtsschutzes nur in dem Bereich, in dem er ohne die Übertragung gewährleistet ist, nämlich im Wirkungsbereich des Grundgesetzes. Das läßt sich sehr viel leichter verstehen, wenn man sich die von mir in meinem Völkerrechtsbuch entwickelte Unterscheidung von Rechtserzeugungssystemen und Rechtserzwingungssystemen zu eigen macht, und wenn man die „Rechtsordnung" nur in einem in sich geschlossenen Rechtserzwingungssystem sieht. An der Bildung der Normen eines solchen Rechtserzwingungssystems können andererseits durchaus mehrere Rechtserzeugungssysteme beteiligt sein. Ich kann und will natürlich diese rechtstheoretischen Gedanken hier nicht im Detail weiterführen. Wenn aber, wie ich meine, der Grundrechtsschutz des Grundgesetzes sich überall da, aber auch nur da auszuwirken hat, wo sich die Rechtsordnung der Bundesrepublik, d. h. das Rechtserzwingungssystem der Bundesrepublik, entfaltet, so kann es keinen Unterschied machen, ob die normativen Akte, denen gegenüber sich jemand auf ein Grundrecht beruft, aus dem nationalen, oder dem völkerrechtlichen, oder einem besonderen europäischen Rechtserzeugungssystem herrühren. Das heißt: Überall, wo letztlich die Staatsgewalt der Bundesrepublik Rechtszwang gegen die normalerweise von ihr selbst geschützten Rechtsgüter zur Erzwingung von Normen einsetzt, die von internationalen oder supranationalen Organen herrühren, darf auch der Grundrechtsschutz des Grundgesetzes nicht ausgeschaltet werden. Soweit internationale Organe aber über ein eigenes System zur Erzwingung ihres Rechtes verfügen, bei dem sie sich nicht der Hilfe der Organe der Bundesrepublik zu bedienen brauchen, und bei dem die Sanktionen sich n i c h t gegen Rechtsgüter richten, die das Rechtserzwingungssystem der Bundesrepublik schützt, stellt das Grundgesetz an eine solche eigene Rechtsordnung eines internationalen Organs keine Anforderungen und verbietet infolgedessen auch nicht die Teilnahme an Verträgen, die die Gründung eines solchen Organs und seiner Rechtsordnung vorsehen, ohne dabei einen dem deutschen Verfassungsrecht gleichartigen Grundrechtsschutz zu garantieren.

Wieder anders liegen meines Erachtens die Dinge, wenn es nicht um die demokratischen Grundrechte im eigentlichen Sinne, sondern um die demokratische Verfaßtheit derjenigen Institutionen geht, die anstelle nationaler Organe öffentliche Gewalt, sei es gegenüber Privaten, sei es gegenüber Staatsorganen, ausüben. Hier fordert meines Erachtens Art. 24 GG überhaupt nicht, daß die internationalen Organe, auf welche Hoheitsrechte übertragen werden, so demokratisch verfaßt sind, wie dies das Grundgesetz von den nationalen Organen innerhalb der Bundesrepublik fordert. Selbst in den Europäischen Gemeinschaften liegen die soziologischen Voraussetzungen für eine wirkliche europäische parlamentarisch-demokratische Organisation derzeit noch nicht vor.

Warnen möchte ich daher vor dem in einem der Leitsätze zum Ausdruck gebrachten Gedanken, daß es eine Verwirklichung der Demokratie darstelle, wenn in einer internationalen Organisation demokratisch gebildete Regierungen durch V e r t r a g Recht setzen oder gar den pouvoir constituant ausüben. Das erinnert mich doch zu sehr an die sowjetische These, daß die Wiedervereinigung Deutschlands auf dem Wege eines Vertrages zwischen der Bundesrepublik und der DDR zustandekommen könne und müsse, und daß dies die richtige

Form der Verwirklichung des Selbstbestimmungsrechts darstelle. Gewiß wird man dieser Parallele entgegenhalten, daß ja die Staatsgewalt der DDR eben nicht auf demokratischem Wege gebildet sei. Aber ich glaube jedenfalls, daß es kein typisch „demokratischer“ Funktionsvorgang mehr ist, wenn Staatsregierungen, und seien es auch demokratisch gebildete Regierungen, im Wege des Vertrages oder des gemeinsamen Beschlusses tätig werden.

Vogel: Der Herr Referent hat gemeint, ich hätte für den internationalen Bereich den Gedanken einer „offenen Gesellschaft“ vertreten. Indessen ich glaube doch wohl Anlaß und Grund zu haben, in diesem Punkte — wenn Sie den Anglizismus gestatten — „nichtschuldig“ zu plädieren. Denn ich habe zwar in der von dem Herrn Referenten erwähnten Schrift für den heutigen Staat die Bezeichnung als „offener Staat“ vorgeschlagen; aber dies doch lediglich mit Bezug auf die Stellung des Staates nach außen, zur „internationalen Gemeinschaft“, und keineswegs in dem Sinne, als sollte damit so etwas wie Poppers „offene Gesellschaft“ gemeint sein. Auch habe ich nicht die Existenz einer „Verpflichtung zur Integration“ behauptet, sondern lediglich von einer grundsätzlichen Verfassungsentscheidung für eine internationale Zusammenarbeit gesprochen, die aber allenfalls in äußersten Grenzfällen justitiabel sein könne.

Persönlich glaube ich sogar, in meiner Auffassung eher um einige Nuancen weniger integrationsfreudig als die beiden Herren Referenten zu sein. So jedenfalls in der Frage des Verhältnisses zwischen Gemeinschaftsrecht und nationalem Recht: hier ist m. E. eine differenzierende Lösung geboten, die der Zwischenstellung des heutigen Staates als einer einerseits souveränen, andererseits aber zugleich auch in die internationale Gemeinschaft der Staaten eingegliederten Einheit gerecht wird. In foro interno wird deshalb m. E. diese Frage doch prinzipiell nach innerstaatlichem Verfassungsrecht zu entscheiden sein: vielleicht kann man insoweit sagen — das ist mehr ein Gedanke als eine ausgearbeitete These —, wenn es richtig ist, daß sich das Grundgesetz für eine internationale Zusammenarbeit entschieden hat, dann mag eine solche Gesamtinterpretation des Grundgesetzes zugleich auch ergeben, daß dasjenige innerstaatliche Gesetz, welches einer gemeinschaftsrechtlichen Verpflichtung der Bundesrepublik entgegensteht, zwar nicht auf Grund eines „Vorranges“ des Gemeinschaftsrechts, aber wegen Verletzung dieser internen verfassungsrechtlichen Verpflichtung unwirksam ist?

Hoffmann: Ich möchte auf einen Punkt zurückkommen, den Herr Kollege Scheuner angeschnitten hat. Und zwar besteht wohl der Eindruck, als habe Herr Badura sich am Anfang und am Ende seiner Ausführungen widersprochen: Auf der einen Seite hat er die Originarität der Rechtsordnung der supranationalen Gemeinschaften betont; auf der anderen Seite hat Herr Badura am Ende seiner Ausführungen dargelegt, daß das Bundesverfassungsgericht mit der Frage angerufen werden könnte, ob bestimmte Normen aus dem internen Recht der supranationalen Gemeinschaften durch deutsche rechtsanwendende Instanzen vollzogen werden dürfen oder nicht. Ich sehe darin keinen Widerspruch, und ich glaube, daß sich die Ausführungen von Herrn Badura durchaus zusammenfügen lassen.

Ich teile seinen Ausgangspunkt von der Originarität der Rechtsordnung supranationaler Gemeinschaften — eine Originarität, die darin besteht, daß sich die Rechtsverbindlichkeit des internen Rechts der supranationalen Gemeinschaften nicht aus einer anderen Herrschaftsordnung — etwa der eines Mitgliedstaates — ableitet. Vielmehr ist die rechtliche Verbindlichkeit des internen Rechts supranationaler Gemeinschaften eine Folge der Tatsache effektiv ausgeübter Herrschaftsgewalt, welche darin besteht, daß die zuständigen Organe der supranationalen Gemeinschaften bestimmte Lebensbereiche reglementieren, indem sie auf diesen Sachgebieten Recht setzen, das sich auch durchsetzt. Die Organe der supranationalen Gemeinschaften halten sich bei der rechtsetzenden und rechtdurchsetzenden Tätigkeit natürlich an diejenigen Verfassungsbestimmungen des Gründungsvertrages, welche ihnen — bildlich gesprochen — mit auf den Weg gegeben worden sind. Aber diese Verfassungsbestimmungen des Gründungsvertrages werden nach meiner Auffassung nicht als Völkerrecht angewandt. Indem nämlich die Organe einer supranationalen Gemeinschaft die Verfassungsbestimmungen des Gründungsvertrages permanent anwenden, rezipieren sie vielmehr diese Verfassungsbestimmungen; aus Völkerrecht wird damit internes Gemeinschaftsrecht. — Ich neige sogar der Auffassung zu, daß dann dieser normative Teil des Gründungsvertrages im Völkerrecht obsolet wird, ohne daß ich hierzu etwas Abschließendes sagen kann oder will.

Diese Rezeption normativen Völkerrechts schließt aber nicht aus, daß andere Teile des Gründungsvertrages, nämlich rechtsgeschäftliche Vereinbarungen zwischen den Gründerstaaten, nicht von der Rezeption ergriffen werden und auch nicht aus anderen Gründen etwa obsolet werden, so daß die Mitgliedstaaten im Verhältnis zueinander unverändert auch völkerrechtlich verpflichtet sind.

Worin bestehen nun diese völkerrechtlichen Verpflichtungen? Hier meine ich, daß sie im folgenden bestehen: Indem die Gründerstaaten Hoheitsrechte auf die supranationale Gemeinschaft „übertragen“ haben, haben sie nichts anderes als ihre Verpflichtung begründet, künftig zu dulden, daß Organe der supranationalen Gemeinschaft auf den im Gründungsvertrag vorgesehenen Sachgebieten Recht setzen, und zwar mit Wirkung für den Herrschaftsbereich der Mitgliedstaaten. Die Mitgliedstaaten haben sich darüber hinaus verpflichtet, die von den Organen der supranationalen Gemeinschaft erlassenen Befehle bzw. Normenkomplexe durch ihre rechtsanwendenden Organe vollziehen zu lassen. — Eine weitere rechtsgeschäftliche Verpflichtung der Mitgliedstaaten besteht darin, daß sie sich, soweit sie der supranationalen Gemeinschaft Hoheitsrechte „übertragen“ haben, der rechtsetzenden Tätigkeit enthalten.

Es gibt also trotz der Originarität der Rechtsordnung der supranationalen Gemeinschaft unverändert aufgrund des Gründungsvertrages rechtsgeschäftliche Verpflichtungen zwischen den Mitgliedstaaten einer solchen Gemeinschaft.

Nach dem Recht der BRD kann das Bundesverfassungsgericht mit der Frage befaßt werden, ob das Zustimmungsgesetz, durch das die Organe der BRD angewiesen werden, die Ausübung von Herrschaftsgewalt der supranationalen Gemeinschaft in Bezug auf deutsches Staatsgebiet zu dulden und darüber hinaus die von der Gemeinschaft ausgehenden Normenkomplexe zu vollziehen, entweder überhaupt nicht gilt oder aber wenigstens für bestimmte Erscheinungsformen der Ausübung von Herrschaftsgewalt durch die Organe der supranationalen Gemeinschaft nicht gilt. — Das Bundesverfassungsgericht könnte durchaus den Standpunkt einnehmen, daß das Zustimmungsgesetz, welches die deutschen Staatsorgane mit dem Recht und der Pflicht ausstattet, in einschlägigen Fällen die Normen der supranationalen Gemeinschaft anzuwenden, ganz oder teilweise verfassungswidrig und daher nichtig sei. Der völkerrechtliche Fortbestand der Verpflichtungen der BRD kann hierdurch natürlich nicht berührt werden.

Wir haben hier also widerspruchslos auf der einen Seite Originarität der Rechtsordnung supranationaler Gemeinschaften und auf der anderen Seite die Möglichkeit, durch das Bundesverfassungsgericht die Vollziehung der aus dem Gründungsvertrag resultierenden völkerrechtlichen Verpflichtungen der BRD für deren internen Bereich verbieten zu lassen.

Damit stehen wir vor einem Dilemma, das uns das Völkerrecht seit jeher beschert hat: nämlich vor der Frage, welche Norm ist bei einer Unvereinbarkeit von nationalem Recht und internationalem Recht anwendbar? Diese Frage ist nach dem nationalen Recht eines jeden Staates zu beantworten. Das ist die im gegenwärtigen Völkerrecht geltende Regelung.

Und nun noch zwei kurze Bemerkungen zu anderen Fragen:

Herr Kaiser führte aus: Indem der einfache Bundesgesetzgeber den Art. 24 GG konkretisiert und dem Abschluß eines diesbezüglichen Vertrages zustimmt, betätige er sich als Verfassungsgeber. — Sicherlich ist das in einem gewissen Sinne richtig. Hier könnte man sagen, der einfache Bundesgesetzgeber sei zunächst einmal nur als negativer Verfassungsgeber tätig — insofern nämlich, als er der Bundesrepublik — zumindest auf Zeit — bestimmte Kompetenzen nimmt. Von einer Verfassungsgebereigenschaft kann im übrigen allenfalls mittelbar gesprochen werden: insofern nämlich, als die Organe der Bundesrepublik im Zusammenwirken mit anderen Staaten den normativen Teil eines Gründungsvertrages schaffen, der dann seinerseits durch die Organe der gegründeten supranationalen Gemeinschaft als deren Verfassungsrecht rezipiert wird.

Eine andere Frage stelle ich zur Diskussion: Inwieweit können nach deutschem Verfassungsrecht Hoheitsrechte auf supranationale Gemeinschaften mit Hilfe des Art. 24 GG „übertragen" werden? — Ich neige der Auffassung zu, daß die Grenzen, die Art. 24 GG zieht, letzten Endes in Art. 79 Abs. III GG liegen. Was Art. 79 Abs. III GG verbietet, kann auch nicht mit Hilfe des Art. 24 GG geschafft werden. Was aber Art. 79 Abs. III mit Hilfe eines verfassungändernden Gesetzes zuläßt, darf — so möchte ich meinen — mit Hilfe eines einfachen Gesetzes gem. Art. 24 GG im Rahmen der Einfügung in eine zwischenstaatliche Gemeinschaft geregelt werden. — Aber diese These stelle ich nur zur Diskussion.

Partsch: Wenn ich mich daran erinnere, wie frisch — munter alle bisherigen Konzeptionen über den Haufen werfend — seinerzeit Herr Kaiser als Mitarbeiter von Herrn Ophüls mit den völkerrechtlichen Kategorien umging und wie sich im Laufe der Jahre nun seine Auffassungen nicht nur gemildert, sondern auch geläutert haben, ja wie er auf den Boden der Tatsachen zurückfand, dann muß ich ihm aus vollstem Herzen einen Glückwunsch zu seinem heutigen Referat aussprechen. Es bleibt eine methodische Frage, die mich seit dem Referat heute morgen beschäftigt. Er hat uns auf der einen Seite die positive Regelung in den Verträgen dargestellt — insoweit kann ich ihm weitgehend zustimmen — er macht dann am Schluß aber einen Sprung zu einer sehr grundsätzlichen rechtspolitischen Forderung. Er spricht nämlich unserer Zeit den Beruf ab, in den europäischen Gemeinschaften eine parlamentarischen Demokratie zu errichten und ich frage mich, wodurch das begründet ist. Allein die Tatsache, daß demokratische Grundsätze in den Gemeinschaften in ihrer gegenwärtigen Form nur kümmerlich entwickelt sind und — zeitbedingt durchaus erklärbar — nur in sparsamer Weise einen Niederschlag gefunden haben, gibt noch keine Begründung. An den Anfang ist das Provisorium eines europäischen Technokratentums gesetzt. Davon wollte man doch aber weiterschreiten, worauf Herr Scheuner schon hinwies. Wie kann man aber nun allein aus der Verfassung dieses Provisoriums die grundsätzliche Forderung herleiten, dieses Provisorium müsse petrifiziert werden, es dürfe darüber nicht hinausgegangen werden?

Einwurf Kaiser: Sie haben mich mißverstanden. Sicher halte ich ein demokratisches Fundament für nötig, vielleicht in einem Organ, das nach den Vorbildern von Wirtschafts- und Sozialräten gebaut wäre. Ich bitte sehr um Entschuldigung, daß ich Sie unterbrochen habe.

Partsch: Keine Ursache, ich danke Ihnen vielmals, mir scheint nur, unser Gegensatz ist nicht ganz beseitigt. Wenn Sie so starkes Gewicht auf die exekutivische Seite legen, indem Sie z. B. die Konsultationen und die Berichtspflichten von Exekutivorganen schon als ein demokratisches Element ansehen, dann sehe ich nicht, wie wir auf den parlamentarischen Boden kommen.

Zu dem Referat von Herrn Badura nur zwei Bemerkungen: Ich kann dem schwerlich zustimmen, daß es eine völkerrechtliche Transformationslehre geben soll. Auf den zweiten Punkt hat Herr Scheuner schon hingewiesen: Das Völkerrecht wird zunächst aus dem Hause verbannt, kommt aber am Ende auf einem Hinterweg doch wieder herein, indem die „clausula rebus sic stantibus" bemüht wird. Wenn man die völlige Unabhängigkeit dieser Gebilde von völkerrechtlichen Regeln annimmt, ist das doch wohl kaum zulässig.

Zu beiden Referaten möchte ich mir aber nun noch eine Bemerkung erlauben: das Thema heißt „Wahrung und Veränderung demokratischer und rechtsstaatlicher Verfassungsstruktur in den internationalen Gemeinschaften". Behandelt wurden EWG, Atomgemeinschaft und Montanunion, auch die NATO, aber von den Vereinigten Nationen ist nur ganz am Rande die

Rede gewesen. Ich weiß nicht, ob wir uns diesen abendländischen Provinzialismus wirklich erlauben dürfen. Die Gestalt der NATO geht ja doch auf Gedanken zurück, die weitgehend aus den Vereinigten Nationen stammen. Ich bin mit Herrn Scheuner nicht ganz einig, daß die Vereinigten Nationen nicht vor der Frage Demokratie und Rechtsstaat stünden. Das demokratische Prinzip hat in den Auseinandersetzungen mit dem Gleichheitsprinzip der Staaten schon bei der Gründung und Strukturierung des Sicherheitsrates eine Rolle gespielt und ist immer wieder aufgeklungen, bei all' den Versuchen, den größeren Staaten etwa im Wege des weighted voting einen im Vergleich zu ihrer politischen, wirtschaftlichen und kulturellen Kapazität angemessenen Einfluß zu geben. Möglicherweise hat der Vorstand sich geeinigt, das Thema nicht ausufern zu lassen, und ich weiß daher nicht, ob ich Kritik an den Referenten oder an dem hohen Vorstand übe, aber ich habe Zweifel, ob man dieses Thema so ganz aus dem Weltzusammenhang der Entwicklung der internationalen Organisationen lösen darf, ohne daß wir uns dem Verdacht aussetzen, daß wir diese Entwicklung außer acht lassen, weil wir unglücklicherweise selbst nicht Mitglied der großen Weltorganisation sind.

Bülck: Es scheint fast eine zeitliche Vernunft in dem Umstande zu liegen, daß die heutigen Referate, wenn auch in verschiedenem Grade, Positionen bezogen haben, die zum Teil weit über jene hinausgehen, welche vor 5 Jahren auf der Erlanger Tagung unserer Vereinigung eingenommen worden sind. Während damals, in der ersten Planstufe der EWG, der Vorrang demokratisch-rechtsstaatlicher Begriffe nationaler Tradition betont und im wesentlichen strukturelle Kongruenz staatlicher und überstaatlicher Rechtsformen gefordert wurde, scheinen heute einige Thesen in das Gegenteil umgeschlagen zu sein, indem sie den Vorrang überstaatlicher Strukturen und Funktionen behaupten. Das entspricht jedoch nicht der „planmäßigen“ Entwicklung, sondern ist eher, wenn ich so sagen darf, ein wissenschaftliches Beschleunigungsprogramm. Es scheint mir deshalb nützlich, zwischen damals und heute zu vermitteln, d. h. die wissenschaftliche Zeit etwas zurückzudrehen, damit nicht aus den Eulen der Minerva, die erst in der Dämmerung ihren Flug beginnen, jubilierende Lerchen werden, die den Morgen begrüßen, ohne ihren Abend zu kennen.

Seit über 150 Jahren ist eine Fundamental-Demokratisierung im Gange. Sie hat im vorigen Jahrhundert als bürgerliche Gesellschaft den Staat erfaßt und löst in diesem Jahrhundert als industrielle Gesellschaft den liberalen Staat in einem die Staatsgrenzen überschreitenden Prozeß aus seiner bisherigen nationalen Bindung heraus. Sie schließt die alten Nationalstaaten zu neuen inter- und übernationalen Organisationen föderativ zusammen, indem sie aus den staatlichen Wirtschaftsräumen und Wirtschaftsbereichen in geplanter Zeitfolge zwischen- und überstaatliche Wirtschaftsgemeinschaften bildet: vom GATT über die OECD und EFTA zu den supranationalen Gemeinschaften für Handel und Industrie, Landwirtschaft und Verkehr, Kohle, Stahl und Atomenergie. Ihr gemeinsames Bauprinzip besteht in einem vielfach gestuften Ausgleich liberaler und sozialer Rechtsstrukturen, der in der zweiten, durch Weltkriege und Weltkrisen beschleunigten Demokratisierungsphase des Industriesystems weithin in bürokratisch-funktionalen Formen vollzogen wird. Dem national-territorialen Primärsystem der Staaten verbindet sich auf solche Weise ein funktional-föderatives Sekundärsystem der neuen „Wirtschafts"-Staaten und Wirtschaftsgemeinschaften. Für diese neuen Organisationsformen nach Art des Rechtshistorismus dieselben Strukturen und Funktionen zu fordern, wie sie für den nationaldemokratischen Staat des 19. Jahrhunderts gültig waren, scheint mir nicht richtig zu sein. Zwar ist seit den Anfängen des demokratischen Nationalstaats die Tendenz zu bemerken, das Droit public de l'Europe nach staatlichem Verfassungsmuster überstaatlich weiterzuentwickeln, wie dies heute im Europarat deutlich wird. Doch zeigen seine zahlreichen fruchtlosen Pläne, die Vereinigten Staaten von Europa zu konstituieren, daß dies keine zukunftsträchtige Entwicklung bedeutet. Ebensowenig richtig scheint es mir aber, nach Art eines Rechtsfuturismus das Prinzip struktureller Kongruenz sozusagen überstaatlich umzudrehen und von einer originären Gewalt eines einheitlichen europäischen Rechtsstaats zu sprechen, der seit der Montanunion schon im Entstehen sei und nach dem Modell eines Überstaats ausgebaut werden müsse. Eine solche Deutung trägt die von bestimmten Völkerrechtstheorien her bekannten Züge des Monismus, d. h. der Einseitigkeit. Die gegenwärtige und wohl auch zukünftige Rechtsentwicklung geht nicht in erster Linie auf strukturelle Kongruenz, gleich ob sie vom Staat oder von der überstaatlichen Gemeinschaft her gesehen wird, sondern auf strukturelle Konvergenz von Staat und Staatengemeinschaft. Das subjektive Prinzip der Staaten und das objektive Prinzip des Völkerlebens, wie Kaltenborn zu Beginn unserer Epoche sagte, wachsen im modernen Industriesystem in einem Prozeß dialektischer Gegenläufigkeit zusammen. Staat und Staatengemeinschaft gleichen damit ihre Strukturen und Funktionen einander an. Staatsrecht und Völkerrecht werden einander ähnlicher, am ähnlichsten im Recht der supranationalen Wirtschaftsgemeinschaften.

Das mag für die rechtsstaatliche und demokratische Verfassungsstruktur an zwei Beispielen verdeutlicht werden, obgleich die sozialstaatliche Struktur, die bei der (wohl zu starken) Beschränkung des Themas wegfallen mußte, nicht minder instruktiv ist; denn regionale Förderungsmaßnahmen in Ballungsräumen und Sanierungsgebieten und sektorale Hilfen in den verschiedenen Wirtschaftsbereichen, z. B. Landwirtschaft und Bergbau, gibt es ebenso wie temporale Steuerungsmaßnahmen mit sozialen Zielen durch Pläne und Programme sowohl im Staat als auch in der Staatengemeinschaft mit ständig zunehmender Konvergenz. Für die Angleichung rechtsstaatlicher Strukturen sei als Beispiel das heute und auch schon in Erlangen erörterte Verhältnis der europäischen Menschenrechtsordnung zur Grundrechtsordnung der EWG herangezogen. Die nationalstaatliche Grundrechtsentwicklung ist seit der Jahrhundertwende dadurch gekennzeichnet, daß neben die überkommenen politisch-persönlichen Freiheitsrechte, die Gewissens-, Rede- und Versammlungsfreiheit und das (Grund)-Eigentum als ökonomisches Primärrecht neue, wirtschaftlich-soziale Grundrechte in die Verfassung aufgenommen werden, wie die Vertrags- und Wettbewerbsfreiheit, die Berufs- und Gewerbefreiheit, die Koalitionsfreiheit usw., die zusammen mit der sozialstaatlichen Inpflichtnahme des Eigentums die neue Rechtsstruktur der industriellen Gesellschaft kennzeichnen. Doch liegt das Symptomatische dieser Verfassungsentwicklung, die den bürgerlichen Klassengegensatz durch den sozialen Rollenunterschied aufhebt, nicht nur in der Neubildung von Grundrechten im wirtschaftlich-sozialen Bereich, sondern auch in ihrer Fortbildung durch Rechtsprechung und Lehre. Dafür ist die sozialökonomische Interpretation des Rechts auf freie Entfaltung der Persönlichkeit durch das Verfassungs-, Arbeits- und Sozialgericht des Bundes (im Unterschied zum traditionsbezogeneren Bundesgerichtshof und Bundesfinanzhof) ebenso typisch wie die progressiv-dogmatische These vom „individuell-institutionellen Doppelcharakter" (Häberle) der sozialökonomischen Freiheitsrechte (und nicht nur dieser) als objektiver Verfassungsprinzipien.

Dieser staatsrechtlichen Entwicklung, in der die funktionalen Aspekte sozialer Organisation die genetischen Aspekte, wie Carl Menger sagen würde, zu überflügeln versuchen, entspricht mit konvergierender Tendenz ein völkerrechtlicher Prozeß, der sich auf zwei Stufen, der zwischen- und der überstaatlichen vollzieht. Auf der ersten Stufe holt die Menschenrechtskonvention des Europarats den nationalstaatlichen Schutz der persönlich-politischen Rechte des 19. Jahrhunderts zwischenstaatlich nach, indem die alten Freiheitsrechte nicht nur fremden, sondern auch den eigenen Bürgern von den Staaten völkerrechtlich garantiert und in einem besonderen Verfahren durch die Straßburger Kommission sanktioniert werden, freilich nicht im Verhältnis zu Frankreich, das das Abkommen nicht ratifiziert hat, weil es die Menschen auf seinem Territorium nur nach französischem Menschenrecht behandelt sehen will. Das Eigentum ist erst nachträglich und in beschränktem Umfang in diesen zwischenstaatlichen Grundrechtsschutz einbezogen worden, der nach Form und Inhalt eine völkerrechtliche Neuorganisation des nationalstaatlichen Primärsystems darstellt. Doch geht die Konvergenz weiter. Auf der zweiten Stufe, in den supranationalen Organisationen, gibt es keinen Schutz der alten Persönlichkeitsrechte; das Eigentum wird sogar ausdrücklich beiseite gesetzt, ähnlich wie beim Wirtschaftseigentum im Staat das alte Dominium als überkommene Grundlage personaler Freiheit zurücktritt gegenüber dem neuen Management und der Mitbestimmung, besonders in Bergbau und Eisen. Die europäischen Wirtschaftsgemeinschaften schützen vielmehr sozialökonomische Freiheitsrechte, genauer gesagt: sie entwickeln sie schritt- und stufenweise aus objektiven Verfassungsprinzipien zu subjektiven Rechten. Das sind neben der Wettbewerbsfreiheit die „vier Grundfreiheiten" des Europarechts: Niederlassungsfreiheit, Freizügigkeit, Freiheit des Kapitalverkehrs und Dienstleistungsfreiheit, die den sog. tertiären Sektor des industriellen Systems ausmacht, der im Zeichen fortschreitender Bürokratisierung immer wichtiger wird. Diese Prinzipien reichen, nach den jeweiligen Funktionsbereichen verschieden, von der Ausländerparität (Meistbegünstigung) über die gewöhnlich vereinbarte Inländerparität bis zur Gemeinschaftsparität bei der Berufs- und Gewerbefreiheit, d. h. der Gleichberechtigung der Staatsangehörigen aller Mitgliedstaaten in allen anderen Mitgliedstaaten nach gleichem Recht, eine Parität, die freilich die überkommenen Besonderheiten der verschiedenen Wirtschaftssektoren, d. h. ihre nationale Primärstruktur, z. B. im Handwerk, berücksichtigen soll. Das Entwickeln dieser Freiheitsprinzipien zu individuellen Ansprüchen geschieht durch Programme, z. B. zur Beseitigung der Beschränkungen der Niederlassungs- und Dienstleistungsfreiheit mit fachlich und zeitlich scharf differenzierten Durchführungs-Richtlinien an die Mitgliedstaaten oder auch durch Verordnungen, z. B. die Freizügigkeitsverordnung von 1961, die kürzlich durch eine neue Verordnung ersetzt worden ist, die in einem zweiten „Abschnitt" das subjektive Recht des Staatsbürgers in Richtung auf eine gemeinsame Inländerparität weiter entwickelt. An dieser Entwicklung ist auch der Europäische Gerichtshof beteiligt, indem er, wie in der Rechtssache 26/62, einen die Staaten bindenden Rechtssatz zu einem subjektiven Recht ihrer Bürger aktualisiert hat, durch „dynamische Auslegung" wie es heißt, genauer: durch eine progressiv-teleologische Rechtsfortbildung.

Zusammengefaßt bedeutet diese konvergierende Entwicklung, daß die persönlich-politischen Grundrechte auch in ihrer zwischenstaatlichen Weiterbildung den alten Charakter als subjektives Abwehrrecht gegen den Staat bewahren. Die sozialökonomischen Freiheitsrechte dagegen sind in Staat und Staatengemeinschaft in schneller und zwar gegenläufiger Veränderung. Subjektive Rechte nehmen im sozialen Rechtsstaat Züge objektiver Prinzipien an; aus objektiven Prinzipien freiheitlich-sozialer Wirtschaftsgemeinschaften bilden sich subjektive Grundrechte ihrer Bürger. Auf dem Boden personaler Primärordnung organisiert sich die industrielle Gesellschaft in der sekundären Konvergenz staats- und völkerrechtlicher Freiheitsstrukturen.

Eine ähnliche Bewahrung und Veränderung wie die rechtsstaatliche zeigt auch die demokratische Verfassungsstruktur des funktionalen Sekundärsystems. Für primärpolitische Entscheidungen, etwa über Krieg und Frieden, bleibt das nationale Parlament zuständig, soweit nicht hegemoniale und funktionale Herrschafts- und Sachzwänge die staatliche Rechtsgeltung in Frage stellen. Die sekundäre Wirtschafts- und Sozialpolitik dagegen mit der ihr zugeordneten Gesetzgebung geht mit planmäßiger Zunahme auf die Regierungen, ihre Ständigen Vertreter in Brüssel und die Ministerräte der Gemeinschaften über. Das Parlament ist nicht nur auf eine immer stärkere Zusammenarbeit mit der Regierung und den Ministerialbürokratien angewiesen, die praktisch die Gesetzesinitiative haben; Art. 24 GG hat darüber hinaus die nationale Volksvertretung in demselben Maße entmachtet, in dem die übernationale Regierungsvertretung ermächtigt worden ist. Das Gesetzgebungsrecht des Parlaments, das bisher als Essenz der Demokratie galt, verliert sich gegenüber der sozialökonomischen Ministerrats-Gesetzgebung in einem Informationsrecht, das in wichtigeren Fällen eine Vorkontrolle mit politischem Veto, in allen übrigen eine bloße Nachkontrolle ohne unmittelbare Rechtswirkung bedeutet.

Was sich im Staat zeigt, zeigt sich mit konvergierender Tendenz in den überstaatlichen Gemeinschaften. Neben den Ministerräten haben sich mit den Kommissionen und der Hohen Behörde aus schwachen zwischenstaatlichen Vorläufern überstaatliche Ministerialbürokratien von erheblichem politisch-administrativen Gewicht gebildet. Gegenüber der Gesetzesinitiative, die ihnen für die Ministerrats-Gesetzgebung allein zusteht, bildet sich langsam eine überstaatliche Parlamentskontrolle. Zwar ist das Mißtrauensvotum des Europäischen Parlaments ein pseudo-demokratisches Recht, da die Kommissare nicht vom Europäischen Parlament, sondern von den Mitgliedsregierungen, die sie auch ernennen, in ihrer Stellung bedroht sind. Doch hat das Parlament gerade dadurch, daß die Kommission seine Hilfe braucht, die vertragsmäßige Nachkontrolle der Kommissionsvorschläge zu einer Vorkontrolle entwickeln können, die vorläufig allerdings nur politisch wirksam ist, nach Meinung der EWG-Kommission aber im Hinblick auf eine Erweiterung ihrer eigenen Befugnisse zu einem bindenden Vetorecht ausgebaut werden sollte. Ein solches Einspruchs- oder auch Zustimmungsrecht gegenüber den Ministerratsgesetzen würde den konvergierenden Prozeß zur staatlichen Entwicklung fortführen und nicht nur, wie schon jetzt, die Kommission, sondern auch den Ministerrat zu einer vernünftigen Zusammenarbeit mit dem Europäischen Parlament bringen, an der es bisher fehlt. Dieses Recht würde die europäische Gesetzgebung, die neben den Regierungen weithin durch die pluralistischen Interessen der organisierten Industriegesellschaft bestimmt wird, im Sinne eines übergreifenden Gemeinschaftsinteresses demokratisch legitimieren. Das Europäische Parlament würde dann nicht mehr die im Blick auf Dicey's Parlamentssouveränität und den Judicial Activism des Europäischen Gerichtshofs begreifliche Ironie eines Engländers verdienen, daß seine Macht en quelque façon nulle sei.

Pfeifer: Ich wollte nur rechtsvergleichend darauf hinweisen, daß die parlamentarische Genehmigung von Staatsverträgen in der Bundesrepublik Deutschland, in Österreich und in der Schweiz verschieden geregelt ist.

In Art. 24 des Bonner Grundgesetzes wird gewissermaßen ein für allemal dem einfachen Gesetzgeber eine Ermächtigung erteilt, im Gewande von völkerrechtlichen Verträgen gewisse Verfassungsänderungen, nämlich die Übertragung von Hoheitsbefugnissen auf zwischenstaatliche Einrichtungen zu genehmigen.

In Österreich ist zu jedem solchen Vorgang ein erschwerter verfassungsändernder Beschluß des Nationalrates für die Genehmigung eines solchen Vertrages notwendig (Art. 50, Abs. 3 B-VG.). Allerdings ist man auch in Österreich nicht bis zu der letzten Stufe gegangen, die mir nur in der Schweiz erfüllt zu sein scheint, daß nämlich dann, wenn ein solcher verfassungsändernder Staatsvertrag soweit ginge, daß die innere Verfassung in ihren leitenden Grundsätzen geändert, also beispielsweise ihr demokratisches Prinzip damit ausgehöhlt würde, daß dann ein solch weitgehender Vertrag ebenso wie ein gleichartiges Gesetz einer Volksabstimmung unterzogen werden müßte, weil es sich eben um eine Gesamtänderung der Verfassung handelt. Eine solche Gesamtänderung der Verfassung kann ja auch durch eine weitgehende zwischenstaatliche Vereinbarung herbeigeführt werden. Die österreichische Bundesverfassung sieht leider nicht vor, daß verfassungsändernde Staatsverträge ebenso wie solche Gesetze, wenn sie eine Gesamtänderung der Verfassung herbeiführen, jedenfalls oder wenigstens auf Verlangen des Volkes oder eines Drittels der Volksvertretung einer Volksabstimmung unterworfen werden müssen.

Hingegen ist es in der Schweiz doch so, daß dort — seit einer Revision der Verfassung im Jahre 1921 — auch jeder unbefristete oder auf längere Dauer abgeschlossene Staatsvertrag, wenn es von 30 000 stimmberechtigten Bürgern oder von 8 Kantonen verlangt wird, einer Volksabstimmung unterzogen werden muß (Art. 89, Abs. 3 BV.). Es kann also dort auf diese Weise jede grundlegende Änderung der Verfassung, die man als eine Gesamtänderung der Verfassung bezeichnen kann, durch die Unterwerfung unter eine Volksabstimmung verhindert oder wenigstens erschwert werden.

Das wollte ich hier ganz kurz sagen, daß die Möglichkeiten, solche grundlegende Verfassungsänderungen durch internationale Vereinbarungen zu verhindern, da und dort verschieden sind. Am schwächsten ist diese Möglichkeit in der deutschen Bundesverfassung infolge der Art. 24 und 59 (2) GG. entwickelt, stärker ausgebildet ist sie schon in der österreichischen Bundesverfassung dadurch, daß ein Staatsvertrag, sobald er verfassungsändernd ist, ebenso wie ein Gesetz erschwerter Beschlußfassung unterliegt, jedoch ohne Einschaltung des Bundesvolkes bei einer Gesamtänderung, am stärksten ausgebildet ist sie in der Schweiz, da hier auch jeder unbefristete Staatsvertrag einer Volksabstimmung unterworfen werden muß, wenn es das Volk verlangt.

Dagtoglou: Herr Professor Kaiser hat mit Recht bemerkt, daß man zur Zeit einen europäischen Rechtsstaat, aber nicht eine europäische parlamentarische Demokratie verfolgen kann. Dies ist auch aus folgendem Grunde richtig: Zwischen dem herkömmlichen Parlamentarismus und dem die supranationalen Organisationen beherrschenden Sachverstand besteht eine

Grundlagen und Funktionen betreffende Antithese. Sehr vereinfachend könnte man sagen, daß der Nationalstaat in der Politik beheimatet ist, während der europäische Staat hauptsächlich von der Wirtschaft herkommt. Das ist, glaube ich, eine Tatsache von grundsätzlicher Bedeutung. Wenn die Sachverständigen heute, im traditionellen Nationalstaat wegen der Verfachlichung und daher — bis zu einem gewissen Grade — Entpolitisierung des Staatslebens den klassischen Parlamentarismus umstrukturieren, so lassen sie, mindestens zur Zeit, einen europäischen Parlamentarismus faktisch kaum zu, oder zum mindest sie erschweren ihn in hohem Maße.

Dürig: Anknüpfend an Herrn Bülck: Sie wissen alle, meine Herren, die Freizügigkeit soll in der EWG stufenartig hergestellt werden, und in der letzten Woche ist nun die Verordnung ergangen, daß 1967 als Stichjahr gilt. Nun, was da auf uns zukommt, brauchen wir hier nicht zu erörtern. Man fürchtet etwa, daß ganze sizilianische Dörfer umziehen. Die Ausländerpolizeirechtler jedenfalls verfolgen das mit Schrekken, weil sie fürchten, die Ausländer-Polizeiverordnung würde ins Gleiten kommen. Das ist hier auch nicht interessant. Auch die Arbeitsrechtler beobachten das mit einer gewissen Sorge, weil nach dem letzten Stand die Leute in den Betriebsrat gewählt werden können. Ich glaube, die italienische KP hat sicher schon gemerkt, was das für Chancen sind. Aber, was mich interessiert: wenn ich im Rundfunk recht verstanden habe, ist vorgesehen, daß die Kinder dieser fremden Arbeiter, dieser fremden Zuziehenden ein subjektives Recht, es war, glaube ich, sogar von einem Grundrecht die Rede, auf Bildung und Ausbildung, und zwar in ihrer Sprache, in der fremden Sprache, haben. Hier kommt das Problem: Würde das (jetzt mal Brüssel weggedacht) der Bund machen können? Sie können sich ja das Geschrei vorstellen: Kulturhoheit der Länder und dgl.; Frage: wie ist das denn nun mit dem „Brüsseler Föderalismus"? Das ist bei den Praktikern ein gängiges Wort geworden, das wir mal weiter beobachten sollten. Und die Frage an die Herren Referenten: Kann man von Brüssel her eigentlich so mit „Richtlinien" und mit „Verordnungen" auch das föderative Gefüge des beitretenden Staates (das Problem stellt sich freilich nur für Deutschland) sagen wir ruhig, aus den Angeln heben? Es wird im genannten Beispiel ohne Rücksicht auf das Bund-Länder-Gefüge bis in die Gemeinde hinein eine Rechtsfigur oktroyiert, nämlich die der Volksschule in einer ethnologisch-fremden Sprache, die wir eigentlich ja doch bisher nicht kennen. Und ich fürchte, meine Herren, daß wir hier nicht vom demokratischen und nicht vom rechtsstaatlichen Lager her, sondern vom föderativen Lager noch einmal eine Krise dieser — sagen wir — „europäischen Integration" erleben werden, und daß von hier aus das Bundesverfassungsgericht noch einmal befaßt werden wird. Die Länder sehen monomanisch nur immer auf Bonn als angeblichen föderativen Gegenspieler. Das ist ja völlig veraltet. Es ist Brüssel, das dem deutschen Föderalismus immer mehr das Wasser abgräbt.

Ipsen: In Erinnerung an die Erlanger Tagung von 1959 habe ich für meine Person keine Sorge, Objekt einer Rückkopplung oder ähnlicher physikalischer Einflüsse zu werden, denn ich fühle mich hier auf der „Kieler Welle" unserer beiden Referenten ausgesprochen wohl, während dieselbe Wellenlänge, auf der ich schon in Erlangen operieren wollte, damals noch gar nicht in unserem Kreis ansprach.

Ich will einige Bemerkungen machen zu den drei Wirtschaftsgemeinschaften. Nur zu diesen, weil ich einmal von der NATO, WEU und ähnlichen Institutionen nichts verstehe, zum anderen aber auch deshalb, weil die supranationalisierte öffentliche Gewalt sich im klassischen Sinne in den drei Wirtschaftsgemeinschaften darstellt, und zwar insbesondere im Durchgriff einer nichtnationalen, internationalisierten öffentlichen Gewalt auf den einzelnen „Marktbürger".

Ich bin hier angesprochen worden zu meinen Auslassungen auf der Bensheimer Tagung der Europarechtsgesellschaft vom 10. Juli ds. Jrs.[1]), also kurze Zeit vor dem Urteil des Europäischen Gerichtshofes in der Sache 4/64 vom 15. Juli, das hier erörtert worden ist, und auf dem 45. Deutschen Juristentag in Karlsruhe am 25. Juli[2]). Ich muß daher einige Gedanken dieser Referate hier reproduzieren.

Zunächst pflichte ich Herrn Scheuner darin bei, daß wir die Integrationsschritte, die sich in den Gemeinschaften vollziehen, in ihrem dynamischen Charakter erfassen sollten. Wir befinden uns ja in einer Bewegung, die durch den Kalender der Verträge selbst vorgezeichnet worden ist, so daß der Vollzug der Verträge in seinen Zeitplanschritten in einer Dynamik sichtbar wird, die die Verträge gewollt haben. Das eben ist das Wesen der Integration, die sich in Phasen vollzieht. Mit der Absolvierung solcher Schritte werden Positionen erreicht, von denen die Ökonomen sagen, es entstünden „points of no

---

1) Veröffentlicht in Heft 29 der Abhandlungen zum Gesamten Bürgerlichen Recht, Handelsrecht und Wirtschaftsrecht (1965).

2) Schlußvortrag: „Der deutsche Jurist und das europäische Gemeinschaftsrecht". Verh. d. 45. DJTages Karlsruhe 1964, Bd. II Teil L (1964).

return". Mir schwebt der Gedanke vor, ob es nicht auch „points of no return" im juristischen, sogar im rechtswissenschaftlichen Sinne gibt, und wenn die ganze Atmosphäre unserer Aussprache heute eine andere ist als vor 5 Jahren in Erlangen, so dürfte sich darin auch ein juristischer „point of no return" auswirken. Damals haben wir manches anders gedacht und gesehen als heute mit der Konsequenz, daß wir manches nicht mehr in Frage stellen, was uns vor 5 Jahren noch sehr fraglich war.

Zunächst gilt das für These 10) von Herrn Badura, die ich unterstreiche: aus der Summe der Marktbürger kann nicht auf die Existenz eines Volkes des Gemeinsamen Marktes geschlossen werden, und die Gemeinschaften sind keine staatsähnlichen oder präföderalen Formationen. Ich halte das Spiel mit den Begriffen künftiger „Bundesstaatlichkeit" oder „föderativer Ordnungen" für verfänglich. Dies vor allem dann, wenn aus solchen begrifflichen Vorwegnahmen Rückschlüsse hergeleitet werden für die Lösung konkreter Rechtsfragen, wie das zu dem bekannten Thema der Zuordnung des Gemeinschaftsrechts zum nationalen Recht von denen getan worden ist, die etwa Art. 31 und Art. 72 GG in ihrem allgemeinen Rechtsgehalt auf das Verhältnis der Gemeinschaftsordnung zur nationalen Rechtsordnung „abziehen" wollen, also von jener Gruppe im Meinungsstreit, die repräsentiert wird von Ophüls, Wohlfarth und anderen deutschen „Vätern" der Verträge, wobei ich offen lasse, ob dabei eine „exceptio plurium" zulässig ist oder nicht. Zur Ablehnung des Gedankens, in den Gemeinschaften bereits staatsähnliche Gebilde zu sehen, gehört auch die zutreffende Feststellung von Herrn Badura, daß von einer Kompetenzkompetenz der Gemeinschaften nicht die Rede ist. Man kann nicht genug unterstreichen, daß die Struktur der Verträge von einer nur begrenzten Kompetenz aller Gemeinschaftsorgane ausgeht, also dem, was die Franzosen „compétence d'attribution" nennen, mit der Konsequenz, daß eine Bedrängung des einzelnen durch die Fülle öffentlicher Gewalt, wie sie im Binnenrecht durch die umfassende öffentliche Gewalt des Staates in Betracht kommt, von den Gemeinschaften her nicht in Frage steht. Deshalb sind auch manche Gedankengänge des „Hüters der Verfassung" aus Neustadt (in dem bekannten finanzgerichtlichen Vorlagebeschluß vom 14. November 1963[3])) abwegig, weil sie die öffentliche Gewalt der Gemeinschaften fälschlich als eine Art umfassender Gewalt mit Kompetenzkompetenz ansehen. Zum Thema „Rechtsnatur der Gemeinschaften" sollten wir uns

[3]) EFG 1964 S. 22.

nicht scheuen, angesichts ihres wirtschaftlichen und sozialpolitischen Aufgabenbereichs einen Terminus zu verwenden, über dessen Fragwürdigkeit in unserem Zusammenhang ich mir völlig klar bin, der aber doch dazu beiträgt, die Dinge realistischer und nüchterner zu sehen als das weithin geschieht: warum sollten wir die Gemeinschaften in ihrer gegenwärtigen Struktur, wie sie in den Verträgen zunächst einmal als Endzweck angelegt sind, nicht als Zweckverbände charakterisieren, um sie von allem politisierenden Staatsgehalt höherer Warte freizuhalten? So gesehen, ist die Erreichung eines Integrationsschrittes, ohne daß gleichzeitig etwas organisatorisch auf dem Wege zum „politisch geeinten Europa" geschieht, auch nicht, wie viele behaupten, zugleich ein Rückschritt, sondern eben ein wohlgelungener Fortschritt der Vertragserfüllung, der es weder nötig hat noch imstande ist, im Rahmen der Verträge zugleich ein Fortschritt auf dem Wege zu einem politisch geeinten Europa zu sein.

Eine sehr prekäre Frage hat Herr Badura unter Ziffer 15 abgetan mit der Bemerkung, von einem Souveränitätsverlust der Mitgliedstaaten könne in den Gemeinschaften nicht die Rede sein, obwohl feststehe, daß gewichtige Aufgaben den Gemeinschaften überantwortet sind. Ich habe immer wieder vermerkt, daß offenbar bei beiden Herren Referenten, bei Herrn Badura jedenfalls ausdrücklich, eine ausgesprochene Scheu bestand, angesichts dessen, was sich vollzieht, die Souveränitätsfrage unserer Staatlichkeit wirklich zu stellen. In diesem Zusammenhang hat mir die Bemerkung von Herrn Scheuner wohlgetan, der Staatsbegriff sei einem entscheidenden Wandel unterworfen.

In der Frage der Verfassungshomogenität, der strukturellen Kongruenz pflichte ich Herrn Badura in seinem Leitsatz 7 ebenfalls bei. Wir sollten uns hüten, was in Erlangen noch sehr deutlich gefordert worden war, eine Schablonisierung im Stile des Grundgesetzes zu verlangen. Eine solche Schablonisierung im Rahmen der Gemeinschaften könnte ja doch wohl zwangsläufig nur eine sechsfache sein, nur frage ich mich, wohin es etwa führen sollte, wenn auch eine Schablone der gegenwärtigen französischen Verfassung Verwendung fände, etwa in der Frage der demokratischen Willensbildung. Unsere Betrachtungsweise der letzten Jahre unter dem eleganten Stichwort „strukturelle Homogenität" war das, was ich mit einem kräftigeren Ausdruck „grundgesetzlich-introvertiert" zu nennen gewagt habe. Wir waren weithin geneigt, die Dinge vom Grundgesetz her zu sehen, also aus einer „Binnensicht", während wir uns heute zwar nicht auf eine internationale

Ebene der Betrachtungsweise begeben haben, aber doch jedenfalls mit größerer Distanz an die Dinge herangegangen sind.

Die Wandlungen des Wesens der öffentlichen Gewalt hat Herr Kaiser unter III, 1 ausgezeichnet charakterisiert. Dieser Wandlungsprozeß ist ein zweiseitiger. Alle Veränderungen, die sich im Gemeinschaftsbereich vollziehen, und neue Erscheinungen, die dort auftreten, wirken kommunizierend oder zurück und haben ihre Konsequenzen auch im inneren Bereich. Von Politologen ist beschrieben worden, wie deutsche Bundesressorts außerhalb des Auswärtigen Amtes durch die Vergemeinschaftung eine Öffnung zum Auswärtigen hin erfahren haben, die sie bisher nicht besaßen. Ich meine damit nicht den Dienstreiseverkehr zwischen Bonn und Brüssel, sondern den geistigen Prozeß, der sich dort vollzieht. Entsprechendes gilt für Herrn Kaisers „organisierte Interessen". Es bedeutet etwa, daß sich die Gewerkschaften im Wirtschafts- und Sozialausschuß der Brüsseler Gemeinschaften sehr intensiv zur Geltung bringen. Das bedeutet auch etwas für ihre Position im Binnenstaat. Diese Bemerkung gilt für den Komplex, den Herr Weber heute mittag ansprach: „Willensbildung, Einflußnahme des Wirtschafts- und Sozialausschusses", wozu Herr Badura zwar nicht ausdrücklich gesprochen, den er aber in seiner These 22 berührt hat.

Zur Willensbildung in den Gemeinschaftsorganen kann ich an eine Bemerkung von Herrn Bülck anknüpfen. Durch die Berichterstattung, durch die Kundmachung von Plänen und Vorhaben und ihre Ausbreitung zur Diskussion in der breitesten Öffentlichkeit der Organisierten und der Nichtorganisierten machen EWG-Kommission und Hohe Behörde ständig Publizitäts-Offerten in die Weite der Meinungsbildung der Gemeinschaften hinein. Das werden wir zu beachten haben zur Frage eines Stilwandels demokratischer Willensbildung, der sich teils organisiert, teils nicht organisiert vollzieht. Wenn ich recht sehe, besitzen wir diese Intensität in der Darbietung von Vorhaben im nationalen Bereich kaum. Ich möchte wissen, ob die deutschen Bundesressorts oder die deutsche Bundesregierung solche Bereitschaft zeigen, Kritik entgegen zu nehmen, Gesprächen Stand zu halten, wie das die Gemeinschaftsorgane tun. Hierzu trifft die Bemerkung von Herrn Bülck ins Schwarze.

Zum Thema „Zuordnung des Gemeinschaftsrechts zum nationalen Recht" volle Zustimmung zu der These 15 von Herrn Badura, wonach das Gemeinschaftsrecht nicht nationales Recht ist, sondern eine fremde Rechtsmasse darstellt. Das können wir nicht nachdrücklich genug unterstreichen, zumal diese Feststellung (die Herr Badura offenbar für überliefert und seit langem gesichert hielt) bisher weithin bestritten worden oder im Unklaren geblieben war. Dies mit Hilfe der Vorstellung, das Primärrecht (das Vertragsrecht) der Gemeinschaften sei durch Transformation nationales Recht geworden, oder jedenfalls auch nationales Recht mit allen Konsequenzen, die sich daraus ergeben, und gleiches gelte für das Sekundärrecht nach der Deutung, die dem Art. 189 Abs. II des EWG-Vertrages beizumessen sei, nämlich als antizipierter Generaltransformator zu wirken, der einen deutschen Anwendungsbefehl generell und für die Zukunft bereitgestellt habe, um derart allen Verordnungen der EWG-Organe Eingang in die deutsche Rechtsmasse zu eröffnen. Das war bisher jedenfalls die weit überwiegende Meinung, die bei uns vertreten wurde bis zu den letzten dahingehenden Äußerungen aus der Feder von Schlochauer[4]) und Jänicke[5]) und sehr viel früher gleichlautend von Herrn Scheuner in der Verdroß-Festschrift von 1960[6]). Wenn ich demgegenüber das Gemeinschaftsrecht fremdes Recht nenne, so heißt das: nicht-nationales Recht nach Qualität, nach Entstehungsvorgang und nach seiner Zuordnung zum nationalen deutschen Recht. Dies — um einen Vergleich zu ziehen — in einer Art Zuordnung zum deutschen Recht, wie wir es für die fremde Rechtsmasse des Okkupationsrechts in den Jahren 1945 bis 1955 angenommen haben. Ich unterstreiche daher die These 16 von Herrn Badura in Bezug auf die Transformationslehre. Ich habe zwar den großen Bericht von Herrn Partsch aus der Gesellschaft für Völkerrecht zu dieser Thematik noch nicht studieren können, so daß etwaige neue Erkenntnisse unserer Völkerrechtswissenschaft zu diesem Punkt hier noch nicht verwertet werden, aber wenn ich von dem mir bis dahin bekanntgewordenen Stand deutscher Lehrmeinungen ausgehe, hat die Transformationslehre mit ihren verleitlichen Konsequenzen in Bezug auf die Qualität des Gemeinschaftsrechts weithin Anerkennung gehabt — eine Auffassung, die ich für falsch halte. Herrn Vogel, der vorhin meine Auffassung hierzu nach dem Bericht von Rabe über mein Bensheim-Referat in der NJW[7]) wohl als Zustimmung zu der von ihm geäußerten Meinung auffaßte, würde ich bei der Gruppenbildung meiner literarischen Streitgenossen, mit denen ich mich in Bensheim auseinandergesetzt habe, nur zu den Pragmatikern zählen, nämlich zu denen, die mit Auslegungs-

4) Archiv des Völkerrechts Bd. 11 (1963) S. 1 ff.
5) ZtschraöRuVöR Bd. 23 (1963) S. 485 ff.
6) S. 241.
7) NJW 1964 S. 1608 ff.

hilfen versuchten, den möglichen Konfliktstoff zwischen Gemeinschaftsrecht und nationalem Recht möglichst einzuengen, um auf diese Weise die Konfliktfrage zu entschärfen. Aber damit entgehen wir ihr nicht. Sie bleibt bestehen, und sie war gestellt, letztlich und am schärfsten in der Rechtssache 4/64, zu der der Europäische Gerichtshof am 15. Juli entschieden hat, und zwar nach meiner Meinung mit Recht in dem Sinne, daß von einem Vorrang des Gemeinschaftsrechts auszugehen ist. Dies aber nicht (ich wiederhole das) aus der vorgreifenden Entlehnung irgendwelcher Prinzipien bundesstaatlicher Ordnung, die man (wie Ophüls und Wohlfarth verfahren) anwenden könnte aus der Vorwegnahme von Begrifflichkeiten, sondern unter Berufung auf die Qualität der Gemeinschaftsnormen, die für das Sekundärrecht in Art. 189 Abs. II EWGV eindeutig dahin umschrieben ist, daß Gemeinschaftsnormen in den Mitgliedstaaten unmittelbar für alle (für Organe, Staaten und Marktbürger) verbindlich gelten. Diese Qualität der Gemeinschaftsnorm als gemeines Recht aber würde beseitigt werden, wenn nationale Hoheit imstande wäre, ihr durch lex posterior zu derogieren. Die Anwendung der Rechtsparömie von der lex posterior halte ich hier für unzulässig. Diese Derogationsregel kommt für die Zuordnung von Rechtsmassen verschiedener Art, um die es sich hier handelt, nicht in Betracht. Sie gilt nur in der Horizontalen in Bezug auf Rechtsproduktionen desselben Normsetzers, nicht für unser Problem. Das gleiche Argument hat der Europäische Gerichtshof in der Entscheidung 4/64 im Ergebnis verwertet.

Scheuner: Darf ich eine Zwischenfrage stellen? Meinen Sie mit dieser Äußerung, daß ein später ergangenes nationales Gesetz vom nationalen Richter unter Berufung auf das widersprechende Gemeinschaftsrecht nicht angewendet wird?

Ipsen: Genau das. Dazu will ich der weiteren Frage, die Herr Badura mit scharfen Formulierungen in seinen Thesen erörtert hat, ob nämlich der Gemeinschaftsgesetzgeber das nationale Recht abändern oder beseitigen dürfe, hier nicht nachgehen. Mir genügt das Ergebnis, daß der deutsche Richter gehindert ist, die lex posterior nationalis anzuwenden. So viel zu diesem Thema, zu dem ich mich in der guten Gesellschaft von Herrn Badura befinde, während Herr Kaiser, der in Bensheim mindestens sein Wohlverständnis zu meinen Thesen zum Ausdruck gebracht hatte, hierüber heute zwar berichtet, eine eigene Meinung aber nicht recht erkennbar gemacht hat. Vielleicht ist er so freundlich, im Schlußwort zu sagen, ob er noch „bei Bensheim“ ist oder seine Auffassung inzwischen geändert hat.

Übrigens hat der italienische Verfassungsgerichtshof, der seine Vorlagepflicht nach Art. 177 EWGV verneint hatte, ziemlich gleichzeitig mit der Entscheidung 4/64 Gesellschaft gefunden beim französischen Conseil d'Etat, der mit seiner Evidenztheorie von der Zweifelsfreiheit der Vereinbarkeit einer nationalen Norm mit den Verträgen geglaubt hat, nicht vorlegen zu brauchen. Im Grunde waltete aber im Conseil d'Etat derselbe Geist, der auch in Italien am Werke war, und ob der Geist des jetzt zurückgetretenen Generalanwalts Lagrange so „europhorisch" war, wie Herr Kaiser ihn beschworen hat, ist mir zweifelhaft. Wenn das der Fall gewesen wäre, hätte der französische Generalanwalt in seinen Schlußanträgen zur Rechtssache 4/64 anders plädieren sollen.

Dürig: Herr Ipsen, das ist Ihr Text des Grundgesetzes, darf ich ... zerreißen?

Ipsen: Dann, Herr Dürig, schenken Sie mir Ihre Loseblattausgabe, dann habe ich zwei Stücke. Der Vorrang des Gemeinschaftsrechts gegenüber dem nationalen Recht müßte aus einer Besinnung darauf gewonnen werden, daß die Mitgliedstaaten die Gemeinschaften kreiert und damit Gebilde geschaffen haben, die funktionieren sollen. Mein Ergebnis sollte daher gestützt werden können aus einer Variante oder einer neuen Formulierung des Prinzips der Funktionsfähigkeit, das den Völkerrechtlern ja hinreichend geläufig ist und auch in Bezug auf die Kollisionsfrage seine Bedeutung gewinnen könnte.

Ich verkenne dabei keineswegs, daß zu meiner Lösung auch das nationale Verfassungsrecht benötigt wird, nämlich Art. 24 Abs. I GG, den ich einen „Verfassungshebel" genannt habe. Diese Bestimmung hat hinreichende Legitimation dafür geboten, um eine Vorschrift wie den Art. 189 Abs. II des EWG-Vertrages zu setzen, und zwar nicht in dem Sinne, daß die Bundesrepublik sich nur (sozusagen schuldrechtlich) verpflichte, den EWG-Vertrag einzuhalten, sondern dahin, daß sie mit der Eingehung des Vertrages auch die Qualitätsausweisung des Gemeinschaftsrechts in Art. 189 Abs. II als gemeinen Rechts für die ganze Gemeinschaft anerkannte. Und was für das Sekundärrecht gilt, muß ebenso für jene Normen des Primärrechts gelten, die für die Funktion der Gemeinschaften wesentlich sind, wobei in der Auslegung, was zu solchen Funktionsnormen zählt, eine gewisse Spannweite verfügbar bleibt. In der Diskussion in Bensheim ist das in Diskussionsbemerkungen von Mestmäcker und Steindorff herausgearbeitet worden.

Zur Frage der Grundrechte stimme ich der These 26 von Herrn Badura zu. Sie binden die Gemeinschaftsorgane nicht. Bei der Durchführung der Integration der Wirtschaftsgemeinschaften handelt es sich um einen Grundrechtsbereich, der die wirtschaftliche Betätigung betrifft und nicht so sehr jene Grundrechtswerte, die in anderem Zusammenhang vorhin als das Essentiale der Menschenrechtskonvention bezeichnet worden sind. Wenn Herr Wengler gemeint hat, die Menschenrechtskonvention sei anwendbar und Art. 24 Abs. I biete keine verfassungsrechtliche Möglichkeit, davon freizustellen, so kann ich nur wiederholen, was ich in Erlangen gesagt habe: man nenne mir jene Grundrechtsbereiche, die möglicherweise durch Akte der Gemeinschaftsorgane ernsthaft berührt werden könnten, ohne daß diese Bereiche nicht einen gleichwertigen Rechtsschutz gegenüber den Einwirkungen der öffentlichen Gemeinschaftsgewalt durch die Verträge selbst schon gefunden hätten. Komplikationen für die Zukunft sehe ich allenfalls, wenn das Bundesverfassungsgericht bei der Interpretation des Art. 12 vom Stil des Urteils zur Handwerksordnung wieder zurückpendelt zum Apothekenurteil. Wenn das Verfassungsgericht einer Deutung folgt, die die Linie vom Apothekenurteil zum Urteil zur Handwerksordnung weiterentwickelt im Sinne einer gemeinschaftsfreundlicheren Auslegung des Art. 12, sollten Komplikationen nicht zu erwarten sein. Was den Rechtsschutz im übrigen angeht, so gibt es zwar keine ausdrückliche Klagbefugnis gegen Verordnungen im Rahmen des EWG-Vertrages. Aber die Tragweite des Inzidentrechtsschutzes nach Art. 184 sollte doch nicht unterschätzt werden. Ich habe noch keinen Prozeß in Luxemburg erlebt, in dem ich auf Seiten der beklagten Exekutiven gefochten habe, ohne daß die Kläger nicht alles, was an verordnungsmäßiger Grundlage für Hoheitsakte der Gemeinschaften vorhanden war, zur Incident-Prüfung gestellt hätten, und der Gerichtshof ist voll aufgeschlossen, die zugrunde liegenden Normen (allgemeine Entscheidungen der Hohen Behörde oder Verordnungen des Ministerrats und der Kommissionen) inzidenter zu prüfen, wie er das für den Montanvertrag schon als zulässig entwickelt hatte, ohne daß der Montanvertrag einen Art. 184 enthielte. Wenn Herr Badura zum Thema „Rechtsschutz" in These 29 festgestellt hat, er sei, am Maßstab des Art. 19 Abs. IV GG gemessen, in gewissem Umfange, aber in einem erträglichen Maße gemindert, so kann ich diesem Ergebnis nur beipflichten.

Scheuner: Ohne Herrn Ipsen um eine Äußerung zu bitten und ohne mich selbst zu äußern, darf ich 3 Sätze aus der Erklärung vorlesen, die der Präsident der Europäischen Wirtschaftsgemeinschaft, Herr Hallstein, am 30. September dieses Jahres gemacht hat. Sie decken sich teilweise mit der Äußerung von Herrn Ipsen, gehen aber in einem Punkte, glaube ich, über sie hinaus. Er sagt hier: „Aber das schließt die allgemein gewordene Erkenntnis nicht aus, daß die wirtschaftlich genannten Gemeinschaften als eine Zusammenfassung von Wirtschafts- und Sozialpolitiken, die ohne die Gemeinschaften Sache der politischen Organe der Mitgliedstaaten sein würden, bereits selbst ein Stück und nicht bloß Vorbereitung der politischen Union sind, eine wirtschafts- und sozialpolitische Union. Niemand zweifelt daher daran, daß kein Weg zur europäischen Föderation um die vorhandenen Gemeinschaften herumführt, d. h. auf der einen Seite, würden diese Gemeinschaften scheitern, so wäre auch die politische Gemeinschaft für unsere Generation verloren, auf der anderen Seite, so lange die Gemeinschaften mit ungebrochener Dynamik existieren, so lange besteht eine wahre Chance der europäischen Vollföderation." Ich mache keinen Kommentar, ich stelle nur fest, daß hier eine uns bekannte, als Kollege geschätzte Persönlichkeit doch eine größere Hoffnung und eine größere Sicht mit den Gemeinschaften verbindet, so sehr ich persönlich die realistische und nüchterne Betrachtung, die Sie haben, für eine vielleicht der Gegenwartssituation entsprechende als annehmbar bezeichnen möchte. Aber die weitere Hoffnung sollten wir jedenfalls nicht fallenlassen.

Münch: Manche Probleme, die wir hier besprechen, sind nicht neu; manche Staatsaufgaben können schon lange nicht mehr autark erfüllt werden. Was zu internationalen Organisationen und insbesondere zu der Form der Gemeinschaften gedrängt hat, ist schon so alt wie die Welttelegrafenunion und der Weltpostverein. Es hatte damals bloß keine politischen Implikationen. Man hat es überall gebilligt, daß einzelne Fachverwaltungen in Verbindung miteinander treten, um die behördlichen Aufgaben besser erfüllen zu können, indem sie ihre Dienste weltweit machen. Dies liegt dann der ganzen Entwicklung der internationalen Organisationen zugrunde, und vielleicht eben weil diese Dinge mit sehr technischen Angelegenheiten beginnen, ist die Exekutive hauptsächlich beteiligt gewesen. Immer wenn Staatsaufgaben internationalisiert werden, ist es die Exekutive, die die Vertretung des Staates in den Organisationen führt und die erweiterten Aufgaben in der Hand behält. So spielt die Exekutive die große Rolle auch in den neuesten internationalen Organisationen und besonders in den Gemeinschaften.

Wenn sich das weiterentwickelt, rührt es sogar an die Souveränitätsfrage: ist der Staat noch souverän im ganz alten Sinne, wenn er nicht mehr autark seine Aufgaben gegenüber seiner Bevölkerung erfüllen kann? Wenn noch der Wohlfahrtsstaat hinzukommt, kann er in den heutigen Zeiten erst recht nicht autark sein. Der extreme Punkt, bis zu dem man auf diesem Wege gelangt, scheint mir der Staatenbund zu sein, der jedenfalls nach dem Typ, wie wir ihn historisch kennen, keinerlei demokratisches Element in sich hat. Die Versammlung eines Staatenbundes besteht vielmehr aus den instruierten Delegierten der Regierungen und alles, was an Kompetenzen in den Staatenbund eingebracht wird, sind Kompetenzen der Exekutiven der einzelnen Mitgliedstaaten. Einen Bundesstaat kann man sich demokratisch vorstellen, die Bundesstaaten sind heute demokratisch, beim Staatenbund kann man es sich schwer vorstellen, obwohl es nicht unmöglich ist.

Es ist auch nicht undenkbar, daß die Gemeinschaften demokratische Institutionen bekommen. Sie haben sie bisher nicht allein, wie Herr Dagtoglou meinte, wegen des Vorrangs der Sachverständigen gegenüber dem durchschnittlichen Politiker nicht bekommen, sondern auch wegen einer bestimmten Gefahr, daß nämlich eine Mehrheit Spezialinteressen verfolgt, die nicht die Interessen der Gemeinschaft als solcher sind. Auch hier ein Zugriff auf die Souveränität, weil das Gesamtinteresse der Gemeinschaft unter Umständen die Interessen eines einzelnen Mitgliedes verletzen muß.

Ein weiteres Element kommt wohl aus dem französischen politischen Leben her. Die Montanunion insbesondere ist ausgesprochen ademokratisch, ausgesprochen technokratisch gewesen. Das eben war die französische Strömung, die sich noch in der gaullistischen Verfassung ausprägt. Ich glaube, daß dies eine große Rolle spielt; typisch ist ja gewesen, daß ursprünglich die Montanunion kein anderes Organ haben sollte als die Hohe Behörde, also als ganz unabhängiges Organ, über das irgendwelche demokratische Kontrolle überhaupt nicht ausgeübt werden konnte. Diese Notwendigkeiten und Entwicklungen muß man aus der Sache heraus verstehen; sie sind nur deswegen nicht so gravierend, weil man das System der Montanunion mit sehr rechtsstaatlichen Behelfen umkleidet hat. Wir hätten also einen absolutistischen Rechtsstaat, wenn man so sagen will, dort als Modell gefunden. Man möchte aber davon abgehen, und die ganze Diskussion hier bei uns zeigt auch das Unbehagen.

Nur noch drei kleine Bemerkungen: Ist es richtig, von der öffentlichen Gewalt der Europäischen Gemeinschaften zu sprechen? Ja, wenn man öffentliche Gewalt sublimiert auffaßt und für das Vorhandensein der öffentlichen Gewalt den faktischen Gehorsam gelten läßt. Die europäischen Gemeinschaften haben aber keine manus fortis, sie sind bei jeder Durchsetzung gegen physischen Widerstand auf die Exekutivorgane der Mitgliedstaaten angewiesen. Die öffentliche Gewalt der Gemeinschaftsorgane geht nur bis zum Bescheid und Befehl, weiter nicht.

Herr Wengler hat mit Recht darauf aufmerksam gemacht, daß es vor dem Luxemburger Gerichtshof noch zu keinem Streit zwischen Staaten über die Auslegung der Gemeinschaftsverträge gekommen ist. Ich glaube, daß das nicht nur daran liegt, daß die Staaten die juristische Austragung von Streitigkeiten scheuen; gerade die westeuropäischen Staaten tun das nicht. Es liegt wohl daran, daß andere Mittel zur Verfügung stehen, nämlich die Kontrolle der Exekutive über die Mitgliedstaaten, die Möglichkeit, die Mitgliedstaaten vor den Gerichtshof zu ziehen, bei der Montanunion die Möglichkeit, den Mitgliedstaaten einen Befehl zu erteilen, gegen den sie rekurrieren müssen. Bei der Montanunion gibt es sogar noch eine Kontrolle des Staates durch das einzelne Unternehmen auf dem Umweg, daß das Unternehmen gegen die Hohe Behörde ein Untätigkeitsverfahren anstrengt, weil die Hohe Behörde gegen den Staat nicht einschreitet. Es ist also genügend Rechtsschutz vorhanden und ich führe hauptsächlich darauf die Tatsache zurück, daß es noch zu keinem Staatenstreit gekommen ist.

Bei Herrn Badura sehe ich einen Widerspruch zwischen der These 17 (die Bedeutung des Art. 24 besteht darin, die Verfassungsänderung durch einfaches Gesetz zuzulassen) und der These 18, II, (Art. 24 ist nicht die Ermächtigung für eine verfassungsdurchbrechende Integrationsgewalt). Vielleicht weil ich das zum ersten Mal lese, kommt es mir wie ein Widerspruch vor. Herr Badura ist vielleicht so gut, es uns zu erläutern; vielleicht ergibt sich dann, daß es kein Widerspruch ist.

Merkl: Seit meiner Aufnahme in die Vereinigung deutscher Staatsrechtslehrer im Jahre 1927 fühle ich mich dieser wissenschaftlichen Vereinigung dankbar verbunden und sittlich verpflichtet, an ihren Tagungen als Gelegenheiten fruchtbarster Pflege der Wissenschaft des öffentlichen Rechts teilzunehmen, soweit kein unüberwindliches Hindernis das Fernbleiben rechtfertigt. Vor allem das Zusammentreffen mit Herrn Kaiser, meinem Tübinger Doktoranden und späteren Habilitationskandidaten, war mir am Herzen gelegen.

In einem Punkte muß ich freilich meinem Freunde Professor Kaiser widersprechen: Die wissenschaftliche Wahrheit gebietet den von ihm mir zugeschriebenen Anteil an der Theorie des Stufenbaues der Rechtsordnung beträchtlich einzuschränken. Als ich 26jährig 1916 der Schriftleitung der „Deutschen Richterzeitung“ das Manuskript „Das Recht im Lichte seiner Anwendung“ einsandte, das von ihr 1917 unverändert veröffentlicht wurde, waren mir mehr als Gewährsmann denn als Wegweiser meines Gedankengangs in der 40 Druckseiten der genannten Zeitschrift füllenden Skizzierung des Stufenbaues zwei Persönlichkeiten zur Seite gestanden: Platon, indem dieser große Geist in seinem Jugendwerke „Politeia“ seinen Philosophen als Herrscher aus der Rechtsidee unmittelbar das Recht für den Einzelfall schöpfen läßt, und in seinem gegenüber dem Richterkönig skeptisch gewordenen Alterswerk „Nomoi“ den Richterspruch durch Rechtsnormen mediatisiert. — Mein Studiengenosse Alfred von Verdross, der große Rechtsphilosoph und Völkerrechtler von heute, hatte in Ausführungen „Zum Problem des freien Ermessens“ (Österr. Zeitschrift für öffentliches Recht, II. Jg., 5/6 Heft) die von ihm später in den „Juristischen Blättern“ Wien, 1917 entwickelten Gedanken der Rechtsunterworfenheit des Gesetzgebers angedeutet. In meinem „Allgemeinen Verwaltungsrecht“ (Wien 1927), habe ich den Gedanken knapper, aber reifer entwickelt und durch die Übersetzungen dieses Werkes die zustimmende und ablehnende Glossierung dieser Problemstellung in fremdsprachiger Literatur bewirkt. Ex professo habe ich in der Festschrift zum 50. Geburtstag Hans Kelsens (Wien 1931) in meinem umfangreichen Beitrag „Prolegomena einer Theorie des rechtlichen Stufenbaues“ wertvolle Anregungen zum Gegenstand, die ich den Werken Bierlings, Bülows und Voegelins verdanke, überwiegend zustimmend registrieren können, im wesentlichen aber die in meinem Buche „Die Lehre von der Rechtskraft“ (Wien 1923) gefundene Fassung beibehalten. — Nochmals Ihnen, lieber Herr Kaiser, warmen Dank —.

Badura (Schlußwort): Meine Herren! Die Überlegungen, die ich Ihnen zum Thema der Europäischen Gemeinschaften vorlegen durfte, sind notwendig fragmentarisch gewesen und selbstverständlich können sie zu diesen Fragen nicht das letzte Wort sein. Wie Herr Scheuner hervorgehoben hat, ist das Recht der Europäischen Gemeinschaften im Fluß und handelt es sich hier um einen „dynamischen“ Vorgang. Deswegen kann auch heute das letzte Wort zu diesen Fragen noch nicht gesprochen worden sein. Ich möchte mir erlauben, darauf hinzuweisen, daß ich mit meinem Leitsatz 3 — die dazugehörigen Ausführungen konnte ich aus Zeitmangel leider nicht vortragen — darauf hingewiesen habe, daß zwar das weitere politische Schicksal der Europäischen Gemeinschaften keineswegs heute mit Endgültigkeit entschieden ist und daß außerdem keine endgültige Klarheit darüber bestehen kann, ob es sich dabei nur um eine regionale Sonderbildung in Westeuropa handelt, daß aber dessenungeachtet eine derart ausgebreitete und in der Rechtswirklichkeit durchgesetzte Rechtsmasse — das „Europarecht" — vorliegt, daß darüber auch schon bis zu einem gewissen Grad begriffliche und dogmatische Überlegungen möglich sind.

Herr Scheuner glaubte einen Widerspruch zwischen der Behauptung, daß die europäische Gewalt originär sei, und der anderen Aussage, daß möglicherweise eine Kündigungsmöglichkeit, wenn nicht sogar eine Kündigungsverpflichtung, bestehe, feststellen zu können. Ich glaube nicht, daß ein solcher Widerspruch in meinen Ausführungen liegt, wie auch Herr Hoffmann dankenswerterweise ja schon näher dargelegt hat. Wenn gesagt wird, daß die europäische öffentliche Gewalt originär ist, ist damit nicht mehr behauptet, als daß sie nicht von den Staatsgewalten der Mitgliedstaaten abgeleitet ist. Da natürlich der zugrundeliegende, auch dem primären Gemeinschaftsrecht zugrundeliegende, völkerrechtliche Vertrag fortbesteht, und insoweit, als dieser Vertrag als ein völkerrechtlicher Vertrag fortbesteht, muß auch eine Anwendung der völkerrechtlichen Grundsätze für die Kündigung eines solchen Vertrages möglich sein. Es zeigt sich nur die seltsame Ambivalenz der supranationalen Gemeinschaften darin, daß wir in diesen Verträgen völkerrechtliche rechtsgeschäftliche Erklärungen verknüpft finden mit anderen Sätzen, die normativen Charakter haben und die als primäres Gemeinschaftsrecht eine selbständige Rechtswirksamkeit zu entfalten vermögen.

Noch ein letzter Punkt zu dem, was Herr Scheuner sagte. Herr Scheuner fragte, ob der Angriff vor dem Bundesverfassungsgericht gegen das primäre Gemeinschaftsrecht über das Zustimmungsgesetz nur ein totaler sein könne — oder wie ich das gemeint habe —, oder ob es sich jeweils nur um einzelne Normen handeln könne. Ich habe das letztere gemeint. Ein so umfassendes Werk wie es die Europäischen Gemeinschaften sind, wird wohl kaum in seiner Gesamtheit zum Gegenstand eines solchen Prozesses werden können, sondern es wird sich jeweils auch hier, wie bei der innerstaatlichen Verfassungskontrolle, um einzelne Normen handeln müssen.

Herr Weber hat bereits heute mittag die Frage aufgeworfen, warum in den Referaten nichts Näheres und mehr gesagt worden sei zu der Frage, ob etwa eine Demokratisierung der Gemeinschaften möglich sei auf dem Wege über die Mitwirkung der organisierten Interessen auf der europäischen Ebene. Diese Frage ist aus Zeitgründen in meinem vorgetragenen Referat nicht behandelt worden. Wie Herr Ipsen schon gesagt hat, habe ich aber in meiner These 22 dazu Stellung genommen. Ich glaube in der Tat, daß auf dem Wege der Mitwirkung der organisierten Interessen auf europäischer Ebene ein Demokratisierungseffekt möglich ist, glaubte aber auch weiterhin, den Zusatz machen zu müssen, daß dabei die Gefahr einer gewissen ständestaatlich-korporativen Entwicklung nicht von der Hand zu weisen ist, einer Entwicklung, die sich mit dem Gedanken der Demokratie nicht ohne weiteres in Einklang bringen läßt.

Zum Thema des Art. 24 Abs. 1 GG hat Herr Münch gefragt, wie das Verhältnis meiner Sätze 17 und 18 zu verstehen sei. Nach der in meinem Vortrag vertretenen Auffassung hat der Art. 24 Abs. 1 nur die Bedeutung, daß er eine Verfassungsänderung durch ein einfaches Gesetz zuläßt. Der Gegenstand dieser Verfassungsänderung ist nicht der materielle Inhalt der Verfassung, sondern lediglich der Umstand, daß nunmehr nach diesem Vorgang nicht mehr eine einheitliche Staatsgewalt auf einem Territorium ausgeübt wird. Die Gründung einer supranationalen öffentlichen Gewalt ist ein verfassungsrechtlicher Vorgang, d. h. ohne Art. 24 Abs. 1 bedürfte es einer entsprechenden Verfassungsänderung, weil der europäische Verfassungsbegriff, wie er sich in den westeuropäischen Verfassungen niedergeschlagen hat, von einer einheitlichen Staatsgewalt ausgeht. Der Art. 24 Abs. 1 hat also nach meiner Auffassung nicht die Bedeutung, daß er materiellrechtliche Durchbrechungen der Verfassung zuläßt, um so, wie ich mich ausdrückte, eine „Nebenverfassung" hervorzurufen. Es kann sich bei der Beurteilung der Europäischen Gemeinschaften und des ihnen zugrundeliegenden primären Gemeinschaftsrechts allein darum handeln, daß das GG in seinem vollen Umfang auf diesen Tatbestand angewandt wird, aber eben angewandt wird mit Einsicht in die Tatsache, daß es sich hier um die Ausübung der Auswärtigen Gewalt handelt, daß also ein anderer Tatbestand vorliegt, als wenn die Kontrolle innerstaatlichen Handelns in Frage stünde. Wie auch das Bundesverfassungsgericht im Saar-Urteil näher dargelegt hat, sind bei der Überprüfung der Auswärtigen Gewalt an Hand der Verfassung andere Grundsätze zu beachten, als es der Fall wäre, wenn innerstaatliche Gewaltenausübung zu kontrollieren wäre.

Die Frage, ob die europäische öffentliche Gewalt an die Menschenrechtskonvention gebunden ist, hat auch in der Diskussion in Erlangen schon mehrere und durchaus gegensätzliche Meinungsäußerungen hervorgerufen. Die Europäischen Gemeinschaften sind nicht, obwohl sie selbständige Rechtssubjekte sind, Vertragspartner der Europäischen Menschenrechtskonvention, und es ist deswegen schwer vorstellbar, wie diese Konvention zum Inhalt des allein von den Gemeinschaftsorganen anzuwendenden primären Gemeinschaftsrechts werden könnte. Wie aber Herr Ipsen mit Recht bereits sagte, hat diese Frage keine sehr große praktische Bedeutung. Nur um das, was ich sagte, gegenüber der Äußerung von Herrn Wengler zu präzisieren: Ich habe allein gesagt, daß man die Europäische Menschenrechtskonvention wegen der fehlenden Ratifikation durch Frankreich nicht als ungeschriebenes Gemeinschaftsrecht im Sinne eines europäischen Standards ansehen kann, und nur insoweit hat nach meiner Auffassung die Frage der Ratifikation eine Rolle zu spielen.

Herr Ipsen hat die Frage aufgeworfen, warum in den Referaten die Frage der Souveränität eine so untergeordnete Rolle gespielt habe und hat auch einige Bemerkungen von mir aufgegriffen, die sich mit diesem Problem befaßt hatten. Ich glaube, ich habe mich da nicht genau genug ausgedrückt. Wenn ich von Souveränität gesprochen habe, habe ich nicht gemeint, daß etwa ein Souveränitätsverlust nicht eingetreten sei. Die Frage, inwieweit man nunmehr, nachdem eine europäische öffentliche Gewalt entstanden ist, noch von souveränen Staaten sprechen kann — was wir gewiß noch dürfen —, bis zu welchem Grade die Souveränität heute dieselbe sei wie im 19. Jahrhundert oder zu Beginn des 20. Jahrhunderts, habe ich aber in meinem Referat nicht behandelt. Ich habe den Ausdruck „Souveränität" nur deswegen verwendet, weil in der Literatur sehr häufig davon die Rede ist, daß die europäische öffentliche Gewalt vorzustellen sei als eine Art „Fusion der Souveränitäten" oder von Teilen der einzelstaatlichen Souveränitäten. Diese Redeweise halte ich für nicht exakt oder für unklar oder mißverständlich, weil der Ausdruck „Souveränität" sich allein auf eine Eigenschaft des Staates bezieht — ein Staat ist souverän oder er ist es nicht —, nicht dagegen eine besondere Fähigkeit der Staatsgewalt bezeichnet, wie etwa eine Befugnis.

Kaiser (Schlußwort): Würde man, verehrte Herren Kollegen, einmal ganz unhistorisch, um des heuristischen Wertes eines solchen theoretischen Standpunktes willen, also ganz ohne geschichtliche Erinnerung, das Phänomen der internationalen Gemeinschaften mit öffentlicher Gewalt betrachten, so würde man gewiß das Empfinden haben, daß es ein erratischer Block sei, sozusagen von Gigantenhand hingeworfen, und man würde nicht überrascht sein, daß ein solcher Block manches an bestehenden Strukturen verdrängt oder zerstört. Diesen Block zu vermessen war der Sinn meines heutigen Versuchs, und wer das Ungenügen und die Schwierigkeit empfindet, mit dem überlieferten juristischen Instrumentarium die Vermessungsarbeit vorzunehmen, der wird nur mit großer Dankbarkeit anerkennen können, welche Bereicherung er erfahren hat durch die Beiträge in dieser Diskussion und insbesondere auch durch die Korrekturen, die dort, wo bei mir Vermessungsfehler unterlaufen sind, angebracht wurden.

Zu dem Dank, den es abzustatten gilt, gehört auch die Bemerkung, daß das, was Herr Ipsen Kieler Welle genannt hat, von ihm selber mitbegründet wurde, die Länge dieser Welle ist von ihm maßgeblich mitbestimmt worden durch seine Beiträge vor der Gesellschaft für Europarecht in Bensheim und durch den Schlußvortrag vor dem Juristentag.

Wenn man diesen Block nun aber nicht, wie ich es zunächst einmal um des methodischen Standpunktes willen vorgeschlagen habe, unhistorisch ansieht, sondern in seiner geschichtlichen Bedingtheit — und dazu gehört ja gar keine lange Erinnerung — dann dürfte man kaum darüber überrascht sein, daß die Wahrnehmung der Zuständigkeiten in diesen Gemeinschaften wesentlich eine Angelegenheit der Exekutiven ist. Herr Münch hat schon einige Bemerkungen zu dem historischen Entstehen dieses Blocks gemacht; ich glaube, man wird sie ergänzen dürfen durch die Bemerkung, daß ja, wie klar aus der Schuman-Erklärung und auch aus einer Rede des damaligen nordrhein-westfälischen Ministerpräsidenten Arnold hervorgeht, der Ausgangspunkt die alliierte Ruhrkontrolle war. Hier, ähnlich wie dann später bei dem Brüsseler Pakt, ist die Umwandlung erfolgt dadurch, daß man den Kontrollierten mit in das Gremium der Kontrollierenden aufnahm, und auf diese Weise ist aus der Besatzungsgewalt das erste Element einer supranationalen Gewalt, im Rahmen von Kohle und Stahl wohlgemerkt, entstanden. Das ist die historische Entwicklung in der ersten Phase der Integration. Danach ist diese Integration umgeben worden mit einem europäischen Bewußtsein und mit viel mehr, das sie gefördert und ausgedehnt hat auf zahlreiche Gebiete, und das dann auch die Theorie der Integration stärker geprägt hat als jene Ursprünge. Nur, und damit meine ich Herrn Partsch zu antworten, auch aus diesem historischen Ursprung erklärt sich das Schwergewicht der Exekutiven in diesen Gemeinschaften. Heute sind es vor allem die Eigenart des Aufgabenkomplexes — man denke etwa an Zuständigkeit und Verfahren in den Agrarmarktordnungen — und der Zielsetzungen, wie sie in den Verträgen ausgesprochen sind, die die Integration und vor allem die Wahrnehmung der öffentlichen Gewalt in diesen Gemeinschaften so weitgehend zu einer Sache der Exekutive gemacht haben. Natürlich sollte das europäische Parlament gestärkt werden. Aber ich frage mich, ob dadurch schon die Machtbalance geändert würde, wie sie durch die Verträge geschaffen ist. Die großen Antipoden dieser Balance sind Kommission und Rat. Das institutionelle System und die bisherige Praxis des Zusammenspiels von Kommission und Parlament lassen jedoch eine Schlußfolgerung zu: Würden die Befugnisse des Parlaments vermehrt werden, so hätte das in diesem eigentümlichen Parallelogramm der Kräfte die Folge, daß auch die Position der Kommission dadurch gestärkt werden würde. Denn in diesem ausgewogenen System von Balancen unter den Trägern der öffentlichen Gewalt dieser Gemeinschaften befindet sich gegenwärtig das Gewicht von Kommission und Parlament sozusagen auf derselben Seite dieser Waage der Macht: eine Gewichtsverstärkung der Kommission käme dem Parlament zugute und umgekehrt, und was man der Kommission vorenthält, verweigert man gleichzeitig dem Europäischen Parlament. Darum brachte sich vor einigen Wochen das niederländische Parlament in Widerspruch mit seinen eigenen Intentionen, als es die Übertragung weiterer Hoheitsbefugnisse auf die Gemeinschaften von einer formellen Vermehrung der Befugnisse des Parlaments abhängig machte.

Der vornehmlich exekutivische Charakter aller hier behandelten Gemeinschaften äußert sich in dem spezifischen Gewicht der Exekutiven oder der Sekretariate und zeigt sich noch in solchen Eigentümlichkeiten wie der häufig bis in diplomatische Finessen reichenden Nachsicht und dem Takt des Umgangs mit den Mitgliedstaaten. Die Kontrolle durch das Rüstungskontrollamt der WEU habe ich als Beispiel schon genannt. Die Nachsicht der Europäischen Exekutiven gegenüber den 6 Mitgliedstaaten ist häufig beobachtet worden, ich erinnere nur an das Exempel der Bergmannsprämie, über deren Substitution noch zwischen der Bundesregierung und der Hohen Behörde verhandelt wurde, nachdem sie durch den Gerichtshof für unrechtmäßig erklärt war. Andererseits erfolgen durch die Gemeinschaftsexekutiven häufig Festlegungen, die faktisch auch in solchen Komplexen Wirkungen entfalten, in denen Hoheitsrechte noch nicht übertragen worden sind. Die Beschlüsse der „im Rat vereinigten Regierungsvertreter" liefern dafür viele Beispiele. Es ist u. a. wohl auch auf den exekutivischen Charakter der Ausübung der Gemeinschaftsgewalt zurückzuführen, daß der

Föderalismus, nach dessen Stellung Herr Dürig fragte, in einem verhältnismäßig hohen Maße bereits durch die Gemeinschaften aufgesogen worden ist. Wir erleben in den Gemeinschaften eine eigentümliche Tendenz zu freundlicher Kooperation und darin eine Tendenz, Zuständigkeitskonflikte nicht immer auszutragen, eine Tendenz, die auch der Bundesrepublik vertraut ist. Im Bereich der Gemeinschaften stellen sich dabei Fragen der Gewaltenteilung, wenn sich z. B. die Tendenz der Mitgliedstaaten durchsetzt, sogenannte Verwaltungsausschüsse zu bilden, in denen Mitgliedstaaten, Rat und Kommissionen vertreten sind.

Herrn Wengler möchte ich antworten, daß der Rechtsstaat gewiß nicht ein kontinentaleuropäisches Monopol ist; man kann Rechtsstaat wohl auch schlecht anders ins Englische übersetzen als mit „rule of law", und durch meine Bemerkung, das Gemeinschaftsrecht nehme manche Züge des „common law" an, wollte ich nicht zuletzt ausdrücken, daß dessen weniger formalisierte Rechtsstaatsprinzipien durch das Gemeinschaftsrecht ebenfalls in weniger formalisierter Weise verwirklicht werden können, als wir das auf dem Kontinent gewohnt sind. Ich würde mir die scharfsinnige Distinktion zwischen Rechtserzeugungsordnung und Rechtserzwingungssystem zu eigen machen, wenn ich der Meinung wäre, dem Gegenstand der Kontroverse würde damit in der Sache genützt werden, das vermag ich im Augenblick jedoch nicht zu übersehen. Durch mein Zitat der interessanten Studie von Herrn Vogel dachte ich einen Bundesgenossen zu erwerben und habe deshalb mit Freude angeführt, daß auch er sich von der Lehre der strukturellen Kongruenz distanziert. Abschließend eine kurze historische Erwägung: Jacob Burckhardt hat, wie Sie wissen, den Staat ein Kunstwerk genannt und hat ihn als solches bewundert. Smend ist dieser Meinung von Burckhardt aus guten Gründen entgegen getreten. Aus den Erfahrungen mit der öffentlichen Gewalt internationaler Gemeinschaften kann man aber heute, glaube ich, wieder zu einem Bewunderer des Nationalstaates werden. Der Gegenstand der Bewunderung hat sich dabei ein wenig verändert. Was Jacob Burckhardt am Nationalstaat bewundert hat und was er an ihm ein Kunstwerk genannt hat, das ist, mit einem Wort, das Renaissancehafte; das ist der Kondottiere im Nationalstaat, und ich glaube, in einem Winkel des Souveränitätsbegriffs, Herr Ipsen, ist der Nationalstaat immer ein Kondottiere geblieben. Gegenstand meiner Bewunderung für den Nationalstaat ist die hohe Rechtskultur und ist das Kunstwerk des Rechtsstaates, das der Nationalstaat entwickelt hat. Was immer man von der „rule of law" im „common law" und im internationalen Recht sagen kann, wie hoch man diese Leistung auch veranschlagen mag, Kunstwerk genannt zu werden, verdient doch wohl nur der Rechtsstaat des kontinentalen Nationalstaates.

Weber (Schlußwort des Vorsitzenden): Meine Herren Kollegen, als der Vorstand sich über das Thema, das wir heute behandelt haben, schlüssig wurde, schwebte ihm wesentlich vor, es möchte Gelegenheit geboten sein, daß wir uns die gegenwärtige Verfassungslage losgelöst oder unabhängig von der „Grundgesetzintrovertiertheit", von der vorhin die Rede war, vergegenwärtigten. Ich glaube, unsere heutige Tagung hat neben vielem anderen doch auch dieses Ergebnis erzielt. Wir sind sogar in hohem Maße in der Erkenntnis unserer verfassungsrechtlichen Situation — über das Verfassungsrecht der Bundesrepublik im engeren Sinne hinaus — bereichert worden. Das ist das Verdienst unserer Referenten und der Diskussionsbeiträge, und ich bitte, mich zu ermächtigen, unseren Herren Referenten und den Diskussionsteilnehmern unseren herzlichen Dank auszusprechen.

Zweiter Beratungsgegenstand:

Verwaltung und Schule

1. Bericht von Professor Dr. Hans-Ulrich Evers, Braunschweig

I. Einheit und Vielfalt der Bildung und die Bildungsorganisation

Das preußische Allgemeine Landrecht (§ 1 II 12) definierte mit der Bestimmung „Schulen und Universitäten sind Veranstaltungen des Staates" die Einheit der Bildungsorganisation. Der Einfluß der Kirchen, der Gutsherren und der Magistrate als Überreste der ständischen Ordnung sollte in der folgenden Rechtsentwicklung der Überzeugung weichen, daß die Erziehung zum Menschen des deutschen Idealismus Aufgabe des Staates ist[1]). Das Erwachen der Nation war nach der Vorstellung jener Zeit unlösbar verknüpft mit dem Erwachen der Person, der Nationalcharakter sollte durch Volksschulen geschaffen[2]) und die allgemeine Bildung daher als Nationalerziehung durch den Erziehungsstaat geleistet werden. So postuliert Süvern in seinem Unterrichtsgesetzentwurf von 1819[3]), der auf Fichtes Nationalerziehungsplan[4]) beruht, die Einheit der Bildungs-

---

[1]) Zur Interpretationsgeschichte des § 1 II 12 ALR vgl. Landé in: v. Brauchitsch, Verwaltungsgesetze für Preußen, Bd. VI, 1933, S. 72 ff.

[2]) Friedrich Eberhard v. Rochow, Zum Nationalcharakter durch Volksschulen, 1779, Sämtliche pädagogische Schriften, hrsg. von F. Jonas u. F. Wienecke, Bd. I, 1907, S. 319 ff.

[3]) Entwurf eines allgemeinen Gesetzes über die Verfassung des Schulwesens im Preuß. Staate vom 27. 6. 1819, abgedr. in: Die Gesetzgebung auf dem Gebiet des Unterrichtswesens in Preußen vom Jahre 1817 bis 1868. Aktenstücke mit Erläuterungen aus dem Ministerium der geistlichen-Unterrichts- und Medizinalangelegenheiten, Berlin, 1869, S. 15 ff.

[4]) Fichte, Reden an die deutsche Nation, 1807, vor allem die erste Rede: „Wir wollen durch die neue Erziehung die Deutschen zu einer Gesamtheit bilden, die in allen ihren einzelnen Gliedern getrieben und belebt sei durch dieselbe eine Angelegenheit". „... Bil-

organisation als Voraussetzung der als notwendig erkannten Einheit der Bildung; Elementarschule, Stadtschule, Gymnasium „müssen auf ihren Endzweck so fest gerichtet sein, daß sie zusammen wie eine einzige große Anstalt für die Nationaljugendbildung betrachtet werden können“ [5]).

Der Versuch, die Schule mit dem geistigen Inhalt des Nationalstaates zu erfüllen, scheiterte. Aber auch die demokratische Bewegung der Mitte des vorigen Jahrhunderts fordert Einheit der Bildung und Einheit der Bildungsorganisation, um die gleichen Bildungsmöglichkeiten für alle Kinder des Volkes sicherzustellen [6]). Die Einheitsschulbewegung nimmt diesen Gedanken seit den 80er Jahren auf, sie kritisiert den Aufbau des Schulwesens nach sozialen und konfessionellen Rücksichten und das zusammenhanglose Nebeneinander der Schularten und betont die Notwendigkeit eines einheitlichen Bildungszieles für die nach ihrem Unterrichtsziel verschiedenen Schularten [7]). In den 20er Jahren erwächst unter dem Einfluß der Wert- und Lebensphilosophie und unter dem Eindruck der politischen, wirtschaftlichen und konfessionellen Konflikte der Wunsch nach einer neuen Einheit des Lebens und der Schule, die alle zerstreuten Kräfte in eine neue Lebensform zusammenschließt, die berechtigten Forderungen der heteronomen gesellschaftlichen Mächte in sich aufnehmend [8]), und erst jüngstens hat Herbert Krüger

---

dung der Nation schlechthin ... deutsche Nationalerziehung“, zit. nach der von Schneider eingeleiteten Ausgabe bei Kröner, 1940, S. 14 ff.

[5]) Vgl. auch Spranger, Zur Geschichte der deutschen Volksschule, 1949, S. 30 ff; ältere Ansätze, die bis in die Renaissance zurückreichen, sollen nicht verfolgt werden; vgl. z. B. Comenius, Didactica Magna, Kap. 27, der einen einheitlichen organischen Aufbau des gesamten deutschen Schulwesens fordert, zit. Himmelmann, Das Deutsche Schulwesen in der Weimarer Reichsverfassung, insbesondere Rechtsfragen einer Reichsvolksschulgesetzgebung. Diss. Heidelberg, 1932, S. 71.

[6]) Spranger, Der Eigengeist der Volksschule, 2. Aufl. 1955, S. 7.

[7]) Lit.: Tews, Schulkämpfe der Gegenwart, 1911; ders., Grundzüge der deutschen Schulgesetzgebung, 1913; ders., Die deutsche Einheitsschule, 2. Aufl. 1916; Kerschensteiner, Die nationale Einheitsschule, Bericht über die deutsche Lehrerversammlung zu Kiel, Pfingsten 1914; A. Fischer, Der Einheitsschulgedanke in der Schulorganisation, 1914.

[8]) Vgl. Natorp, Die Einheitsschule, 2. Aufl. 1919; Tews, Ein Volk, eine Schule, Darstellung und Begründung der deutschen Einheitsschule, 1919; Die Reichsschulkonferenz 1920, Ihre Vorgeschichte und Vorbereitung und ihre Verhandlungen, Amtlicher Bericht, er-

wieder herausgestellt, daß in dem modernen Staat, der nicht mehr in der Einheit des Glaubens zusammenfindet, die „Schule der einzige Ort ist, an dem sich die Allgemeinheit der Bürger als Allgemeinheit treffen und finden kann", das Unterrichtswesen als Veranstaltung des Staates daher eine hervorragende Maßnahme ist, seine Existenz zu begründen und zu sichern [9]).

Der demokratischen Forderung nach Einheit der Bildung und Bildungsorganisation entspricht das Bedürfnis der modernen Industriegesellschaft nach fixierten Bildungsstandards als Voraussetzung der kulturellen Weiträumigkeit und Freizügigkeit, des sozialen Aufstiegs und der rationalen Steuerung von Produktion und Absatz.

Spranger stellte 1927 [10]) die Frage entgegen, ob die politische Realität divergierender Weltanschauungen überhaupt zuläßt, eine Einheit wahrhaftiger Bildung herzustellen. Reale weltanschauliche Gegensätze lassen sich nicht — wie der Rationalismus annahm — durch staatlich-weltliche Erziehung einebnen, weil Kern der Erziehung das Wirken von Gesinnung auf Gesinnung, daher die Gesinnungsgemeinschaft Voraussetzung für das Gelingen der Erziehung ist [11]). Spranger verlangt daher vom Staat, dem Nebeneinander dieser Weltanschauungen Rechnung zu tragen und geordnete Formen zu finden, in denen „diese lebendige Dialektik der geistigen Mächte auf seine höchsten sittlichen Zwecke für das Volksleben hingelenkt werden kann" [12]). Auch die Einheitsschulbewegung hat nicht übersehen, daß Schule den unterschiedlichen Begabungen und Neigungen und den breit gefächerten gesellschaftlichen Bedürfnissen nach differenzierter und zunehmend spezialisierter Ausbildung gerecht zu werden hat; freilich darf die Schule das Allgemeine einer den Horizont weitenden Bildung nicht vernachlässigen, schon weil die allgemeine Kräftebildung auf weite Sicht die allein sinnvolle Vor-

---

stattet vom Reichsministerium des Innern, Leipzig 1921; Aufruf des Bundes entschiedener Schulreformer, abgedr. in: Die Deutsche Reformpädagogik, Bd. II, 1962, S. 77.

[9]) Allgemeine Staatslehre, 1964, S. 228.

[10]) Abhandlungen der Preußischen Akademie der Wissenschaften, Jg. 1927, philosophisch-historische Klasse, Nr. 3. Die wissenschaftlichen Grundlagen der Schulverfassungslehre und Schulpolitik, 1928.

[11]) a.a.O. S. 37.

[12]) a.a.O. S. 49; vgl. auch Kerschensteiner, Theorie der Bildungsorganisation, 1933, der grundsätzlich die Ordnungsfunktion des Staates anerkennt (S. 98), aber auch den Wertverbänden ein Recht zukommen lassen will, S. 102.

bereitung für das Leben ist. Einheit der Bildung soll daher nicht i. S. von Carl Schmitt als totale politische Einheit[13]) verstanden werden, wie sie sich in den Ländern des Ostblocks[14]) als politische Einheitsschule präsentiert, sondern immer nur als Einheit der Vielfalt. Ihr organisatorischer Aufbau nach leitenden

[13]) Carl Schmitt, Der Begriff des Politischen, 1933, S. 21.

[14]) Die bereits mit dem Aufbau der „antifaschistisch-demokratischen" Schule in der SBZ 1945—1946 erreichte organisatorische und materielle Bildungseinheit wird in der „sozialistischen Schule" (vgl. Gesetz über die sozialistische Entwicklung des Schulwesens in der Deutschen Demokratischen Republik vom 2. 12. 1959 — GBl. I S. 859) fortgesetzt und ausgebaut. Die sozialistische Einheitsschule wird nach den Prinzipien des demokratischen Zentralismus (vgl. Gesetz über die örtlichen Organe der Staatsmacht vom 17. 1. 1957 — GBl. I S. 65) vom Staat verwaltet; sie ist Weltanschauungsschule mit einheitlichem Bildungsziel (vgl. Art. 37 Abs. 1 und 2 der Verfassung der DDR i. V. m. § 3 des Gesetzes vom 2. 12. 1959, a.a.O.; vgl. hierzu auch Mampel, Die Verfassung der sowjetischen Besatzungszone Deutschlands, 1962, Erl. zu Art. 37). Nach Art. 38 Abs. 1 Satz 4 der Verfassung sind private Ersatzschulen verboten, obwohl das Elternrecht in Art. 31 ausdrücklich garantiert ist. Elternbeiräte (VO über die Elternbeiräte an den allgemeinbildenden Schulen — ElternbeiratsVO — vom 7. 1. 1960 — GBl. I S. 37) sind als Instrument zur Durchdringung der Familie mit schulisch-sozialistischem Gedankengut ausschließlich im Interesse der staatlich-schulischen Erziehung eingerichtet. Funktionäre der FDJ und anderer kommunistischer Organisationen mit Stimmrecht verhindern die Entfaltung des Elternwillens im schulischen Bereich. Daher wird auch die mißtrauische Lethargie der Elternschaft gegenüber den propagierten Erziehungs- und Bildungszielen beklagt (vgl. Kunath, Der Inhalt und die Organisation der Zusammenarbeit zwischen Schule und Elternhaus, Diss. Potsdam, 1957, S. 67, der in dieser Tatsache „eine Erscheinung des in der Übergangsperiode noch vorhandenen Klassenkampfes" sieht).

Die sozialistische Einheitsschule verwirklicht eine Einheit der Vielfalt nicht zuletzt deshalb, weil sie die Jugend bereits im schulischen Stadium auf solche Berufszweige hinlenken möchte, die vom staatlichen Wirtschaftsplan als volkswirtschaftlich nützlich ausgewiesen werden. (Als Beispiel für den früh einsetzenden Berufsdirigismus in der SBZ vgl. die „Anordnung über die Erfüllung des Planes der Berufsausbildung und des Arbeitskräfteplanes — Position Neueinstellung von Jugendlichen — sowie über die Berufsberatung der Grund-, Mittel- und Oberschüler" vom 24. 1. 1956 — GBl. I S. 121: § 1 Abs. 2: „Die Beratung und die Werbung der Jugendlichen muß so erfolgen, daß jede Position des Planes der Berufsausbildung erfüllt wird."). Die starke Ausrichtung der sozialistischen Schulerziehung auf den erstrebten „ökonomischen Nutzeffekt" (Anweiler, Die Erziehungspolitik in der SBZ, Beilage zur Wochenzeitung „Das Parlament", 1962, Nr. 17) hin (vgl. die Verordnung

geistigen und pädagogischen Prinzipien setzt eine einheitliche Bildungsorganisation voraus[15]).

Im 19. Jh. konnte Preußen die aus sehr unterschiedlichen Motiven[16]) erwünschte Einheit der Bildungsorganisation nicht erreichen, da es auf die traditionellen Leistungs- und Ordnungsmächte angewiesen war und daher die Gutsherren und Gemeinden als Schulträger, die Geistlichen als Aufsichtspersonen in Anspruch nahm und Privatschule und Privatunterricht zuließ.

In den Schulartikeln der Weimarer Reichsverfassung wurde die soziale Einheitsschule entworfen, die allen Schichten der Bevölkerung zu gleichen Bedingungen zur Verfügung stehen sollte; sie war verweltlicht und verstaatlicht, ihr Bildungsziel für alle Schularten gleich. Die Weimarer Reichsverfassung hat aber den Gedanken der sozialen Einheitsschule nicht rein durchgeführt, da konfessioneller Religionsunterricht erteilt und für die Schulorganisation unter bestimmten Voraussetzungen die

---

über die Sicherung einer festen Ordnung an den allgemeinbildenden Schulen — Schulordnung vom 12. 11. 1959 — GBl. I S. 823, in deren Einleitung die Wissensvermittlung durch die „sozialistische Schule" als bedeutsamer Beitrag bei der Verwirklichung des Siebenjahrplanes bezeichnet wird) und die enge Verbindung von Schule und wirtschaftlicher Produktion durch den im polytechnischen Unterricht dargebotenen Stoff sowie die zusätzliche regelmäßige Schularbeit in Patenbetrieben verschaffen dem Schüler die Rolle eines wesentlichen Faktors in der staatlichen Wirtschaftsplanung.

Die Konzeption des „sozialistisch allseitig" gebildeten, fachlich aber frühzeitig spezialisierten Menschen wird neuerdings fortentwickelt durch das Gesetz über das einheitliche sozialistische Bildungssystem vom 25. 2. 1965, GBl. der DDR I 1965, S. 83; vgl. hierzu den Bericht von L. Hermann in DUZ 1965, Heft 5, S. 17 ff.

[15]) Kerschensteiner, Das einheitliche deutsche Schulsystem, sein Aufbau, seine Erziehungsaufgaben, 1922, S. 60.

[16]) Die konservativen Kräfte im Preußen der konstitutionellen Monarchie sahen im freien Bildungswesen die tiefste Ursache der Revolution und setzten sich daher dafür ein, Lehrerbildung und Volksschule zu der „alten Einfachheit" zurückzuführen und die Volksschule der vollen geistlichen Schulaufsicht zu unterstellen. Aber auch sie versuchten, das zur Erweckung von Vaterlandsliebe und Frömmigkeit bestimmte Schulwesen in „Einheit und Übereinstimmung" zu bringen; vgl. Spranger, Zur Geschichte der deutschen Volksschule, S. 36 ff; E. R. Huber, Deutsche Verfassungsgeschichte seit 1789, Bd. I, 1957, S. 269; Bd. III, 1963, S. 176 ff. m. w. Lit. S. 113; erklärt bildungsfeindlich die Rede Friedrich-Wilhelms IV. vor der Konferenz der Seminardirektoren im Jahre 1849, abgedr. bei Giese, Gerhardt, Quellen zur deutschen Schulgeschichte seit 1800, 1961, S. 135.

Bekenntnisse berücksichtigt wurden. Privatschulen und praktisch auch die sozialen Trennungen blieben erhalten[17]).

Das Grundgesetz stellt kein Bildungsziel mehr auf und gibt dem Bund keine Befugnisse, die Einheit der Bildung zu wahren. Die Schulhoheit der Länder ist durch das Recht der Freiheit der Person, das Elternrecht und das Recht der freien Wahl von Schule und Ausbildungsstätte beschränkt und durch die Privatschulfreiheit relativiert. Allerdings ist nach dem Grundgesetz die Schule nicht lediglich eine subsidiäre Hilfe der primären elterlichen Erziehung, da das Grundgesetz den staatlich-schulischen und den elterlich-häuslichen Erziehungskreis von einander scheidet und nur im letzteren Bereich den Staat nach Art. 6 II auf obervormundschaftliche Überwachung beschränkt, in Art. 7 I aber dem Staat eine selbständige Verantwortung über die schulische Erziehung des Kindes überträgt, die dem häuslichen Erziehungsrecht der Eltern gleichwertig ist[18]). Daher verwehrt das Grundgesetz die totale Inanspruchnahme und Verplanung der Begabungen durch positive Schülerauslese und verbietet Übergriffe der Schule in den Bereich der Familienerziehung. Es stellt jedoch dem freien Spiel der außerstaatlichen Erziehungskräfte die zum Staatsbürger formende Gemeinschaftsstätte der öffentlichen Schule und die Bestimmungsgewalt der Schulverwaltung entgegen und berechtigt den Staat, eine nur durch die Privatschulfreiheit aufgelockerte einheitliche Bildungsorganisation aufzurichten[19]).

Einfluß auf diese Bildungsorganisation mit dem Ziel, die Bildung selbst zu bestimmen oder mitzubestimmen, erstreben heute neben den traditionellen Mitträgern der Bildung — Kirche und Gemeinde — die Eltern und in engen Grenzen die Schüler; aber auch die Schule selbst mit ihren Lehrern und

---

[17]) Vgl. Himmelmann, a.a.O., S. 69, 70, 91.

[18]) So auch BVerwG 29. 6. 57, BVerwGE 5, 153 (155); BVerwG 31. 1. 64, DVBl. 1964, 819 f.

[19]) Der Begriff der Aufsicht in Art. 7 I ist ein historischer Sammelbegriff, der die Rechte und Pflichten des Staates zur zentralen Leitung und Beaufsichtigung der Schule umfaßt, H. J. Wolff, Verwaltungsrecht II, 1962, § 101 VIII, er schließt daher Lenkungsbefugnisse des Staates ein, BVerwG 29. 6. 57, BVerwGE 5, 153 (157); 28. 12. 57, BVerwGE 6, 101 (104). — Innerhalb der organisatorischen Einheit soll der Staat aus den oben bei Fn. 10 bis 15 dargelegten Gründen der Vielfalt der Bildung Rechnung tragen und den Eltern die Wahl zwischen verschiedenen Erziehungszielen und Erziehungswegen durch ein differenziertes Bildungsangebot ermöglichen. Die Entscheidung über Maß und Art der Differenzierung hat allerdings grundsätzlich der Staat zu treffen.

Lehrerkollegien behauptet ein Eigenrecht in Schulangelegenheiten, während der Einfluß der Wirtschaft zurückgehalten wurde, vom berufsbildenden Schulwesen abgesehen, das die Wirtschaft z. T. selbst in die Hand genommen hat. Offenbar wirkt hier der Einfluß des deutschen Idealismus nach, der ausschließlich die formale d. h. die allseitige Kraftbildung pflegte, die berufliche Ausbildung aber bewußt vernachlässigte[20]. Andererseits beweist die Einrichtung und Aktivität der Kultusministerkonferenz das Bedürfnis nach einer stärkeren Vereinheitlichung der Bildungsorganisation, als das Grundgesetz sie vorgesehen hat.

Daher steht auch das Bildungswesen der Gegenwart in der Auseinandersetzung mit der Forderung nach Einheit der Bildung und Bildungsorganisation und den ihr entgegenwirkenden Kräften. In diesem Spannungsfeld hat die Verwaltung ihre Aufgabe zu erfüllen, hier liegen die grundsätzlichen Probleme der modernen Schulverwaltung und das Referat wird hier seinen Schwerpunkt haben. Auf Fragen der Konfessionsschule und des Religionsunterrichts werde ich nicht eingehen.

II. Normsetzung durch Kultusminister

Einheit der Bildung und Einheit der Bildungsorganisation setzt ein dichtes Normgefüge voraus, das die Pflichten und Rechte der am Bildungsprozeß Beteiligten festlegt. Das 19. und beginnende 20. Jh. begnügte sich mit der gesetzlichen Regelung der Schulpflicht[21]) und der Schulunterhaltung und deckte den sonstigen Normenbedarf durch Verwaltungsverordnungen, ob-

---

[20]) Spranger, Zur Geschichte der deutschen Volksschule, 1949, S. 36 u. 64 ff; Theodor Litt, Berufsbildung, Fachbildung, Menschenbildung, 1958, S. 48; gegenwärtig sucht die Wirtschaft — neben ihren Mitspracherechten im beruflichen Schulwesen — den Kontakt mit dem Lehrer; vgl. die Darstellung: Bundesvereinigung der Deutschen Arbeitgeberverbände, Zusammenarbeit zwischen Schule und Wirtschaft, Empfehlung, Köln 1964.

[21]) Otto Mayer, Deutsches Verwaltungsrecht, 2. Aufl., 2. Bd., 1917, S. 491 in Fußn. 29 berichtete nur noch der Merkwürdigkeit wegen über den Versuch von Pözl, Grundrißvorlesungen über Polizei, S. 19, die Schule der Sicherheitspolizei zur Abwehr „der Gefahren der Unwissenheit" zuzurechnen; Helmuth Mayer, Elternrecht, Schule und Kirche, DVBl. 1955, 581 (585), entnimmt Art. 6 II GG das Verbot, Schulzwang mit polizeilichen Mitteln durchzusetzen, da die staatliche Überwachungspflicht dem Elternrecht nachgeordnet sei.

wohl z. B. Art. 26 der Preuß. Verfassung von 1850 vorschrieb, das ganze Unterrichtswesen durch Gesetz zu regeln.

In der Weimarer Zeit haben die Gesetzgeber in Reich und Ländern begonnen, die „Insel des Absolutismus“ [22]) abzubauen. Auch gegenwärtig formen die Länder jeweils neue Teilbereiche praktischer und politischer Aktualität durch Gesetz. Der Fortgang der Gesetzgebung ist jedoch unterschiedlich; Schulträgerschaft, Schulunterhaltung und Schulverwaltung sind meist ausreichend kodifiziert [23]); dagegen werden so wichtige Fragen wie das Aufsichtsrecht über Privatschulen, das Mitbestimmungsrecht der Eltern, die pädogogische Freiheit des Lehrers in einigen Ländern durch Gesetz oder Rechtsverordnung [24]), in anderen durch Verwaltungsverordnung [25]) geregelt. Äußerstenfalls behilft man sich mit der Anwendung einzelner Abkommen der KMK, ohne sie zu transformieren [26]). Rechtsstaatlich unbefrie-

---

[22]) Anschütz, Die Verfassungs-Urkunde für den Preußischen Staat vom 31. Januar 1850, Bd. I, 1912, Art. 26 Anm. 5.

[23]) Heckel, Schulverwaltung, Handbuch der kommunalen Wissenschaft und Praxis, Bd. 2, 1957, S. 121.

[24]) Zum Beispiel Hessen (§ 2 PrivatschulG vom 27. 4. 1953 — GVBl. S. 57 —, ElternMitbestG vom 13. 11. 1958 — GVBl. S. 174 —; § 45 II Hess SchVG vom 28. 6. 1961 — GVBl. S. 87); Baden-Württemberg (§§ 3 ff. PrivatschulG vom 15. 2. 1956 — GBl. S. 28 — i. d. F. vom 23. 11. 1959 — GBl. S. 167; §§ 34 ff. u. 22 ff. SchVOG vom 5. 5. 1964 — GBl. S. 235); Nordrhein-Westfalen (§§ 41, 5 ff. SchOG vom 8. 4. 1952 — GVBl. S. 61; § 14 III Satz 2 SchVG vom 3. 6. 1958 — GV-Bl. S. 241); Hamburg (§ 1 II SchVG vom 3. 7. 1956 — GVBl. S. 125).

[25]) Zum Beispiel Niedersachsen (Elternschaftsordnung, Erl. vom 18. 3. 1948, Seipp-Wernecke, Schulrecht, IV B I; Konferenzordnung, Erl. vom 25. 3. 1950, a.a.O., VI D I; Volksschul-Richtlinien, Erl. vom 6. 3. 1962, a.a.O., III B I); Schleswig-Holstein (Satzungen für Elternvertretungen, Erl. vom 10. 6. 1948 — ABl. S. 248); Saarland (Elternbeiratserlaß vom 2. 7. 1948 — Schulbl. S. 17). Die Privatschulaufsicht in Schl.-H. gründet sich noch auf die preußische Kabinettsorder, betr. die Aufsicht des Staates über Privatanstalten und Privatpersonen, die sich mit dem Unterrichte und der Erziehung der Jugend beschäftigen, vom 10. 6. 1834 — PrGS S. 135 — und die dazu erlassenen Ausführungsvorschriften der pr. Ministerialinstruktion vom 31. 12. 1839 — MBliV 1840, S. 94. Zu den Zweifeln über die Fortgeltung dieser Bestimmungen vgl. Heckel, Deutsches Privatschulrecht, S. 77 f.

[26]) Zum Beispiel Saarland bis zum Erlaß des Privatschulgesetzes vom 30. 1. 1962 — ABl. S. 159 — mit dem Abkommen vom 10./11. 8. 1951, vgl. Erfurt, Die schulrechtliche Lage im Saarland, RWS 1961, 72 (75); in Bayern gab der Kultusminister einen Beschluß des Landtages „zur Beachtung“ bekannt, Entschließung vom 10. 8. 1956 — KM-Bl. S. 136 = BayBSVK S. 2025.

digend sind auch die Schulstrafen geordnet: das preuß. ALR widmete den Zuchtmitteln noch vier Paragraphen, befugte den Lehrer zu „geringeren Züchtigungen" und die Obrigkeit zu „zweckmäßigen Besserungsmitteln" in den Grenzen der elterlichen Zucht[27]). Zu einer dem modernen Zeitgeist gemäßen und eindeutigen Regelung fehlt heute dem Gesetzgeber offenbar der Beruf[28]).

Der innere Schulbetrieb einschließlich des Schulverhältnisses und des Berechtigungswesens ist nahezu ungebrochene Domäne der Kultusminister geblieben, die diese Materien wie herkömmlich[29]) durch Verwaltungsverordnungen regeln, meist unter der Bezeichnung „Schulordnung". Der Verdacht liegt nahe, daß die Kultusminister unter Berufung auf Organisations- und Anstaltsgewalt, aber auch unmittelbar auf das Aufsichtsrecht des Art. 7 I GG und das Gewohnheitsrecht den Vorbehaltsbereich des Gesetzgebers mitbestellen und, da entsprechende Gesetze fehlen, mit einer gewissen Notwendigkeit mitbestellen müssen.

Allerdings hat die verwaltungsgerichtliche Kontrolle der Schule eine Vielzahl von Rechtssätzen aus der Verfassung entfaltet, andere Rechtssätze als allgemein anerkannte ungeschriebene Rechtsnormen bewußt gemacht. Mit dem Grundsatz des freien Zugangs zur fortbildenden Schule[30]), der erzieherischen

---

[27]) §§ 50 bis 54 II 12 ALR; Landé, a.a.O., S. 90 und 252.

[28]) Der sog. Hundhammer-Erlaß des bayerischen Kultusministers vom 30. 6. 1947 — KMBl. S. 667 — jetzt nicht mehr in Geltung, vgl. Bekanntmachung über das Züchtigungsrecht vom 20. 1. 1955 — KMBl. S. 8 = BayBSVK S. 1422, hat viel politischen Staub aufgewirbelt; das vom hessischen Kultusminister erlassene Verbot jeglicher körperlicher Züchtigung hat der BGH als strafrechtlich unbeachtlich angesehen, weil eine Verwaltungsverordnung nicht einen gewohnheitsrechtlich begründeten Rechtfertigungsgrund aufheben könne; der BGH untersuchte jedoch nicht, ob der Dienstherr gewohnheitsrechtlich begründete Befugnisse an die amtierenden Lehrer übertragen muß und daher ihnen auch ggf. vorenthalten kann; vgl. BGHSt 11, 241 (242); Erlaß des hess. KM vom 13. 5. 1946 und 10. 10. 1949 — ABl. S. 372 = Seipp-Bach, Schulrecht, V B I 1a; Bruns, Zur strafrechtlichen Diskussion über das Züchtigungsrecht des Lehrers, JZ 1957, 410; Friebe, Die strafrechtliche Verantwortlichkeit des Lehrers unter bes. Berücksichtigung des „Züchtigungsrechts", 2. Aufl. 1958; Fritz Bauer, Züchtigung und Recht, RDJ 1963, 305 ff.; Maunz-Dürig, GG, Randn. 42—48 zu Art. 2 II.

[29]) Vgl. z. B. RGZ 154, 219 (222). Neuerdings BVerwG, 11. 12. 1964, DÖV 1965, 638.

[30]) OVG Hamburg, 16. 4. 53, DVBl. 1953, 506; 12. 3. 56, DÖV 1956, 627; 23. 12. 58, DVBl. 1960, 742; 12. 2. 60, DVBl. 1960, 652; BVerwG, 29. 6. 57, BVerwGE 5, 153; BayerVerfGH, 12. 2. 54, VerwRspr. Bd. 6,

Fürsorgepflicht der Schule gegenüber dem Schüler[31]), der Unabhängigkeit der Prüfungssauschüsse[32]), des Vertrauensschutzes im Berechtigungswesen und dem Anspruch auf ermessensfehlerfreie Beurteilung der Prüfungsleistungen und auf korrekte Einhaltung des Prüfungsverfahrens[33]) sind einige Mark-

---

Nr. 151; HessVGH, 17. 12. 54, DÖV 1956, 629 (630); OVG Lüneburg 15. 4. 55, VerwRspr. Bd. 8 Nr. 98; OVG Berlin, 1. 12. 54, OVGE 3, 146 = DÖV 1956, 641.

[31]) BVerwG, 10. 12. 54, BVerwGE 1, 263 (265); VGH Stuttgart, 28. 1. 57 — 1 S 274/56 — abgedr. in „Schüler, Richter, Lehrer, Maßnahmen der Schule im Spiegel der Rechtsprechung" (Hochstetter-Seipp-Muser), 2. Aufl. 1963, S. 80 ff. (84); VGH Bad.-Württ., 14. 5. 63, JZ 1964, 627 (629); LVG Düsseldorf, 22. 9. 55, DÖV 1956, 633 (635) — Verweisung von der Schule als ultima ratio —; BVerwG, 31. 1. 64, BVerwGE 18, 40 (42 ff.); BVerwG, 29. 12. 58, DVBl. 1959, 366; OVG Münster, 24. 4. 58, OVGE Bd. 13, 269 (272); OVG Lüneburg, 1. 6. 61, VerwRspr. Bd. 15 Nr. 8; Hess. VGH, 17. 12. 1954, ESVGH 4, 155 = DÖV 1956, 641; — Berücksichtigung der Zumutbarkeit (des Schulweges und anderer Belastung) bei Aufhebung von Pflichtschulen und Einweisung in Sonderschulen. Vgl. auch BGH, 16. 4. 64, FamRZ 1964, 357; BVerwG, 11. 12. 64, DÖV 1965, 638: über die Grenzen der Zurückstellung von Prüfungen wegen undisziplinierten Verhaltens.

[32]) BVerwG, 14. 7. 61, BVerwGE 12, 359; 23. 2. 62, BVerwGE 14, 31; 8. 2. 63, BVerwGE 15, 267; LVG Düsseldorf, 22. 9. 55, DÖV 1956, 633; OVG Rheinl.-Pfalz, 10. 4. 63, DÖV 1963, 553 (556); Hess. VGH, 18. 1. 61, DÖV 1961, 796 — vgl. aber auch die gegenteilige Ansicht des OVG Münster, 14. 12. 62, RWS 1963, 85 u. 23. 3. 64, RWS 1964, 277, hinsichtlich der Reifeprüfungsausschüsse. — Zur Frage, inwieweit Ausschüsse Behörden sind, vgl. H. J. Wolff, Verwaltungsrecht II, 1962, § 76 I 7.

[33]) VGH Bad.-Württ., 4. 4. 62, VerwRspr. Bd. 15 Nr. 7; VGH Mannheim, 5. 5. 61, DVBl. 61, 523 f. (524); OVG Hamburg, 17. 12. 57, VerwRspr. Bd. 11 Nr. 65; OVG Rheinl.-Pfalz, 10. 4. 63, DÖV 1963, 553; BVerwG, 14. 6. 63, BVerwGE 16, 150; OVG Münster, 30. 6. 54, VerwRspr. Bd. 7 Nr. 124; — *Rechtzeitige und angemessene Information von Eltern und Schülern über Prüfungsbestimmungen, Lehrpläne und Schülerleistungen* —; vgl. aber auch OVG Lüneburg, 14. 8. 53, DVBl. 1953, 663: Aus der Unterlassung rechtzeitiger Warnung folgt nicht ohne weiteres ein Anspruch auf Versetzung. *Anspruch des Schülers auf ermessensfehlerfreie Beurteilung seiner Prüfungsleistungen und auf korrekte Einhaltung des Prüfungsverfahrens:* BVerwG, 24. 4. 59, BVerwGE 8, 272 ff. (274); BVerwG, 14. 7. 61, B-VerwGE 12, 359; OVG Lüneburg, 15. 4. 55, VerwRspr. Bd. 8 Nr. 98; OVG Rheinl.-Pfalz, 16. 5. 56, DÖV 1956, 631; VG Freiburg, 1. 4. 55, DÖV 1956, 634; BVerwG, 13. 5. 60, RWS 1960, 88 ff.; VG Kassel, 15. 3. 56, DÖV 1956, 636; VG Hannover, 27. 6. 63, RWS 1964, 179. Vgl. auch BGH, 5. 6. 62, BGHSt 17, 297. In diesem Zusammenhang ist auch der *Grundsatz der ausschließlichen Beurteilung der objektiv er-*

steine gesetzt, die für den Verordnungsgeber zumindest praktisch verbindlich sind[34]) und den Bürger vor Willkür bewahren. Zu einer systematischen Gestaltung des Schulverhältnisses sind die einzelnen Erkenntnisse des Vorranges des Gesetzgebers im Bereich der Schule ungeeignet; auch bewahren sie nicht vor der Versuchung, angebliche Rechtssätze zu erfinden[35]).

Aufgabe dieses Referates kann es nicht sein, eine neue Theorie für die Ausgrenzung der Rechtssphäre des Bürgers im besonderen Gewaltverhältnis und für die Abgrenzung zwischen Organisationsgewalt und Gesetzesvorbehalt zu entwickeln, zumal die Staatsrechtslehrervereinigung diesen Fragenkreis wiederholt erörtert hat und die Diskussion fortgeführt worden ist[36]). Vielmehr gilt es, aus der Einsicht vom Wandel des Gesetzesbegriffes, ausgelöst durch die Wandlung der Verfassungs-

---

brachten Prüfungsleistungen entwickelt worden, d. h. grundsätzliche Nichtberücksichtigung der zuvor eingetretenen Prüfungsunfähigkeit bzw. des vorherigen fehlerhaften Zulassungsverfahrens (Übernahme des Prüfungsrisikos): Vgl. BVerwG, 22. 3. 63, VerwRspr. Bd. 15 Nr. 229; BVerwG, 3. 5. 63, RWS 1963, 248; VG Düsseldorf, 21. 2. 63, RWS 1964, 123; Hess. VGH, 20. 1. 60, DÖV 1961, 801; OVG Berlin, 5. 10. 60, RWS 162, 17.

[34]) Zum Verhältnis von Rechtsentscheidung und Normenordnung vgl. Wieacker, Gesetz und Richterkunst. Zum Problem der außergesetzlichen Rechtsordnung, 1958; Larenz, Methodenlehre der Rechtswissenschaft, 1960, S. 193 f., 273 ff., 303 ff.; Geiger, Bindungen der Verwaltung durch gerichtliche Urteile, Schriftenreihe der Hochschule Speyer, Bd. 13, 1962, S. 114 ff. (124); Zippelius, Wertungsprobleme im System der Grundrechte, 1962, S. 208 ff.; ders., in Festschrift für H. Liermann, 1964, S. 306 ff.; Drath, Die Grenzen der Verfassungsgerichtsbarkeit, VVDStRL 9, S. 94.

[35]) Vgl. z. B. die Beanstandung des BVerwG, 6. 11. 59, BVerwGE 9, 306 (310), das OVG habe ohne jede Rechtsgrundlage und ohne jede Begründung einen angeblichen Rechtssatz landesrechtlicher Qualität erfunden.

[36]) Herbert Krüger und Ule, Das besondere Gewaltverhältnis, VVDStRL 15; Köttgen und Ermacora, Die Organisationsgewalt, VVDStRL 16; Bettermann und Melichar, Das Verwaltungsverfahren, VVDStRL 17; Mallmann und Zeidler, Schranken nichthoheitlicher Verwaltung, VVDStRL 19; Obermayer, Das Bundesverfassungsgericht und der Vorbehalt des Gesetzes, DVBl. 1959, 354 ff.; Jesch, Gesetz und Verwaltung, 1961; Thieme, Der Gesetzesvorbehalt im besonderen Gewaltverhältnis, JZ 1954, 81 ff.; Brohm, Verwaltungsvorschriften und besonderes Gewaltverhältnis, DÖV 1964, 238 ff.; Rupp, Grundfragen der heutigen Verwaltungsrechtslehre. Verwaltungsnorm und Verwaltungsrechtsverhältnis, 1965 (nicht mehr hier berücksichtigt).

struktur, die Folgerung für die Normproduktion auf dem Gebiete des Schulrechts zu ziehen.

Die „Freiheit und Eigentum-Formel" der Eingriffsverwaltung ist nicht mehr maßgebendes Kriterium für die Abgrenzung der Rechtssphäre des Bürgers und für die Kompetenzverteilung zwischen Gesetzgeber und Verwaltung[37]). Vielmehr stehen zwei Erwägungen im Vordergrund, die als die rechtsstaatliche und die demokratische Komponente des Gesetzesproblems bezeichnet werden können[38]).

1. Die rechtsstaatliche Erwägung geht von dem vergeistigten Verständnis der Rechtssphäre des Bürgers aus, das insbesondere Art. 1 I und 2 I GG und die Sozialstaatsklausel gebieten. Freiheit kann nicht mehr als materiell-körperliches Phänomen begriffen werden, das nur gegen physische Gewalt zu bewahren ist[39]). Freiheit und Würde müssen sich vielmehr in einer realen Welt mit sehr realen Bedürfnissen und sozialen Abhängigkeiten behaupten. Daher gehen existentiell notwendige Leistungen und auch Leistungen, die wichtige Errungenschaften des sozialen Standards sind, die Rechtssphäre des Bürgers unmittelbar an, wenn der Staat sie zur Verfügung stellt[40]). Auf welchem dieser Gebiete der Staat verpflichtet ist, tätig zu werden, mag offenbleiben. Wird er tätig, dann kann er, weil idealtypisch jeder Bürger auf den sozialen Normalstand angewiesen ist, seine Leistungen nur allen zur Verfügung stellen. Jede Bedingung, die die öffentliche Hand an die Inanspruchnahme dieser Leistungen

---

[37]) Mallmann, VVDStRL 19, S. 188. Am überkommenen Verständnis der „Freiheit und Eigentum-Formel" und des allgemeinen Verwaltungsauftrages hält dagegen fest Peters, Verwaltung ohne gesetzliche Ermächtigung? Festschrift für H. Huber, 1961, S. 211; vgl. auch Erich Becker, Wandlungen der öffentlichen Verwaltung im Hinblick auf Gesetzgebung und Rechtsprechung, Schriftenreihe der Hochschule Speyer, Bd. 13, S. 17 ff.

[38]) Mallmann, a.a.O., S. 191; a. A. Köttgen, Das Bundesverfassungsgericht und die Organisation der öffentlichen Verwaltung, AöR 90 (1965), 205 (218), unter Hinweis auf BVerfGE 1, 394.

[39]) Kritisch bereits Thoma, Der Vorbehalt des Gesetzes im preußischen Verfassungsrecht, Festgabe für Otto Mayer, 1916, S. 167 (177); Schwinge, Grundlagen des Revisionsrechts, 1935, S. 83 ff. mit Darlegung der Rechtsprechung des RG, das die Revisibilität darauf abstellte, ob eine Verwaltungsordnung den Bürger unmittelbar angehe, mit zahlreichen Nachweisen S. 85—92; näheres siehe Evers, Privatsphäre und Ämter für Verfassungsschutz, 1960, S. 19 ff.

[40]) BVerwG, 24. 6. 54, BVerwGE 1, 159 (161), Thieme, a.a.O., S. 85.

knüpft, betrifft daher die Rechtssphäre des Bürgers — sieht man von ganz selbstverständlichen, sich aus der Natur der Sache aufdrängenden Festsetzungen ab. Weitergreifende Bedingungen unterliegen daher dem Gesetzesvorbehalt [41]).

2. Die demokratische Erwägung geht von dem Gedanken aus, daß in einem demokratisch legitimierten Gemeinwesen sich Herrschaft nicht nach eigenen Gesetzen entfaltet, sondern nur nach den von der Verfassung gegebenen Kompetenz- und Verfahrensregeln. Dem Parlament ist die Leitungs- und Lenkungsbefugnis übertragen; daher ist die Verwaltung auf das Parlamentsgesetz angewiesen, soweit es sich um Materien handelt, die einer Normierung zugänglich sind und als politisch relevante Angelegenheit dem Führungsanspruch des Parlaments unterliegen [42]).

Weder der rechtsstaatliche noch der demokratische Aspekt des Gesetzesproblems gebieten, die Herrschaft des Gesetzes und der Rechtsverordnung auf alle Interessengebiete und denkbaren Handlungen des Bürgers zu erstrecken und damit die Beziehung der Verwaltung zum Bürger total dem Gesetz zu unterwerfen. Wie die Lehre vom Ermessen zeigt, kann der Gesetzgeber die Rechtssphäre des Bürgers — in den Grenzen der Grundrechte und der eben genannten Aspekte — weiter oder enger ziehen und insoweit die Interessen des Bürgers der konkret oder abstrakt formulierten Dezision der Verwaltung aussetzen oder, anders formuliert, die Verwaltung ermächtigen, mit dem Bürger nach Ermessen zu verfahren [43]).

Daher hat der Funktionswandel des Gesetzes die Verwaltungsverordnung nicht verdrängt, auch wenn sie im rechts-

---

41) Mallmann, a.a.O., S. 191; Thieme, a.a.O., S. 85; auch das besondere Gewaltverhältnis als ein Bündel solcher Bedingungen bedarf daher der Ordnung durch Gesetz; der Satz „volenti non fit iniuria" deckt solche Abhängigkeiten nicht, Thieme, a.a.O., S. 83 ff.

42) Thieme, a.a.O., S. 82; in welchem Maße die Leitungs- und Lenkungsfunktion des Gesetzgebers die Herrschaftsausübung der Verwaltung bestimmt, ist umstritten. Eine Art. 19 IV GG entsprechende Vorschrift fehlt; auf das Kriterium der Meßbarkeit des auf Gesetz gestützten Einzelaktes kommt es daher nicht an; vgl. im einzelnen Jesch, a.a.O., S. 213 ff. und S. 227; Mallmann, a.a.O., S. 188, der für die gestaltende Verwaltung Kompetenzregelung und Bereitstellung von Mitteln genügen lassen will; dagegen anscheinend ders., S. 193; Thieme, a.aO., S. 82, betont die Selbständigkeit der Exekutive; für totale Verrechtlichung tritt Brohm, a.a.O., S. 247 ein.

43) BVerfG, 3. 2. 59, BVerfGE 9, 137 (147, 149).

logischen Sinne selbstverständlich Rechtsnorm ist, soweit und weil sie generell und abstrakt Gebote, Verbote und Ermächtigungen mit einem Tatbestand verknüpft[44]).

Diese Überlegungen gelten auch für das besondere Gewaltverhältnis[45]). Die Ermessensfreiheit des Anstaltsherrn kann jedoch das sonst übliche Maß übersteigen und dadurch auch die allgemeine Handlungsfreiheit des Gewaltunterworfenen stärker behindern als das im allgemeinen Gewaltverhältnis zulässig wäre[46]). Bei Gewaltverhältnissen, die auf Zwang beruhen, gebietet der rechtsstaatliche Aspekt aber, daß nicht nur geregelt wird, ob der Bürger in Pflicht zu nehmen ist, sondern auch wie die konkrete Art des in Frage stehenden besonderen Gewaltverhältnisses in seinen Grundzügen ausgestaltet sein soll[47]). Auch besondere Gewaltverhältnisse, die einzugehen dem Bürger freigestellt ist, bedürfen der gesetzlichen Ordnung, wenn der Bürger auf die Leistung angewiesen ist, um an Errungenschaften des allgemeinen sozialen Standards teilzuhaben, und für die Nutzung der Anstalt Bedingungen aufgestellt werden, die die allgemeine Handlungsfreiheit nicht nur ganz unerheblich beschränken[48]).

Auf den Besuch der allgemeinbildenden und der berufsbildenden Schule ist der Bürger in diesem Sinne angewiesen und

---

[44]) Kelsen, Allgemeine Staatslehre, 1926, S. 237; aber das Grundgesetz geht nicht von einem rechtstheoretischen Begriff der Rechtsnorm aus; es läßt selbst Verwaltungsverordnungen zu, Art. 84 I, II, 85 II, 86 GG und wertet sie nicht zu Rechtsverordnungen auf, deren Adressatenkreis auf den staatlichen Innenkreis beschränkt ist, wie gelegentlich angenommen wird, vgl. z. B. Dahm, Deutsches Recht, 2. Aufl. 1963, S. 313; Brohm, a.a.O., S. 249 m. w. Nachw.; Helmut Müller, Verwaltungsvorschriften im Schulrecht, unter besonderer Berücksichtigung der Rechtslage in Bayern, Diss. Würzburg, 1960, S. 128 ff.

[45]) Die überkommene Lehre entzog dagegen das besondere Gewaltverhältnis insgesamt dem Gesetzesvorbehalt und überließ es der Verwaltungsverordnung und der innerdienstlichen Weisung: Jacobi, Die Rechtsverordnungen, in: Anschütz-Thoma, Handbuch des Deutschen Staatsrechts, Bd. 2, 1932, S. 236 ff. (237); Thoma, Der Vorbehalt der Legislative und das Prinzip der Gesetzmäßigkeit von Verwaltung und Rechtsprechung, ebenda, S. 221 (223); Jesch, a.a.O., S. 206 m. w. Nachw.

[46]) Jesch, a.a.O., S. 212; die Ermessensfreiheit der Verwaltung ist legitimer Bestandteil der Rechtsordnung, BVerwG, 4. 3. 60 u. 18. 8. 60, BVerwGE 10, 202 (204); 11, 95 (96).

[47]) Thieme, a.a.O., S. 83.

[48]) Gegenbeispiel: Rauchverbot im Museum; vgl. auch Thieme, a.a.O., S. 85.

nicht nur, weil von der gerechten Darbietung und Verteilung der Bildungschancen der soziale Status und die Verteilung des Einkommens abhängen[49]). Die Ordnung des Schulverhältnisses untersteht daher dem Gesetzesvorbehalt, gleich ob der Schulbesuch für die älteren Jahrgänge obligatorisch ist oder nicht. Gleiches ergibt sich aus der Sicht der Eltern: sie sind nach Art. 6 II GG verpflichtet, dem Kind eine seinen Fähigkeiten und der eigenen Leistungskraft entsprechende Ausbildung zu geben; ihre Pflicht können sie nur erfüllen, wenn das Kind in eine Wahlschule aufgenommen wird; sie sind mithin ebenfalls Partner eines Rechtsverhältnisses, das einzugehen sie genötigt sind, um dem Kind zu der für das Leben notwendigen Qualifikation zu verhelfen. Die Ausgestaltung dieses Rechtsverhältnisses berührt mithin auch ihre Rechtssphäre unmittelbar[50]). Sondertypen dagegen, wie Abendgymnasien, Fachheimschulen und neue Zweige der Fachschulen und andere Versuchs- und Modellschulen, gehören nicht — besser: leider noch nicht — zum sozialen Standard, den jedermann soll in Anspruch nehmen können. Abgesehen vom Berechtigungswesen ist es daher unbedenklich, wenn die Ordnung derartiger Schulen auf Verwaltungsverordnung beruht und Raum für Sachexperimente der Verwaltung bleibt.

Der rechtsstaatliche und der demokratische Aspekt des Gesetzesproblems gebieten mithin, das Schulverhältnis durch Gesetz und Rechtsverordnung zu ordnen. Dazu gehört der Zugang zur Schule, der Schulausschluß, die Dauer der Schulpflicht, die Bildungs- und Erziehungsziele, die Grenzen der Schulgewalt, der Übergang von Schule zu Schule und schließlich die Pflichten, die Dritten auferlegt werden[51]) — mit anderen Worten der traditionelle Bereich der Schulordnung, soweit Rechte und Pflichten der Schüler und der Erziehungsberechtigten geordnet werden.

Gleiches gilt für die Grundzüge der Schulorganisation und -aufsicht und die Aktualisierung der Elternmitwirkung, weil

---

[49]) Daß Schulregulative „tief und unentrinnbar in Freiheit und Eigentum eingreifen", betonte bereits Thoma, Der Vorbehalt des Gesetzes im preußischen Verfassungsrecht, Otto-Mayer-Festgabe, 1916, S. 167 ff. (177).

[50]) Heckel-Seipp, Schulrechtskunde, 2. Aufl. 1960, S. 270: ein Verzicht auf Grundrechte könne daher nicht unterstellt werden; aus Art. 6 II GG folgt das Recht der Eltern, die Art der Schule zu bestimmen, die die Kinder besuchen sollen, BVerfG, 20. 10. 54, BVerfGE 4, 52 (56); BVerwG, 29. 6. 57, BVerwGE 5, 153 (155).

[51]) Zum Beispiel das Kind für den Schulbesuch gehörig auszustatten und gegen Unfall zu versichern.

die Entscheidung über Maß und Art der Einheit der Bildungsorganisation wegen ihrer Bedeutung für Gemeinwohl und Bestand des Staates zu den politischen Führungs- und Leitungsaufgaben des Parlaments gehört. Einige Landesgesetzgeber haben daher mit gutem Grund die politisch umstrittene und folgenreiche Entscheidung für und gegen die Mittelpunktschule [52]) selbst getroffen. Stundentafeln, Bildungspläne, Konferenzordnungen haben dann nur noch die Funktion, durch Anweisung an den Lehrer den gesetzlich umschriebenen Rahmen auszufüllen. Es ist nicht geboten, für den Gewaltunterworfenen innerhalb dieses Rahmens spezifische Rechte zu begründen. Gegen Festsetzungen durch Verwaltungsverordnungen bestehen daher insoweit keine Bedenken.

Das Berechtigungswesen bedarf ebenfalls gesetzlicher Grundlegung: seine Bedeutung, die es als Zuteilung von Lebens-Chancen [53]) für den sozialen Status des Bürgers erhalten hat, zeigt sich im rechtlich verdichteten Perfektionismus der Laufbahnverordnungen des öffentlichen Dienstes, den entsprechenden Erscheinungen im Bereich der Privatwirtschaft und den Sachkunde- und Befähigungsnachweisen, die in immer weiterem Umfange für die Ausübung eines Gewerbes verlangt werden [54]). Als subjektive Zulassungsvoraussetzungen für die Wahl der Ausbildungsstätte und des Berufs sind die Berechtigungen von verfassungsrechtlicher Relevanz. Prüfungs- und Versetzungsentscheidungen treffen daher nach heute einhelliger Ansicht die Rechtssphäre des Bürgers [55]). Der Bürger hat einen Anspruch auf Zuerkennung der Berechtigung, wenn er die hierfür verlangte Vorbildung und Leistung nachzuweisen vermag, auch

---

[52]) § 15 Bad.-Württ. Gesetz zur Vereinheitlichung und Ordnung des Schulwesens (SchVOG) vom 5. 5. 1964 — GBl. S. 235; §§ 5, 12 Hess. SchVG vom 28. 6. 1961 — GVBl. S. 87; §§ 4, 7 Nds. SchVG i. d. F. vom 28. 3. 1962 — GVBl. S. 37; Art. 29 IV Verfassung von Rheinl.-Pfalz, § 18 Rh.-Pf. Volksschulgesetz vom 4. 2. 1955 — GVBl. S. 1, vgl. aber jetzt § 5 i. d. F. der Novelle vom 1. 7. 1964 — GVBl. S. 111; gegen die Mittelpunktschule und für die ungegliederte Schule entschied sich § 2 I und III, § 5 Bay.SchOG vom 8. 10. 1950 — GVBl. S. 159, Art. 3 Bay. Gesetz über die Schulverwaltung, Schulverbände und die Gastschulverhältnisse an Volksschulen vom 26. 1. 1961 — GVBl. S. 35.

[53]) H. Schelsky, Schule und Erziehung in der industriellen Gesellschaft, 3. Aufl. 1961, S. 18, mißt der Schule „die Rolle einer bürokratischen Zuteilungsapparatur von Lebens-Chancen" zu.

[54]) Zum Beispiel § 4 Einzelhandelsgesetz vom 5. 8. 1957, §§ 7 I, 41 Handwerksordnung vom 17. 9. 1953.

[55]) BVerwG in ständiger Rechtsprechung, 10. 12. 54, BVerwGE 1, 260 (261), zuletzt 14. 6. 63, BVerwGE 16, 150.

wenn für die Leistungsbeurteilung selbst ein Ermessensspielraum bleibt[56]). Wenn ein solcher Anspruch gegeben ist, dann müssen auch die Tatbestandsvoraussetzungen dieses Anspruchs durch Rechtssatz festgelegt sein. Das gebietet die Logik[57]) und auch die Rücksicht auf die Interessen des Bürgers, für den es nicht gleichgültig sein kann, ob er z. B. die Reifeprüfung nach 12 oder 13 Schuljahren ablegen kann, ob er 2 oder 3 Fremdsprachen zu erlernen[58]) und mit welchen Prüfungsleistungen er diese Kenntnisse nachzuweisen hat. Daher ist es erforderlich, die Zulassungsvoraussetzungen und das Verfahren, soweit es die Leistungen des Prüflings betrifft, durch Rechtssatz zu bestimmen. Wegen des engen, von der Rechtsprechung anerkannten Sachzusammenhanges zwischen Berechtigung, Zulassung, Versetzung und Ausschluß[59]) von der Schule erfaßt dieses Postulat auch die Voraussetzungen jener Entscheidungen. Eine Strapazierung dieser Grundsätze um des bloßen Prinzips willen ist nicht zu besorgen. Denn ein von pädagogischen Gesichtspunkten bestimmtes Schulrecht setzt ein sinnvolles System von Ermächtigungen und Ermessensräumen voraus, das eine von pädagogischer Verantwortung geleitete personbezogene und individualgerechte Handhabung des verrechtlichten Normengefüges gestattet[60]).

Das Kodifikationsgebot dürfte für das Verhältnis der Verwaltung zur Schule und zum Schüler von nicht allzu großer realer Tragweite sein, da bei formgerechter Ermächtigung des

---

[56]) Vgl. z. B. BVerwG, 24. 4. 59, BVerwGE 8, 272; BVerwG, 13. 5. 60, RDJ 1961, 207.

[57]) Jesch, Rechtsgutachten zur Drucksache 1280 des Landtages von Bad.-Württ., 1962, S. 7, unter Hinweis auf Hamann, Autonome Satzungen und Verfassungsrecht, 1958, S. 16 f; VGH Stuttgart, 22. 10. 53, DÖV 1954, 59; VGH Bad.-Württ., 5. 5. 61, ESVGH 11, 5 ff.

[58]) VGH Bad.-Württ., 4. 4. 62, VerwRspr. Bd. 15 Nr. 7: Einführung von Französisch als Kernfach während des letzten Schuljahres widerspricht dem rechtsstaatlichen Grundsatz der Vorhersehbarkeit und Berechenbarkeit; vgl. auch BVerwG, 14. 6. 63, BVerwGE 16, 150.

[59]) Wenn die Rechtsprechung auch von einem bestehenden öffentlichen Rechtsverhältnis ausgeht, das gegen den Willen des Betroffenen beendet wird, BVerwG, 10. 12. 54, BVerwGE 1, 263 (264), oder dessen ordnungsmäßige Beendigung hinausgeschoben wird, BVerwG, 10. 12. 54, BVerwGE 1, 260 (261); a. A.: Küchenhoff, Dietrich, Wirksamkeit und Wirkung von Versetzungsrichtlinien, RWS 1964, 203, verkennt sie das Grundproblem.

[60]) Das übersieht Pöggeler, Der pädagogische Fortschritt und die verwaltete Schule, 1960, S. 58, in seiner Voreingenommenheit gegenüber Verwaltung und Parlament.

Kultusministers Zuständigkeit und Verfahren im Grunde gleichzubleiben scheinen und die von der Rechtsprechung entfalteten ungeschriebenen Rechtssätze hinlänglich die materiale Rechtmäßigkeit des Verwaltungshandelns garantieren. Dennoch sollte die vom Grundgesetz angeordnete Scheidung zwischen Verwaltungsverordnung und Rechtsverordnung nicht preisgegeben werden. Form- und Veröffentlichungszwang für den Erlaß von Rechtsverordnungen bestimmen die Grenze der Befugnisse; sie verdeutlichen die Verantwortlichkeit und erleichtern dem Parlament, sich erforderlichenfalls korrigierend einzuschalten. Die rechtliche Verdichtung des ohnehin unentbehrlichen Normenwerkes ist schließlich eine — freilich relative — Sicherung der Beständigkeit der Grundlinien der Schulpolitik über den Wechsel der Parteien hinweg.

In den neueren Schulgesetzen finden sich Ansätze, dem verfassungsrechtlichen Kodifikationsgebot zu entsprechen[61]).

Welche Lücken im einzelnen bleiben, kann hier nicht detailliert untersucht werden. Von allgemeinem Interesse aber ist die Frage nach den Rechtsfolgen der Nichterfüllung des Kodifikationsgebotes. Die Annahme, das Gewohnheitsrecht, das Auf-

---

[61]) So werden z. B. besonders einschneidende Maßnahmen, wie der Ausschluß von der Schule und die Überweisung in eine Sonderschule, z. T. in den einschlägigen Gesetzen selbst geregelt, so § 20 Nds. SchG; anders dagegen Rh.-Pf., das sich eine Hilfsschulordnung durch Erlaß gegeben hat (vgl. ABl. 1957 S. 51); Einzelheiten bei H e v e k e r l, Die Einweisung in die Hilfsschule, 1962. Es fehlt auch nicht an Ermächtigungen zum Erlaß von Rechtsnormen. Rechtsstaatlich vorbildlich scheint das Bad.-Württ. Gesetz zur Vereinheitlichung und Ordnung des Schulwesens vom 5. 5. 1964 — GBl. S. 235 — zu sein. Welche Gesetze und Ermächtigungen dem Kodifikationsgebot genügen, kann hier nicht detailliert untersucht werden. Der Landesgesetzgeber ist an den Grundgedanken des Art. 80 I, Satz 2 GG gebunden, auch wenn der Landesverfassung eine derartige Vorschrift fehlt; vgl. M a u n z - D ü r i g , Art. 80 GG, Randn. 19; H a u e i s e n , Öffentlich-rechtliche Vorfragen im Zivilprozeß, NJW 1953, 121 ff. (122, Fußn. 8); H a m a n n , Das Grundgesetz, 2. Aufl. 1960, Art. 80 Anm. 4; S c h a c k , Die gesetzesvertretenden Verordnungen, DÖV 1962, 652 ff. (654); ders., Ausführungsverordnungen und gesetzesergänzende Verordnungen, JZ 1964, 252; S p a n n e r , Grundsätzliche Fragen des Verordnungsrechts, Bay.VBl. 1962, 225 ff.; a. A. Karl S c h m i d t , Zur Frage der Weitergeltung „vorkonstitutioneller" Ermächtigungen, NJW 1952, 1239 und B. W o l f f , Die Ermächtigung zum Erlaß von Rechtsverordnungen nach dem Grundgesetz, AÖR 78, 194 ff. (198). Nach der Theorie der Weimarer Verfassung genügte, wenn die Ermächtigung zum Erlaß von Rechtsverordnungen sich aus dem ganzen Zusammenhang eines Gesetzes ergab, J a c o b i , a.a.O., S. 244.

sichtsrecht des Art. 7 I GG oder die „immanente Ordnungsgewalt der Schule" ermächtige zum Erlaß von Rechtsverordnungen, erscheint unzulässig [62]), da sie zu einer Aufwertung der internen, dem Bürger gegenüber unverbindlichen Anordnung zur verbindlichen Rechtsnorm führen würde [62]).

Auch das BVerwG lehnt derartige Umdeutungen ab [63]). Dem rechtsstaatlichen Aspekt des Gesetzesproblems scheint es einen

---

[62]) So aber Jesch, a.a.O., S. 202, 234 ff. m. w. Nachw.; Thieme, JZ 1964, 85; der bay. Kultusminister stützte sich bei Erlaß der umfangreichen Schulordnung, die auch Schulstrafen, Schulausschluß und Elternpflichten umfaßt, auf die Schulartikel der bay. Verfassung, Art. 128 ff., die er in der Präambel zitierte. Schulordnung für die höheren Schulen in Bayern vom 17. 5. 1957, Bay. BSVK 2351, Schulordnung für die Mittelschulen in Bayern vom 29. 6. 1957, Bay. BS-VK 2543, obwohl Art. 55 Ziff. 2 S. 3 Bay. Verfassung zum Erlaß von Rechtsverordnungen eine besondere gesetzliche Ermächtigung verlangt, eine Feststellung, die der Bay. VGH später traf, 27. 2. 61, Nr. 120 I 57, RWS 1961, 331; dem Minister zustimmend: Walter, Gewohnheitsrechtliche Ermächtigung für allgemeine Anordnungen der Unterrichtsverwaltung, Bay.VBl. 1958, 260 ff.; mit Recht a. A.: Müller, Helmut, Verwaltungsvorschriften im Schulrecht, Diss. Würzburg, 1961, 135 ff. — Eine gesetzliche Ermächtigungsgrundlage zum Erlaß zukünftiger Schulordnungen für Bayern gibt neuerdings das Bay.EUG vom 9. 3. 1960 — GVBl. S. 19 —, Art. 5. — Es kann auch nicht aus der immanenten Ordnungsgewalt der Schule ein selbständiges Verordnungsrecht abgeleitet und die Schulordnung daher nicht als Satzung der Schule angesehen werden, so aber Reuter, Rechtsfragen um die Schulordnungen, Bay.VBl. 1956, 227 und 262 (230); wie hier dagegen Heckel, Die Grenzen der Schulgewalt, RDJ 1954, 3, ders., Heutiger Stand und künftige Aufgabe des Schulrechts, DÖV 1956, 585 ff. (586). Eine solche vom Kodifikationsgebot eximierte Gewalt findet in der verfassungsmäßigen Ordnung des Grundgesetzes keinen Raum, wie auch Werner seinen Vorschlag, die Prüfungsgewalt als eigenständige Gewalt den klassischen Gewalten zuzugesellen, mehr auf die Staatsweisheit nach dem Selbstverständnis des alten China gründet als auf verfassungsrechtliche Argumente, DVBl. 1952, 342; dagegen bereits BVerwG, 21. 1. 55, BVerwGE 2, 22 (25).

[63]) BVerwG, 1. 10. 63, NJW 1964, 1151 (1152): es bestehe kein Rechtssatz, der dies gestatte; vgl. BVerwG, 16. 5. 57, BVerwGE 5, 79 (81); 6. 7. 60, BVerwGE 11, 56 (59). Das BVerwG hat daher die Prüfungs- und die Versetzungsordnungen als Verwaltungsverordnungen behandelt: 10. 12. 54, BVerwGE 1, 263; 13. 5. 60, RDJ 1961, 206 (207) = RWS 1960, 88 ff.; 14. 6. 63 — VII C 68.62 —, BVerwGE 16, 154; 14. 6. 63 — VII C 44.62 —, BVerwGE 16, 150; a. A. VG Kassel, 15. 3. 56, 636; vgl. auch Rehmert, Die gerichtliche Nachprüfung der Handhabung schulischer Verwaltungsverordnungen, NJW 1957, 575 m. w. Nachw. und Brohm, a.a.O., S. 243, Anm. 68.

schlechten Dienst erwiesen zu haben, da eine Klage nur auf die Verletzung allgemeiner Gesichtspunkte — Rechtsstaatsprinzip und Gleichheitssatz — gestützt werden kann. Doch müssen Versuche, Lücken in der rechtsstaatlichen Ordnung mit gewagten Konstruktionen zu überbrücken, die notwendig umstritten und schwer handhabbar sind, auf weite Sicht die Rechtssicherheit gefährden. Dem demokratischen Aspekt werden solche Konstruktionen in keinem Falle gerecht, weil sie den trügerischen Eindruck des Wohlgeordnetseins erwecken und dadurch den Gesetzgeber anscheinend von der Verantwortung befreien. Daher sollte sich auch die Rechtswissenschaft damit begnügen, auf die Forderungen des Grundgesetzes hinzuweisen, die nur der Gesetzgeber erfüllen kann. Für den Komplex der Schul- und Prüfungsordnung bedeutet dies:

Vorkonstitutionelle Verwaltungsverordnungen bleiben in dieser Qualität aufrecht erhalten[64]). Die Obsorge für die Bereiche, deren Ordnung nicht den Forderungen des Grundgesetzes entspricht, obliegt der Verwaltung. Da sie mangels ausdrücklicher Ermächtigung nur Verwaltungsverordnungen erlassen kann, ist sie lediglich in der Lage, diese Bereiche vorläufig und notdürftig und mit den bekannten wenig befriedigenden Konsequenzen für die Rechtsstellung des Schülers zu ordnen. Die gebotene gesetzliche Grundordnung der Schule[65]) wird durch die Verwaltungsverordnung nicht ersetzt. Bei der Interpretation nachkonstitutioneller Ermächtigungen wird es statthaft sein, von der Notwendigkeit der Rechtsetzung verfassungskonform zu schließen, daß eine solche Ermächtigung zum Erlaß von Rechtsverordnungen befugt und ordnungsgemäße Veröffentlichung gebietet.

III. Die Beschlüsse der Kultusministerkonferenz

Die Einheit der Bildung und Bildungsorganisation über die Landesgrenzen hinweg fördert die Ständige Konferenz der Kultusminister der Länder. Von den bisher gefaßten über 1000 Beschlüssen geht reflexartig eine unitarische Wirkung aus, die landsmannschaftliche und regionale Besonderheiten verwischt; konfessionelle Fragen hingegen werden stets ausgeklammert. Betroffen ist vor allem die Kultusverwaltung, aber gelegentlich auch der Einzelne und auch der Landesgesetzgeber, wenn er vor die Alternative gestellt wird, eine komplexe Vereinbarung un-

---

[64]) Vgl. Bay. VerfGH, 16. 4. 64, DVBl. 1964, 485 (487 m. w. Nachw.).

[65]) Heckel, Schulverwaltung, in: Handbuch der kommunalen Wissenschaft und Praxis, Bd. 2, 1957, S. 110 (121); Heckel-Seipp, Schulrechtskunde, a.a.O., S. 277.

verändert zu übernehmen oder insgesamt zu verwerfen. Doch ist die KMK gegen Bedenken gesichert, ihre Tätigkeit sei mit der föderalen Struktur des Grundgesetzes unvereinbar, da sie keine rechtsfähige Verwaltungseinheit ist[66]), für ihre Beschlüsse das Prinzip der Einstimmigkeit, der Zustimmungsbedürftigkeit im Falle der Mitzuständigkeit anderer Landesstellen und der Umsetzung durch die Landesverwaltung gilt[67]). Daß diese Vorbehalte nicht nur leere Formeln sind, zeigt die Freiheit, mit der sich Bayern über die beschlossene Regelung des Schulbeginns hinweggesetzt hat[68]), mit der aber auch andere Länder das Normenwerk interpretieren und praktizieren. Wenn gelegentlich der Normbedarf der Verwaltung durch Rückgriff auf noch nicht verbindliche oder auf nicht transformierte Beschlüsse gedeckt wird, so geschieht dies doch zumindest mit stillschweigender Billigung des Kultusministers.

Die Beschlüsse lassen sich nach ihrer Zielsetzung wie folgt gruppieren:

1. Beschlüsse, die das innere Leben der KMK ordnen;
2. Beschlüsse, die der Bildung einer Meinung dienen, die von den Organen der KMK Dritten gegenüber vertreten werden soll;
3. Beschlüsse, die die Normsetzung und das Verwaltungshandeln der gliedstaatlichen Organe in den Ländern gleichrichten sollen[69]);

---

[66]) Für die Organisation des inneren Betriebs hat sich die KMK die Form eines eingetragenen Vereins „Verwaltung der Kultusminister-Konferenz e. V.“ gegeben, Beschl. vom 18. 11. 1955.

[67]) Geschäftsordnung gem. Beschl. vom 20. 1. 1956, A I 2 und 5. Vgl. auch Klein, Verfassungsrechtliche Grenzen der Gemeinschaftsaufgaben, in: Gemeinschaftsaufgaben zwischen Bund, Ländern und Gemeinden, Schriftenreihe der Hochschule Speyer, Bd. 11, 1961, S. 125 (156 ff. m. w. Nachw.); Maunz, Kulturhoheit der Länder, in: Presseveröffentlichungen über den Bundesrat Nr. 126 vom 20. 3. 1961, S. 2—18.

[68]) Abkommen zwischen den Ländern der Bundesrepublik zur Vereinheitlichung auf dem Gebiete des Schulwesens (Düsseldorfer Abkommen) vom 17. 2. 1955 und Bay. Bekanntmachung über den Übertritt von Schülern höherer Schulen und Mittelschulen aus anderen Ländern der Bundesrepublik vom 8. 9. 1956; KMBl. S. 142 = Bay. BSVK S. 2053; § 3 Bay. SchulpflichtG vom 15. 1. 1952 (GVBl. S. 11) i. d. F. v. 24. 7. 1959 (GVBl. S. 210); vgl. jetzt aber die Neufassung des Länderabkommens, beschlossen in Hamburg am 28. 10. 1964.

[69]) In diese Gruppe gehört auch die Anerkennung von deutschen Schulen und von Prüfungsleistungen im Ausland, die als gleichlau-

4. Beschlüsse, die die Verbindlichkeit der Maßnahmen der Länder über die Gebietsgrenzen hinweg begründen sollen und insoweit die Länder gegenseitig verpflichten.

Auf die Beschlüsse der ersten und zweiten Gruppe ist nicht einzugehen. Die Beschlüsse der dritten und vierten Gruppe begründen ein öffentlich-rechtliches Verhältnis zwischen den Ländern[70]). Inhalt der Pflicht ist jedoch nur das vereinbarungsgemäße Handeln der Verwaltungsorgane im Bereich ihrer Zuständigkeit[71]). Grundsätzlich sind die Beschlüsse daher Verwaltungsabkommen über Materien des Schulrechts, deren verfassungsrechtliche Zulässigkeit und Verbindlichkeit generell angenommen werden darf[72]) — soweit sie nicht als Empfehlungen sich damit begnügen, durch die Formulierung des Sachverstandes zu wirken[73]).

Die Vereinbarung kommt nach der Geschäftsordnung der KMK wirksam zustande, wenn sie einstimmig von den Kultusministern beschlossen ist und die Zustimmung der beteiligten Landesstellen in allen Ländern vorliegt. Die Beschlüsse können mangels Kündigungsklauseln[74]) nur durch einstimmigen contrarius actus aufgehoben werden, wenn nicht allgemeine vertragsrechtliche Gründe zur Unwirksamkeit führen. Doch widerspricht eine solche Betonierung der Kulturpolitik und die Bindung des Kultusministers und seiner Nachfolger auf unabsehbare Zeit dem Charakter der KMK, die sich als Arbeitsgemeinschaft versteht, die auf sanktionslose und freiwillige Kooperation und Koordination angewiesen ist. Auch fehlt den Beschlüssen der Rechtswert, der es gebieten würde, die Länder auch

tende Erklärungen über die innerstaatliche Tatbestandswirkung von Ereignissen im Ausland verstanden werden können, vgl. z. B. Ordnung der deutschen Reifeprüfung im Ausland vom 5. 8. 1954.

[70]) Zum Verfahren vgl. Schneider, VVDStRL 19, 11 ff.

[71]) Schneider, a.a.O., S. 20.

[72]) Friauf, Zur Problematik des verfassungsrechtlichen Vertrages, AÖR 1963, 257 (292 m. w. Nachw.).

[73]) Ob es sich lediglich um eine Empfehlung handelt, wäre jeweils durch Auslegung zu ermitteln, die durch die Terminologie der Beschlüsse nicht erleichtert wird, z. B. will die KMK mit „Richtlinien" betr. die Anerkennung von Reifezeugnissen und anderen Bildungsnachweisen aus der sowj. Besatzungszone vom 17./18. 5. 1956 die Aufnahme von Abiturienten „regeln".

[74]) Eine Kündigungsklausel sieht aber z. B. das Abkommen zur Vereinheitlichung auf dem Gebiete des Schulwesens vom 17. 2. 1955 in § 19 vor (= § 22 der Hamburger Neufassung vom 28. 10. 1964); auch einzelne Beschlüsse der Gruppe 1 enthalten Kündigungsklauseln.

gegen ihren präsenten Willen zum Schutze der Interessen der Kontrahenten oder eines konkreten Vorhabens an der Vereinbarung festzuhalten. Soweit Belange Dritter, z. B. Inhaber von schulischen Berechtigungen, in Betracht kommen, wird mit den Rechtsgrundsätzen des Vertrauensschutzes und des Verbotes des venire contra factum proprium Abhilfe zu geben sein. Inhalt der Beschlüsse sind vielmehr Absprachen über zukünftiges Handeln nach gleichem Maß im Rahmen des Zweckmäßigen und Möglichen, das wie alles konkrete Verwaltungshandeln im Flusse der Zeit steht.

Daher ist die Annahme gerechtfertigt, ein Land könne sich von einem Beschluß lossagen, ohne daß der Beschluß selbst dadurch unwirksam werde. Grenze der Befugnis ist die Pflicht des Landes zu bundesfreundlichem Verhalten und zur Rücksichtnahme auf die Interessen der anderen Länder, die auf die korrekte Erfüllung der Vereinbarung vertrauen sollen, damit ihr eigenes Handeln sinnvoll wird.

Damit ist die rechtliche Struktur der Verwaltungsabkommen nur grob skizziert. Sie können fester binden, sie können aber — wie die Empfehlungen, Richtlinien und Rahmenvereinbarungen — noch weitmaschiger sein. Das Prinzip der Einstimmigkeit der Beschlüsse gibt den Partnern der Vereinbarung freie Hand und verbietet dem Interpreten zugleich, ohne Ansehen des konkreten Vertrages differenzierte Aussagen zu wagen[74a]).

Wenn es richtig ist, daß die Beschlüsse nur eine lose Bindung bewirken, dann gefährdet die Koordination der Verwaltung durch die KMK nicht das Verteilungsprinzip zwischen Verwaltung und Gesetzgebung. Doch dürfte das Verfahren der KMK schwerfälliger werden, wenn die Landesgesetzgeber das verfassungsrechtliche Kodifikationsgebot erfüllen.

Mit Aufmerksamkeit werden die Versuche zu verfolgen sein, den Bund in die Bildungsorganisation einzubeziehen, um trotz fehlender Bundeskompetenz den Verflechtungen der Bundesinteressen mit der Bildungspolitik Rechnung zu tragen. Daß der schulpolitische Sachverstand und die Träger der Verwaltungskompetenzen in Bund und Ländern diskutieren und ihre Planungen koordinieren, ist selbstverständlich[75]); daß für dieses

---

[74a]) Zum Beispiel ist die Empfehlung zur Förderung der Leibeserziehung in den Schulen vom 24. 9. 1956 eine gemeinsame Erklärung der KMK, der kommunalen Spitzenverbände und des Präsidenten des deutschen Sportbundes; sie wendet sich an die Kultusminister, aber auch bittend an die Gemeinden und Sportverbände.

[75]) v. Mutius, Über Stand und Aufgaben der Bildungsplanung, RWS 1964, 257; Erbe, Bildungsplanung — warum und wie? Die

Vorhaben Institutionen geschaffen werden müssen, ist eine Folge des Perfektionismus und der Ressortversteifung in der modernen Verwaltung.

Es ist nicht ersichtlich, daß diesen Gremien Entscheidungskompetenzen der Gliedstaaten übertragen werden sollen. Dennoch wird von der zentralen Planungsvorbereitung ein — auch beabsichtigter — homogenisierender Effekt ausgehen, der die Initiative des Kompetenzträgers auch gegen seinen Willen einengt. Eine solche Unterwerfung unter die zentrale Planungsdiskussion ist jedoch nur auf dem Boden grundsätzlicher Einigkeit real vorstellbar, d. h. solange es der Planungszentrale gelingt, aktuelle und politisch gewichtigere Streitfragen zwischen den Beteiligten auszuklammern und überzeugungskräftige Sachproblemlösungen zu entwickeln. Die zentrale Instanz wird sich daher damit begnügen müssen, den auf gemeinsamen Überzeugungen beruhenden Willen zu formulieren, die Sache selbst ihre Schwerkraft entfalten zu lassen und dazu beizutragen, Hindernisse auf dem Weg zur Realisierung des Notwendigen einzuebnen.

IV. Gemeinde und Staatsverwaltung

Deutscher Tradition folgend ist auch heute die Gemeinde in aller Regel Schulträger, d. h. verantwortlich für Bau und Unterhaltung der öffentlichen Schule und den gesamten äußeren Schulbetrieb. Die inneren Schulangelegenheiten dagegen werden ausschließlich als staatliche Angelegenheiten angesehen, deren Wahrnehmung allerdings kommunalen Organen übertragen werden kann. Ungeachtet der großen historischen Verdienste der Kommunen, insbesondere der Städte um den Ausbau der Schule[76]), ungeachtet auch der kulturellen und kommunalpolitischen Bedeutung der Schule für die örtliche Gemeinschaft, hat die Gemeinde dem Staat viel Terrain überlassen müssen[77]) — am augenfälligsten in ihrem Verhältnis zum Lehrer, über den der Staat heute die Personalhoheit in Anspruch nimmt, von reinen Kommunalschulen abgesehen. Geblieben sind der

---

Deutsche Universitätszeitung, 1964, 12; Carl-Heinz Evers, Bildungsplanung und Bildungspolitik, Deutsche Universitätszeitung, 1964, 15; Martin, Bildungsplanung — Wünsche und Erfordernisse, Die Deutsche Universitätszeitung, 1964, 18; Scheuner, Bildungsplanung und ihre Rechtsgrundlagen, DÖV 1965, 541 (544: zu Bundeskompetenzen).

[76]) Heckel, Die Städte und ihre Schulen, 1959, S. 21 ff.

[77]) Die Entwicklung im 19. Jh. verlief entgegengesetzt, Landé, a.a.O., S. 152.

Gemeinde, die noch zu Beginn dieses Jahrhunderts meist die Lehrer selbst bestellte[78]), Mitwirkungsrechte unterschiedlicher Konstruktion und Tragweite. Das verbindliche Vorschlagsrecht der Gemeinde, wie es NRW vorsieht, ist jedoch nach einer Entscheidung des VerfGH NRW verfassungswidrig, weil es die Wahrnehmung der Personalhoheit des Staates der parlamentarischen Verantwortlichkeit der Regierung entzieht[79]). Allerdings berücksichtigt der VerfGH nicht, daß parlamentarische Verantwortung nur ein Prinzip ist, dessen Durchbrechung die Garantie des Selbstverwaltungsrechts der Gemeinde gestatten könnte, zumal das Vorschlagsrecht der Gemeinde sachlich lediglich eine andere juristische Form des geschichtlich gefestigten[80]) Zusammenwirkens von Staat und Gemeinde bei der Lehrerberufung ist und seine Wahrnehmung, in das öffentliche Gefüge eingeordnet[81]), der staatlichen Aufsicht unterliegt.

Für die Zukunft wird nicht mit einem Ausbau der Mitwirkungsbefugnisse zu rechnen sein, da ihre sachgemäße Wahrnehmung erschwert ist durch den akuten Lehrermangel, den gelegentlich begrenzten Horizont kommunaler Interessen an einem bestimmten Lehrer und die Problematik, die mit der Erörterung der persönlichen Verhältnisse des Lehrers durch die Gemeindegremien verknüpft ist[82]). Wenigstens für die Bestel-

---

[78]) Zu Beginn dieses Jahrhunderts war die Gemeinde bei der Berufung ihrer Lehrer lediglich durch den staatlichen Bestätigungsvorbehalt als formellen Anstellungsakt beschränkt; ältere Patrimonialrechte, die Befugnisse der Schulen gründenden Kommunen waren erhalten geblieben, staatliche Befugnisse, wie aus Art. 24 der preuß. Verfassung, den Magistraten überlassen. Selbst die kleineren Gemeinden hatten ein Wahlrecht zwischen staatlich bezeichneten Bewerbern, Landé, a.a.O., S. 163 und 419 m. w. Nachw. Zu dem bekannten Meinungsstreit, ob die Lehrer in Preußen Staats- oder Kommunalbeamte seien, vgl. Landé, a.a.O., S. 160 ff. und die zusammenfassende Darstellung von Heckel, Schulverwaltung, in: Handbuch der kommunalen Wissenschaft und Praxis, Bd. 2, (1957), S. 110 (147).

[79]) E vom 23. 2. 1963, DÖV 1963, 382; Gronwald, Die Mitwirkung kommunaler Schulträger bei der Besetzung von Lehrerstellen in NRW, RWS 1963, 193; Görg, Probleme des Lehrerwahlrechts der Gemeinden und Gemeindeverbände, ZBR 1964, 41 ff.

[80]) Zum Gewicht dieses Arguments vgl. BVerfG, 26. 11. 63, NJW 1964, 491 (492).

[81]) Daher unvergleichbar mit der Entscheidung des BVerfG vom 27. 4. 59, BVerfGE 9, 268, auf die sich der VerfGH beruft; so auch Görg, a.a.O., S. 43.

[82]) Heckel, Das neue Schulverwaltungsgesetz in Hessen, RWS 1961, 289 (292).

lung des Schulleiters erscheint es jedoch sachgerecht, ein verbindliches Anhörungsrecht der Gemeinde vorzusehen, da der Schulleiter auf das kulturelle Leben der örtlichen Gemeinschaft wesentlichen Einfluß nehmen kann und der Schulträger ihm das Hausrecht und die weisungsgebundene Verwaltung des Schulvermögens anvertraut[83]).

Die kleineren Gemeinden verlieren ihre einklassigen und womöglich auch ihre wenig gegliederten Schulen ganz oder teilweise an den Schulverband, in den sie die Staatsaufsicht zwingen kann, die mit den jüngsten Schulverwaltungsgesetzen ausreichende Handhaben erhalten hat[84]). Die größere Gemeinde aber hat die wachsenden sächlichen Bedürfnisse des anspruchsvoll gewordenen pädagogischen Betriebs zu erfüllen, der großzügig bemessenen Schulraum in moderner Bauweise, kostspielige Lehrmittel, Film und Fernsehen und vielleicht demnächst die Lehrmaschine als erforderlich ansieht[85]). In einigen Ländern kann die Staatsaufsicht selbst die Errichtung von Mittelschulen und Gymnasien[86]) — bislang Musterfall der freiwillig übernommenen Selbstverwaltungsangelegenheiten — anordnen.

Da die Erfordernisse der inneren Schulangelegenheiten weitgehend Dimension und Gestalt der äußeren Schulangelegenhei-

---

[83]) So § 46 Hess. SchVG vom 28. 6. 1961 — GVBl. S. 87; in Bad.-Württ., Bay. und Rh.-Pf. ist eine Mitwirkung des Schulträgers überhaupt nicht mehr vorgesehen; Schl.-H. kennt noch ein Wahlrecht des Schulträgers aus einem Dreiervorschlag der Schulaufsichtsbehörde, § 48 SchUVG vom 28. 3. 1957 — GVBl. S. 47.

[84]) § 12 Hess. SchVG; § 7 Nds. SchVG; § 15 Bad.-Württ. SchVOG; § 7 Rh.-Pf. Volksschulgesetz i. d. F. vom 1. 7. 1964; vgl. auch § 41 Saarl. Schulordnungsgesetz vom 5. 5. 1965 (ABl. S. 385).

[85]) Der bekannte Satz von Anschütz, Die Verfassungs-Urkunde für den Preußischen Staat, Bd. I, 1912, Art. 23, Anm. 3, der Träger der äußeren Schulverwaltung „baut wörtlich und bildlich der Schule das Haus, Herr im Hause aber ist der Staat" gilt heute mit dem Zusatz, daß der Staat auch bestimmt, ob und wie das Haus zu bauen und was hineinzustellen sei; vgl. die materialreichen Sammelbände „Lehrmaschinen in kybernetischer und pädagogischer Sicht", Bd. 1, 1963; Bd. 2, 1964, Herausgeber Helmar Frank; J. Richter, Wissensvermittlung und Examensvorbereitung durch Lehrmaschinen, JZ 1965, 311 m. w. Nachw.

[86]) § 13 Hess. SchVG; § 5 Nds. SchVG; § 15 III Schl.-H. SchUVG; vgl. auch § 10 NRW SchVG, der eine Errichtungspflicht im Falle ministerieller Anordnung begründet. Selbstverwaltungsaufgabe ist die Errichtung dieser Schulen noch in Bayern, Rheinland-Pfalz und im Saarland, vgl. Heckel-Seipp, Schulrechtskunde, a.a.O., S. 79.

ten bestimmen[87]), bleiben dem kommunalen Schulträger daher im wesentlichen nur Initiativ- und Mitspracherechte, die Freiheit zur Bestimmung der Fassade, des pädagogisch unerheblichen Details und der zusätzlichen Leistung, mit der die wohlhabende Gemeinde heute meist nicht kargt. In gewissen Grenzen — und unter dem Einfluß der staatlichen Fondsverwaltung — hat die Gemeinde noch die Freiheit zum ersten Schritt bei der Gründung weiterführender Schulen und Fachschulen. Einmal begründet, unterliegt aber auch die aus freier Initiative entstandene allgemeinbildende Schule, selbst wenn sie in der Form der rein kommunalen Schule betrieben wird, der gleichen staatlichen Aufsicht wie das sonstige Schulwesen[88]).

Diese durch die Staatsaufsicht hergestellte Einheit der Bildungsorganisation kann die Gemeinde auch nicht mit Hilfe der Fiskustheorie durchbrechen. Es wird zwar die Ansicht vertreten, die Gemeinde sei aus Art. 7 IV, 19 III GG berechtigt, Privatschulen zu betreiben, die nur der geminderten staatlichen Aufsicht über die Privatschule unterliegen würden[89]). Aber es ist zu bedenken, daß die Privatschulfreiheit des Art. 7 IV GG dem Elternrecht verknüpft ist und daher ihrem Wesen nach der Kommune als primär berufenen Trägerin der öffentlichen

---

[87]) So verlangt z. B. Nds., daß Schultafeln nicht schwarz sein dürfen, Ziff. 4 Raumprogramm für Volksschulen, Erl. vom 3. 10. 56, Nds. MBl. S. 845; Hess. verlangt, daß das Arbeitszimmer des Schulleiters dem Pausenhof zugewandt, das Zimmer der Lehrer aber ihm abgewandt sein solle, Ziff. 4. 5.2 und 4.5. 6 der Schulhausrichtlinien, Erl. Md I vom 22. 8. 1963 — StAnz. S. 1059, gestützt auf § 7 II Bauaufsichtsgesetz vom 6. 3. 1954 — GVBl. S. 21 — und §§ 55 I Nr. 7, 59 Hess. Bauordnung vom 6. 7. 1957 — GVBl. S. 101, also baupolizeiliche Vorschriften, die nicht alle der Schulbauvorschriften tragen dürften, aber durch das Einvernehmen mit dem Hess. Kultusminister abgesichert werden.

[88]) Pr. OVG 21, 33 (39 f.); BVerwG, 31. 1. 64, BVerwGE 18, 38; a. A. Peters, Der Städtetag, 1952, S. 99 ff.; vgl. auch Heckel, Schulverwaltung, in: Handbuch der kommunalen Wissenschaft und Praxis, a.a.O., S. 148 ff.

[89]) Landé, a.a.O., S. 13; Heckel, Handbuch, a.a.O., S. 159; ders., Deutsches Privatschulrecht, 1955, S. 44, 216; ders. hält die Gründung privater *Volks*schulen jedoch ebenfalls für unzulässig, sie wäre eine Umgehung der Bestimmungen über die Errichtung öffentlicher Volksschulen und auch mit Art. 7 V GG unvereinbar, a.a.O., S. 216, 292; Hochstetter, Noch einmal: Schule und Schulträger, Schulaufsicht und Schulverwaltung, RWS 1962, 6 (8); Gönnenwein, Gemeinderecht, 1963, läßt eine Berufung auf Art. 19 III GG nicht zu, S. 42, erachtet aber bereits bestehende Privatschulen als zulässige Gemeindeeinrichtungen, S. 208.

Schule unzugänglich ist. Auch ist es unvorstellbar, wie die zur weltanschaulichen Neutralität verpflichtete und auf die Angelegenheiten der örtlichen Gemeinschaft beschränkte Gemeinde weltanschauliche Besonderheiten soll pflegen können und aus welchem Sachgrunde die Gemeinde sollte zu Sonderentwicklungen und Experimenten berechtigt werden, denen die Staatsaufsicht in der Bildungsorganisation keinen Raum gibt. Die neuen Schulgesetze versperren daher mit gutem Grunde durch ihre Definition des Begriffs der öffentlichen und der privaten Schule der Gemeinde den Ausweg in die Privatschule[90]), und es dürfte daher der Gemeinde auch versagt sein, über das im Gesetz geregelte Maß Privatschulen zu subventionieren, um Bildungsaufgaben wahrnehmen zu lassen, die sie selbst nach Form oder Inhalt nicht wahrnehmen darf[91]). Dagegen bestehen keine Bedenken gegen kommunale Privatschulen auf den Unterrichtsgebieten, die nicht oder noch nicht in einer einheitlichen Bildungsorganisation stehen, wie Abendschulen und Verwaltungsschulen.

Insgesamt ist der äußere Befund mithin für die Gemeinde wenig erfreulich. Daß die Landesgesetzgeber die in der früheren Entwicklung angelegten Linien fortgezogen und die äußeren Schulangelegenheiten den Gemeinden als Selbstverwaltungsaufgabe[92]) überlassen haben, scheint sie mehr optisch als praktisch zu begünstigen. Denn an die Stelle des Anforderungsverfahrens nach preußischem Recht[93]) sind zwar Maßnahmen der Kommunalaufsicht[94]) oder der Sonderaufsicht[95]) getreten, aber

---

[90]) § 7 I Hess. SchVG, § 1 Hess. Privatschulgesetz; § 36 NRW SchOG; § 2 Nds. SchG v. 14. 9. 1954 — GVBl. S. 89; § 1 Nds. SchVG; § 1 I Saarländisches Privatschulgesetz v. 30. 1. 1962 — ABl. S. 159; § 1 I Schl.-H.SchUVG v. 28. 3. 1957.

[91]) Anders dagegen die Schulpolitik der Südstaaten von Nordamerika, Loewenstein, Verfassungsrecht und Verfassungspraxis der Vereinigten Staaten, 1959, S. 606.

[92]) § 43 Hess. SchVG; eigener Wirkungskreis: § 2 Nds.SchVG; Pflichtaufgabe der gemeindlichen Selbstverwaltung: § 27 Bad.-Württ. SchVOG; Art. 7 II Bay. EUG; § 1 II Brem. SchVG v. 31. 1. 1950 — GBl. S. 21; § 3 Rh.-Pf. Volksschulgesetz; § 40 Schl.-H. SchUVG; Einzelheiten bei Heckel, Handbuch, S. 134; zurückhaltend auch Hochstetter, Schule und Schulträger, Schulaufsicht und Schulverwaltung, RWS 1960, 39.

[93]) Landé, a.a.O., S. 200 und 361 ff.

[94]) §§ 14 II, 20 Bad.-Württ. SchVOG; §§ 10, 17 III Nds. SchVG; § 14 II NRW SchVG v. 3. 6. 1958 — GVBl. S. 241; § 55 III u. IV Rh.-Pf. Volksschulgesetz.

[95]) § 16 I Ziff. 5 Bad.-Württ. SchVOG; § 49 II Ziff. 3 Hess. SchVG; § 50 Ziff. 1 Rh.-Pf. Volksschulgesetz.

die Ermessensbildung der Gemeinde bleibt weiterhin erheblich durch Feststellungs- und Genehmigungskompetenzen der staatlichen Instanzen beschränkt.

Immerhin wird der staatlichen Befehlsgewalt ein Limit gesetzt, das aus politischen Gründen Aussicht auf Bestand haben dürfte. Für das Verhältnis der Verwaltung zur Gemeinde bedeutet das zwar nicht, die Gemeinde dürfe wieder in höherem Maße Eigenleben auf dem Schulsektor neben, außerhalb oder sogar gegen die Staatsverwaltung entfalten. Die Forderung nach Einheit der Bildungsorganisation dürfte sich gegenüber einem solchen — und nicht nur auf dem Gebiet der Schulverwaltung — überholten Verständnis kommunaler Selbstverwaltung durchsetzen. Wohl aber ist dadurch potentiell und in einigen Landesverwaltungen auch schon aktuell ein Stilwandel eingeleitet worden. Staats- und Kommunalverwaltung tragen gemeinschaftlich die Verantwortung für die Schule. Die Kompetenzausübung, wie auch immer im einzelnen die Zuständigkeiten verteilt werden, bezieht sich auf den einen Organismus der Schule. Daher sind äußere und innere Schulangelegenheiten[96]) nahezu regelmäßig

---

[96]) Die nach dem Vorbild der Unterscheidung der Externa und Interna des Kirchenrechts, A n s c h ü t z, Die Verfassungs-Urkunde für den Preuß. Staat, Bd. I, 1912, Art. 24, Anm. 4, S. 455, in der Städteordnung von 1808 eingeführte Abgrenzung staatlicher und kommunaler Befugnisse ist vielfach als willkürlich, sachfremd und unklar kritisiert worden. Die Kritik verliert aber sehr an Überzeugungskraft, wenn man bedenkt, daß sie mit bestimmter, gegen die Kooperation von Staat und Gemeinde gerichteter Zielsetzung vorgetragen wird. So diente sie P r e u s s zur Begründung der These, die Schulverwaltung sei ausschließlich kommunale Angelegenheit, die Verwaltungspraxis der Reaktionszeit habe den wahren Sinn der Städteordnung durch die willkürliche und schädliche Trennung der Schulkompetenzen zwischen Staat und Stadt verfälscht, Hugo P r e u s s, Zum Recht der städtischen Schulverwaltung, AÖR (1906) 20, 230 ff.(236); ders., Das Recht der städtischen Schulverwaltung in Preußen, 1905, S. 11, so aber auch noch M e y e r h o f f, Leitfaden zum Schulrecht, 1950, S. 22. L a n d é dagegen, a.a.O., S. 26 und 153 hält die Abgrenzung für überflüssig, weil Schulverwaltung Staatssache sei und der Gemeinde daher nur einzelne überkommene oder ausdrücklich zugewiesene Befugnisse zustehen könnten, die Vermutung aber für die Bestimmungsgewalt des Staates spreche; ähnlich auch P e t e r s, Grenzen der kommunalen Selbstverwaltung in Preußen, 1926, S. 213; anders jedoch ders., Die höhere Schule als Gemeindeeinrichtung, Der Städtetag, 1952, 99 ff. (101): Vermutung spricht für die Gemeinde, jedenfalls die kommunale höhere Schule sei kommunale Einrichtung, über die der Staat disponiere; ders., Lehrbuch der Verwaltung, 1949, S. 404: Schulangelegenheiten seien Auftragsangelegenheiten.

nur finanzielle, organisatorische und pädagogische Aspekte einer Verwaltungsaufgabe, die sachgemäß nur in einem partnerschaftlichen Verhältnis wahrgenommen werden kann.

Schulträgerschaft der Kommune in einem solchen partnerschaftlichen Verhältnis ist mehr als eine höchst unrationelle Form des Finanzausgleichs zwischen Staat und Gemeinde. Schule ist vielmehr auch Angelegenheit der örtlichen Gemeinschaft, deren Kinder sie unterrichtet, deren kulturelles Leben sie mitgestaltet. Für Bau und Unterhaltung der Schule werden der Gemeinde hohe finanzielle Anstrengungen abverlangt, weitere legt sie sich selbst auf. Die Abgrenzung der Zuständigkeiten nach dem Katalog der inneren und äußeren Schulangelegenheiten wird daher aus der Perspektive des Art. 28 II GG zu korrigieren[97]) und aus dieser Sicht auch die staatliche Aufsicht über die Gemeinde einzuschränken sein. Daher sollte der Gemeinde die weisungsfreie Verwaltung der sächlichen Mittel überlassen bleiben, soweit es sich um örtlich bedingte und in ihrer Wirkung begrenzte Angelegenheiten handelt und sie selbst für die Mittelbeschaffung verantwortlich ist. Dazu gehört Finanzierung des Schulbetriebs, Bereitstellung, Pflege und Bewirtschaftung der Schulgebäude und ihrer Einrichtungen, Beschaffung und Ergänzung der erforderlichen Lehrmittel. Die Initiative gebührt auch der Gemeinde, soweit noch in Betracht kommt, die Schule am kulturellen Leben der Gemeinde zu beteiligen. Daß solche Aufgaben auch zugleich in einem überörtlichen Zusammenhang erscheinen, nimmt ihnen noch nicht ihre Zugehörigkeit zur örtlichen Gemeinschaftspflege[98]).

Die Staatsverwaltung dagegen wäre zuständig für alle Maßnahmen, die der Wahrung der Einheit und Qualität der Bildung dienen. Dazu rechnen die Organisation der Schule, die Gegenstände und Formen des Unterrichts, aber auch die Bestimmung der für den Schulbetrieb erforderlichen sächlichen Mittel. Fondsverwaltung nach Ermessen sollte nur dazu dienen dürfen, die tatsächlich finanzschwache Gemeinde zu unterstützen; doch ist es zuzugestehen, daß das System der Zuschüsse, die Staat und Gemeinde — z. T. auch noch gegenseitig — leisten,

---

[97]) Für eine engere, durch Art. 28 GG begrenzte Schulaufsicht: Perschel, Staatliche Schulaufsicht und kommunale Selbstverwaltung nach dem Grundgesetz, RWS 1962, 101; Hans- Joachim Schäfer, Öffentliche Schule, Staat und Gemeinde, RWS 1962, 193; vgl. auch Stephany, Staatliche Schulhoheit und kommunale Selbstverwaltung, 1964.

[98]) Werner Weber, Staats- und Selbstverwaltung in der Gegenwart, 1953, S. 49; Gönnenwein, a.a.O., S. 35.

nur in dem übergeordneten Zusammenhang einer Reform des Finanzausgleichs entzerrt werden kann.

Das partnerschaftliche Verhältnis zwingt, mehr als auf anderen Gebieten, zur Kooperation, zur Abstimmung der von Staats- und Kommunalverwaltung entfalteten Initiative. Geboten ist daher das Zwiegespräch mit gegenseitiger Anregung und gegenseitiger Rechtfertigung und das gemeinschaftliche Handeln in sachbezogener Verantwortung. Der Einsatz von staatlichen Zwangsmitteln ist — wie in allen Schulangelegenheiten — auch gegenüber der Gemeinde nicht zweckmäßig. Die optimale Zusammenarbeit setzt Vertrauen voraus, das auf der Überzeugung von der Notwendigkeit und Sinnhaftigkeit der der Gemeinde abverlangten Leistungen beruht.

Das Übergewicht der Staatsverwaltung bleibt bestehen. Aber es ist in zweifacher Weise begrenzt: durch das partnerschaftliche Verhältnis und durch die Ultima ratio der verwaltungsgerichtlichen Klage[99]), die der Gemeinde bei der Wahrnehmung von äußeren Schulangelegenheiten als Selbstverwaltungsaufgabe zusteht.

Die Organe der Staats- und Gemeindeverwaltung der unteren Instanz in einem gemeinsamen Schulamt zusammenzuführen, Koordination und Kooperation in dieser Weise institutionell zu formen[100]), ist nach diesen Überlegungen folgerichtig; weniger folgerichtig dagegen erscheint, das kommunale Organ für äußere Schulangelegenheiten mit der Aufsicht über die inneren zu betrauen, da einem solchen Organ dann der Gesprächspartner fehlt und zu besorgen ist, daß die staatliche Schulaufsicht in dem Sog kommunaler Interessen an Gewicht verliert. Für die Großstadt gelten jedoch Besonderheiten[101]).

V. Die pädagogische Freiheit des Lehrers

Wie man auch immer die Einheit der Bildungsorganisation perfektionieren mag — der Bildungsvorgang selbst ist ein höchst

---

[99]) Gönnenwein, a.a.O., S. 215 ff.; BVerwG, 28. 12. 57, BVerwGE 6, 101 steht nicht entgegen, da das BVerwG die Unzulässigkeit der Klage gegen eine schulaufsichtliche Maßnahme auf dem Gebiet der Auftragsverwaltung feststellte.

[100]) So § 17 Bad.-Württ. SchVOG; Art. 12 Bay. SchulaufsichtsG v. 14. 3. 1938 — Bay. BS II S. 582; § 46 Rh.-Pf. VSchG; § 37 Schl.-H. SchUVG; zu der differenzierten Regelung nach §§ 53, 54 Hess. SchVG vgl. Heckel, RWS 1961, 289.

[101]) So auch Heckel, Die Städte und ihre Schulen, S. 232, 234; ders., Handbuch, a.a.O., S. 164.

individueller Vorgang, bei dem sich der nur eine Schüler mit dem nur einen Lehrer in einer einmaligen Situation begegnen und der beim Lehrer neben dem didaktischen und fachlichen Wissen Verstehen und helfende Liebe, beim Schüler aber das Mittun voraussetzt[102]). Aber auch die Didaktik und das Bildungsgut widersetzen sich in gewissem Umfange der Vereinheitlichung durch Norm und Weisung, jedenfalls seitdem die verhältnismäßig einheitliche und unkomplizierte Pädagogik der Jahrhundertwende, die von dem Formalstufenmodell der Nachherbartianer bestimmt war, in Bewegung ist. Neue psychologische Erkenntnisse regten neue didaktische Methoden an, die nicht zu einer herrschenden Meinung zusammenfinden. Man ist sich über elementare Grundsätze einig, weiß aber auch, daß die Situationsbezogenheit des pädagogischen Vorganges auch situationsbezogene flexible Maßnahmen in einer erheblichen Variationsbreite fordert[103]). Der Relativierung der Didaktik entspricht die Auflockerung der Bildungspläne. Zwar werden die Maße und die Stellung des i-Punktes oft noch genauestens und — sit venia verbo — in föderaler Mannigfaltigkeit vorgeschrieben, für die Gemeinschaftskunde jedoch werden dem Lehrer oft nur einige Stichworte zur eigenverantwortlichen Auswahl gegeben. Aus der Eigengesetzlichkeit des Bildungsvorganges folgt daher eine gewisse Freiheit zur Bestimmung von Gegenstand und Methode des Unterrichts.

Aus einzelnen Grundrechten[104]) läßt sich ein Recht der pädagogischen Freiheit des Lehrers, die vom französischen Konvent

---

[102]) Kerschensteiner, Theorie der Bildung, 2. Aufl., 1928, S. 382: „Bildung ist ein eigen- und einzigartiges Gut, wie ein Kunstwerk, eine Wissenschaft, ein Staat. Das Material, an dem sie in die Erscheinung tritt, ist eine Individualität, die . . . gemäß ihrer Eigen- und Einzigartigkeit gebildet werden muß.“; Geiger, Die verfassungsrechtlichen Grundlagen des Verhältnisses von Schule und Staat, in: Geiger-Arndt-Pöggeler, Schule und Staat, 1959, S. 13 (32).

[103]) Kerschensteiner, a.a.O., S. 383; Josef Derbolav, Die gegenwärtige Situation des Wissens von der Erziehung, 1956; Nicklis, Was ist an der Arbeit des Lehrers meßbar, in: Material- und Nachrichtendienst der Arbeitsgemeinschaft Deutscher Lehrerverbände, Gewerkschaft Erziehung und Wissenschaft, 1963, Nr. 109, S. 10 ff. m.w.Lit.

[104]) Art. 5 III GG erfaßt nicht die pädagogische Freiheit, Heckel, Pädagogische Freiheit und Gehorsamspflicht des Lehrers, ZBR 1957, 217 ff.; Bettermann-Gössl, Schulgliederung, Lehrerbildung und Lehrerbesoldung in der bundesstaatlichen Ordnung, 1963, S. 76; das Recht des Lehrers nach Art. 7 III S. 3 GG, die Erteilung von Religionsunterricht abzulehnen, ohne beamtenrechtliche Konse-

erstmals dekretiert[105]), 1848 von den Lehrern gefordert wurde[106]), nicht ableiten. Das besagt aber nicht, der Lehrer müsse sich damit zufrieden geben, im 19. und beginnenden 20. Jahrhundert die Abhängigkeit von kirchlichen Verbänden, örtlichen Verwaltungen und privaten Auftraggebern mit der abstrakt rationalen staatlichen Herrschaft vertauscht zu haben. Denn sein Bildungsauftrag in einem freiheitlichen Staat ist, als sittlich selbständige Person sittlich selbständige Personen zu entfalten[107]). Eine freiheitliche Gestaltung des Unterrichtsbetriebes ist daher von der Verfassung geboten, wenn auch nicht eine spezifische individuelle oder kollektive Form der pädagogischen Freiheit.

In der Gegenwart ist die pädagogische Freiheit des Lehrers in den meisten Ländern ein — in seinem Umfange unterschiedlicher[108]) — Reflex, der sich aus Erlassen und der praktischen Handhabung der Schulleitung und Aufsicht ergibt[109]). Einen ge-

---

quenzen besorgen zu müssen, entschärft den Konflikt zwischen staatlicher (und kirchlicher) Weisung und Gewissensgebot auf dem Sektor des Religionsunterrichts. Es bietet aber keine abschließende Lösung, die es gestatten würde, für den Lehrer ein Sonderrecht zu entwickeln, das ihn aus der allgemeinen beamtenrechtlichen Gehorsamsbindung herausnimmt. Auf das Recht zur freien Entfaltung der Persönlichkeit kann sich der Beamte nicht im Bereich seiner dienstlichen Handlungen berufen, und auch der Hinweis auf den vom Lehrer im Unterricht geforderten Einsatz seiner geistigen und seelischen Kräfte, das persönliche Engagement, führt nur bedingt weiter, da von jedem Organwalter verlangt wird, „sich mit voller Hingabe seinem Beruf zu widmen", § 36 BRRG.

[105]) Art. 1 des Dekrets vom 19. 12. 1793: L'enseignement est libre; zur Mehrdeutigkeit dieser Formel: Spranger, Akademie-Abhandlungen, a.a.O., S. 22.

[106]) Spranger, Zur Geschichte der deutschen Volksschule, 1949, S. 44.

[107]) Spranger, Akademie-Abhandlungen, a.a.O., S. 34.

[108]) Die Effektivität wird in Frage gestellt von Hellmuth Bekker, Kulturpolitik und Schule, 1956, S. 55; Pöggeler, Der pädagogische Fortschritt und die verwaltete Schule, 1960, S. 20 ff.

[109]) Heckel, Pädagogische Freiheit und Gehorsamspflicht des Lehrers, ZBR 1957, 218; vgl. z. B. Erlaß Preuß. Minister für Wissenschaft, Kunst und Volksbildung vom 16. 3. 1921, der die Aufstellung von Lehrplänen für die Grundschule dezentralisiert und ihre Anpassung an die besonderen örtlichen Verhältnisse durch die Lehrpläne für die einzelnen Orte und Bezirke zuläßt, aber keine pädagogische Freiheit einräumt; anders dagegen die Denkschrift des Preuß. Ministeriums für Wissenschaft, Kunst und Volksbildung — Die Neuordnung des preuß. höheren Schulwesens, 1924, S. 17, die den Richtliniencharakter der Lehrpläne betont und feststellt, daß da-

wissen Abschluß hat die Entwicklung in Hessen[110]) und Baden-Württemberg[111]) gefunden, deren Schulgesetze die Verantwortung des Lehrers für die Erziehung und Bildung der Schüler feststellen und, da Verantwortung sinnvoll nur dem auferlegt werden kann, dem Entscheidungsfreiheit zusteht, die pädagogische Freiheit des Lehrers konstituieren.

Die Verantwortung des Staates für die Einheit der Bildung und für eine sachgerechte und gleiche Bildung und Erziehung des Schülers wird durch diese Vorschriften nicht eingeschränkt, da die pädagogische Freiheit und Verantwortung des Lehrers nur im Rahmen der für ihn geltenden Vorschriften und Anordnungen besteht und er verpflichtet bleibt, die allgemein anerkannten Grundsätze der wissenschaftlichen Pädagogik und Psychologie bei der Gestaltung des Unterrichts zu beachten.

Das Verhältnis der Schulbürokratie zum Lehrer wird mithin nicht aus dem allgemeinen Beamtenrecht und den dort begründeten Gehorsamspflichten herausgenommen oder sonst grundsätzlich umgestaltet, vielmehr um das Prinzip der ausdrücklich anerkannten pädagogischen Freiheit ergänzt. Jedenfalls in Hessen und Baden-Württemberg kann daher nicht mehr einseitig vom Direktionsrecht des Staates her argumentiert werden; jede Ermächtigung zur Normsetzung, jede Anweisung der Verwaltung und der Schulbehörde ist unter Berücksichtigung dieses

---

durch die Freiheit des einzelnen Lehrers gewährleistet sei, da er in Arbeitsgemeinschaften seine besonderen Begabungen und Fähigkeiten entwickeln könne; der Richtliniencharakter der Bildungspläne wird auch gegenwärtig in den Ministerialerlassen immer wieder betont: vgl. z. B. Nds. Kultusminister, Erl. III 4737/51, abgedruckt bei Buchheim-Gläss, Schulrecht in Niedersachsen für Volks- und Mittelschulen, 2. Aufl., 1955, S. 158; Runderlaß Rh.-Pf. Minister für Unterricht und Kultus vom 29. 3. 1957, abgedruckt bei Nicklis, a.a.O., S. 12; in Bayern wird nur die Freiheit der Methode gewährt: Bekanntmachung über den Bildungsplan für die bay. Volksschulen vom 27. 9. 1955, KMBL. S. 425 = Bay. BSVK S. 1699, 1707; die „Empfehlungen an die Unterrichtsverwaltungen der Länder zur didaktischen und methodischen Gestaltung der Oberstufe der Gymnasien i. S. der Saarbrückener Rahmenvereinbarung“, Beschluß der KMK vom 28./29. 9. 61 II Ziff. 6, empfehlen, den verbindlichen Teil des Lehrstoffs so zu beschränken, daß er in etwa der Hälfte der verfügbaren Unterrichtsstunden bewältigt werden kann.

110) § 45 II Hess. SchVG.

111) § 22 II Bad.-Württ. SchVOG; so jetzt auch § 37 des Saarl. SchOG vom 5. 5. 1965 (ABl. S. 385). Eine unklare Zwischenlösung bringt § 14 III Ziff. 2 NRW SchVG, durch den die Aufsichtsorgane verpflichtet werden, die „pädagogische Selbstverwaltung“ zu pflegen.

Prinzips zu interpretieren, das gebietet, Raum zur Entfaltung pädagogischer Initiative zu belassen. Bildungspläne und Stundentafeln müssen daher als Rahmenvorschriften verstanden werden, die der Lehrer der geistigen und pädagogischen Situation der Schule und des Schülers, aber auch seinen eigenen Fähigkeiten anzupassen hat. Das Prinzip gilt auch gegenüber dem Schulleiter und der Konferenz. Ihre Kompetenz, das Schulleben zu ordnen und ggf. die ministeriellen Richtlinien durch Arbeitspläne zu konkretisieren, bleibt zwar erhalten. Doch kann die Einheit der Bildung innerhalb der einzelnen Schule im pädagogischen Bereich nur auf kollegiale Formen der Willensbildung gegründet werden.

Die der pädagogischen Freiheit angemessenen Lenkungsmittel dagegen sind der Rat, die Ermunterung, die Warnung. Das Weisungsrecht der Schulaufsichtsbehörde und des Schulleiters ist — soweit es sich nicht um die äußere Ordnung des Schulbetriebes handelt — auf diejenigen Maßnahmen beschränkt, die zur Aufrechterhaltung der Einheit und Qualität der Bildung in der Mannigfaltigkeit der Verwirklichungsmöglichkeiten erforderlich sind. Als Ultima ratio ist das Weisungsrecht zur Abstellung von Mißständen und bei der Ausbildung von Lehrern unentbehrlich. Weisungen, die sich zwar im Rahmen der Gesetze bewegen, nach allgemeinem Beamtenrecht daher verbindlich wären, aber in den Richtlinien und allgemein anerkannten Grundsätzen pädagogischen Verhaltens keine Stütze finden[112]), können Qualität und Einheit der Bildung nicht fördern, da insoweit eine Einheit nicht besteht oder herbeigeführt werden soll. Sie sind daher unzulässig.

Pädagogische Freiheit ist in ihrem Kern keine personale, sondern auf den Schulzweck und damit auf das Interesse des Kindes bezogene Freiheit. Daher besteht kein Anlaß, den Lehrer — wie gelegentlich gefordert wird[113]) — zu privilegieren und ihm zu ersparen, die Rechtmäßigkeit seiner pädagogischen Entscheidungen zu verantworten und für Fehlentscheidungen nach den allgemeinen Vorschriften zu haften. Doch darf nicht übersehen werden, daß die Freiheit auch um des Lehrers willen eingeräumt ist, von dem verlangt wird, im Unterricht alle geistigen und seelischen Kräfte einzusetzen und sich in unvergleichlich höherem Maße als der Beamte der Verwaltung mit seiner Aufgabe zu identifizieren, und der deshalb auch eines besonderen Schutzes bedarf. Daher liegt es in der Konsequenz des Ausbaus

---

[112]) Diesen Fall übersieht Heckel, a.a.O., ZBR 1957, 219.

[113]) Pöggeler, a.a.O., S. 29, will dem Lehrer die Furcht vor Schaden auch auf Gefahr des Mißbrauchs nehmen, und dies sogar im Falle der körperlichen Züchtigung!

der pädagogischen Freiheit, den Lehrer im Rahmen seiner generell weisungsgebundenen Amtsführung nicht nur wie den Beamten vor Rechtwidrigkeiten und Unzumutbarkeiten zu bewahren[114]), sondern darüber hinaus die pädagogische Freiheit als Recht anzusehen, auf das sich der Lehrer notfalls auch vor den Verwaltungsgerichten berufen kann[115]).

Die förmlichen Beurteilungen der pädagogischen Leistung des Lehrers durch den Schulrat und — oder Schulleiter müssen dieser neuen Situation Rechnung tragen. Pädagogische Freiheit legt dem Lehrer die Last eigener Entscheidung für die Gestaltung seines Unterrichtes auf. Von den Aufsichtsorganen verlangt sie Fähigkeit und Bereitschaft zur sachlichen, vorurteilsfreien Beurteilung der mannigfaltigen pädagogischen Möglichkeiten und ihrer Realisierung durch den beaufsichtigten Lehrer[116]). Die förmliche Beurteilung ist daher kein zulässiges Mittel mehr, einer Schule oder einem Aufsichtsbezirk einen bestimmten pädagogischen Stil aufzuprägen, da es um die pädagogische Freiheit des Lehrers und nicht die des Schulrates geht. Die in einigen Ländern bereits eingeleiteten Korrekturen des traditionellen Systems der Unterrichtsbesuche und -beurteilungen werden daher fortgeführt werden müssen, z. B. Einschränkung der zum Unterrichtsbesuch befugten Aufsichtsorgane[117]), weil ständige Kontrollen des Unterrichts die Freiheit ersticken; Ergänzung der monokratischen Aufsicht durch kollegiale Aufsichtsführung, die

---

[114]) Krüger, Der Verwaltungsrechtsschutz im besonderen Gewaltverhältnis, NJW 1953, 1369 (1371); Eyermann-Fröhler, Kommentar zur Verwaltungsgerichtsordnung, 3. Aufl. 1962, § 42 RN 52; vgl. auch OVG Münster, 23. 9. 1953, NJW 1954, 1015; OVG Rh.-Pf., 12. 10. 1959, DÖV 1960, 350; vgl. ferner zum Rechtsschutz im Beamtenverhältnis Ule, Das besondere Gewaltverhältnis, VVDStRL 15, 1957, S. 133 ff., 152 ff.; ders., Verwaltungsgerichtsbarkeit, in: v. Brauchitsch, Verwaltungsgesetze des Bundes und der Länder, Bd. I 2. Halbbd., 2. Aufl. 1962, § 42 Anm. IV 4 b, S. 163; ders., Verwaltungsprozeßrecht, 3. Aufl. 1963, Anhang zu § 32 V 2, S. 113; Kellner, Gerichtlicher Rechtsschutz im besonderen Gewaltverhältnis, DÖV 1963, 418 ff.

[115]) BVerwG, 20. 3. 1962, BVerwGE 14, 84 (87) stellt darauf ab, ob die als verwaltungsintern gedachte Maßnahme des Dienstherrn auch die Stellung des Beamten als eine dem Dienstherrn mit selbständigen Rechten gegenüberstehende Rechtspersönlichkeit betrifft.

[116]) Nicklis, a.a.O., S. 25.

[117]) § 24 II Bad.-Württ. SchVOG: Der Schulleiter ist zum Unterrichtsbesuch nur befugt, wenn die Schule keiner unteren Schulaufsicht untersteht. Enge Begrenzung auch in der Rh.-Pf. Dienstordnung für die Schulleiter an Volksschulen vom 15. 3. 1957 — ABl. S. 51.

nicht an die Grenzen des Schulbezirks gebunden ist; Preisgabe der Bewertungsskalen u.a.m.[118]).

Das Verfassungsgebot zur sachgerechten und gleichen Beurteilung des Schülers geht der pädagogischen Freiheit des einzelnen Lehrers vor und gestattet, den Ermessensraum des Lehrers im Interesse des Kindes einzuengen. Grundsätze der Leistungsbewertung, Versetzungsordnungen und ähnliche Vorschriften, die der Konkretisierung des Gleichheitsgebotes dienen, sind daher prinzipiell der ausfüllenden Interpretation und dem Verständnis als allgemeine Rahmenvorschrift unzugänglich. Daß derartige Vorschriften nicht Gleichheit mit Schematismus verwechseln und Raum für wertende pädagogische Gesamturteile lassen sollten, darf zur Klarstellung vermerkt werden.

Die Aufsichtsorgane können daher auch pädagogische Entscheidungen des Lehrers und des Kollegiums aus rechtlichen und pädagogischen Gründen aufheben. Ein Selbsteintrittsrecht haben sie jedoch nach der Rechtsprechung nicht; sie können nur den Lehrer bzw. die Konferenz anweisen, eine neue Entscheidung zu fällen[119]).

Der vom BVerwG herausgestellte Rechtsgrundsatz der Freiheit und Unabhängigkeit von Prüfungskommissionen, der nur die Korrektur von Verfahrens- und Ermessensfehlern gestattet, ist für den Alltagsschulbetrieb nicht anwendbar; sinnvoll ist er nur für Prüfungsentscheidungen in solchen Verfahren, die eine besondere Gewähr für ihre Sachgerechtigkeit bieten, so daß die Korrektur im Ermessensbereich — wie in dem vom BVerwG entschiedenen Fall — als sachfremde Einflußnahme erscheinen muß[120]).

---

[118]) Vgl. insbesondere Nicklis, a.a.O., S. 25 ff.

[119]) LVG Düsseldorf, 22. 9. 55, DÖV 1956, 633; Hess. VGH, 18. 1. 61, DÖV 1961, 796; OVG Münster, 14. 12. 62, RWS 1963, 85; **Pöttgen**, Das Zeugnis als Urkunde, RWS 1964, 265 (266 m. w. Nachw. Fußn. 7 und 8); Heckel, a.a.O., ZBR 1957, 219, dagegen ist der Ansicht, es sei mit der Achtung der Person des Lehrers und seiner Menschenwürde nicht vereinbar, eine aufgezwungene Beurteilung als seine eigene auszugeben; dies geht an der Pflicht des Beamten, sich Anweisungen zu eigen zu machen, vorbei; auch ist nicht ersichtlich, wie die Autorität des Lehrers durch den Selbsteintritt der Aufsichtsinstanz geschont werden soll; ferner dürfte ein solches Zeugnis der Aufsichtsinstanz dem Laien suspekt erscheinen. A. A. auch v. Münch, Die pädagogische Freiheit des Lehrers, DVBl. 1964, 789 ff., 795. Neuestens hierzu wieder Heckel, Schulfreiheit und Schulaufsicht, ZBR 1965, 129 (132).

[120]) BVerwG, 14. 7. 61, BVerwGE 12, 359.

VI. Schulgemeindeidee und Elternmitbestimmung

Die pädagogische Freiheit des Lehrers löst die Schule nicht aus dem Verband staatlicher Verwaltung. Mit der Forderung nach Selbstverwaltung der Schule aber wird eine von Lehrern und Eltern gestaltete pädagogische Provinz begehrt. Die genossenschaftliche Schulbewegung, deren Ursprünge bis Pestalozzi, Herbart und Dörpfeld[121]) zurückreichen, wendet sich gegen die als sachfremd empfundene Bevormundung des eigengesetzlichen Bildungsprozesses, sei es die Bevormundung durch den Staat[122]) oder die Herrschaft der gesellschaftlichen Gruppen, die die Schule unter sich aufteilen wollen. Die genossenschaftliche Schulbewegung fordert u. a.[123]), das Schulwesen auf der Basis genossenschaftlichen Zusammenwirkens von Lehrern, Eltern und Schülern und auch anderen Bildungsträgern synodal von unten nach oben zu organisieren, die Schule zu entpolitisieren und zu demokratisieren[124]).

Der pädagogischen Bewegung ist es bisher nur in einzelnen Fällen gelungen, die einheitliche staatliche Bildungsorganisation durch die körperschaftliche Verfassung der autonomen Schule aufzureißen. Art. 7 I GG verwehrt dem Staat als zen-

---

[121]) F. W. Dörpfeld, Die freie Schulgemeinde und ihre Anstalten auf dem Boden der freien Kirche im freien Staate, 1863.

[122]) E. v. Hippel, Schulverfassung und Demokratie, DÖV 1950, 601 (602): „Mehrheitsabsolutismus der nominalistischen Demokratie"; Pöggeler, a.a.O., S. 58; H. Becker, Kulturpolitik und Schule, 1956, S. 66.

[123]) Kennzeichnend Herbart, Über Erziehung unter öffentlicher Mitwirkung, (1810), — abgedr. in: Kleine Schriften zur Pädagogik von Johann Friedrich Herbart, hrsg. von Theo Dietrich, 1962 —, der die „sich unmittelbar aus den Familien" zusammensetzenden „kleineren Kommunen" einbeziehen möchte; „so als Kommunalangelegenheit betrieben, würde die Erziehung zugleich öffentlich und häuslich sein . . ."; zu diesem Gedanken vgl. auch Weissenrieder, Die Schulhoheit, 1953, S. 187 f.

[124]) Lorenz v. Stein, Die Verwaltungslehre, V. Teil, Das Bildungswesen, 1. Bd., 1868, S. 85; Pretzel, Geschichte des deutschen Lehrervereins, 1921, S. 33 ff.; Spranger, Akademie-Abhandlungen, a.a.O., S. 24; Kloss, Lehrer, Eltern, Schulgemeinden, 1949; E. v. Hippel, DÖV 1950, 601 (603); Pöggeler, a.a.O., S. 48 m. w. Nachw.; VGH Stuttgart, DÖV 1953, 696 (698); Heckel, Heutiger Stand und künftige Aufgaben des Schulrechts, DÖV 1956, 585 ff.; Kerschensteiner, Theorie der Bildungsorganisation, S. 102, der besorgt, die Gesellschaft begäbe sich der Möglichkeiten, die Bildungsorganisation zu beeinflussen, wenn sie die Bildungsrechte der Wertverbände dem Staat überlasse, geht von einem überholten Staatsbegriff aus.

traler Instanz zur Bestimmung und Verwaltung der weltlichen Erziehungsziele der durch ihn organisierten Gesellschaft, sich seiner Aufsichtspflicht zu entziehen[125]). Er darf daher die Schule nicht sich selbst überlassen und die in einer pluralistischen Gesellschaft — auch für die Konfessionsschule unausweichlichen — Entscheidungen schulpolitischer Probleme auf eine Vielzahl nichtstaatlicher Gremien abschieben[126]).

Doch kann die staatliche Schulverwaltung durch Dezentralisation und Beteiligung des Lehrers an der Verwaltung des pädagogischen Bereichs den Eigengesetzlichkeiten des Bildungsprozesses Rechnung tragen. Eine begrenzte Selbstverwaltung der Schule empfiehlt sich vor allem, wenn neue Bildungsmöglichkeiten erschlossen werden, die für eine Vereinheitlichung nicht geeignet oder noch nicht reif sind[127]).

Einen schwachen Abglanz findet die Schulgemeindeidee in der Einrichtung der Elternbeiräte und Schulpflegschaften. Die — z. T. auf Grund landesverfassungsrechtlicher Garantien — eingerichteten Gremien stellen den maßgeblichen Einfluß des Staates auf die Schule nicht in Frage[128]). Die wechselseitige Verbindung von Elternhaus und Schule durch die den einzelnen Schulklassen und Schulen zugeordneten Elternvertretungen erleichtern und individualisieren den Schulalltag und geben Gelegenheit, die staatlichen und die elterlichen Erziehungsmaßnahmen in concreto von einander abzugrenzen und zu harmo-

---

[125]) vgl. VGH Stuttgart, DÖV 1953, 696; Peters, Elternrecht, Erziehung, Bildung und Schule, in: Bettermann-Nipperdey-Scheuner, Die Grundrechte, IV/1, 1960, 369 (412).

[126]) Spranger, Akademie-Abhandlungen, S. 34: „Der Totalitätscharakter des ethisch-pädagogischen Gebietes schließt schon die isolierte gedankliche Konstruktion des betreffenden Gebietes, ohne alle Rücksicht auf die anderen Wertgebiete und ihre spezifischen Forderungen, aus"; Kerschensteiner, Theorie der Bildungsorganisation, a.a.O., S. 95; Heckel-Seipp, Schulrechtskunde, a.a.O., S. 319.

[127]) Vgl. z. B. Satzung für die Staatliche Werkkunstschule in Kassel vom 31. 3. 1954 — ABl. S. 237 = Seipp-Bach, II C III 3 a, die ein Kuratorium vorsieht; ähnliches gilt für andere hess. Fachschulen.

[128]) Grundlegend für die Weimarer Zeit: Holstein, Elternrecht, Reichsverfassung und Schulverwaltungssystem, AÖR NF Bd. 12 (1927), 187 ff.; für die Gegenwart vgl. die Zusammenstellung von Seipp „Zur Rechtsnatur der Elternvertretungen in den einzelnen Bundesländern"; RDJ 1961, 377—380 = RWS 1961, 247—251; Stein, Elterliche Mitbeteiligung im deutschen Schulwesen, JZ 1957, 11 (16), entnimmt Art. 56 IV hess. Verfassung ein gleichberechtigtes Mitentscheidungsrecht.

nisieren. Sie sind daher institutionalisierte Ausformung der auf Art. 6 und 7 GG beruhenden Koordination der je in sich begrenzten und sich ergänzenden staatlich-schulischen und elterlich-häuslichen Erziehung im Dienste der Gesamterziehung[129]).

Daß von dem Zusammenwirken der Elternvertretungen mit den oberen Schulverwaltungsinstanzen meist nur unbedeutende Impulse ausgehen, ist bedauerlich. Denn diese Gremien könnten als Gesprächspartner und Kontrollorgan die Schulverwaltung mit den Wünschen der Elternschaft konfrontieren, sie veranlassen, ihre Maßnahmen und Planungen vor den unmittelbar Beteiligten zu rechtfertigen und Fehlentwicklungen entgegenwirken.

Die geringe Effektivität dieser Gremien beruht jedoch nicht allein auf der Zurückhaltung von Gesetzgebung und Verwaltung, den Beiräten geeignete Aufgaben zu stellen. Elternrecht und Elternwille ist von Natur aus höchst individuell, ja egoistisch[130]) auf das Wohl des eigenen Kindes gerichtet und daher nicht geneigt, Mehrheitsentscheidungen anzuerkennen und kann schwerlich repräsentiert oder auch nur allgemeingültig formuliert werden. Vor allem das Zusammenwirken mit den höheren Instanzen der Schulverwaltung aber setzt voraus, daß die Elternvertreter die Schule als allgemeine Aufgabe erkennen, die neben den unmittelbar Beteiligten alle wirtschaftlichen und politischen Kräfte des Volkes angeht. Daher empfehlen sich Formen der staatsbürgerlichen Selbstverwaltung, die auf breiterer Basis als der des elterlichen Mitbestimmungsrechtes be-

---

[129]) Art. 6 II GG ist Individualrecht; es gestattet die Wahl zwischen bestehenden Bildungseinrichtungen, begründet aber keinen Einfluß auf die Gestaltung der Einrichtung selbst, auch nicht auf ihre konfessionelle Ausformung — anders Art. 12 III Verfassung NRW, Art. 27 Verfassung Rh.-Pf.; auch Art. 7 II und IV GG ist individualistisch konstruiert, vgl. Heckel-Seipp, Schulrechtskunde, a.a.O., S. 254; Hellmuth Mayer, Elternrecht, Schule und Kirche, DVBl. 1955, 581 (585); Hess. StGH, 19. 12. 1957, DÖV 1958, 464 = Staatsanzeiger S. 13 (16): Das Mitwirkungsrecht der Eltern ist in erster Linie eine Einrichtung der Ordnung des Schulwesens, nicht aber ein unmittelbarer Ausfluß des Elternrechtes; a. A. Fleig, Das Elternrecht im Bonner Grundgesetz, 1953, der aus Art. 6 GG das Recht auf Bestimmung der konfessionellen Grundform der Schule ableitet, S. 8; eingehende Widerlegung durch Egge, Die verfassungsrechtlichen Grenzen der elterlichen Mitbeteiligung im Volksschulwesen Baden-Württembergs, Diss. Heidelberg, 1959.

[130]) Heckel, Eine Grundordnung der deutschen Schule, 1958, S. 35 f. beklagt die „privatistische Mentalität" der Eltern; vgl. auch Kob, Erziehung in Elternhaus und Schule, Eine soziologische Studie, 1963, S. 73.

ruhen. Die Einbeziehung von Lehrern und Vertretern der Öffentlichkeit könnte zugleich auch den Eltern erleichtern, den Blick für das Allgemeine der Schule zu entwickeln.

VII. Die Privatschule

Vergegenwärtigt man sich die Rechtsbeziehungen zwischen Verwaltung und Privatschule, wie sie sich in der Praxis zeigen, und die Forderungen, die für ihren weiteren Ausbau geltend gemacht werden, dann steht man alsbald vor der provozierenden Frage, ob die Privatschule sich heute noch mit Recht als eine private Veranstaltung bezeichnen darf und ob dieses in der Entwicklung befindliche Gebilde die Privatschule des Art. 7 IV und V GG ist. Dies gilt insbesondere für die Ersatzschule. Ihr Träger ist meist nicht ein Bürger, sondern die Kirche oder eine juristische Person des Kirchenrechts; die Privatschule erfüllt neben der öffentlichen Schule und ihr gleichgestellt die öffentliche Aufgabe der Bildung des Schulpflichtigen; schulische Maßnahmen der Privatschule werden als Verwaltungsakte angesehen[131]), die der verwaltungsgerichtlichen Kontrolle im Offizialverfahren unterliegen, obwohl für den Privaten die Verhandlungsmaxime angemessen wäre[132]); die anerkannten Privatschulen — in NRW sogar alle Ersatzschulen — können die gleichen Berechtigungen erteilen wie die öffentlichen Schulen; beamtete Lehrer werden langfristig an Privatschulen abgestellt, Lehramtsbewerber dort ausgebildet; Privatschullehrer dürfen u. U. die Bezeichnung Studienrat führen[133]). In Bayern kann der

---

[131]) Zuletzt BVerwG, 18. 10. 63, BVerwGE 17, 41; zustimmend: Menger, Verwaltungsarchiv 1964, 275 (279); in der Tendenz a. A.: BGH, 29. 5. 61, DVBl. 1962, 70; zusammenfassend m. Nachw. Mikat, Kirchliche Streitsachen vor den Verwaltungsgerichten, in: Staatsbürger und Staatsgewalt, II, 1963, 315 (334); Perschel, Die öffentlichen Aufgaben anerkannter Ersatzschulen und der Verwaltungsrechtsweg, RWS 1964, 321 ff., der sich gegen die „Einheitstheorie" des BVerwG wendet und zu Recht wegen der „Doppelnatur des geltenden Privatschulsystems" (S. 327) den Verwaltungsrechtsweg nur dann für zulässig ansieht, wenn die Maßnahme der Privatschule sich aus ihrer staatlichen Anerkennung herleitet (329).

[132]) Peter Vogel, Anm. zum Urteil des BVerwG vom 18. 10. 1963, RWS 1964, 118; Perschel, a.a.O., RWS 1964, 321 (329): das Recht der freien Schülerauswahl werde beschnitten, ein erster Schritt zur stillschweigenden Verstaatlichung der Privatschule getan.

[133]) § 72 Bad.-Württ. SchVOG, geknüpft an die Zusicherung der Versorgungsberechtigung; Art. 20 IV Bay. EUG; § 23 VI Saarl. Privatschulgesetz.

Privatschule der Charakter einer öffentlichen Schule verliehen werden[134]).

Dieser fortschreitenden Einbeziehung der Privatschule in den staatlichen Bereich entspricht die im Volumen steigende staatliche und kommunale Subvention der gemeinnützigen Privatschule nach recht differenzierten landesrechtlichen Vorschriften bis zum Defizitausgleich[135]), aber auch oft eine straffe Handhabung der Aufsicht, die sich in einzelnen Ländern kaum von der staatlichen Leitung der öffentlichen Schule abhebt und proportional zu der Gleichstellung an Tiefe gewinnt[136]). Die Privatschulen nehmen die öffentlich-rechtlichen Bindungen meist willig auf sich[137]), um die Subventionen zu erhalten und um durch Teilhabe am Berechtigungswesen mit der öffentlichen Schule konkurrieren zu können. Privatschulverbände widerstreben der Gründung neuer Schulen, um den Besitzstand zu wahren. Dies alles geschieht, obwohl die Überlassung von Staatsfunktionen an den Privaten, seine Direktion und Subvention geeignet ist, private Initiative und Verantwortung in Fremdbestimmung und Organwalterverantwortung zu verwandeln und die vom Grundgesetz vorausgesetzte Selbstbestimmung und Eigenverantwortung auszuhöhlen und im äußersten Falle zu beseitigen.

Auch die berufsbildenden Privatschulen, die freilich stärkere kommerzielle Züge tragen, sind über das Berechtigungswesen im Begriff, in den Bereich des Öffentlichen hineinzuwachsen[138]).

---

[134]) Art. 21 I Bay. EUG.

[135]) Zusammenfassende Darstellung bei Geiger, Privatschulsubvention und Grundgesetz, RWS 1961, S. 80 ff. und 113 ff.; Heckel, Überlegungen zu einer Neuorientierung des Privatschulrechts, Freie Bildung und Erziehung, 1964, S. 172 (175); ders., Entwicklungslinien im Privatschulrecht, DÖV 1964, 595 ff.

[136]) Es scheint, die Instruktion des preuß. Staatsministeriums vom 31. 12. 1839, die Vorsteher und Vorsteherinnen der privaten Schulen verpflichtet (§ 9), „die für das Schulwesen überhaupt und für das Schulwesen ihres Orts insbesondere ergangenen Vorschriften auf das genaueste zu achten“, Landé, a.a.O., S. 1017, und ihre Parallele in der Bay. Verordnung aus dem Jahre 1933 (Bay.BS II S. 603), die auf das Bay. Polizeistrafgesetzbuch gestützt war und erst durch Art. 8 bis 22 Bay. EUG abgelöst wurde, wirke in einzelnen Landesgesetzen im praktischen Vollzug nach und unterstelle auch heute noch den innerschulischen Bereich der Privatschule der Fachaufsicht, z. B. § 49 II Hess. SchVG.

[137]) Landé, a.a.O., S. 1018, Heckel, Deutsches Privatschulrecht, S. 319, Geiger, a.a.O., RWS 1961, S. 115, lassen alle unklar, wie der Begriff der Aufsicht näher umrissen sei.

[138]) Sogen. „anerkannte Ergänzungsschulen“: § 15 Bad.-Württ. PrivatschulG; Art. 25 Bay. EUG; § 12 III Hess. PrivatschulG; § 14 II

Diese Kooperation des Staates mit gesellschaftlichen Gruppen entspricht weltanschaulichen, pädagogischen und gesellschaftlichen Bedürfnissen der Gegenwart. Sie erweitert das qualitativ und quantitativ zu schmale Bildungsangebot. Die Gleichstellung der privaten mit der öffentlichen Schule wird aber auch als Verfassungsgebot behauptet[139]). Um das Verhältnis der Verwaltung zur Privatschule nach dem Maß des Grundgesetzes bestimmen zu können, wird folgendes zu berücksichtigen sein:

Die Freiheit der Privatschule ist weder die Gewerbefreiheit des Lehrers, noch, wie Anschütz der belgischen Verfassung von 1831 nachsagt[140]), die Herrschaft der Kirchen über die Schule und auch nicht die Herrschaft der gesellschaftlichen Träger kultureller und religiöser Interessen. Die Privatschulfreiheit ist vielmehr, deutscher Verfassungstradition entsprechend, eine mit dem Elternrecht verknüpfte, seinen Bereich erweiternde Freiheit, die das Wahlrecht aus religiösen und weltanschaulichen Motiven einschließt[141]). Daher ist Unterricht und Erziehung durch die Privatschule ein aus der Erziehungsgewalt der Eltern abgeleiteter Dienst am Kind, während die Wahrnehmung der gleichen Funktion durch die öffentliche Schule Ausübung der Staatgewalt ist.

Die Ersatzschule dient als freie Einrichtung dem Gemeinwohl wie die öffentliche Schule und nimmt daher öffentliche Aufgaben im weiteren Sinne wahr[142]). Die Gleichwertigkeit in der Erfüllung der Funktion berechtigt jedoch nicht zu dem Schluß auf die Gleichberechtigung und Gleichrangigkeit[143]). Vielmehr

---

Nds. PrivatschulG; § 19 Rh.-Pf. PrivatschulG vom 21. 12. 1957 (GVBl. S. 15).

[139]) Geiger, a.a.O., RWS 1961, 113 ff.; Peters, Elternrecht, Erziehung, Bildung und Schule, in: Bettermann-Nipperdey-Scheuner, Die Grundrechte, IV/1, 1960, 369 (432).

[140]) Anschütz, Die Verfassungs-Urkunde für den Preußischen Staat, 1912, Vorbem. zu Art. 20—26, S. 365.

[141]) Anschütz, a.a.O., Art. 22, Anm. 1; Heckel, Deutsches Privatschulrecht, S. 210 m. w. Nachw.; Fleig, Das Elternrecht im Bonner Grundgesetz, 1953, S. 27 ff.; Peters, Elternrecht, Erziehung, Bildung und Schule, a.a.O., S. 444.

[142]) Vgl. Definition der öffentlichen Aufgabe der Presse bei Ridder, Pressefreiheit, in: Neumann-Nipperdey-Scheuner, Grundrechte, II, 1954, S. 243 ff. (258), und die Diskussion um den Begriff der öffentlichen Fürsorge, v. d. Heydte, in: v. d. Heydte-Köttgen, Vorrang oder Subsidiarität der freien Jugendhilfe, 1961, S. 59 ff.

[143]) So aber Heckel, Deutsches Privatschulrecht, S. 228, 307; Pöggeler, Schule und Staat im Lichte der christlichen Lehre vom

ist davon auszugehen, daß Art. 7 IV und V GG die generell vorgeschriebene Einheit der Bildungsorganisation zugunsten der Vielfalt freier erzieherischer Betätigung relativieren. Genehmigungs- und Aufsichtsrecht müssen genügen, um gegenüber der Privatschule das staatliche Interesse an Einheit und Qualität der Bildung auch bei fehlender Einheit der Bildungsorganisation zu verwirklichen. Dabei wird das Interesse an Einheit und Qualität der Bildung als Wertproblem verstanden: Der Staat kann der Privatschule nicht optimale und daher richtige Erziehungs- und Bildungsziele und -methoden vorschreiben. Er kann nur einen Mindeststandard festlegen, von dem er einräumt, daß andere Bildungsziele und -methoden gleichwertig sein können.

Das Grundgesetz garantiert Errichtung und Bestand der Privatschule, überläßt ihr in eigener Initiative und Verantwortung die Wahl der Lehrer und Schüler und die freie Bestimmung der Unterrichtsziele und -methoden[144]). Daher darf staatliche Aufsicht die private Initiative und Verantwortung nicht beeinträchtigen[145]). Sie ist nur zulässig, soweit sie der Sicherung des Mindeststandards der Gleichwertigkeit dient. Das staatliche Aufsichtsrecht des Art. 7 I GG wird mithin durch die Privatschulfreiheit des Abs. IV eingeschränkt. Es liegt nahe, daher die Verwaltung auf Rechtsaufsicht zu beschränken. Aber der Mindeststandard der Gleichwertigkeit ist kein Rechtsbegriff, der — und sei er noch so unbestimmt — die Pflichten der Ersatzschule und damit das Maß der Aufsicht festlegt. Er verweist vielmehr auf den Leistungsstand der öffentlichen Schule, der durch verwaltungsinterne faktische und rechtliche Maßnahmen verändert werden kann. Daher wachsen der Privatschule Pflichten zu, deren Inhalt die Verwaltung und nicht der Gesetzgeber bestimmt. Der Grundsatz der Gesetzmäßigkeit der Verwaltung ist insoweit durchbrochen. Dies begründet aber keine Weisungsrechte, vielmehr bleibt der Ersatzschule überlassen, dem neuen Mindeststandard durch in eigener Verantwortung bestimmte gleichwertige Leistungen gerecht zu werden. Die für die öffentlichen Schulen verbindlichen Verwaltungsanordnungen — z. B. Stundentafeln, Bildungspläne — können der Privatschule daher nur zur Information, nicht aber zur Befolgung übermittelt werden[146]).

Menschen, von der Erziehung und vom Staate, in: Geiger-Arndt-Pöggeler, Schule und Staat, 1959, S. 91 ff. (129).

[144]) Heckel-Seipp, Schulrechtskunde, a.a.O., S. 133; Heckel, Deutsches Privatschulrecht, S. 48.

[145]) BVerwG, 14. 7. 61, BVerwGE 12, 349.

[146]) So auch Hamann, Die Staatsaufsicht über private Schulen,

Heckel[147]) und Geiger[148]) folgern aus dem Verfassungsgebot der Gleichwertigkeit, die Ersatzschule müsse in der Regel auch im Berechtigungswesen mit der öffentlichen Schule gleichgestellt werden, insbesondere sei ihr also die Befugnis zuzuerkennen, Abschluß- und Reifeprüfungen durchzuführen. Die obligatorische Verknüpfung von Bildung und autoritativer Feststellung des Erfolgs des Bildungsprozesses im Einzelfalle wird von Art. 7 GG jedoch nicht geboten; sie ist sogar geeignet, die Privatschulfreiheit zu beeinträchtigen. Die Berechtigung wird zuerkannt, weil der Schüler eine bestimmte Bildung erworben, dies auch nachgewiesen hat und ihm daher der Zugang zu weiteren Bildungsmöglichkeiten und bestimmten Berufszweigen geöffnet werden soll; das Berechtigungswesen greift mithin weit über den schulischen Bereich hinaus; seine Ordnung ist durch Art. 7 GG nicht vorbestimmt, sondern dem Staat überlassen. Das deutsche Schulrecht geht mit gutem Grund vom Prinzip der Gleichartigkeit der Berechtigungsfeststellungen innerhalb der einzelnen Bildungswege im Rahmen des Beurteilungsspielraumes aus. Es wird durch die Einheit der Bildungsorganisation der öffentlichen Schulen und die Leitungs- und Aufsichtsrechte der Schulverwaltung realisiert und von der Verwaltungsrechtsprechung überwacht[149]).

Dieses Prinzip verlangt, wie sich in der Praxis zeigt, von der anerkannten Privatschule, keine Schleich- und Nebenwege zur Berechtigung zu öffnen und insgesamt auf das Prinzip der Gleichartigkeit einzuschwenken und für die Beurteilung, aber auch für Schülerwahl, Unterricht und Erziehung die staatlichen Maximen gelten zu lassen[150]). Die Vertiefung der Aufsichtsrechte

---

insbes. Ersatzschulen, RDJ 1955, 7 ff. (9); Grewe, Die Rechtsstellung der Privatschulen nach dem Grundgesetz, DÖV 1950, 33; mißverständlich Heckel, Deutsches Privatschulrecht, S. 277 und 318: „volle Fachaufsicht"; anders möglicherweise Heckel, Überlegungen ..., a.a.O., S. 175, der für die Praxis der gegenwärtigen Aufsicht eine „großzügige Auslegung des Gleichwertigkeitsprinzips" feststellt; richtig auch Art. 10 Bay. EUG und § 12 I Saarl. Privatschulgesetz.

147) Deutsches Privatschulrecht, S. 49 u. 245.

148) RWS 1961, 113.

149) Aus der Fülle der Entscheidungen: BVerwGE 16, 150 u. 154.

150) Bezeichnend § 11 II Hess. PrivatschulG, der nicht nur die anerkannte Privatschule verpflichtet, Prüfungen nach den für die öffentlichen Schulen geltenden Vorschriften abzuhalten, was selbstverständlich ist, sondern ihr auch gebietet, bei der Aufnahme von Schülern die für öffentliche Schulen geltenden Anordnungen zu beachten; nach Art. 20 II Bay. EUG sind die anerkannten Ersatzschulen sogar verpflichtet, Einzelanordnungen und Einzelentscheidungen zu be-

stellt sich als natürliche Konsequenz der Verleihung von Verwaltungsbefugnissen dar. Derartige Beschränkungen widersprechen jedoch dem Prinzip der Gleichwertigkeit der Privatschule als Grenze staatlicher Einflußnahme, das mit dem Prinzip der Gleichartigkeit der Berechtigung mithin nicht ungebrochen verknüpft werden kann[151]). Art. 7 IV und V GG überlassen daher der Privatschule die Entscheidung, sich dem Prinzip der Gleichartigkeit zu unterwerfen, um im Berechtigungswesen gleichgestellt zu werden[152]); andererseits kann der Gesetzgeber die Anerkennung als gebundene oder freie Begünstigung ausgestalten und dadurch das Maß der Dezentralisation des Berechtigungswesens bestimmen.

Die Subventionierung der Privatschule mit öffentlichen Mitteln scheint geeignet, die Initiative der Privatschule zu stärken, ja angesichts der wachsenden Kosten und der Konkurrenz der öffentlichen Schule überhaupt erst zu ermöglichen. Schon vor 45 Jahren bezeichnete daher Erich Kaufmann[153]) den Grundsatz der öffentlichen Zuschußpflicht als „die letzte Krönung und die eigentliche Vollendung sowohl der Unterrichtsfreiheit wie der Glaubens- und Gewissensfreiheit". Die Warnung Thomas[154]) vor der die Freiheit und Unabhängigkeit der Privatschule bedrohenden staatlichen Finanzierung ist verhallt. Im Gegenteil, die ausreichende öffentliche Finanzhilfe wird, insbesondere von Heckel und Geiger, als Rechtsanspruch der Schule oder wenigstens als Pflicht des Staates behauptet, weil die Privatschule eine im frei-

---

folgen; vgl. auch § 26 IV NRW SchVG v. 3. 6. 1958 (GVBl. S. 241), wonach die Musterschulordnung des Kultusministers auch den Schulordnungen der Ersatzschulen zugrunde gelegt werden soll; zusammenfassend: Rentsch, DÖV 1962, 891.

[151]) Das BVerwG, 14. 7. 61, BVerwGE 12, 349, hat klargestellt, daß der Staat nur gleichwertige Einrichtungen und daher gleichwertige Vorbildung der Schüler und gleichwertige Unterrichtung verlangen kann, unabhängig davon, ob die Schüler eine bestimmte Prüfung abgelegt haben oder sonstige Berechtigungen besitzen.

[152]) BVerwG, 6. 12. 63, BVerwGE 17, 236, stellt klar, daß einer gleichwertigen Ersatzschule, die den Anforderungen aus dem Prinzip der Gleichartigkeit nicht entspricht oder nicht entsprechen will, die Genehmigung nicht versagt werden darf.

[153]) Grundfragen der künftigen Reichsverfassung, 1919, S. 51.

[154]) Die Subventionierung der Privatschulen im Rahmen des Art. 7 des Grundgesetzes, JZ 1951, 777 (778); von Mangoldt-Klein, Grundgesetz, 2. Aufl., 1955, Art. 7 Anm. VI 8, S. 296, halten Art. 8 IV Satz 3 NRW Verfassung, den sie für verfassungswidrig ansehen, Art. 7 IV Satz 4 GG entgegen; doch handelt es sich hierbei lediglich um eine Schutzvorschrift zugunsten der Lehrer, nicht um ein Gebot an die Privatschule, das wirtschaftliche Risiko zu tragen.

heitlichen Staat notwendige Einrichtung und auf staatliche Hilfe angewiesen sei[155]).

Den Autoren ist zuzugeben, daß nicht die Art der Finanzierung, sondern die Unabhängigkeit vom Staat das Wesen der Privatschule ausmacht und daß eine schematische Gewährung von Subventionen diese Unabhängigkeit nicht notwendig beeinträchtigt. Auch eignet sich das Modell Wettbewerb, auf das die nicht subventionierte Ersatzschule angewiesen sein kann, nicht für die Hervorbringung kultureller Leistungen, wie Herbert Krüger[156]) für die Massenkommunikationsmittel nachgewiesen hat. Die Verantwortung allerdings für die Behauptung, die Privatschulträger seien heute allgemein nicht in der Lage, die — zugegeben — hohen Kosten einer Privatschule zu tragen, muß denjenigen überlassen bleiben, die diesen Satz aufgestellt haben[157]).

Die Privatschulfreiheit steht daher der Finanzhilfe nicht entgegen. Die rechtliche Verdichtung zu vertypten Ansprüchen ist ihr adäquater als die Subvention nach Ermessen.

---

[155]) Geiger, in: Geiger-Arndt-Pöggeler, Schule und Staat, 1959, S. 25 ff.; ders., RWS 1961, 113 ff.; Heckel-Seipp, Schulrechtskunde, S. 133; Heckel, Deutsches Privatschulrecht, S. 50: es müsse das wirtschaftlich gesichert werden, was rechtlich garantiert sei; Berkenhoff, Die Finanzierung der Ersatzschulen in Nordrhein-Westfalen, DVBl. 1962, 247 (249): Tribut an die Freiheit; Peters, a.a.O., S. 441: Das öffentliche Schulwesen werde entlastet, der Steuerzahler, der sein Kind auf die Privatschule schicke, aber doppelt belastet; Hellmut Becker, Kulturpolitik und Schule, 1956, S. 21 ff.; Geiger, RWS 1961, 115 bemüht sogar das Subsidiaritätsprinzip, obwohl offenbar Art. 7 GG der Privatschule keinen Vorrang vor der staatlichen Schule einräumt.

Dagegen sahen die schweizer Kantone bislang die Zahlung von Staatszuschüssen als unzulässig an, einige verboten auch den Gemeinden die Subventionierung, weil die öffentliche Schule als die demokratische und daher eigentlich freie Schule, die Privatschule dagegen als Konfessionsschule galt. Doch führt nunmehr die Verknappung des staatlichen Bildungsangebots zur Revision des Rigorismus. Auch in den Vereinigten Staaten und in Österreich muß die Privatschule die Frage der Finanzierung ohne staatliche Hilfe lösen; dagegen gewähren Belgien und die Niederlande der Privatschule volle finanzielle Unterstützung; vgl. zu allem Heckel, Deutsches Privatschulrecht, S. 61 und Stock, Die rechtliche Stellung der privaten Schulen in der Bundesrepublik und in anderen europäischen Ländern, Diss. Marburg, 1959, S. 107 ff.

[156]) UFITA, Bd. 38 (1962), 129 ff.

[157]) Vgl. z. B. den Überblick über die Schulträger bei Heckel, Deutsches Privatschulrecht, S. 21 ff.

Ein verfassungsrechtlicher Anspruch auf Finanzhilfe aber würde bedeuten, daß zwar der Staat die Verantwortung für die Mittelbeschaffung trägt, der Bürger und die anderen Privatschulträger aber mit dem Ausbau des Privatschulwesens die Höhe der Mittel bestimmen würden, ohne hierfür für die geistige Haltung der Schule und für die Gesamtentwicklung des Privatschulwesens und damit auch des öffentlichen Schulwesens dem Parlament verantwortlich zu sein. Das Grundgesetz beschränkt sich um der Freiheit willen auf das Verbot der Trennung der Schüler nach Besitzverhältnissen der Eltern und verwehrt der Verwaltung, andere Fehlentwicklungen — z. B. bedarfsfremde Zersplitterung und Aufblähung des Schulwesens[158]), aber auch Desintegration des Staates durch übermäßige Pflege der Besonderheiten[159]) — der Privatschule zu verhindern. Eine solche Freiheit setzt jedoch als Korrektiv die zumindest potentielle Verantwortung der Privatschule für die Mittelbeschaffung voraus. Daher ist es verfassungsrechtlich zulässig und auf weite Sicht u. U. unausweichlich, die Subvention nur zu leisten, wenn die Privatschule einem Bedürfnis entspricht und bestimmten Art. 7 IV und V GG übersteigenden qualitativen Anforderungen gerecht wird. Das betont neuerdings Heckel[160]), wenn auch in anderem Zusammenhang.

Ein allgemeiner Anspruch auf Finanzhilfe ist daher dem Grundgesetz nicht zu entnehmen. Ob ein solcher Anspruch im Einzelfall besteht, z. B. zur Wiederherstellung verletzter Gleichheit[161]), ist hier nicht zu untersuchen.

---

[158]) Der Reichssparkommissar stellte für die 20er Jahre eine qualitative und quantitative Aufblähung des Schulwesens fest, was den Aufbau des Schulwesens nach dem wirtschaftlichen Bedarf beeinträchtige, vgl. Heckel, Schule und Reichssparkommissar, 1955, S. 7.

[159]) Herbert Krüger, Allgemeine Staatslehre, 1964, S. 229; Kerschensteiner, Das einheitliche deutsche Schulsystem. Sein Aufbau, seine Erziehungsaufgaben, 1922, S. 35.

[160]) Heckel, Überlegungen ..., a.a.O., S. 182 ff.; ders., DÖV 1964, 595 ff. mit der Anregung, die Gemeinnützigkeit der Schule als Subventionsvoraussetzung nicht mehr zu verlangen; wie hier: Eiselt, Der Ersatzschulbegriff des Grundgesetzes und die Subventionierung und Privilegierung von Ersatzschulen nach Landesrecht, RWS 1961, 295 mit detaillierter Widerlegung der Thesen Geigers.

[161]) Vgl. Dürig, Die Rechtsstellung der katholischen Privatschulen im Lande Bremen, 1964, der aber beim Nachweis, daß die bremische Schule mit — nachweislich — evangelischem Religionsunterricht zugleich auch evangelische Konfessionsschule ist, nicht aber weltliche Schule mit evangelischem Religionsunterricht als Annex,

Die im Berechtigungswesen den öffentlichen Schulen gleichgestellte, staatlich subventionierte und auch dirigierte Privatschule ist unter diesen Einschränkungen verfassungsrechtlich zulässig. Von Art. 7 IV GG garantiert ist dagegen die gleichwertige Privatschule, die sich ihre Unabhängigkeit vom Staat bewahrt und das Risiko der Freiheit nicht scheut. Die Verwaltung darf diese beiden Schultypen nicht mit gleichem Maß messen.

Schule — und damit darf ich schließen — wurde oft als Objekt des Kampfes der um Einfluß ringenden sozialen und geistigen Mächte begriffen. Wir sollten jedoch in der Schule eine Grundfunktion der Gesellschaft sehen, deren optimale Erfüllung heute eine Voraussetzung für die Behauptung der individuellen und der nationalen Existenz ist und nur im Zusammenwirken aller geistigen und politischen Kräfte in gemeinsamer Verantwortung gelingen kann. Dann bedeutet Einheit der Bildungsorganisation eine rechtliche Ordnung, die Erziehung begreift als gemeinsamen Dienst am Kinde und an der durch das GG organisierten Gesellschaft.

---

manches offengelassen hat, S. 13—24; davon dürfte der aus Art. 3 III GG abgeleitete Anspruch auf Vollfinanzierung der katholischen Privatschule in Bremen aber abhängen; vgl. auch Hildegard Krüger in ihrer Bespr. dieser Schrift, DVBl. 1964, 840; Barion, Unvorgreifliches Bedenken zur Bremer Klausel, DÖV 1965, 13 (17): bremische Schulen sind keine gemeinreformatorischen Konfessionsschulen; s. aber auch § 19 Nds. Privatschulgesetz, der die Ev. Landeskirchen zur Wiederherstellung der Parität durch „Gnadenschulen" privilegiert.

Leitsätze des Berichterstatters über:

Verwaltung und Schule

I.

Das Bildungswesen der Gegenwart steht in der Auseinandersetzung mit der Forderung nach Einheit der Bildung und Bildungsorganisation und den ihr entgegenwirkenden Kräften. In der modernen Gesellschaft kann Einheit der Bildung immer nur als Einheit der Vielfalt verstanden werden, die den weltanschaulichen Gegensätzen, den unterschiedlichen Begabungen der Schüler, den breit gefächerten Bedürfnissen der Gesellschaft nach differenzierter und spezialisierter Ausbildung Rechnung trägt. Organisatorischer Aufbau nach leitenden geistigen und pädagogischen Prinzipien setzt eine einheitliche Bildungsorganisation voraus. Das Grundgesetz stellt — im Gegensatz zu Art. 148 Weimarer Reichsverfassung — kein einheitliches Bildungsziel auf. Es befugt die Länder, eine durch die Privatschulfreiheit relativierte einheitliche Bildungsorganisation aufzurichten.

II.

Das für die Einheit der Bildung erforderliche Normengefüge beruht nur in Teilbereichen praktischer und politischer Aktualität auf Gesetz. Die durch die Wandlung der Verfassungsstruktur ausgelöste Wandlung des Gesetzesbegriffes gebietet auch auf dem Sektor des Schulrechtes den Gesetzesvorbehalt und die Organisationsgewalt der Verwaltung neu abzugrenzen. Aus rechtsstaatlichen und aus demokratischen Erwägungen bedürfen das Schulverhältnis, die Grundzüge der Schulorganisation und -aufsicht, die aktualisierte Elternmitwirkung und das Berechtigungswesen der gesetzlichen Grundlage. Ein sinnvolles System von Ermächtigungen und Ermessensräumen sollte eine von pädagogischen Gesichtspunkten bestimmte personenbezogene und individualgerechte Handhabung des verrechtlichten Normengefüges gestatten. Die Verwaltung kann die Bereiche des Gesetzesvorbehaltes durch Verwaltungsverordnungen nur vorläufig und notdürftig ordnen.

III.

Die KMK fördert die Einheit der Schule über die Landesgrenzen hinweg; für die Beschlüsse der KMK gilt das Prinzip der

Einstimmigkeit, der Zustimmungs- und Umsetzungsbedürftigkeit durch die zuständigen Landesorgane. Beschlüsse der KMK, die die Normsetzung und das Verwaltungshandeln der gliedstaatlichen Organe gleichrichten sollen, und Beschlüsse, die die Verbindlichkeit der Maßnahmen der Länder über die Gebietsgrenzen hinweg bewirken sollen, begründen ein öffentlichrechtliches Verhältnis zwischen den Ländern. Inhalt der Pflicht ist das vereinbarungsgemäße Handeln der Verwaltungsorgane im Bereich ihrer Zuständigkeit. Das Rechtsverhältnis kann durch contrarius actus aufgehoben werden; ein Land kann sich aber auch von einzelnen Bindungen lossagen.

IV.

Die Gemeinde als Schulträgerin hat in erheblichem Umfang ihr früher zustehende Entscheidungsbefugnisse der zentralen Gewalt der Schulaufsichtsbehörde, die kleinere Gemeinde auch dem Schulverband überlassen müssen. Dennoch erkennt der moderne Gesetzgeber den Gemeinden das Selbstverwaltungsrecht im Bereich der äußeren Schulangelegenheiten zu. Der gliedhaften Stellung der Gemeinde im Gesamtgefüge des Schulwesens entspricht ein partnerschaftliches Verhältnis zwischen Staat und Gemeinde, das zur Kooperation in sachbezogener Verantwortung verpflichtet. Die Grundsätze der Kompetenzverteilung zwischen Staat und Gemeinde sind unter Berücksichtigung des Art. 28 II GG zu entwickeln.

V.

Der Bildungsvorgang ist individuell und situationsbezogen, daher in seinem Kern der Vereinheitlichung durch Norm und Weisung unzugänglich. Der Bildungsauftrag des Lehrers in einem freiheitlichen Staat, als selbständige sittliche Person selbständige sittliche Personen zu entfalten (Spranger), gebietet eine freiheitliche Gestaltung des Schulbetriebes. Die ausdrücklich oder faktisch anerkannte pädagogische Freiheit des Lehrers ist ein seine beamtenrechtliche Stellung ergänzendes Prinzip. Es befugt den Lehrer, im Rahmen der allgemeinen Anordnungen pädagogische Initiative zu entfalten; es schließt Weisungen zur Ordnung des Schulbetriebes nicht aus; im pädagogischen Bereich dürfen Weisungen nur erteilt werden, soweit sie erforderlich sind, um Einheit und Qualität der Bildung zu wahren. Das Verfassungsgebot zur sachgerechten und gleichen Beurteilung des Schülers geht der pädagogischen Freiheit des Lehrers vor. Der Grundsatz der Unabhängigkeit und Freiheit der Prüfungskommissionen gilt nur für Entscheidungen in solchen Verfah-

ren, die eine besondere Gewähr für ihre Sachgerechtigkeit bieten.

VI.

Die Forderung der genossenschaftlichen Schulbewegung nach synodalem Aufbau und Selbstverwaltung der Schule ist unerfüllbar, Art. 7 I GG. Das Mitwirkungsrecht der Eltern ist institutionalisierte Ausformung der Koordination staatlich-schulischer und elterlich-häuslicher Erziehung im Dienste der Gesamterziehung des Kindes.

VII.

Die Privatschulfreiheit des Grundgesetzes ist dem Elternrecht verknüpft. Die Privatschulaufsicht umfaßt keine Lenkungsbefugnisse, da die Privatschule nur verpflichtet ist, im Vergleich zu den öffentlichen Schulen gleichwertige Leistungen hervorzubringen, die sie in eigener Verantwortung bestimmen kann. Doch ist sie nicht auf Rechtsaufsicht beschränkt, da der Aufsichtsmaßstab der Gleichwertigkeit auf den Leistungsstand der öffentlichen Schulen verweist, den die Verwaltung weitgehend selbst festlegen kann. Die anerkannte Ersatzschule der Gegenwart ist in hohem Maße der Fremdbestimmung unterworfen. Ihre Einbeziehung in die staatliche Herrschaft ist Folge der wirtschaftlichen und rechtlichen Gleichstellung mit der öffentlichen Schule. Diese Entwicklung, die auf die berufsbildenden Ergänzungsschulen überzugreifen beginnt, entspricht pädagogischen und gesellschaftlichen Bedürfnissen und politischen Forderungen der Gegenwart, nicht aber einem Verfassungsgebot.

Verwaltung und Schule

2. Mitbericht von Privatdozent Dr. Ernst-Werner F u ß, Hamburg*

I.

1. Das Grundgesetz will eine f r e i h e i t l i c h e Staatsordnung sein. Die individuelle Freiheit ist das vornehmste Ziel unseres demokratischen und sozialen Rechtsstaats. Dieses Anliegen äußert sich im Bereich des Schulwesens in dem übergreifenden Prinzip der Freiheit der Bildung und Erziehung[1]). Es ist sowohl im Grundgesetz als auch in den Verfassungen der Länder verankert. Die Landesverfassungen verdeutlichen und ergänzen insoweit das Verfassungsrecht des Bundes. Die Freiheit der Bildung erwächst aus zwei verschiedenen Wurzeln, einer rechtsstaatlichen und einer sozialstaatlichen. Ihre rechtsstaatliche Komponente trägt mehr abwehrenden Charakter und garantiert dem Einzelnen Schutz vor staatlichen Ingerenzen in die individuelle Bildungsentscheidung. Die sozialstaatliche Seite der Bildungsfreiheit führt hingegen zur Begründung von Rechtsansprüchen auf aktives Tätigwerden des Staates. Beide Komponenten müssen indes in engem Zusammenhang miteinander gesehen werden.

a) Typische Ausprägungen des rechtsstaatlichen Bestandteils der Bildungsfreiheit finden wir in mehreren Grundrechtsbestimmungen des Bundes[2]) und der Länder[3]). Bei dieser Erwäh-

---

*) Eckige Klammern kennzeichnen die im Hinblick auf die gebotene Zeitbeschränkung nicht mündlich vorgetragenen Stellen.

[1]) Zur E i n h e i t der Bildung vgl. den vorstehenden Bericht von E v e r s sowie R e i c h e r t, Die Kulturautonomie der Länder und die Einheit der deutschen Bildung, 1951, S. 7 ff. Die „Einheit des deutschen Schulwesens" wird erwähnt in §§ 1 Abs. 2, 5 Abs. 1 bw SchVOG.

[2]) Art. 6 Abs. 2, 7 Abs. 4, 12 Abs. 1, 5 Abs. 3, 2 Abs. 1 GG. Vgl. auch Art. 2 des Zusatzprotokolls zur Europ. Menschenrechtskonvention und Art. 26 der Allg. Menschenrechtserklärung vom 10. 12. 1948.

[3]) Baden-Württemberg: Art. 1, 11 Abs. 1, 12 Abs. 2; Bayern: Art. 101, 126 Abs. 1, 134 Abs. 2; Bremen: Art. 3, 8 Abs. 2, 11 Abs. 1,23 Abs. 1, 27 Abs. 1, 29; Hessen: Art. 2, 10, 55, 61; Nordrhein-Westfalen: Art. 6, 8 Abs. 1; Rheinland-Pfalz: Art. 1, 2, 9 Abs. 1, 25 Abs. 1, 27 Abs. 1, 30, 39 Abs. 1 S. 2; Saarland: Art. 2, 5 Abs. 2, 24 Abs. 1, 26 Abs. 2, 28, 33 Abs. 2 S. 2; Schleswig-Holstein: Art. 6 Abs. 2 und 4.

nung möchte ich es bewenden lassen. Es gehört nicht zu meiner Aufgabe, die Grundrechtsproblematik neu aufzurollen[4]).

b) Die sozialstaatliche Komponente der Bildungsfreiheit findet ihre Grundlage einmal im Sozialstaatsprinzip des Grundgesetzes und zum anderen in dem Grundrecht auf Bildung und Erziehung, das die Landesverfassungen[5]) explizite gewährleisten und das eine Ausprägung des allgemeinen Sozialstaatsgedankens[6]) darstellt. Wegen dieser engen Verknüpfung mit dem Sozialstaatsprinzip kommt dem Anspruch auf Bildung der Rang von Bundesverfassungsrecht zu.

2. Das Recht, insbesondere des jungen Menschen, auf Bildung und Erziehung findet in den Landesverfassungen aber nur ganz allgemeinen Ausdruck. Die sehr vagen Formulierungen legen den Gedanken nahe, daß mit ihnen im Grunde genommen nicht

---

[4]) Hans Peters in: Bettermann-Nipperdey-Scheuner, Die Grundrechte, Bd. IV/1, 1960, S. 369 ff. (372, 402 ff.) hat zutreffend darauf hingewiesen, daß kaum ein anderer Bereich des deutschen Verfassungsrechts so sehr von Weltanschauung und politischem Werturteil beherrscht wird, wie die Frage von Schule und Elternrecht. Darüber hinaus muß festgestellt werden, daß bildungs- und schulpolitische Kontroversen zum typischen Erscheinungsbild unseres öffentlichen Lebens gehören. Dieses Phänomen ist freilich die zwangsläufige Folge der Tatsache, daß von der modernen Schule entscheidende Impulse für die geistige Entwicklung der gesamten Jugend eines Volkes ausgehen. Nachhaltigen Einfluß auf den Geist der Jugend zu erlangen, verspricht aber so viel wie den Besitz der Zukunft. So erkannte schon 1849 der preußische Abgeordnete Stiehl: „... wer die Schule hat, hat die Zukunft ...“ (Verhandlungen der II. Revisionskammer 1849, S. 1210). Dieses Ziel vor Augen, ringen die verschiedenen weltanschaulichen und politischen Gruppen um die Durchsetzung ihrer schulpolitischen Konzeption. Die dabei aufbrechenden Frontbildungen und Gegensätze erstrecken sich auch auf die Gestaltung des Schulrechts, seine Schöpfung, Auslegung und Anwendung. Diese Belastung kann auch nicht umgangen werden, indem man auf eine vorwiegend technisch verstandene verwaltungsrechtliche Ebene ausweicht. Gerade an dem Beispiel des Schulrechts erweist sich vielmehr die starke Abhängigkeit des Verwaltungsrechts von der Verfassung. Vgl. dazu Bachof in VVDStRL Heft 12 (1954), S. 37 und Fritz Werner, DVBl 1959, S. 527 ff.

[5]) Baden-Württemberg: Art. 11, Bayern: Art. 128, Bremen: Art. 27, Hessen: Art. 59, Nordrhein-Westfalen: Art. 8, Rheinland-Pfalz: Art. 31. Vgl. auch § 2 Abs. 1 hamb SchG und § 4 nds SchG sowie Art. 2 S. 1 ZusProtEurMRK und Art. 26 Abs. 1 S. 1 AllgemMRErkl.

[6]) Zu seiner Bedeutung und Funktion: von Mangoldt-Klein, Das Bonner Grundgesetz, 2. Aufl., Bd. I, 1957, Art. 20, Anm. VII 2 b und VII 3; Maunz, Deutsches Staatsrecht, 14. Aufl., 1965,

viel anzufangen sei[7]), daß der Staat nur für öffentliche Bildungseinrichtungen zu sorgen und deren Funktionieren zu gewährleisten habe. Das wäre indes nichts Neues, wie ein Blick auf Art. 143 Abs. 1 WeimRV zeigt[8]). Das Recht auf Bildung wäre dann überflüssig.

Was ist also der Sinn und Zweck dieser Verbürgungen, wenn man ihnen einen eigenständigen Gehalt zuerkennt und sie im Lichte des Sozialstaatsprinzips ausdeutet? Ich meine, daß sie dem Gesetzgeber den Auftrag erteilen, die Voraussetzungen der Zulassung zu den öffentlichen Bildungseinrichtungen, ihrer Weiterbenutzung, der Zulassung zu öffentlichen Prüfungen und die Bedingungen für deren erfolgreiche Ablegung dergestalt zu normieren, daß dem Einzelnen bei Erfüllung dieser Voraussetzungen ein klagbarer Rechtsanspruch zusteht.

Das erfordert nicht nur eine Regelung des Aufnahmeverfahrens für die weiterführenden Schulen und den Erlaß von Prüfungsordnungen, sondern auch eine eingehende Durchnormierung der Beziehungen zwischen der Schule einerseits und den Schülern und ihren Erziehungsberechtigten andererseits, mithin eine rechtliche Ordnung — nicht lediglich eine administrative Regelung — des sogenannten Schulverhältnisses. Genauer formuliert, handelt es sich hier freilich um eine Mehrzahl von Schulverhältnissen. Ich darf hier trotzdem der Einfachheit halber von d e m Schulverhältnis sprechen. Seine Regelung umfaßt alle diejenigen Gegenstände, die herkömmlicherweise in den allgemeinen Schulordnungen normiert zu werden pflegen. Ein ziemlich vollständiger Katalog dieser Materien findet sich in § 56 des neuen baden-württembergischen Gesetzes zur Vereinheitlichung und Ordnung des Schulwesens vom 5. 5. 1964 (SchVOG)[9]). Ich nenne nur die wichtigsten: Aufnahme in und Ent-

---

S. 66 f.; F o r s t h o f f in VVDStRL Heft 12 (1954), S. 8 ff.; B a c h o f daselbst S. 37 ff.; Hans P e t e r s in Staatslexikon, 6. Aufl., 7. Bd., 1962, S. 394 f. (Verbesserung der Bildungschancen für große Volksschichten).

[7]) Vgl. Bayer. VerfGH, Beschluß v. 16. 4. 1964, DVBl 1964, S. 485 ff. (487) = DÖV 1964, S. 643 Nr. 277 (Art. 128 Abs. 1 BayVerf gibt weder dem Einzelnen ein subjektives Recht auf Ausbildung noch ist der Staat rechtlich verpflichtet, so viele und so vielartige Ausbildungsstätten zu errichten, daß jedermann die ihm entsprechende Ausbildung zu erhalten vermag).

[8]) Ähnlich bereits § 137 der Verfassungsurkunde für das Kurfürstentum Hessen von 1831 (abgedruckt bei Ernst Rudolf H u b e r, Dokumente zur deutschen Verfassungsgeschichte, Bd. I, 1961, S. 220).

[9]) Vgl. auch § 26 des Modellgesetzes bei Hans H e c k e l, Eine Grundordnung der deutschen Schule, 1958, S. 54 und den Entwurf

lassung aus der Schule; Maßnahmen und Entscheidungen in Unterricht und Erziehung; Zeugnisse, Versetzungen und Prüfungen; Maßnahmen der Schulfürsorge, Schulhygiene und Unfallverhütung; Pflichten der Erziehungsberechtigten gegenüber der Schule; Schülervereine und Schülerzeitschriften. Zur Schulordnung gehören m. E. auch die Grundentscheidungen über die Gestaltung des Unterrichts, wie Bestimmung der Unterrichtsgebiete, zumindest in großen Zügen auch des Lehrstoffs, ferner der Pflichtfächer und der Sprachenfolge[10]).

Die rechtliche Ausgestaltung dieser Fragen des inneren Schul- und Unterrichtsbetriebs zeitigt durchgreifende Auswirkungen auf die Rechte der Schüler und ihrer Erziehungsberechtigten. Von ihr hängt es ab, ob ein Bewerber in eine bestimmte Schulgattung aufgenommen wird und ob der Schüler auf der Anstalt verbleiben darf, ferner seine Zulassung zu den Abschlußprüfungen und damit die Erlangung der angestrebten Berechtigungen. Der Alltag der Schule — so könnte man sagen — bestimmt im wesentlichen Ausmaß auch ihren erfolgreichen Abschluß.

3. Der Staat und die sonstigen öffentlichen Schulträger besitzen in unserer Zeit zwar kein rechtliches, aber ein tatsächliches Monopol der Vermittlung von Schulbildung. Wer nicht die teilweise erheblichen Mittel zum Besuch einer Privatschule aufzubringen vermag, ist auf die Inanspruchnahme öffentlicher Schulen angewiesen. Noch stärker ist das Monopol des Staates bei der Verleihung von Berechtigungen durch die Abnahme von Prüfungen. Fast nur über den Weg der öffentlichen Schule und Prüfung vermag heute der Einzelne seine Anlagen zu entfalten und den seinen Fähigkeiten entsprechenden Platz im öffentlichen wie im privaten Bereich zu erlangen. Werner Weber[11]) hat uns gezeigt, daß Besitz und Vermögen ihre frühere Funktion als Garant der freien Persönlichkeitsentfaltung weithin eingebüßt haben, jedenfalls für die große Masse. Daran wird auch eine breitere Streuung des Eigentums nur wenig ändern. Daß Geld der einzige Schlüssel zu Bildung, Einfluß und Aufstieg ist, entspricht auch kaum der sozialen Gerechtigkeit. Der Einlaß in die Aufstiegsschleuse mußte erheblich verbreitert werden. Diesem Zweck dient heute die öffentliche Schule. Sie fungiert als „Zuteilungsapparatur von Lebens-

---

einer Schulordnung für die öffentlichen Schulen bei Hans Heckel-Paul Seipp, Schulrechtskunde, 3 Aufl., 1965, S. 390 ff.

[10]) Vgl. Bad.-Württ. VGH (Mannheim), Beschluß vom 5. 5. 1961, ESVGH Bd. 11, S. 5 ff. = DVBl 1961, S. 523 ff.

[11]) RWS 1964, S. 33 ff. (39).

chancen"[12]), und ihre Absolvierung hat, je nach Erfolg oder Mißerfolg, Aufstieg oder Abstieg zur Folge. Damit gewinnt das öffentliche Schul- und Bildungswesen eine hervorragende gesellschaftspolitische Bedeutung. In einem sozial gerechten Gemeinwesen, dessen Verfassung dem Einzelnen ein Recht auf Bildung verheißt, muß daher der Gesetzgeber für die rechtliche Durchnormierung des Schul- und Prüfungswesens einschließlich der Schulordnung Sorge tragen[13]).

4. Dabei hat das Parlament der verfassungsrechtlichen Richtlinie zu folgen, daß dem Interesse des Einzelnen an der Benutzung öffentlicher Bildungseinrichtungen in größtmöglichem Umfange Raum zu geben ist.

[a) Ein Anspruch auf Zulassung zu und Belassung in den öffentlichen Schulen, insbesondere den weiterführenden Schulen, wird deshalb nur versagt werden können, wenn dadurch die Rechte anderer beeinträchtigt würden, konkret ausgedrückt, wenn ein Bewerber mangels Begabung und Bildungsbereitschaft oder anderer Mängel wegen die Entwicklung seiner Mitschüler (negativ) hemmen würde[14]). Das Bundesverwaltungsgericht[15]) ist dagegen offenbar geneigt, dem Gesetzgeber einen größeren Spielraum zuzubilligen und den Rechtsanspruch auf Zulassung von der (positiven) Eignung des Bewerbers abhängig zu machen. Ich halte das für bedenklich, weil diese Rechtsprechung eine selbstherrliche Bestimmung der Kriterien erlaubt, unter denen ein Bewerber als geeignet anzusehen ist. Der

---

[12]) Helmut Schelsky, Anpassung oder Widerstand? Soziologische Bedenken zur Schulreform, 3. Aufl., 1963, S. 151.

[13]) Zur bislang ungenügenden Ausgestaltung des deutschen Schulrechts: Haugg, Einführende Bemerkungen zu Seipp-Haugg, Schulrecht in Nordrhein-Westfalen, 2. Aufl., 1960, Ziff. I; Hans Heckel, Schulverwaltung, in: Hans Peters, HdbkommWissPrax, Bd. II, 1957, S. 110 ff. (120 f.); Scheuner, Die neuere Entwicklung des Rechtsstaats in Deutschland, in: Hundert Jahre deutsches Rechtsleben, Bd. II, 1960, S. 229 ff. (255).

[14]) Hamb. OVG, Urteil v. 16. 4. 1953, DVBl 1953, S. 506 ff. (508) = RWS 1962, S. 339 ff. (340); Urteil v. 12. 3. 1956, DÖV 1956, S. 627 f. = RWS 1962, S. 186 ff. (186); OVG Berlin, Urteil v. 1. 12. 1954, OVGE Bd. 3, S. 146 ff.; vgl. aber auch Hamb. OVG, Urteil v. 23. 12. 1958, DVBl 1960, S. 742 ff. (Hemmungsbegriff als zentrales Argument aufgegeben); Urteil v. 12. 2. 1960, DVBl 1960, S. 652 f.; Urteil v. 27. 9. 1963, MDR 1964, S. 178 ff. (179).

[15]) Urteile vom 29. 6. 1957, BVerwGE Bd. 5, S. 153 ff. (158 ff.) (BVerwG II C 105.56) und S. 164 f. (165) (BVerwG II C 104.56); vgl. dazu Förster, Die Überprüfung pädagogischer Maßnahmen durch die Verwaltungsgerichte, Kölner Diss., 1961, S. 108 f.

Gesetzgeber könnte diese Voraussetzungen beliebig hochschrauben und es der öffentlichen Hand dadurch ersparen, mehr weiterführende Schulen einzurichten.

Aus der selbstverständlichen Bindung des Parlaments und der Verwaltung an den Gleichheitssatz des Art. 3 GG kann andererseits nicht geschlossen werden, daß jedermann ein Recht auf Zulassung zu den öffentlichen Bildungsanstalten und Prüfungen besitze, ohne Rücksicht auf seine Begabung, Vorbildung und Bildungswilligkeit. Das wäre eine unzulässige Vereinfachung, die von einem material verstandenen Gleichheitssatz nicht gefordert, sondern im Gegenteil gerade ausgeschlossen wird. Eine radikale Egalisierung wäre das Ende jedes sinnvollen Bildungswesens. Die viel berufene Gleichheit der Startbedingungen darf nur als rechtliche Gleichheit verstanden werden. Die tatsächlichen Ungleichheiten — im Bereich der Bildung die Begabungsunterschiede — kann kein noch so beflissener Gesetzgeber einebnen. Es ist freilich nicht zu übersehen, daß die Forderung nach Ausdehnung der Rechtsgleichheit zur Chancengleichheit ganz allgemein an Boden gewinnt. Fritz Werner[16]) hat darauf vor kurzem hingewiesen und daran erinnert, „wie bereits im Kinde das Gleichheitsdenken, und zwar in einer höchst formalen, nahezu mathematischen Spielart das erwachende Rechtsgefühl prägt". Daß auch der erwachsene Mensch so empfindlich gegen vermeintliche oder wirkliche Ungleichbehandlungen reagiert, diese Idiosynkrasie gegen jegliche Differenzierung mit Benachteiligungseffekt ist vielleicht ein Symptom dafür, daß das individuelle Rechtsgefühl in steigendem Maße ichbezogene und infantile Züge annimmt. Um so mehr ist eine radikale Gleichheit im Bildungswesen aber strikt abzulehnen. Ein Anspruch auf Benutzung öffentlicher Bildungseinrichtungen kann dem Einzelnen nur nach Maßgabe seiner individuellen Anlagen zuerkannt werden. So bestimmen es auch die meisten einschlägigen Vorschriften der Landesverfassungen[17]).]

b) Das Elternrecht des Art. 6 Abs. 2 GG[18]) verbietet allerdings

---

[16]) Über Tendenzen der Entwicklung von Recht und Gericht in unserer Zeit, 1965, S. 8 f.

[17]) Vgl. oben Anm. 5 sowie folgende Verfassungsvorschriften: Bayern: Art. 132, Nordrhein-Westfalen: Art. 10 Abs. 1, Saarland: Art. 27 Abs. 5, Schleswig-Holstein: Art. 6 Abs. 2.

[18]) Vgl. im folgenden Friedrich, Die Erziehungsrechte der Eltern, des Staates und der Kirche in der Volksschule, Marburger Diss., 1958, S. 20 ff., 122 ff.; Surwald, Das Erziehungsrecht der Eltern und des Staates nach dem Grundgesetz, Tübinger Diss., 1961, S. 67 ff., 106 ff.; Maurer, Das Elternrecht und die Schule, Münchener Diss., 1962, S. 39 ff., 70 ff.; Maury, Elterliche Erziehungs-

jegliche staatliche Verplanung des Begabungspotentials[19]) und sichert den Eltern die ausschließliche Wahl des von ihren Kindern einzuschlagenden Bildungsweges, insbesondere die Auswahl der weiterführenden Schule. Zu den Gefahren, die dem Elternrecht durch eine staatliche „‚Bewirtschaftung‘ der Begabungen“[20]) drohen, wäre noch mancherlei anzumerken. Denn trotz der bekannten verwaltungsgerichtlichen Entscheidungen im Hamburger und Berliner Schulstreit[21]) sind nach wie vor die Planifikateure am Werk. Hier ist noch am ehesten Hellmut Bekkers Stoßseufzer von der „verwalteten Schule“[22]) berechtigt und weniger bei der viel berufenen Reglementierung von Schule und Lehrerschaft. Weitere Bemerkungen dazu muß ich mir versagen.

II.

1. Die Planung, Ordnung, Förderung und Leitung insbesondere des öffentlichen Schulwesens wird in der herkömmlichen Terminologie unserer Verfassungen und Gesetze unter der Bezeichnung „staatliche Schulaufsicht“ zusammengefaßt[23]). So heißt es in Art. 7 Abs. 1 GG und in entsprechenden Vorschriften der Landesverfassungen[24]): „Das gesamte Schulwesen steht unter

---

gewalt und öffentliche Schulgewalt nach deutschem Recht, Heft 45 der Abhandlungen aus dem Staats- und Verwaltungsrecht, 1931, S. 74; Hans Heckel, RWS 1964, S. 1 ff. (3).

[19]) Bachof, Verfassungsrecht, Verwaltungsrecht, Verfahrensrecht, 2. Aufl., 1964, S. 58; Schelsky a.a.O., (Anm. 12) S. 155 (Gefahr der pädagogisch betriebenen und gerechtfertigten Leistungsausbeutung des Menschen).

[20]) Werner Weber, RWS 1964, S. 33 ff. (40).

[21]) Fundstellen oben Anm. 14 u. 15.

[22]) Hellmut Becker, Kulturpolitik und Schule. Probleme der verwalteten Welt, 1956, S. 33 ff.

[23]) Zum Begriff der staatlichen Schulaufsicht: Hans Heckel, Umfang und Grenzen der Schulaufsicht, DÖV 1952, S. 617 ff.; von Mangoldt-Klein a.a.O. Art. 7 Anm. III; Heckel-Seipp a.a.O. S. 91 ff.; Hochstetter, RWS 1960, S. 39 und RWS 1962, S. 6; Schäfer, RWS 1962, S. 193 ff.; Vogelsang, RWS 1963, S. 238 ff.; Hans J. Wolff, Verwaltungsrecht II, 1962, § 101 VIII, S. 294 f.; BVerwG, Urteil v. 31. 1. 1964 (BVerwG VII C 49.62), BVerwGE Bd. 18, S. 38 ff. (39). Gegen die h. L. fassen den Schulaufsichtsbegriff restriktiv: Hellmut Becker a.a.O. (Anm. 22) S. 58 ff.; Hans Peters a.a.O. (Anm. 4) S. 410 ff.; Perschel, RWS 1962, S. 101 ff.

[24]) Bayern: Art. 130 Abs. 1, Bremen: Art. 28, Nordrhein-Westfalen: Art. 8 Abs. 3 S. 2, Rheinland-Pfalz: Art. 27 Abs. 3 S. 1, Saarland: Art. 27 Abs. 1 S. 2. Vgl. auch Art. 56 Abs. 1 S. 2 der Hessischen Verfassung: „Das Schulwesen ist Sache des Staates.“

der Aufsicht des Staates". Dieser lapidare Satz birgt eine massive Problematik in sich.

Für die bislang absolut herrschende Meinung ist die staatliche Schulaufsicht der Inbegriff völlig verschiedenartiger Funktionen, wohlgemerkt von Funktionen, die samt und sonders der Exekutive obliegen; denn „Aufsicht" ist nach herkömmlicher Vorstellung eine typische Aufgabe von Regierung und Verwaltung. [So versteht § 16 Abs. 1 bw SchVOG unter staatlicher Schulaufsicht:

„1. die Planung und Leitung, Ordnung und Förderung des gesamten Schulwesens,

2. das Bestimmungsrecht über die Unterrichts- und Erziehungsarbeit der öffentlichen Schulen und alle damit zusammenhängenden Angelegenheiten,

3. die Fachaufsicht über die Schulen, nämlich

a) die Aufsicht über die schulfachlichen Angelegenheiten und

b) die Aufsicht über die Rechts- und Verwaltungsangelegenheiten, soweit sie nicht unter Nr. 5 fallen,

4. die Dienstaufsicht über die Schulleiter und Lehrer sowie

5. die Aufsicht über die Erfüllung der dem Schulträger obliegenden Angelegenheiten."]

2. Die Zusammenfassung dieser teilweise ganz verschiedenartigen Tätigkeiten entspricht nun weder dem Wortsinn noch der historischen Entwicklung[25]) des Begriffs der staatlichen Schulaufsicht. Diese unzulässige Vermengung hat zur Folge, daß 15 Jahre nach Inkrafttreten des Grundgesetzes noch völlige Unklarheit darüber herrscht, welche Aufgaben und Befugnisse der staatlichen Exekutive in bezug auf das Schulwesen zukommen. Diese Irrtümer müssen endlich ausgeräumt werden! Der heute noch herrschende Begriff der staatlichen Schulaufsicht

---

[25]) Zwar hat der Sprachgebrauch im Laufe der Zeit unter der Bezeichnung „staatliche Schulaufsicht" Funktionen der Aufsicht, der Leitung, der Organisation und auch der generellen Regelung des Schulwesens zusammengefaßt. Dies hat aber nicht — wie im folgenden Text zu zeigen sein wird — zur Herausbildung eines verfassungsrechtlichen Begriffs der Schulaufsicht geführt, der unter der gegenwärtigen Verfassungslage unmittelbar, d. h. ohne besondere gesetzliche Ermächtigung zum Erlaß genereller Schulordnungen befugt.

bedarf daher einer Bedeutungskorrektur. Der Begriff muß auf seine eigentliche engere Bedeutung reduziert und von der generellen Ordnung des Schulwesens getrennt werden.

a) Das Wort „Aufsicht" bedeutet sowohl im allgemeinen Sprachgebrauch als auch in der Rechtssprache soviel wie Beobachten, Beeinflussen, Fördern, Hemmen und Korrigieren[26]). Die Aufsicht bezieht sich stets auf die Tätigkeit eines anderen; sie ist in diesem Sinne keine Eigentätigkeit, sondern hält — wie Triepel[27]) es treffend formuliert hat — die fremde Tätigkeit „mit irgendeinem Richtmaß in Übereinstimmung". Dieses Richtmaß, welches zumeist in einer generellen Regelung besteht, wird also von der Aufsicht vorausgesetzt und nicht erst hervorgebracht. Daraus folgt, daß die Befugnis, etwas generell zu ordnen, nicht zur Aufsicht gehört, weil die Schaffung des Richtmaßes und seine Anwendung wesensmäßig nicht dasselbe sein können.

b) Dieser begriffliche Unterschied zwischen normierender Eigentätigkeit einerseits und Beaufsichtigung einer Fremdtätigkeit andererseits, zwischen genereller Ordnung und jedenfalls primär individueller Aufsichtstätigkeit, ist früheren Zeiten durchaus bewußt gewesen.

[aa) Eine entsprechende Differenzierung findet sich bereits in den schulrechtlichen Vorschriften des preußischen Allgemeinen Landrechts[28]). So unterstellt § 9 II 12 alle öffentlichen Schul- und Erziehungsanstalten der Aufsicht des Staates. Daß hiermit eine Beaufsichtigung im eigentlichen (restriktiven) Sinne des Wortes gemeint ist, wird durch den Zusatz verdeutlicht, die genannten Anstalten müßten sich den Prüfungen und Visitationen des Staates zu allen Zeiten unterwerfen. Die „Direktion" der gemeinen Elementarschulen überträgt § 12 II 12 hingegen der „Gerichtsobrigkeit eines jeden Ortes" (Gutsherrschaft). Schließlich verweist § 15 II 12 auf die vom Staat erteilten oder genehmigten Schulordnungen, deren Beachtung der Obrigkeit und den Geistlichen zur Pflicht gemacht wird. Besonders deutlich hebt § 18 Abs. 5 der Instruktion zur Geschäftsfüh-

---

[26]) Hans Peters a.a.O. (Anm. 4) S. 410 schränkt die Bedeutung von „Aufsicht" sogar auf Kontrolle und Überwachung ein.

[27]) Die Reichsaufsicht. Untersuchung zum Staatsrecht des Deutschen Reiches, 1917, S. 111.

[28]) Das ALR enthielt freilich nur subsidiäre Rechtsnormen. Der Schwerpunkt des Schulrechts lag nach wie vor in den provinziell und konfessionell verschiedenen Schulordnungen. Vgl. Bornhak, Preußisches Staatsrecht, 3. Bd., 2. Aufl., 1914, S. 699.

rung der Regierungen in den Königlich-Preußischen Staaten vom 23. 10. 1817[29]) den Erlaß genereller Rechtsvorschriften von der Verwaltungs- und Aufsichtstätigkeit ab, indem er das Ergehen einer allgemeinen Schulordnung sowie besonderer Schulordnungen für die einzelnen Provinzen in Aussicht stellt[30]). Ferner unterscheidet Abs. 1 derselben Vorschrift ausdrücklich zwischen Aufsicht über die Schulen einerseits und deren Direktion und Verwaltung andererseits[31]). Alle diese Funktionen wurden freilich ein- und derselben Behörde, nämlich der Bezirksregierung bzw. ihrer Kirchen- und Schulkommission zugewiesen. Durch diese Zusammenlegung der Zuständigkeiten verwischte und erweiterte sich der Terminus „Schulaufsicht" zu einer Sammelbezeichnung der staatlichen Verwal-

[29]) GS S. 248 ff. (261).

[30]) Ähnlich § 7 Abs. 3 der Dienst-Instruktion für die Provinzial-Konsistorien vom 23. 10. 1817, GS S. 237 ff. (241). Der Erlaß der allgemeinen Schulordnung war dem König vorbehalten. Eine Gewaltenteilung zwischen Legislative und Exekutive im konstitutionellen Sinne gab es zwar noch nicht. Um so bemerkenswerter ist aber die Herausstellung der Verschiedenheit der Funktionen.

[31]) Gemäß § 18 Abs. 1 der Regierungsinstruktion vom 23. 10. 1817 gebührte der Kirchen- und Schulkommission vorbehaltlich der dem Provinzial-Konsistorium übertragenen Aufgaben die Verwaltung aller geistlichen und Schulangelegenheiten (Der Oberbegriff war also „Verwaltung" und nicht „Aufsicht"!), nämlich: ...

d) die Direktion und Aufsicht über sämtliche ... öffentliche und Privatschulen und Erziehungsanstalten;

e) die Aufsicht und Verwaltung des gesamten Elementarschulwesens;

f) die Aufsicht und Verwaltung sämtlicher äußeren Kirchen- und Schulangelegenheiten, mithin auch die Regulierung des Stolwesens und Schulgeldes;

g) die gesamte Verwaltung des Kirchen-, Schul- und Stiftungsvermögens ...

Den Provinzial-Konsistorien verblieb gemäß § 6 Abs. 1 der Dienst-Instruktion vom 23. 10. 1817 hinsichtlich der Elementar- und Bürgerschulen (einschließlich Privatschulen) die obere Leitung in wissenschaftlicher Hinsicht und in bezug auf ihre innere Verfassung sowie die Sorge für die Ausbildung der Elementar-Schullehrer. Hinsichtlich der gelehrten Schulen kam den Konsistorien dagegen die gesamte Aufsicht und Verwaltung zu (§ 6 Abs. 2 der Dienst-Instruktion). 1825 wurden diese Aufgaben auf die Provinzial-Schulkollegien übertragen; vgl. Kabinettsordre vom 31. 12. 1825, betr. eine Abänderung in der bisherigen Organisation der Provinzial-Verwaltungsbehörden (GS 1826 S. 5). Vgl. dazu Bettermann-Goessl, Schulgliederung, Lehrerbildung und Lehrerbesoldung in der bundesstaatlichen Ordnung, 1963, S. 22.

tungs- und Leitungsbefugnisse im Schulwesen. Gerade Anschütz, auf den sich die heutige herrschende Lehre so angelegentlich beruft, mußte 1910 daher feststellen: „Wenn die Gesamtheit der dem Staate an der Schule und über die Schule zustehenden Rechte als „Schulaufsicht“ bezeichnet wird, so ist dieser Ausdruck ... juristisch nicht korrekt“[32]). Allerdings zögerte Anschütz nicht, dem Staate das ausschließliche administrative Bestimmungsrecht über die Schule zuzusprechen und darunter auch die Befugnis zum Erlaß genereller Gebote und Verbote zu verstehen. Die Rechtsgrundlage dieses „weitgreifenden Bestimmungsrechtes“ erblickte Anschütz aber keineswegs in dem Begriff der „Schulaufsicht“, sondern in § 18 der Regierungsinstruktion vom 23. 10. 1817, welche Vorschrift ja gerade zwischen „Aufsicht“, „Direktion“ und „Schulordnung“ ausdrücklich unterschied[33]).

bb) Mit der Aufnahme des Begriffs der staatlichen Schulaufsicht in Art. 23 Abs. 1 der preußischen Verfassungs-Urkunde vom 31. 1. 1850 ging das Bewußtsein indes allmählich verloren, daß die leitenden, organisatorischen und verwaltenden Befugnisse der staatlichen Schulaufsichtsbehörden auf spezialgesetzlicher Grundlage beruhten und einer Abstützung durch einen verfassungsrechtlichen, extensiv verstandenen Schulaufsichtsbegriff gar nicht bedurften[34]). Dabei kann den Materialien zur

---

[32]) Anschütz, Die Schulaufsicht und die rechtliche Stellung der Volksschullehrer in Preußen, in: Festgabe der Berliner juristischen Fakultät für Otto Gierke, 1. Bd., 1910, S. 209 ff. (228). Ebenso RG, Urteil v. 5. 11. 1912, RGZ Bd. 80, S. 338 ff. (345 f.) und Preuß. OVG, Urteil v. 17. 4. 1917, Bd. 72, S. 228 ff. (239 f.)

[33]) Anschütz a.a.O., S. 231 f.; ders., Die Verfassungs-Urkunde für den Preußischen Staat, 1. Bd., 1912, S. 417 f. Auch RG und Preuß. OVG a.a.O., beziehen sich ausdrücklich auf § 18 der Regierungsinstruktion vom 23. 10. 1817. Vgl. auch Preuß. OVG, Urteil v. 29. 9. 1876, Bd. 1, S. 173 ff. zur Einführung neuer Lehr- und Schulpläne durch die Bezirksregierungen gemäß § 18 Abs. 4 der Regierungsinstruktion. Für die Kompetenzabgrenzung zwischen Staat und Gemeinde bezog man sich außerdem auf die heute noch angewandte — freilich umstrittene (vgl. OVG Münster, Urteil v. 22. 11. 1963, DVBl 1964, S. 829 ff., 830) — Unterscheidung zwischen „inneren“ und „äußeren“ Schulangelegenheiten; vgl. § 179 lit. b) der Stein'schen Städteverordnung vom 19. 11. 1808, abgedruckt bei Krebsbach, Die Preußische Städteordnung von 1808, Neue Schriften des Deutschen Städtetags, Heft 1, 1957, S. 82 f.

[34]) Gegen die volle Inanspruchnahme der „inneren“ Schulangelegenheiten durch die staatlichen Schulaufsichtsbehörden sprach sich allerdings Hugo Preuß, Das städtische Amtsrecht in Preußen, 1902, S. 237 ff. aus, konnte mit seiner Ansicht indes nicht durchdringen.

preußischen Verfassungs-Urkunde keineswegs die Absicht der Verfassungsschöpfer entnommen werden, eine zusätzliche Legitimation für die Gesamtbefugnisse der staatlichen Schulaufsichtsbehörden zu schaffen. Mit Art. 23 Abs. 1 wurde vielmehr das entscheidende Anliegen verfolgt, das öffentliche Schulwesen von jeder kirchlichen Aufsicht freizustellen und stattdessen dem Staat die Schulaufsicht vorzubehalten[35]). Über die Verteilung der öffentlichen Aufgaben im Schulwesen innerhalb des Staates und insbesondere über die Kompetenzverteilung zwischen Staatsbehörden und Gemeinden sollte damit nichts bestimmt werden. Letztere Frage wurde vielmehr in Art. 24 Abs. 3 VerfUrk angesprochen. Die Entstehungsgeschichte der preußischen Verfassung von 1850 rechtfertigte es also nicht, daß der Schulaufsichtsbegriff in Preußen über die Regelungen des Allgemeinen Landrechts und der Regierungsinstruktion vom 23. 10. 1817 hinaus erheblich erweitert wurde und schließlich nahezu alle staatlichen Befugnisse im Schulwesen umfaßte[36]). Dieser Vorgang ist vielmehr als ein Bedeutungswandel zu werten, welcher dergestalt vonstatten ging, daß die bei Inkrafttreten der preußischen Verfassungs-Urkunde[37]) bestehende (formelle) Kompetenzballung zugunsten der staatlichen Schulaufsichtsbehörden zu einem materiellen Schulaufsichtsbegriff umgeschmolzen wurde.

Die sachlich wie historisch unbegründete Ausdehnung des materiellen Schulaufsichtsbegriffs wurde freilich durch die verfassungsrechtliche Entwicklung begünstigt. Denn die Verheißung des Erlasses eines das ganze Unterrichtswesen regelnden Gesetzes in Art. 26 VerfUrk[38]) wurde nicht erfüllt. Folglich ob-

---

[35]) Anschütz a.a.O., (Anm. 32) S. 211 ff. mit eingehenden Nachweisen. Vgl. auch § 153 des Entwurfs der Reichsverfassung von 1849.

[36]) Zur parallelen Entwicklung in den außerpreußischen Ländern vgl. Landé, Die staatsrechtlichen Grundlagen des deutschen Unterrichtswesens, in: Anschütz-Thoma, HdbDStR Bd. II (1932), S. 690 ff. (702).

[37]) Art. 23 Abs. 1 preuß. VerfUrk war nach h. L. durch Art. 112 suspendiert und im Schulwesen das ältere, vorkonstitutionelle Recht in Geltung geblieben; vgl. Anschütz, Die Verfassungs-Urkunde, S. 405; Adolf Arndt, Die Verfassungs-Urkunde für den Preußischen Staat, 6. Aufl., 1907, Vorbem. zu den Artikeln 20 bis 26 und Anm. 1 zu Art. 23. Am 11. 3. 1872 erging dann das Gesetz, betr. die Beaufsichtigung des Unterrichts- und Erziehungswesens (GS S. 183).

[38]) In der ursprünglichen Fassung vom 31. 1. 1850. Die Gegenüberstellung von Art. 26 (Ankündigung des Unterrichtswesen-Gesetzes) und Art. 23 Abs. 1 (staatliche Schulaufsicht über die einzelnen Unterrichtsanstalten) zeigt übrigens deutlich, daß die Verfassungsschöp-

lag auch die generelle Ordnung des Schul- und Unterrichtswesens weiterhin der monarchischen Exekutive[39]). Das war vom damaligen Standpunkt aus gesehen auch durchaus konsequent. Das Parlament hatte nur über diejenigen generellen Regelungen zu beschließen, die in Freiheit und Eigentum eingriffen[40]). Daß dies auch bei der Ordnung des Schulwesens der Fall sein könnte, diese Frage mußte angesichts der damaligen Verfassungslage notwendigerweise verneint werden. Denn einerseits statuierte die Verfassung keine Schulbesuchspflicht; die Eltern waren lediglich verpflichtet, ihre Kinder — wie es hieß — nicht ohne den Unterricht zu lassen, welcher für die öffentlichen Volksschulen vorgeschrieben war[41]). Dieser Pflicht konnten die Eltern also auch durch häuslichen Unterricht genügen[42]). Andererseits enthielt die Verfassung aber auch keine grundrechtliche Garantie des Elternrechts. Daher konnte kaum der Gedanke aufkommen, daß der Staat mit der Regelung des Schulverhältnisses in die individuelle Freiheitssphäre eindringe. Der Erziehungsanspruch des Staates machte vor der Tür des Elternhauses Halt. Wenn der Staat öffentliche Schulen zur freiwilligen Benutzung bereithielt, so durfte diese Leistung getrost unter dem alleinigen Aspekt der Fürsorge und Wohltat betrachtet werden, und von einer Freiheitsbeschränkung konnte keine Rede sein. So beließ es die Verfassungsänderung von 1906 denn auch ausdrücklich bei der Geltung des von der Exekutive gesetzten Schulrechts.

cc) Daß dieser Rechtszustand auch unter der Weimarer Reichsverfassung weitgehend aufrechterhalten blieb, erklärt sich politisch aus der unvollkommenen Verwirklichung des Gedankens der parlamentarischen Demokratie[43]). Eine erhebliche Rolle spielte auch der Umstand, daß die Schulgesetzgebung in den Ländern das Schulrecht nur unvollkommen normierte und

---

fer klar zwischen genereller Regelung und individueller Aufsicht unterscheiden wollten.

39) Vgl. Adolf Arndt a.a.O., Anm. zu Art. 26 mit dem Hinweis, daß dies in Belgien anders sei, weil dort die Exekutive gemäß Art. 17 Belg. Verf. nur die in der Verfassung oder in verfassungsmäßigen Gesetzen erteilten Befugnisse besitze. S. auch Bornhak a.a.O., (Anm. 28) S. 701: „Bei dieser mangelhaften rechtlichen Regelung ist der freien Verwaltungstätigkeit der Behörden ein größerer Spielraum gelassen als auf jedem anderen Verwaltungsgebiete."

40) Zur Geschichte und Dogmatik des Eingriffsvorbehalts umfassend: Jesch, Gesetz und Verwaltung, 1961, S. 102 ff.

41) Art. 21 Abs. 2 preuß. VerfUrk.

42) Bornhak a.a.O, (Anm. 28) S. 722.

43) Vgl. Werner Thieme, Der Gesetzesvorbehalt im besonderen Gewaltverhältnis, JZ 1964, S. 81 f. mit Nachweisen.

im Reich bei Teilergebnissen stecken blieb[44]). Andererseits erlangte das Prinzip der staatlichen Schulaufsicht in Art. 144 WeimRV[45]) den Rang von Reichsverfassungsrecht. Die Reichsverfassung definierte den Begriff der staatlichen Schulaufsicht jedoch nicht. Folglich griff die Verfassungsinterpretation auf den extensiven Schulaufsichtsbegriff zurück, wie er sich im 19. Jahrhundert insbesondere in Preußen und anfänglich nur auf der Ebene der einfachen (vorkonstitutionellen) Gesetzgebung herausgebildet hatte[46]). Dabei ging die Erinnerung daran verloren, daß der landesrechtliche Schulaufsichtsbegriff bislang ein Bündel von verschiedenartigen Befugnissen umfaßt hatte, die in den ursprünglichen Rechtsgrundlagen noch einzeln und voneinander getrennt aufgezählt worden waren. Unter dem Eindruck der unitarischen Tendenz der Weimarer Reichsverfassung wurden nun aber die Schulaufsichtsbefugnisse der Länder (!) global auf Art. 144 WeimRV gestützt und der extensive Begriff der Schulaufsicht als durch die Reichsverfassung besiegelt angesehen.] Anschütz, der führende und von zahlreichen Epigonen mit Fleiß zitierte Kommentator der Reichsverfassung, übernahm einfach die Ausführungen aus seinem Erläuterungsbuch zur preußischen Verfassungs-Urkunde[47]) und konstatierte[48]): „Die Schulaufsicht ist ungeachtet ihres Namens nicht nur Aufsicht im engeren und eigentlichen Sinne.“ Darunter sei vielmehr das dem Staate ausschließlich zustehende administrative Bestimmungsrecht über die Schule zu begreifen. Dazu gehörten nach Anschütz auch die den Unterricht generell regulierenden Funktionen. Andere Autoren — so Walter Landé — haben zwar erkannt, daß mit dieser Lehre der Unterschied zwischen Schulaufsicht und Schulhoheit aufgegeben wurde[49]). Man rechtfertigte den Erlaß von allgemeinen Schulordnungen durch

[44]) Landé, Die Schule in der Reichsverfassung, 1929, S. 58; ders. in HdbDStR Bd. II (1932), S. 690 ff. (693 ff).

[45]) Die entscheidende Bedeutung dieser Vorschrift lag — ebenso wie die ihrer Vorgänger — im Negativen, nämlich in der Abwehr von jeglicher außerstaatlichen (insbesondere kirchlich-geistlichen) Schulaufsicht; Landé, Die Schule in der Reichsverfassung, 1929, S. 62.

[46]) Vgl. Landé a.a.O. S. 63 f. Zum Einbruch „niederrangiger Begrifflichkeit“ aus dem einfachen Gesetzesrecht in die Verfassung: Leisner, Von der Verfassungsmäßigkeit der Gesetze zur Gesetzmäßigkeit der Verfassung, 1964, S. 23 ff.

[47]) Anschütz, Die Verfassungs-Urkunde, S. 409 ff.

[48]) Anschütz, Die Verfassung des Deutschen Reichs, 14. Aufl., 1933, Art. 144 Anm. 1.

[49]) Landé in HdbDStR Bd. II (1932), S. 701 f.

die Exekutive aber mit der Kategorie des besonderen Gewaltverhältnisses[50]). Diese Lehre steht mit der unzulässigen Ausweitung des Begriffs der staatlichen Schulaufsicht in engstem Zusammenhang. Beide Auffassungen sind noch völlig dem Gedanken des Hausguts der monarchischen Exekutive verhaftet. Dadurch und durch eine unlogische Einengung des Rechtssatzbegriffes schuf man einen rechtsleeren Raum, der von generellen Regelungen beherrscht wurde, die man als Verwaltungsvorschriften — d. h. als Nicht-Rechtssätze — qualifizierte[51]).

3. Es muß nun merkwürdig berühren, daß 15 Jahre nach Inkrafttreten des Grundgesetzes der Begriff der staatlichen Schulaufsicht immer noch in dem Anschütz'schen extensiven Sinne verstanden wird. Die Befugnisse zur Beaufsichtigung der Schule und zum Erlaß von Schulordnungen werden nach wie vor miteinander vermengt. Deshalb ist hier nachdrücklich zu betonen, daß vier Kategorien säuberlich voneinander getrennt werden müssen:

1. Die Gesetzgebungsbefugnis des Staates in Schulangelegenheiten ganz allgemein,

2. die diesbezüglichen Rechtsetzungsbefugnisse der Exekutive im besonderen,

3. die Aufsichtsbefugnisse der Exekutive im eigentlichen Sinne und

4. die eigentätige Schulverwaltung durch die Exekutive, zu der u. a. auch der Schul- und Unterrichtsbetrieb in den vom Staat getragenen Schulen gehört.

a) Um Schulangelegenheiten gesetzlich regeln zu können, braucht der Staat sich nicht auf Art. 7 Abs. 1 GG zu berufen. Die Staatsgewalt erlaubt es ihm, seine Normierungstätigkeit potentiell auf alle Lebensbereiche auszudehnen, die ihm nicht durch Grundrechte verschlossen sind. Er bedarf dazu keiner Ermächtigung und schon gar nicht eines „Gegengrundrechts". Hans Peters hat daher auch zutreffend festgestellt, daß Art. 7 Abs. 1 GG im Grundrechtskatalog unserer Verfassung einen Fremdkörper bildet[52]). Aber: Die Rechtsetzung gebührt in der gewaltenteilenden Demokratie dem Parlament. Folglich muß auch die

---

[50]) Thoma in HdbDStR Bd. II (1932), S. 125 u. 223.

[51]) Vgl. die Schilderung dieser Lehre bei Brohm, Verwaltungsvorschriften und besonderes Gewaltverhältnis, DÖV 1964, S. 238 ff. (239 f.) mit Nachweisen; Perschel, Die Meinungsfreiheit des Schülers, 1962, S. 19 f.

[52]) A.a.O. (Anm. 4) S. 402.

Schulgesetzgebung einschließlich des Erlasses von Schulordnungen von der parlamentarischen Legislative ausgehen.

b) Ob und in welchem Ausmaß auch der Exekutive Rechtsetzungsbefugnisse in Schulangelegenheiten zustehen, bestimmt sich ausschließlich nach den Ermächtigungen, die das Parlament unter Beachtung der verfassungsrechtlichen Delegationsgrundsätze ausgesprochen hat. Das gilt wie gesagt auch für den Erlaß von Schulordnungen. Aus Art. 7 Abs. 1 GG kann die Befugnis dazu nicht abgeleitet werden. Wo dies dennoch geschieht, da wird die grundlegende und früheren Zeiten durchaus bewußte Unterscheidung von Normsetzung und Beaufsichtigung verkannt. Der tiefere Grund für diesen Irrtum liegt in dem Festhalten an überlebtem Hausgutdenken bzw. in der gleichfalls überholten extensiven Auffassung des Begriffs der Anstaltsgewalt im besonderen Gewaltverhältnis. Kennzeichnend für diese verfehlte Auffassung ist z. B. ein Zitat aus der Schulrechtskunde von Heckel und Seipp in einem Abschnitt, der mit der Überschrift „Die Schulordnung als Anstaltsordnung"[53]) versehen ist: „Wie die Schulgewalt haben auch die Schulordnungen ihre letzte Rechtsgrundlage in dem auf Art. 7 Abs. 1 GG beruhenden allgemeinen Schulordnungs- und Schulgestaltungsrecht des Staates." Damit ist wohlgemerkt nicht die Regelung der Haus- und Sachbenutzung in der einzelnen Anstalt gemeint, die getrost der Verwaltung als Hausrecht im ursprünglichen Sinne des Wortes überlassen bleiben kann.

Dagegen haben Dietrich Jesch[54]) und andere Autoren[55]) bereits überzeugend dargelegt, welche Konsequenzen für das sogenannte besondere Gewaltverhältnis aus der geltenden Verfassungslage zu ziehen sind. Aus dieser Rechtsfigur kann heute

---

[53]) A.a.O. (Anm. 9) S. 302 (Hervorheb. durch Verf.).

[54]) Gesetz und Verwaltung, 1961, S. 211 f.

[55]) Herbert Krüger, Rechtsverordnung und Verwaltungsanweisung, in: Smend-Festschrift, 1952, S. 211 ff.; Forsthoff, Lehrbuch des Verwaltungsrechts, Bd. I, Allgemeiner Teil, 8. Aufl., 1961, S. 118 f.; Imboden, Das Gesetz als Garantie rechtsstaatlicher Verwaltung, 1954; Obermayer, Verwaltungsakt und innerdienstlicher Rechtsakt, 1956, S. 84 ff.; Ule, Das besondere Gewaltverhältnis, in VVDStRL Heft 15 (1957), S. 133 ff.; Spanner, Empfiehlt es sich, den allgemeinen Teil des Verwaltungsrechts zu kodifizieren?, Gutachten zum 43. Deutschen Juristentag, Verhandlungen 43. DJT, Bd. I 2. Teil A (1960), S. 6 ff.; ders., Anm. zum Urteil des OVG Münster v. 19. 7. 1962, DÖV 1963, S. 29 ff.; ders. DÖV 1963, S. 497 f.; Mallmann, VVDStRL Heft 19 (1961), S. 165 ff. (174 ff.); Werner Thieme, Der Gesetzesvorbehalt im besonderen Gewaltverhältnis, JZ 1964, S. 81 ff.; Brohm a.a.O. (Anm. 51) S. 245 ff.; Hans Heinrich Rupp, Grundfragen der heutigen Verwaltungsrechtslehre, 1965, S. 4, 41 ff., 77 ff.

keinesfalls mehr die Befugnis der Exekutive zur generellen Regelung der inneren Schulangelegenheiten abgeleitet werden. Ferner ist auch eine gewohnheitsrechtliche Ermächtigung der Exekutive zum Erlaß von Schul- und Prüfungsordnungen abzulehnen[56]). Diese weit verbreitete Ansicht berührt sich auf das engste mit der verfehlten extensiven Auffassung des Schulaufsichtsbegriffs[57]).

Wie ich bereits betont habe, sind die allgemeinen Schul- und Prüfungsordnungen von größter Wichtigkeit für den Lebensweg eines jungen Menschen. In diesem Bereich muß das Parlament daher für sich selbst und für die Betroffenen völlige Klarheit schaffen, wieviel an Entscheidung es aus der Hand geben will. Darüber hinaus ist hier die strikte Anwendung des Grundsatzes geboten, daß das Parlament bei der Delegation von Rechtsetzungsbefugnissen an die Exekutive Inhalt, Zweck und Ausmaß der Ermächtigung so präzise wie möglich zu bestimmen hat[58]). Dieses Erfordernis darf durch das Geltenlassen einer gewohnheitsrechtlichen Ermächtigung nicht umgangen werden.

c) Nach allem empfiehlt sich folgende Bedeutungskorrektur für den Begriff der staatlichen Schulaufsicht: Hierunter sind nur noch die administrativen Aufsichtsbefugnisse im eigentlichen Sinn des Wortes zu verstehen, also die Fachaufsicht im eigenen und im fremden (insbesondere kommunalen) Bereich. Wegen des engen sachlichen Zusammenhangs mögen auch noch die Dienstaufsicht über die im Staatsdienst stehenden Schulleiter und Lehrer und die Rechtsaufsicht über die außerstaatlichen Schulträger der Schulaufsicht zugerechnet werden, wenngleich diese Aufsichtsbefugnisse ihre Legitimation nicht in Art. 7 Abs. 1 GG zu suchen brauchen[59]). Eindeutig außerhalb

---

[56]) Vgl. Heckel-Seipp a.a.O. S. 302, insbes. zum Gesichtspunkt der mangelnden Rechtssicherheit. A. A. Bachof, VVDStRL Heft 12 (1954), S. 60 und ihm folgend Bad.-Württ. VGH (Mannheim), Beschluß vom 5. 5. 1961, DVBl 1961, S. 524.

[57]) Sie bezieht die ältere gewohnheitsrechtliche oder sogar auf monarchischer Prärogative beruhende, d. h. rechtsfreie Macht der Exekutive zum Erlaß von Verwaltungsvorschriften ohne weiteres auf die Befugnis zur Hervorbringung von Rechtsnormen. Gegen eine derartige Umdeutung auch der vorstehende Bericht von Evers. Dafür: Jesch a.a.O., (Anm. 54) S. 210 f. und 236 (um der Staatspraxis während einer Übergangszeit die Umstellung auf die neue Verfassungslage zu ermöglichen) und (hinsichtlich „vorkonstitutioneller" Regelungen) Brohm a.a.O. (Anm. 51) S. 248.

[58]) Vgl. BVerfG, Beschluß v. 2. 6. 1964, BVerfGE Bd. 18, S. 52 ff. (60 ff.) mit Nachweisen.

[59]) Vgl. Heckel-Seipp a.a.O. S. 97. Mit dem hier entwickelten

der staatlichen Schulaufsicht liegt aber der Erlaß von allgemeinen Schul- und Prüfungsordnungen.

4. Aus dem von mir vertretenen Standpunkt folgt die Konsequenz, daß allgemeine Schul- und Prüfungsordnungen von den Kultusministern der Länder nur auf Grund einer formellgesetzlichen Rechtsetzungsermächtigung erlassen werden können, sofern zugleich Inhalt, Zweck und Ausmaß dieser Regelungsbefugnisse festliegen[60]).

a) Diesem Erfordernis steht nun die Tatsache gegenüber, daß in nahezu allen deutschen Ländern die inneren Schulangelegenheiten durch Ministerialerlasse geordnet sind. Die meisten Schulgesetze rechnen damit, daß die Befugnis dazu der Unterrichtsverwaltung ohne weiteres auf Grund der staatlichen Schulaufsicht zukommt. Demgemäß enthalten die älteren Schulgesetze nur ganz allgemein gefaßte Bestimmungen, wie etwa die des § 29 Abs. 1 des hamburgischen Schulgesetzes in der Fassung vom 3. 10. 1961[61]), wonach die Schulbehörde das gesamte staatliche Schulwesen leitet, verwaltet und beaufsichtigt. Auf diese Vorschrift wird die als völlig unproblematisch empfundene Praxis gestützt, daß die Schulbehörde die inneren Schulangelegenheiten generell regelt und Prüfungsordnungen erläßt, obwohl diese Regelungen teilweise für die Rechte der Eltern und Schüler von höchster Bedeutung sind. Das Ergebnis ist ein Block von Verwaltungsvorschriften, die in Wirklichkeit gar keine administrativen Anordnungen enthalten, sondern materielle Rechtssätze sind[62]). Als solche besitzen sie aber keine Rechtswirksamkeit und lassen einen rechtsleeren Raum von beunruhigenden Ausmaßen offen. Diese Rechtsleere füllen die Verwaltungsgerichte notdürftig mit ihrer auf Art. 3 GG ge-

---

Schulaufsichtsbegriff stimmt weitgehend überein § 49 Abs. 2 he SchVerwG.

[60]) Zur Allgemeingültigkeit des in Art. 80 Abs. 1 GG ausgedrückten Prinzips (auch für landesrechtliche Verordnungsermächtigungen) s. Jesch a.a.O. (Anm. 54) S. 218.

[61]) Grapengeter - von Zerssen, Kultusrecht, Bd. I, Ziff. B I 1, S. 6.

[62]) Bayer. VGH, Urteil v. 27. 2. 1961, RWS 1961, S. 331 mit ablehn. Anm. von Schreckenberger; Bad.-Württ. VGH (Mannheim), Urteil v. 5. 5. 1961, DVBl 1961, S. 523 ff. A. A. BVerwG, Urteil v. 10. 12. 1954, BVerwGE Bd. 1, S. 260 ff. (262); Urteil v. 24. 4. 1959 (BVerwG VII C 146.57), RWS 1961, S. 152 ff (153); Urteil v. 13. 5. 1960, RWS 1960, S. 88 ff. (90). Vgl. auch LVG Düsseldorf, Urteil v. 22. 9. 1955, DÖV 1956, S. 633. Endlich zur Anerkennung als Rechtssatz neigend, aber die Frage dahingestellt lassend: BVerwG, Beschluß v. 26. 10. 1962, DVBl. 1963, S. 104.

stützten Selbstbindungsjudikatur aus[63]), wobei die Gleichheitsgerechtheit des Verwaltungshandelns einfach auf eine Stufe mit der allgemeinen Geltung von Rechtssätzen gestellt wird[64]).

b) Die neueren Schulgesetze sind wenigstens e t w a s fortschrittlicher gestimmt und erteilen den Kultusministern immerhin ausdrückliche Regelungsermächtigungen. Sie nehmen dabei aber auf die Begriffe des Anstaltsverhältnisses und der Anstaltsordnung Bezug[65]), also auf Kategorien, die als Grundlage der Rechtsetzung durch die Exekutive nicht mehr ausreichen. Nahezu vorbildlich ist allein § 37 des hessischen Schulverwaltungsgesetzes vom 28. 6. 1961. Diese Ermächtigungsvorschrift unternimmt es auch, die Grenzen des ministeriellen Verordnungsrechts einigermaßen präzise abzustecken. Die vom Gesetz gebrauchte Wendung „Inhalt und Umfang der Schulordnungen ergeben sich aus den Aufgaben der Schulen und aus deren Pflicht, das Wohl des einzelnen Schülers wie das Wohl aller Schüler zu fördern und zu wahren" wiederholt indes nur die gängigen Formulierungen, mit denen schon bisher die vermeintlich auf Gewohnheitsrecht beruhende Regelungsgewalt der Exekutive beschränkt worden ist[66]). Diese in hohem Maße unbestimmten Kategorien sind manipulierbar und daher als Begrenzung der administrativen Rechtsetzungsbefugnis ungeeignet.

[Ebenso unzureichend erscheint mir der Versuch, die Gestaltungsfreiheit der zum Erlaß von Schul- und Prüfungsordnungen ermächtigten Stelle mittels des Kriteriums der „wesensgemäßen Funktion des Schulverhältnisses"[67]) einzugrenzen. Nach dem Grundgedanken des Art. 80 Abs. 1 GG muß vielmehr das Parlament selbst Sinn, Zweck und Wesen eines Rechtsverhältnisses (zumindest in den Grundzügen) festlegen, wenn es die (Detail-) Regelung der Exekutive übertragen will. Auch und gerade bezüglich des Erlasses von Schul- und Prüfungsordnungen muß

---

[63]) BVerwG, Urteil v. 24. 4. 1959 (BVerwG VII C 146.57), RWS 1961, S. 152 ff. (153); Urteil v. 13. 5. 1960, RWS 1960, S. 88 ff. (90); Beschluß v. 26. 10. 1962, DVBl 1963, S. 104; vgl. auch OVG Koblenz, Urteil v. 16. 5. 1956, DÖV 1956, S. 631 ff.

[64]) Vgl. dazu die Kritik von B r o h m a.a.O. (Anm. 51) S. 243 f.

[65])Vgl. § 26 Abs. 2 nrw SchVerwG; Art. 5 Abs.2 bay EUG; § 37 he SchVerwG; §§ 19, 56 bw SchVOG; § 9 Abs. 4 und 5 rhpf RealSchG.

[66]) Vgl. H e c k e l - S e i p p a.a.O. S. 298: „Die Grenzen der Schulgewalt ergeben sich wie bei jedem besonderen Gewaltverhältnis aus A u f g a b e u n d Z w e c k, *Wesen und Ordnung* d e r S c h u l e." (Hervorheb. im Orig.) Weitere Nachweise bei P e r s c h e l a.a.O. (Anm. 51) S. 27.

[67]) P e r s c h e l a.a.O. S. 32 ff.

verhindert werden, daß die Kultusminister Entscheidungen treffen, die ihres hohen kultur- und gesellschaftspolitischen Gewichts wegen den Parlamenten vorbehalten sind.]

c) Nach allem komme ich nicht um die Feststellung herum, daß das Gros der Ministerialerlasse, mit denen die inneren Schulangelegenheiten und das Prüfungswesen geordnet worden sind, keine Rechtsgültigkeit besitzen. Denn diese Erlasse sind in Wahrheit keine Verwaltungsvorschriften, sondern setzen Recht ohne ausreichende formell-gesetzliche Ermächtigung. Ob man hier die Differenzierung zwischen vor konstitutionellen und nach konstitutionellen Regelungen fruchtbar machen könnte, lasse ich dahingestellt. Dafür müßte m. E. die vorkonstitutionelle Verfassungslage — d. h. die rechtliche Situation unter der Weimarer Reichsverfassung — frei von den unkritisch aus der Monarchie hereingenommenen Anschauungen neu durchdacht werden.

5. Ob mein Standpunkt dazu führt, daß der Schulbetrieb ganz allgemein zum Erlahmen kommt, diese Frage habe nicht ich zu beantworten, sondern die Ministerialbürokratie, die so lange gezögert hat, aus der gegebenen Verfassungslage ihre Konsequenzen zu ziehen. Die Frage wird aber — ich möchte fast sagen: leider — zu verneinen sein. Denn die Schulleiter und Lehrer an öffentlichen Schulen sind durchweg staatliche Beamte und daher an die Weisungen ihrer vorgesetzten Behörde gebunden. Die Schulaufsichtsbehörden — an der Spitze das Kultusministerium — könnten daher versucht sein, die Befolgung der an und für sich ungültigen Ministerialerlasse auf anderem Wege durchzusetzen. Sie brauchten dazu vermutlich nur die bisherige Regelung als fachlich-dienstliche Weisungen auszugeben. Und schon bliebe alles beim Alten. Hier besteht m. E. ein echtes Dilemma, zumal der einzelne Lehrer kaum geneigt sein wird, dieser sicherlich rechtswidrigen, aber möglicherweise zur Aufrechterhaltung des Schulbetriebes notwendigen Praxis entgegenzutreten. Auch die Eltern und Schüler werden daran kaum ein Interesse haben, insbesondere wenn — was ja durchaus der Fall sein kann — die ministerielle Regelung allen rechts- und sozialstaatlichen Ansprüchen gerecht wird. Belastende Entscheidungen, wie z. B. eine Nichtversetzung, müßten von der Schule notfalls auf allgemeine Grundsätze gestützt werden, wie sie auch von den Verwaltungsgerichten entwickelt worden sind, wenn es sogar an einer ministeriellen Regelung fehlte. Konsequenzen des von mir vertretenen Standpunkts könnten freilich dann auftreten, wenn ein kommunaler Schulträger sich einem als unwirksam angesehenen Ministerialerlaß nicht fügen will. Innere Schulfragen gehören aber nicht zu den Selbstverwal-

tungsangelegenheiten der Kommunen[68]). Deshalb werden sich vermutlich verwaltungsprozessuale Schwierigkeiten bei der gerichtlichen Austragung der Kontroverse ergeben[69]). Da innere und äußere Schulangelegenheiten aber eng miteinander zusammenhängen[70]), könnte sich die opponierende Gemeinde vielleicht darauf berufen, daß eine Schulaufsichtsmaßnahme, die auf ungültigem Erlaßrecht beruht, in den Raum ihrer gemeindlichen Autonomie hineinreiche[71]). Ob das zutrifft, wird jeweils von den Umständen abhängen. Möglicherweise kann auch in einem verfassungsgerichtlichen Verfahren festgestellt werden, daß ein Bundesland seiner Pflicht zur Durchnormierung des Schul- und Prüfungswesens nicht in ausreichendem Maße nachgekommen ist. Ich breche diese Fragen hier ab. Denn darüber dürfte wohl Einigkeit bestehen, daß der im demokratischen Rechtsstaat unhaltbare Zustand des Operierens mit ungültigen Schul- und Prüfungsordnungen früher oder später beseitigt werden muß[72]).

III.

Bei der Frage nach den Grenzen der staatlichen Schulaufsicht ist zu unterscheiden zwischen der Aufsicht gegenüber den Privatschulen und der an öffentlichen Schulen.

[1. Das Grundrecht und die institutionelle Garantie der Privatschulfreiheit — Art. 7 Abs. 4 GG — bestimmen zugleich die Grenzen der staatlichen Schulaufsicht über Privatschulen.

a) Da eine private Ersatzschule genehmigt werden muß, wenn sie die in Art. 7 Abs. 4 GG genannten positiven und negativen Voraussetzungen erfüllt, folgt daraus zugleich das Verbot, die Anforderung der Gleich*wertigkeit* mit entsprechenden

---

68) BVerwG, Urteil v. 31. 1. 1964 (BVerwG VII C 49.62), BVerwGE Bd. 18, S. 38 f.; BGH, Urteil v. 27. 6. 1963, NJW 1963, S. 1828 ff. (1830); OVG Koblenz, Urteil v. 10. 7. 1954, AS Bd. 2, S. 286 ff. (291).

69) Vgl. BVerwG, Beschluß v. 28. 12. 1957, BVerwGE Bd. 6, S. 101 ff.

70) OVG Münster, Urteil v. 22. 11. 1963, DVBl 1964, S. 829 ff. (830).

71) Vgl. *Bachof*, Verfassungsrecht, Verwaltungsrecht, Verfahrensrecht, 2. Aufl., 1964, S. 308.

72) Nicht behandelt werden konnte das Verhältnis von staatlicher Schulaufsicht und *Organisationsgewalt*. Mit letzterer befassen sich die wiederholt genannten Entscheidungen BVerwGE Bd. 6, S. 101 ff. und Bd. 18, S. 38 ff. sowie BVerwG, Urteil v. 31. 1. 1964 (BVerwG VII C 65.62), BVerwGE Bd. 18, S. 40 ff. Diese Erkenntnisse, denen im Ergebnis zuzustimmen ist, hätten freilich gut daran getan, den Begriff der staatlichen Schulaufsicht gar nicht in die Argumentation einzubeziehen und sich auf die selbständigen Organisationsbefugnisse des Staates im Schulwesen zu stützen.

öffentlichen Schulen im Wege der Schulaufsicht nachträglich auf das Erfordernis der Gleichartigkeit auszudehnen[73]). Ich bin daher der Ansicht, daß sich die staatliche Aufsicht über private Ersatzschulen grundsätzlich auf Rechtsaufsicht beschränkt, d. h. auf die Kontrolle, ob die Genehmigungsbedingungen eingehalten werden. Das erfordert freilich in der Praxis eine eingehende Inspektion und Auskunftseinholung. Dabei werden häufig Auflagen gemacht, Ratschläge erteilt und Fehler offengelegt werden müssen. Ich gebe daher zu, daß sich in der Praxis Rechtsaufsicht und Fachaufsicht nicht scharf voneinander trennen lassen. Dagegen vermag ich nicht die Ansicht von Herrn Evers[74]) zu teilen, daß die Schulaufsichtsbehörden den Aufsichtsmaßstab in gewisser Weise selbst bestimmen können. Auf den Leistungsstand der entsprechenden öffentlichen Schulen kommt es hier nicht an, sondern nur auf die Gleichwertigkeit der Lehrziele, der institutionellen Gestaltung und der wissenschaftlichen Ausbildung der Lehrkräfte. Ob die einzelne Privatschule auch hinreichend leistungsfähig ist, erweist sich dann in der staatlichen Abschlußprüfung. Wenn sie es nicht ist, fallen ihre Schüler eben durch. Weil man aber bestrebt sein wird, dieses Risiko möglichst niedrig zu halten, besteht wohl bei fast allen Ersatzschulen die Bereitschaft, freiwillig fördernde Staatsaufsicht anzunehmen. Dies empfiehlt sich schon im Hinblick auf den derzeit herrschenden Lehrermangel, weil an eine Privatschule, die staatliche Fachaufsicht ablehnt, keine staatlichen Lehrer abgeordnet werden würden.]

b) Die Kehrseite der extensiv verstandenen Privatschulfreiheit besteht freilich darin, daß die Privatschulen keinen verfassungsrechtlich garantierten Anspruch auf staatliche Anerkennung ihrer Prüfungszeugnisse und auf Leistung öffentlicher Zuschüsse haben.

aa) Das Instrument der öffentlichen Prüfung, insbesondere der Schulabschlußprüfung, gibt dem Staat die Möglichkeit, einen einheitlichen Leistungsstandard sicherzustellen. Da die Berechtigungen, welche an das Bestehen öffentlicher Prüfungen geknüpft sind, große Bedeutung für die Zulassung zum Hochschulstudium, für die Beamtenlaufbahn und für die tarifvertragliche Einstufung haben, kann der Staat dieses Instrument auch nicht aus der Hand geben. Er braucht die Prüfungen und

---

[73]) BVerwG, Urteil v. 14. 7. 1961, BVerwGE Bd. 12, S. 349 ff (351) und Urteil v. 6. 12. 1963, BVerwGE Bd. 17, S. 236 ff. (239 f.); Hans Heckel, Deutsches Privatschulrecht, 1955, S. 279 f. und DÖV 1964, S. 595 ff. (596); Hans Peters a.a.O. (Anm. 4) S. 435.

[74]) Vgl. den vorstehenden Bericht von Evers samt Leitsatz VII.

Zeugnisse von Privatschulen nicht anzuerkennen[75]), wird allerdings durch das Verfassungsrecht auch nicht gehindert, einen entsprechenden Anspruch auf Anerkennung im Gesetz niederzulegen[76]). Das hat freilich dazu angeregt, die Privatschulen mit dem Kunstgriff der Verleihung des Status einer „anerkannten Ersatzschule"[77]) bzw. einer „Ersatzschule mit dem Charakter öffentlicher Schulen"[78]) kräftig unter Regie zu nehmen. Die beteiligten Privatschulen begeben sich zwar, wenn sie einen Antrag auf Verleihung stellen, freiwillig unter das Joch der staatlichen Reglementierung. Aber eine solche Regelung, die von einer freien Gestaltung des Unterrichts und der Erziehung kaum etwas übrig läßt, greift den Wesenskern der Privatschulfreiheit an. Sie verstößt daher meiner Meinung nach gegen das Grundgesetz.

[bb) Das Problem des Rechtsanspruches der Privatschulen auf öffentliche Zuschüsse ist schon so ausgiebig erörtert worden[79]), daß ich mich auf die bloße Äußerung meiner Ansicht beschränken kann. Ich lehne einen solchen Anspruch — soweit er auf Art. 7 GG oder allgemeine Erwägungen der Entlastung des öffentlichen Schulwesens gestützt wird — ab[80]). Wirkliche Freiheit kann auch in diesem Lebensbereich nicht ohne Opfer und Risiko bestehen. Ich möchte allerdings nicht so weit gehen, die Begründung eines Subventionsanspruches der Privatschulen durch Landesrecht als Verstoß gegen Art. 7 Abs. 4 GG zu betrachten[81]). Da die meisten Länder zumindest einem Teil der

---

[75]) Vgl. BVerwG, Urteil v. 6. 12. 1963, BVerwGE Bd. 17, S. 236 ff. (239). Für einen Rechtsanspruch auf Anerkennung bei Ersatzschulen des Regelfalles: Hans Peters a.a.O. (Anm. 4) S. 437.

[76]) Vgl. Art. 8 Abs. 4 S. 2 VerfNRW und § 37 Abs. 4 und 5 nrw SchOG.

[77]) Vgl. § 10 bw PrivSchG, Art. 20 bay EUG, § 7 berl PrivSchG, § 12 brem PrivSchG, § 4 hamb PrivSchG, § 11 he PrivSchG, § 8 nds PrivSchG, § 18 rhpf PrivSchG, § 18 saarl PrivSchG. Zur früheren Verwaltungspraxis in Preußen vgl. Hans Heckel, Deutsches Privatschulrecht, 1955, S. 243 f. und BVerwGE Bd. 17, S. 238.

[78]) Vgl. Art. 21 bay EUG.

[79]) Vgl. Hans Heckel, Entwicklungslinien im Privatschulrecht, DÖV 1964, S. 595 ff (596 f., 600 f.) mit Nachweisen.

[80]) Ebenso: § 10 der Ländervereinbarung über das Privatschulwesen vom 10./11. 8. 1951, Sammlung der Beschlüsse der Ständigen Konferenz der Kultusminister der Länder in der Bundesrepublik Deutschland (KMK-BS) Nr. 480.

[81]) So allerdings von Mangoldt-Klein a.a.O. Art. 7, Anm. VI 8; dagegen mit Recht Hans Peters a.a.O. (Anm. 4) S. 441 f. und Eiselt, Der Ersatzschulbegriff des Grundgesetzes und die

Ersatzschulen Zuschüsse aus öffentlichen Mitteln gewähren, sei es auf Grund eines gesetzlichen Anspruchs, sei es kraft Ermessensentscheidung ohne Rechtsanspruch, dürfte der Subventionsstreitfrage auch keine große Bedeutung mehr zukommen[82]).

2. Die gerade in bezug auf das Schulwesen viel diskutierte Aufgabenverteilung zwischen Staat und Gemeinden kann hier nur insoweit gestreift werden[83]), als es sich darum handelt, Konsequenzen aus dem zuvor entwickelten restriktiven Schulaufsichtsbegriff zu ziehen. Wie ich oben[84]) zu zeigen versucht habe, bedarf die staatliche Exekutive zum Erlaß von Schul- und Prüfungsordnungen einer nach Inhalt, Zweck und Ausmaß eindeutig festgelegten Ermächtigung seitens der parlamentarischen Legislative. Im Hinblick auf die verfassungsrechtliche Garantie des kommunalen Selbstverwaltungsrechts in Art. 28 Abs. 2 GG muß das ermächtigende Gesetz zugleich bestimmen, ob und inwieweit die zu erlassenden Ordnungen auch für kommunale Schulen gelten sollen. Zwar stellt der Erlaß von Schul- und Prüfungsordnungen keine „Angelegenheit der örtlichen Gemeinschaft" dar und obliegt mangels eines Gesetzes, das diese Aufgabe ausdrücklich den Gemeinden zuweist, dem jeweiligen Land[85]). Die genannten Ordnungen wirken aber tief in die den Gemeinden vorbehaltenen Bereiche[86]) hinein. Wenn der Gesetzgeber also der staatlichen Exekutive einen entsprechenden Normierungsauftrag erteilt, so versteht es sich keineswegs von selbst, daß die zu erlassenden Ordnungen auch für die Gemeinden und ihre Schulen gelten. Dies bedarf vielmehr der ausdrücklichen Bestimmung[87]).]

Subventionierung und Privilegierung von Ersatzschulen nach Landesrecht, RWS 1961, S. 295 ff. (297 f.).

[82]) Die ganz andersartigen Probleme, die der Streit um die Vollsubventionierung der katholischen Privatschulen in Bremen aufgeworfen hat, stehen hier nicht zur Erörterung. Vgl. dazu Dürig, Die Rechtsstellung der katholischen Privatschulen im Lande Bremen, Recht und Staat Heft 284/285, 1964 und meine Rezension hierzu in Frankf. Allgem. Ztg. v. 1. 7. 1964, Nr. 149, S. 6.

[83]) Gemäß einer Absprache zwischen den Berichterstattern hat der Erstreferent dieses Gebiet ausführlicher behandelt.

[84]) Abschn. II 3 b).

[85]) Perschel, RWS 1962, S. 101 ff. (107).

[86]) Sie können hier nicht beschrieben werden. Dies würde eine sorgfältige Betrachtung der historischen Entwicklung, eine genaue Analyse der geltenden Gesetzesbestimmungen und eine gründliche Auseinandersetzung mit Rechtsprechung und Schrifttum voraussetzen.

[87]) Wie z. B. in Art. 6 Abs. 2 bay EUG. Automatische Verbindlichkeit der staatlichen Allgemein- und Sonderanordnungen schulfach-

3. Auch dem Fragenkreis der pädagogischen Freiheit von Schule und Lehrerschaft[88]) kann ich hier nur eine sehr unvollkommene Betrachtung widmen.

a) Einige neuere Schulgesetze erwähnen die Kategorie der pädagogischen Eigenverantwortung[89]). Sie wird in § 38 Abs. 1 des hessischen Schulverwaltungsgesetzes dahingehend präziziert, daß die Schulen ihre pädagogischen Angelegenheiten durch Lehrerkonferenz und Schulleiter selbst ordnen, freilich unbeschadet der Rechte der Schulaufsichtsbehörden und der Verwaltungsbefugnisse der Schulträger. Diese Einschränkung wirft die Frage auf, ob die pädagogische Eigenverantwortung durch den Vorbehalt der Schulaufsicht nicht mehr oder minder leerläuft. So neu ist die Figur der pädagogischen Eigenverantwortung übrigens gar nicht. Sie kam schon in den Weimarer Schulgesetzen der drei norddeutschen Hansestädte vor und hieß dort „Selbstverwaltung der Schulen". Die geltenden hamburgischen Schulgesetze bedienen sich des Ausdrucks „Selbstverwaltung in den Schulen"[90]). Walter Landé[91]), der das Phänomen schon in der Weimarer Zeit beobachtet hat, meinte seinerzeit, das sei rechtlich nichts anderes als Kollegialverfassung. In der Tat könnte man der Ansicht sein, daß es sich hierbei nur um einen gewissen tatsächlichen Gestaltungsspielraum handelt, der dem Schulleiter, der Konferenz und dem Einzellehrer aus der Natur der Sache zukommt. Die Schulaufsichtsbehörden können die Schulen stets nur beaufsichtigen, niemals den Unterrichts- und Erziehungsbetrieb selbst durchführen. Bekanntlich verdanken wir Ernst Forsthoff die Erkenntnis von der Funktion des Staates als Leistungsträger. Herr Fortshoff wird es mir sicher verzeihen, daß ich seine berühmte Lehre zum Ausgangspunkt nehme, um einen scherzhaften Vergleich anzustellen. Die öffentliche Hand leistet nicht nur Schulerziehung, sie leistet auch Energie, Transport und Wasser. Die Behörde, die ein städtisches

---

licher Art auch für die kommunalen Schulen bejaht hingegen Hans Heckel in HdbkommWissPrax, Bd. II (1957), S. 110 ff. (151).

[88]) Dazu grundsätzlich: Disziplinarhof von Rheinland-Pfalz, Beschluß v. 15. 11. 1963, RWS 1964, S. 147 f. mit Anm. von Schrekkenberger.

[89]) §§ 14 Abs. 3 S. 2 und 20 Abs. 3 S. 2 nrw SchVerwG, §§ 38 Abs. 1 und 45 Abs. 2 he SchVerwG, §§ 22 Abs. 2 und 25 Abs. 1 bw SchVOG. Vgl. auch Abschn. A XIV (5) der rhpf Ordnungen für den Unterricht an öffentlichen Volksschulen (RdErl. des Min. f. U. u. K. vom 15. 3. 1957 — ABl S. 51) sowie die bei Ingo von Münch, DVBl 1964, S. 789 ff. (795) genannten Regelungen.

[90]) § 1 Abs. 2 hamb SchVerwG und § 29 Abs. 1 hamb SchG.

[91]) HdbDStR Bd. II (1932) S. 711 Anm. 123.

Wasserwerk beaufsichtigt, wäre aber als solche, nämlich als Aufsichtsamt, nie in der Lage, den Konsumenten selbst Wasser in die Leitungen zu pumpen. Dafür ist eben das Wasserwerk da. Ich will die Schule nun nicht als Anstalt bezeichnen, die Wissen in die Gehirne der Schüler pumpt — selbstverständlich ist Lehren und Erziehen ein ungemein differenzierterer Vorgang. Aber aus eben dieser Differenziertheit folgt ein breiter faktischer Ermessensspielraum, in den die Schulaufsicht immer nur zu einem geringen Maße eindringen kann.

[b) Es hat seinen guten Sinn, daß die Schule eine nichtrechtsfähige Anstalt des öffentlichen Rechts darstellt[92]). Sie ist kein Rechtsträger; sie hat der vorgesetzten Behörde und damit auch der Schulaufsicht keine Rechte entgegenzusetzen, schon gar nicht ein gesetzesfestes Grundrecht. Verfassungsrechtlich geschützte Autonomie kommt nur der Wissenschaftlichen Hochschule zu[93]), die als selbständige Rechtsperson auch allein das geeignete Subjekt für derartige Selbstverwaltungsrechte ist.]

c) Die hohe Bedeutung der erzieherischen und bildenden Funktionen des Lehrers kann freilich gar nicht oft genug hervorgehoben werden. Dennoch ist der Lehrer grundsätzlich ein Beamter (oder Angestellter) wie jeder andere Staatsdiener auch. Er muß seinen Vorgesetzten Gehorsam leisten und deren Weisungen befolgen. Ein Vergleich seiner Tätigkeit mit der des Richters[94]) ist zumindest sehr weit hergeholt. [Denn die richterliche Unabhängigkeit steht in enger Beziehung zur Gewaltenteilung und hat ihren Grund in der Funktion der Gerichte als

---

[92]) Hans J. Wolff a.a.O. § 101 IV a), S. 287 mit Nachweisen.

[93]) Vgl. Köttgen, Das Grundrecht der deutschen Universität, 1959, insbes. S. 69 ff. Das Problem der Hochschulreform bleibt auf Anregung des Vorstandes der Vereinigung unerörtert. Vgl. dazu Bachof, Überlegungen zu einer Verwaltungsreform der deutschen Hochschulen, in: Festschrift für Hermann Jahrreiss, 1964, S. 5 ff.; Hans Peters, Rechtliche Grenzen und Möglichkeiten einer Hochschulreform, daselbst S. 319 ff.; Dietrich Küchenhoff, Das Grundgesetz und die Hochschulreform, DÖV 1964, S. 601 ff.

[94]) Lauterbach, Darf die Schulaufsichtsbehörde Entscheidungen der Klassenkonferenz ändern?, RWS 1963, S. 76 ff. (77); vgl. auch Heckel-Seipp a.a.O. S. 168. Zur Unabhängigkeit des Prüfers: BVerwG, Urteil v. 14. 7. 1961, BVerwGE Bd. 12, S. 359 ff; Beschluß v. 23. 2. 1962, BVerwGE Bd. 14, S. 31 ff. (34) (Tätigkeit des Prüfers der des Richters nahe verwandt); Urteil v. 10. 7. 1964, BVerwGE Bd. 19, S. 128 ff. (130) (Begrenzung der Verpflichtung, die Prüfungsakten offenzulegen, beruht nicht auf einer der Stellung der Richter entsprechenden Unabhängigkeit der Prüfer im Sinne der Gewaltenteilungslehre).

Hüter von Recht und Gerechtigkeit[95]). Das Mit- und Gegeneinander von Lehrern und Schulaufsichtsbeamten ist dagegen ein Vorgang, der sich innerhalb ein- und derselben Gewalt, nämlich der Exekutive, abspielt.] Im übrigen müssen es sich auch die unabhängigen Gerichte gefallen lassen, daß ihre Entscheidungen von höheren Instanzen aufgehoben oder sogar ersetzt werden[96]). Warum sollten also die Schulaufsichtsbehörden nicht die pädagogischen Maßnahmen einzelner Lehrer korrigieren dürfen?

Kritisch wird das Problem erst bei beurteilenden Entscheidungen wie Versetzungen, Zeugnissen usw. Auch hier muß die Aufsichtsbehörde aber zur Aufhebung berechtigt sein. Andernfalls wäre sie nicht in der Lage, die Rechtmäßigkeit und Gleichmäßigkeit der Beurteilung von Schule zu Schule hinreichend sicherzustellen[97]). Besonders umstritten ist die Frage, ob die Aufsichtsbehörde die Beurteilung des Lehrers oder der Konferenz auch durch ihre eigene Entscheidung zu ersetzen vermag, also z. B. eine nicht bestandene Prüfung doch für bestanden erklären kann. Günter Mampe[98]), der dieses Problem eingehend untersucht hat, deutet zutreffend an, daß sich die bekannte Vertretbarkeitslehre[98a]) auf die Ersetzung einer pädagogischen Beurteilung durch den eigenen Standpunkt der Aufsichtsbehörde nur sehr behutsam anwenden läßt. Freilich besteht bei einer beurteilenden Maßnahme nur wenig oder gar kein Raum für einen echten Ermessensentscheid. Ferner trifft auch die Beobachtung zu, daß nur der einzelne Lehrer den zu

---

95) Vgl. allerdings auch Hans J. Wolff a.a.O. § 93 I b), S. 219 zur Rechtsstellung der wissenschaftlichen Hochschule: „Wie die objektive Rechtsfindung den unabhängigen Richtern, so vertraut er (sc. der Staat) die objektive Wahrheitsfindung den unabhängigen Gelehrten und ihren Schülern an."

96) Vgl. Günter Mampe, Rechtsprobleme im Schulwesen, 1965, S. 199.

97) OVG Münster, Urteil v. 14. 12. 1962, RWS 1963, 85 ff. (86) gegen Hess. VGH, Urteil v. 18. 1. 1961, RWS 1962, S. 151 ff.

98) A.a.O. (Anm. 96), S. 183 ff.; vgl. auch Vogelsang, Lehrer und Jurist in der Schulverwaltung, Pädagogische Rundschau 1965, S. 9 ff.

98a) Es handelt sich eigentlich um eine „Unvertretbarkeitslehre"; vgl. Ule, VVDStRL Heft 15 (1957), S. 133 ff. (170 f.); ders., ZBR 1958, S. 209 ff. (211); Hans J. Wolff, DVBl 1959, S. 75; Menger, VerwArch Bd. 50 (1959), S. 280. Hier bedeutet „vertretbar" so viel wie „austauschbar", „ersetzbar" und nicht „haltbar", „vernünftig" wie in BVerwGE Bd. 15, S. 39 ff. (42) im Anschluß an Ule in Gedächtnisschrift für Walter Jellinek, 1955, S. 309 ff. (326).

99) DÖV 1963, S. 442 ff. (446).

beurteilenden Schüler ständig vor Augen hat, so daß die vielfältigen Unwägbarkeiten einer pädagogischen Beurteilung nur in der höchstpersönlichen Entscheidung des einzelnen Lehrers zum Tragen kommen können. Gleichwohl meine ich, daß unter Umständen versucht werden muß, diese Beurteilung — wenn sie prima facie auch nicht ersetzbar ist — ersetzbar zu machen, indem der betreffende Lehrer seine Erfahrungen und Eindrücke dem Schulaufsichtsbeamten nach bestem Wissen und Gewissen mitteilt. Dann wäre die Aufsichtsbehörde — darauf hat schon Hans Heckel[99]) hingewiesen — auch imstande, rasch eine dem Schüler günstigere Entscheidung zu treffen. Im übrigen versteht es sich von selbst, daß die Schulaufsicht den einzelnen Pädagogen nicht zur Marionette machen und dadurch sein Ansehen bei Schülern, Eltern und Kollegen untergraben darf. Wenn dafür überhaupt eine rechtliche Begründung erforderlich ist, dann findet sie sich in der Fürsorgepflicht des Dienstherrn.

4. Schullehrer treiben in ihrer amtlichen Tätigkeit keine Lehre im Sinne des Art. 5 Abs. 3 GG[100]). Diese ist vielmehr um der freien Forschung willen unter Verfassungsgarantie gestellt. Die Grenze zwischen bloßer Wiedergabe fremder Erkenntnisse und der Vermittlung eigener Forschungsergebnisse ist indes nicht leicht zu ziehen. Man wird hier nicht ohne Berücksichtigung der traditionellen Struktur des deutschen Schul- und Universitätswesens auskommen[101]). Danach teilt aber nur der Hochschullehrer die Ergebnisse eigener Forschung mit. Sieht man jedoch von dieser herkömmlichen Ansicht ab und interpretiert „wissenschaftliche Lehre" ganz allgemein als „Vermittlung wissenschaftlicher Erkenntnisse"[102]), so eröffnet sich zumindest die Möglichkeit, den wissenschaftlichen Unterricht an den Gymnasien auch unter den Schutz des Art. 5 Abs. 3 GG zu stellen. Insofern spricht einiges dafür, wenigstens den Status des Gymnasiallehrers an den des Hochschullehrers anzugleichen, zumal jetzt auch Studienräte im Hochschuldienst Verwendung fin-

---

[99]) DÖV 1963, S. 442 ff.(446).

[100]) Vgl. Ridder in: Neumann-Nipperdey-Scheuner, Die Grundrechte, Bd. II, 1954, S. 250 Anm. 25 a. E.; Werner Thieme, Deutsches Hochschulrecht, 1956, S. 59 f.; von Mangoldt-Klein a.a.O. Art. 5, Anm. X 5 c; OVG Lüneburg, Urteil v. 26. 9. 1950, E Bd. 3, S. 138 ff (144).

[101]) Vgl. Ingo von Münch, DVBl 1964, S. 789 ff. (793).

[102]) Köttgen, Freiheit der Wissenschaft und Selbstverwaltung der Universität, in: Neumann-Nipperdey-Scheuner, Die Grundrechte, Bd. II, 1954, S. 291 ff. (299).

den[103]). Aber das mündet letztlich in die Frage ein, ob es möglich ist, ein genügend breites Reservoir an wissenschaftlich selbständig denkenden Persönlichkeiten zu erschließen. Es kommt hier auch nicht nur auf die Lehrenden an, sondern ebenso auf die Seite vor dem Katheder. Man wird sich deshalb fragen müssen: Entwickeln Gymnasiasten genügend Kritik, um eine freie Lehre verdauen zu können? Sie wissen, daß diese Frage sogar hinsichtlich der Hörer an Wissenschaftlichen Hochschulen überaus problematisch geworden ist.

IV.

Betrachtet man die staatliche Schulhoheit unter den Aspekten der föderalen Struktur unserer Bundesrepublik, so ist als erstes festzustellen, daß Gesetzgebungs- und Verwaltungsbefugnisse in Schulangelegenheiten ausschließlich den einzelnen Ländern zukommen[104]).

1. Daß es dem Bund an jeglicher Schulhoheit fehlt, diesen Umstand betrachte ich als eindeutige Fehlleistung des Parlamentarischen Rates. Entweder haben die Väter des Grundgesetzes nicht erkannt, welche hohe Bedeutung in unserer Zeit einem leistungskräftigen und einheitlichen Schulwesen zukommt. Oder es hat sich hier der Druck der Besatzungsmächte ausgewirkt, deren mögliche Absicht, die deutsche Kultur- und Wirtschaftskraft durch ein geschickt verstecktes Handicap zu hemmen, in der neu erwachten föderalistischen Eigenbrötelei freilich einen willigen Verbündeten fand. Es mag aber auch die Erinnerung an die kulturpolitischen Kämpfe der Weimarer Zeit geschreckt haben. [In der Tat sind infolge dieser Auseinandersetzungen trotz verschiedener einschlägiger Reichskompetenzen (Art. 10 Ziff. 2, 143 Abs. 2, 146 Abs. 2 S. 3 WeimRV) nur wenige Schulgesetze oder sonstige Grundentscheidungen auf Reichsebene zustandegekommen[105]). Es mußte dann doch zu einer Selbst-

---

[103]) Diese Tätigkeit unterscheidet sich freilich im Grundsatz von derjenigen Lehre, die traditionell an deutschen wissenschaftlichen Hochschulen gepflegt wird.

[104]) BVerfG, Urteil v. 26. 3. 1956, BVerfGE Bd. 6, S. 309 ff. (354); Heckel-Seipp a.a.O. S. 14 f.; Haugg, RWS 1960, S. 9; Hans J. Wolff a.a.O. § 101 I c, S. 284; Ingo Richter, Berufsausbildungsrecht — Fragen und Aufgaben, RWS 1964, S. 289 ff. (290) (Zuständigkeit der Länder für das Berufsschulwesen). Vgl. auch BVerwG, Urteile v. 24. 4. 1959, BVerwGE Bd. 8, S. 272 (BVerwG VII C 104.58) und RWS 1961, S. 152 ff. (153) (BVerwG VII C 146.57).

[105]) Vgl. auch im folgenden Landé, HdbDStR Bd. II (1932), S. 693 ff. und ders., Die Schule in der Reichsverfassung, 1929, S. 58 ff.

koordinierung der Länder Zuflucht genommen werden, die das Reich freilich durch seine Initiative nach Kräften förderte und auf die es durch die Mitwirkung seiner Ministerialbeamten maßgeblichen Einfluß ausübte. Bereits 1919 wurde der Reichsschulausschuß gegründet, der 1924 dem Ausschuß für das Unterrichtswesen Platz machte. (Allein die Umbenennung wirft ein bezeichnendes Licht auf die damaligen kultur- und schulpolitischen Verhältnisse!) Der Ausschuß entfaltete eine umfangreiche Tätigkeit, ähnlich wie heute die Kulturministerkonferenz. Die Länder trafen Vereinbarungen zur Durchführung der Reichsgrundschulgesetze und mit dem Privatschulabkommen sogar zur Ausführung einer Verfassungsvorschrift, nämlich des Art. 147 Abs. 1 WeimRV. Die Vereinbarungen wurden indes als Richtlinien des Reichsinnenministeriums im Reichsministerialblatt verkündet. Ähnlich wie heute scheint man sich über den Rechtscharakter dieser Vereinbarungen oder Richtlinien wenig den Kopf zerbrochen zu haben. Sie waren jedenfalls da, und sie wurden von den Ländern auch weitgehend durchgeführt.]

Gerade die Erfahrungen aus der Weimarer Zeit hätten dem Parlamentarischen Rat aber die Notwendigkeit vor Augen führen müssen, den Bund mit ausreichenden Kompetenzen in Schulangelegenheiten auszustatten. Die Schöpfer des Grundgesetzes haben doch auch in anderer Hinsicht dafür vorgesorgt, daß sich die Fehlentwicklungen der Weimarer Periode nicht wiederholen konnten. Ich nenne nur die Einführung des konstruktiven Mißtrauensvotums, die Abkehr vom reinen Verhältniswahlrecht und die Sperrung des gefährlichen Auswegs einer Rechtsetzung durch Notverordnungen. Mit diesen Verfassungsentscheidungen waren die Voraussetzungen dafür geschaffen, dem Bund ein gutes Maß an Kultur- und Schulhoheit zu überlassen. Man konnte damit rechnen, daß die parlamentarische Legislative funktionieren und den zu treffenden Entscheidungen nicht wiederum ausweichen würde. Damit wäre auch keineswegs ein Kulturkampf oder gar ein Bürgerkrieg heraufbeschworen worden. Freilich hätte sich die Parlamentsmehrheit zu demokratischer Fairness bereit finden und Andersdenkende ausgiebig zu Wort kommen lassen müssen. Sich anbietende Kompromisse hätten nicht von vornherein abgelehnt werden dürfen. Die Väter des Grundgesetzes haben es aber anders gewollt, und so gebricht es uns heute an einem wirklich leistungsfähigen und in sich geschlossenen Schulwesen.

2. Das Fehlen von Bundeskompetenzen im Schulbereich macht sich besonders störend bei der internationalen Zusammenarbeit und vor allem bei der europäischen Vergemeinschaftung be-

merkbar[106]). Die Rechtsfragen im Verhältnis von Bund und Ländern, die sich aus der Beteiligung der Bundesrepublik an Internationalen Organisationen und aus der deutschen Mitgliedschaft in den Europäischen Gemeinschaften ergeben, sind freilich noch wenig erforscht. Aus dem Umstand, daß der Bundesrat dem Beitritt der Bundesrepublik zu den drei Gemeinschaften zugestimmt hat, kann m. E. nicht geschlossen werden, daß die Länder ihre Kultur- und Schulhoheit insoweit an den Bund abgetreten haben, als im deutschen Innenbereich die Auswirkungen der Vergemeinschaftung zum Tragen kommen. Denn der Bundesrat ist ein Organ des Gesamtstaates, das bei der Bildung des Bundeswillens mitwirkt und kein — bitte entschuldigen Sie das Wort — Kollektiv zum Ausverkauf von Landeskompetenzen. Daß dem Bund allein Sitz und Stimme in den Ministerräten zukommt, folgt freilich zwangsläufig aus der Tatsache, daß die Bundesrepublik und nicht jedes einzelne Land Mitglied der Europäischen Gemeinschaften ist[107]). Aber müssen sich die Länder im Bereich ihrer ausschließlichen Gesetzgebungshoheit deshalb mit dem bloßen Austausch von Informationen und Anregungen begnügen? Nun, es ist interessant zu beobachten, daß die Praxis hier bereits intensivere Formen der Zusammenarbeit entwickelt hat. Bekanntlich werden viele Verordnungen und Richtlinien des EWG-Rates durch sachverständige Arbeitsgruppen vorbereitet. So arbeiten z. Zt. im Zusammenhang mit dem Programm zur Verwirklichung der Niederlassungsfreiheit und des freien Dienstleistungsverkehrs verschiedene Arbeitsgruppen auf der Grundlage von Art. 57 Abs. 1 EWGV Richtlinien für die gegenseitige Anerkennung der Diplome, Prüfungszeugnisse und sonstigen Befähigungsnachweise aus. In einigen dieser Arbeitsgruppen sitzt neben dem Vertreter des für Fragen der Berufsausübung zuständigen Bundeswirtschaftsministeriums ein Abgesandter der Kultusministerkonferenz. Ob die Zusammenarbeit zwischen Bundesministerien und Kultusministerkonferenz auch funktioniert, darüber gehen die Ansichten indes auseinander. Viele Stimmen geben zu bedenken, daß das Fehlen eines Bundeskultusministeriums auf die Dauer doch ein arges Hemmnis für die Mitarbeit der Bundesrepublik in zwischenstaatlichen Kulturfragen sei.

3. Die Institution, welche ein Bundeskultusministerium in gewisser Hinsicht ersetzen muß, nennt sich Ständige Konferenz

[106]) Das hat zu Ersatzlösungen geführt, deren Verfassungskonformität zumindest zweifelhaft ist; vgl. unten Abschn. 3 c).

[107]) Zur Deutung des Vergemeinschaftungsvorganges in seinen Auswirkungen auf die föderale Struktur der Bundesrepublik vgl. den vorstehenden Bericht von Joseph H. Kaiser.

der Kultusminister der Länder in der Bundesrepublik Deutschland[108]). Dieses Instrument zur Selbstkoordination der Länder, das unter dem Druck der Gegebenheiten geschaffen werden mußte, steht in vielerlei Hinsicht auf überaus schwankendem rechtlichen Boden. Die Konferenz ist völlig formlos — noch nicht einmal durch Verwaltungsabkommen, geschweige denn durch Staatsvertrag — gegründet worden[109]). Theoretisch könnte jedes Land nach seinem Belieben die Mitarbeit in der KMK einstellen. Man wende nicht dagegen ein, das verbiete die Bundestreue. Dieses in mancherlei Hinsicht so anfechtbare Rechtsinstitut[110]) kann die harte Tatsache der völligen Länderautonomie in Schulsachen nicht aus der Welt schaffen. Wäre es die Absicht des Grundgesetzgebers gewesen, die Länder zur Zusammenarbeit in Schulfragen anzuhalten, so hätte er eben dem Bund entsprechende Koordinierungsbefugnisse zusprechen müssen. Dies ist jedoch unterblieben. Und so erscheint es auch als völlig konsequent, daß der Bund der KMK nicht angehört. Die Ansicht Kölbles, ein „Beitritt des Bundes" zur KMK wäre mit der bundesstaatlichen Ordnung des Grundgesetzes unvereinbar[111]), vermag ich freilich nicht zu teilen.

Aber wer ist überhaupt Mitglied der Kultusministerkonferenz? Das einzelne Land? Dessen Regierung? Oder der einzelne Kultusminister? Ich lasse diese Frage offen, weil ich in der Kultusministerkonferenz kein Organ zur Ausübung von Hoheitsgewalt erblicke, sondern sie nur als eine Arbeitsgemeinschaft zur technischen Planung und unverbindlichen Abstimmung über die Rechtsetzungs- und sonstigen Projekte der einzelnen Länder ansehe.

a) Gleichwohl ist die Frage zu klären, wie das Verfassungsrecht des Bundes zu einer solchen gemeinschaftlichen Einrichtung aller Bundesländer steht. Die Antwort muß m. E. lauten: Das Grundgesetz verhält sich indifferent, soweit es darum geht,

---

108) Im folgenden abgekürzt „KMK" bzw. „Konferenz".

109) Vgl. allerdings das Abkommen über das Sekretariat der Ständigen Konferenz der Kultusminister der Länder in der Bundesrepublik Deutschland vom 20. 6. 1959 (BAnz 1961, Nr. 49, S. 5), abgedruckt in dem von der KMK herausgegebenen Bericht: Kulturpolitik der Länder 1961 und 1962, Westdeutscher Verlag GmbH, Köln und Opladen, 1963, S. 234 ff.

110) Vgl. dazu meine Ausführungen in DÖV 1964, S. 37 ff. S. allerdings auch Gebhard Müller, Bundestreue im Bundesstaat, in: Führung und Bildung in der heutigen Welt, Festgabe für Kurt Georg Kiesinger, 1964, S. 213 ff.

111) Kölble, Bildungs- und Forschungsförderung als Aufgabe von Bund und Ländern, DÖV 1964, S. 592 ff. (595 Anm. 23).

daß die Länder gemeinsam ihre Rechtsetzungs- und Verwaltungsprojekte miteinander besprechen, abstimmen und Musterentwürfe für Rechts- und Verwaltungsvorschriften entwerfen. Das Grundgesetz verbietet den Ländern jedoch jegliche Übertragung von Hoheitsgewalt — sei es in der Substanz, sei es zur Ausübung — an eine Institution außerhalb des einzelnen Landes[112]). Wohl erlaubt das Grundgesetz, daß eine Gemeinschaftseinrichtung gleichzeitig die Aufgaben mehrer Länder nebeneinander für eben diese Länder und unter deren Einzelverantwortung erfüllt[113]). Es läßt jedoch keine Verschmelzung der Landeskompetenzen und ihre Ausübung in gemeinsamer Willensbildung zu. Einen Art. 24 Abs. 1 GG für die Übertragung von Hoheitsrechten der Länder gibt es nicht. Ein Bedürfnis nach unmittelbar wirkender, überregionaler Regelung (vgl. Art. 72 Abs. 2 GG) kann nur durch entsprechende Anreicherung der Bundeskompetenzen befriedigt werden. Denn das Grundgesetz weist die staatlichen Aufgaben und Befugnisse entweder dem Bund oder dem einzelnen Land zu. Eine dritte Kategorie von Hoheitsträgern zwischen der Ebene des Gesamtstaates und der seiner Glieder kennt unsere bundesstaatliche Ordnung nicht. Die Länder sind daher rechtlich außerstande, Hoheitsrechte an eine derartige Zwischenstufe abzugeben.

b) Für die rechtliche Charakterisierung der KMK und die Bestimmung der Grenzen ihrer Tätigkeit ist ferner von Belang, daß es sich bei ihr um ein Gremium von Repräsentanten der Landesregierungen handelt. Sie ist sozusagen ein Club der Landesexekutiven[114]) und als solche keiner parlamentarischen Kontrolle unterworfen. Wollte man ihr die Ausübung von Hoheitsbefugnissen überlassen, so würde damit das Kontrollrecht der Länderparlamente empfindlich geschmälert. Das gilt sowohl für reine Verwaltungsfunktionen als auch erst recht für eine legislative Tätigkeit. Daß die KMK keine formellen Gesetze hervorbringen kann, versteht sich von selbst. Ihr ist aber ebenso der

---

[112]) Bettermann, VVDStRL Heft 19 (1961), S. 160; Kölble a.a.O. S. 594 mit Nachweisen daselbst Anm. 14.

[113]) Kölble, Gemeinschaftsaufgaben zwischen Bund und Ländern sowie zwischen den Ländern, Vorträge und Diskussionsbeiträge des 29. Staatswissenschaftlichen Fortbildungskursus der Hochschule für Verwaltungswissenschaften Speyer 1961, Schriften der Hochschule Speyer Bd. 11, 1961, S. 17 ff. (58). Zu den Voraussetzungen der Zulässigkeit einer „Koordinierungsstelle" der Länder s. Friedrich Klein, Verfassungsrechtliche Grenzen der Gemeinschaftsaufgaben, daselbst S. 125 ff. (158 ff.).

[114]) Vgl. auch im folgenden Werner Weber, VVDStRL Heft 19 (1961) S. 159.

Erlaß von Rechtsverordnungen versagt, selbst wenn es um die Regelung von Angelegenheiten geht, für die allen beteiligten Kultusministern eine gültige Delegation erteilt worden ist. Eine Rechtsetzung durch die Kultusministerkonferenz begegnet im übrigen schon deshalb durchgreifenden Bedenken, weil die Publikation ihrer Beschlüsse ganz in das Belieben des Konferenzpräsidiums gestellt ist. Ich gelange daher zu dem Ergebnis, daß die Kultusministerkonferenz nicht in der Lage ist, selbst irgendwelche Hoheitsakte hervorzubringen[115]), wenn man von Fragen der Personalverwaltung im Rahmen des Sekretariats, der Haushaltsgestaltung und anderen internen Angelegenheiten einmal absieht.

c) Rechtsetzungsbefugnisse werden von der Konferenz — soweit ich sehe — denn auch nicht in Anspruch genommen. Dagegen ist es bereits vorgekommen — darauf hat 1960 bereits Hans Schneider[116]) aufmerksam gemacht —, daß die Konferenz nach außen wirkende Verwaltungsakte erläßt, nämlich deutschen Auslandsschulen die Genehmigung erteilt, in allen Bundesländern anerkannte Reifeprüfungen abzuhalten. Ein anderer Fall ist die Ermächtigung der Internationalen Schule in St. Germain-en-Laye, für deutsche Schüler eine Nostrifizierungsprüfung vorzunehmen; und zwar ist diese Genehmigung von dem Präsidenten der KMK allein ausgesprochen und später vom Plenum bestätigt worden[117]). Eine derartige Praxis stellt bereits eine gemeinsame, unmittelbar nach außen wirkende Willensbildung und Willensäußerung dar, die erheblichen Bedenken begegnen muß[118]).

Ferner ist hier zu erwähnen, daß Repräsentanten der KMK wesentliche Funktionen in der Zusammenarbeit mit auswärtigen Staaten bzw. in den Internationalen Organisationen erfüllen. So fungiert der jeweilige Präsident der KMK als Leiter der deutschen Delegation, die zu den Konferenzen der Europäischen Erziehungsminister entsandt wird[119]). Ein von der

---

[115]) Vgl. dazu Schaumann, Verträge zwischen Gliedstaaten im Bundesstaat, VVDStRL Heft 19 (1961) S. 86 ff. (113): Die der Koordination und Konsultation dienenden interkantonalen Direktoren-Konferenzen in der Schweiz haben keine staatlichen Funktionen.

[116]) Verträge zwischen Gliedstaaten im Bundesstaat, VVDStRL Heft 19 (1961), S. 1 ff. (7 f.).

[117]) Beschluß der KMK vom 28./29. 9. 1961, KMK-BS Nr. 291.

[118]) Die Konstruktion eines Bündels von gleichlautenden Verwaltungsakten aller Kultusminister wird dem tatsächlichen Vorgang nicht gerecht.

[119]) Zur kulturellen Zusammenarbeit in internationalen Organi-

KMK benannter Beamter vertritt neben einem Abgesandten des Auswärtigen Amtes die Bundesregierung im Rat für kulturelle Zusammenarbeit des Europarates[120]). Deutscher Vertreter in den Komitees dieser Institution ist der jeweilige Vorsitzende der entsprechenden Ausschüsse der KMK. Auch an der Vertretung der Bundesrepublik im Internationalen Büro für Erziehungsfragen nimmt die KMK bzw. ihr Präsident maßgeblichen Anteil[121]). All diese Tätigkeiten — und das waren nur Beispiele, die noch vermehrt werden könnten — sind doch unbestreitbar Ausübung von Hoheitsgewalt, wenn ihr Effekt wegen des begrenzten Aufgabenkreises der erwähnten Internationalen Organisationen vorerst auch kaum spürbar wird[122]). Für wen üben der Präsident und die anderen Abgesandten der KMK diese hoheitlichen Tätigkeiten aus? Für den Bund? Für jedes einzelne Land? Sind sie an irgendwelche Weisungen gebunden? Wenn ja, wer kann diese Weisungen erteilen? Ich darf diese Fragen hier nur aufwerfen, ohne sie beantworten zu können.

4. Wenn ich mich jetzt dem Rechtscharakter der Beschlüsse der KMK zuwende — es gibt die Plenarbeschlüsse und die zu Plenarbeschlüssen erhobenen einstimmigen Empfehlungen der Ausschüsse —, so kommen drei Kategorien für ihre Charakterisierung in Betracht: ihre Einstufung als unmittelbar wirkender Hoheitsakt, insbesondere als Rechtssatz, ferner als Vereinbarung (ich verwende diesen Terminus als Oberbegriff für Staatsvertrag und Verwaltungsabkommen[123])) und schließlich als Verständigung[124]) im Sinne einer unverbindlichen Abstimmung der von den einzelnen Ländern zu treffenden Maßnahmen.

---

sationen, Dokumentation Nr. 11, Mai 1964, bearbeitet im Sekretariat der KMK, S. 61.

[120]) KMK-Dokumentation Nr. 11, S. 56.

[121]) KMK-Dokumentation Nr. 11, S. 29.

[122]) Die genannten Organisationen erlassen selbst nur Empfehlungen an ihre Mitgliedstaaten und üben keine Hoheitsgewalt aus, die zu den Individuen in den Mitgliedstaaten „durchgreift“. Anders freilich die Europäischen Gemeinschaften, weshalb die Repräsentation der Bundesrepublik in Fragen, die das Schulwesen berühren, mancherlei Probleme aufwirft. Vgl. oben Abschn. IV 2.

[123]) Vgl. Hans Schneider a.a.O. (Anm. 116) S. 8 ff.

[124]) Hans Schneider a.a.O. S. 10, 139 spricht auch hier von „Vereinbarung“ im Sinne der älteren, zwischen Vereinbarung und Vertrag differenzierenden Lehre. Menzel daselbst S. 142 versteht unter „Verständigung“, anders als der Mitberichterstatter, einen besonders effektiven Typus von Ländervereinbarungen nach Art des sog. Lindauer Abkommens.

a) Die Überschriften und Eingangsformeln der Beschlüsse geben für die Bestimmung ihres Rechtscharakters kaum etwas her. Hier bietet sich ein überaus buntes Bild dar[125]). Sehr häufig kommt in der Überschrift das Wort „Rahmen“ vor, als Rahmenvereinbarung[126]), Rahmenrichtlinien[127]), Rahmenordung[128]), Rahmenpläne[129]) und Rahmenbestimmungen[130]). Man findet aber auch andere Bezeichnungen: wie „Richtlinien“[131]), „Vereinbarung“[132]), „Grundsätze“[133]) und sonstiges mehr. Nach den Eingangsformeln beschließt[134]) die Kultusministerkonferenz, stellt fest[135]), billigt[136]), empfiehlt[137]), regelt mit den folgenden Richtlinien[138]), will regeln[139]), stimmt zu[140]), lehnt ab[141]), setzt Anforderungen fest[142]) — um nur einige der wichtigsten Wendungen zu nennen.

b) Besonders wichtig erscheint mir die Frage, ob die Beschlüsse Gegenstände behandeln, deren Regelung dem Gesetzgeber vorbehalten ist oder aber reine Verwaltungsangelegenheiten. In diesem Zusammenhang muß nun nachdrücklich hervorgehoben werden, daß sich die meisten hier interessierenden Beschlüsse mit Fragen der allgemeinen Schulordnung und des Prüfungswesens befassen, teilweise sogar mit der Schulgliederung. Diese Materien sind aber — wie ich vorhin betont habe — grundsätzlich durch das Parlament und von der Exekutive nur kraft ordnungsgemäßer Delegation zu regeln.

aa) Die Fragestellung, ob den Beschlüssen der KMK der Charakter von Rechtssätzen zukommt, könnte müßig erscheinen,

---

125) Vgl. im folgenden Hans Schneider a.a.O. S. 12.

126) KMK-BS Nr. 175. Die in den folgenden Anmerkungen zitierten Nummern beziehen sich gleichfalls auf die Sammlung der KMK-Beschlüsse.

127) Nr. 785.

128) Nr. 286, 371, 442, 466.

129) Nr. 610.

130) Nr. 755 f.

131) Nr. 152, 430.

132) Nr. 180, 191, 444.

133) Nr. 190, 284.

134) Nr. 736.

135) Nr. 200.

136) Nr. 201.1.

137) Nr. 280.

138) Nr. 294.

139) Nr. 907.

140) Nr. 645.

141) Nr. 663.

142) Nr. 296.

nachdem ich vorhin ausgeführt habe, daß die KMK nach geltendem Bundesstaatsrecht gar nicht in der Lage ist, selber direkt wirksame Hoheitsakte zu produzieren. Ich möchte aber trotzdem zeigen, daß die Beschlüsse der KMK auch gar keine Rechtssätze sein wollen. Wenn in Abschnitt A I 2 der Geschäftsordnung[143]) von „Entscheidung" die Rede ist, dann bezieht sich dieser Terminus auf die Regelung interner Angelegenheiten der KMK bzw. ist in untechnischem Sinne als Verabschiedung eines Beschlusses gemeint. Der Ausdruck „Beschluß" hat im übrigen neutralen Charakter und sagt nichts über die Verbindlichkeit des Beschlusses aus. Daß den Beschlüssen keine unmittelbare Verbindlichkeit zukommen soll, kann auch der gelegentlichen Aufforderung entnommen werden, in allen Ländern eine bestimmte Regelung durchzuführen, wobei diese Regelung durch einen beigefügten Musterentwurf vorbereitet worden ist[144]). Es begegnet freilich auch die Formel: „Die Kultusministerien der Länder erlassen die für die Durchführung der (von der Konferenz beschlossenen) Bestimmungen erforderlichen Ordnungen"[145]). Diese Klausel ist indes nur als Appell an die Kultusministerien zu verstehen, den betreffenden Beschluß der KMK in das jeweilige Landesrecht umzusetzen. Im Vorwort der Sammlung der KMK-Beschlüsse, die der Luchterhand-Verlag ediert, wird auch ausdrücklich darauf hingewiesen, daß die Veröffentlichung der Beschluß-Texte diese nicht zu unmittelbar geltendem Recht macht[146]). Ich messe diesem Hinweis des-

---

[143]) KMK-Beschluß v. 19. 11. 1955 (Neufassung der Geschäftsordnung vom 2. 12. 1949), in: Kulturpolitik der Länder 1961—1962, S. 232 f.

[144]) Vgl. KMK-Beschluß vom 28./29. 4. 1955 betr. Beginn und Ende der Schulpflicht, KMK-BS Nr. 825; vgl. auch den Mustererlaß daselbst Nr. 1780.

[145]) KMK-Beschluß vom 5. 7. 1962 betr. Zugang von Absolventen der Ingenieurschulen zum Hochschulstudium Abschn. III Satz 1, KMK-BS Nr. 468.

[146]) Der Abdruck von Beschlüssen der KMK im Gemeinsamen Ministerialblatt des Bundes wird stets mit folgendem Hinweis eingeleitet:

„Nachstehend werden Beschlüsse und Vereinbarungen bekanntgegeben, auf die sich die Kultusminister der Länder der Bundesrepublik Deutschland geeinigt haben.

Die Veröffentlichung macht die Texte nicht zu unmittelbar geltendem Recht. Erst durch die Entscheidung der zuständigen Länderorgane und durch die landesübliche Bekanntgabe werden sie für die einzelnen Länder verbindlich." (So z. B. GemMinBl 1964, S. 363.)

Vgl. ferner BVerwG, Beschluß v. 26. 10. 1962, DVBl 1963, S. 104 (Die Beschlüsse werden in den Ländern erst dadurch wirksam, daß

halb Bedeutung zu, weil er nicht vom Verlag, sondern von der KMK selbst stammt, die als Herausgeber der Sammlung auftritt, welche im übrigen bis vor kurzem nur für den behördlichen Dienstgebrauch bestimmt war.

bb) Das Landesrecht nimmt von der Tätigkeit der KMK bislang keine Notiz. Eine Ausnahme bildet hier Art. 43 Abs. 2 des bayerischen Erziehungs- und Unterrichtswesensgesetzes vom 9. 3. 1960 (EUG). Diese Vorschrift ermächtigt das Staatsministerium für Unterricht und Kultus, Vereinbarungen der KMK, die sich auf innerschulische Angelegenheiten beziehen[147]), zur Vereinheitlichung des deutschen Schulwesens getroffen werden und bayerischem Recht nicht widersprechen, für n i c h t - staatliche Schulen für verbindlich zu erklären. [Auf den ersten Blick liegt hier der Umkehrschluß nahe, daß die „Vereinbarungen" der KMK für die staatlichen Schulen unmittelbar, d. h. ohne Verbindlicherklärung durch das Kultusministerium gelten sollen. Es ist indes kaum anzunehmen, daß der bayerische Gesetzgeber eine derart weitreichende Bestimmung treffen wollte, ohne dies expressis verbis und positiv im Gesetz zum Ausdruck zu bringen. Die Ermächtigung des Art. 43 Abs. 2 bay EUG muß vielmehr im Zusammenhang mit den sonstigen Befugnissen der bayerischen Staatsministerien gegenüber nichtstaatlichen Schulen gesehen werden. So erlaubt Art. 10 Abs. 1 EUG dem zuständigen Staatsministerium, für private

---

sie von den jeweiligen Landesministern erlassen und bekanntgegeben werden.); Ingo v o n M ü n c h a.a.O. (Anm. 101) S. 790.

In diesem Zusammenhang ist nicht uninteressant, daß § 17 Abs. 2 des Abkommens zwischen den Ländern der Bundesrepublik zur Vereinheitlichung auf dem Gebiete des Schulwesens (sog. Düsseldorfer Abkommen) in der ursprünglichen Fassung vom 17. 2. 1955 folgenden Wortlaut hatte: „Solange die gesetzliche Regelung (sc. zur Durchführung dieses Abkommens) in einem Lande noch nicht ergangen ist, tritt das Abkommen diesem Lande gegenüber auch hinsichtlich der Verpflichtung, die übrigen Bestimmungen im Verwaltungswege durchzuführen, nicht in Kraft. Es tritt gegenüber einem Lande außer Kraft, das gesetzliche Regelungen beschließt, die mit diesem Abkommen unvereinbar sind." (KMK-BS Nr. 100, S. 5)

Diese Klausel ist bei der Neufassung (sog. Novellierung) des Abkommens in Hamburg am 28. 10. 1964 fallengelassen worden (vgl. den neuen Text in RWS 1964, S. 383 ff). Während §§ 14 und 15 der alten Fassung auf „Vereinbarungen" der KMK Bezug nahmen, sprechen §§ 17 und 18 des neuen Textes von „Richtlinien" bzw. „Empfehlungen" der KMK. Eine erstaunliche Anlehnung an die Bezeichnung von Akten (klassischer) Internationaler Organisationen!

[147]) Z. B. Festlegung von Schultypen, Anerkennung und Bezeichnung von Zeugnissen.

Ersatzschulen Mindestlehrpläne aufzustellen und Prüfungsordnungen zu erlassen. Und nach Art. 6 Abs. 2 EUG sind die kommunalen Schulen ohnehin verpflichtet, die für entsprechende staatliche Schulen erlassene Schulordnung zu beachten. Art. 43 Abs. 2 EUG sollte es dem Staatsministerium lediglich ersparen, die Beschlüsse der KMK nur zum Zweck ihrer Anwendung auf nichtstaatliche Schulen in einen eigenen Erlaß umzugießen. Diese Vorschrift stellt somit eine Grundlage dafür her, diejenigen Beschlüsse der KMK, die durch ministerielle Anwendbarkeitserklärung für die staatlichen Schulen in Kraft gesetzt werden können, auch für nichtstaatliche Schulen für verbindlich zu erklären. Daraus kann aber keinesfalls der Schluß gezogen werden, daß der bayerische Landesgesetzgeber den Beschlüssen der KMK unmittelbare Geltung oder sogar Rechtssatzcharakter beimessen wollte[148]).]

cc) Ich bin ferner der Ansicht, daß die Beschlüsse der KMK für sich allein keine ausreichende Grundlage für die Herausbildung von entsprechendem Gewohnheitsrecht in den Ländern hergeben. Dazu mangelt es an einem wirklichen allgemeinen Rechtsgeltungswillen. Denn hierzu gehört mehr als eine „Verschwörung der Regierungsbürokratien", sondern auch die Rechtsüberzeugung der beteiligten Eltern, Lehrer und Schüler. Deren Mitwirkung in Elternräten, Schulpflegschaften, Gremien der Schülermitverantwortung usw. hätte sonst wohl auch nur wenig Sinn.

dd) Bei allem verkenne ich nicht, daß die Beschlüsse der Kultusministerkonferenz sozusagen eine Art faktisch-soziologischer Geltung[149]) entfalten[150]). Ihre Autorität ist jedenfalls

---

[148]) Die Verwaltungsvorschriften des Bundesministers für Verteidigung über die Zurückstellung Wehrpflichtiger aus Ausbildungsgründen (MinBl des Bundesmin. f. Verteid. vom 25. 11. 1957, Nr. 30, S. 739 ff., Auszug in KMK-BS Nr. 999.1) gehen offenbar auf einschlägige Beschlüsse der KMK zurück und scheinen mit deren unmittelbarer Geltung zu rechnen. Das bedeutet aber allenfalls eine Anerkennung der faktisch-soziologischen Geltung von KMK-Beschlüssen.

[149]) Dieser Gedanke ist zuerst bezüglich der Geltung von Allgemeinen Geschäftsbedingungen entwickelt worden, vgl. Hans Möller in Bruck-Möller, Kommentar zum Versicherungsvertragsgesetz, 8. Aufl., 1. Bd., 1961, Einleitung Anm. 21, S. 54 f.; Ludwig Raiser, Das Recht der Allgemeinen Geschäftsbedingungen, 1935, S. 59 ff.

[150]) So gibt es z. B. in Hamburg derzeit keine von der Schulbehörde erlassenen Versetzungsbestimmungen für Volksschulen und für Mittelschulen. Man richtet sich daher nach den Grundsätzen für eine Versetzungsordnung an Volksschulen (KMK-Beschluß vom 11. 9. 1959, KMK-BS Nr. 680) und nach den Richtlinien für eine Verset-

sehr stark, schon durch ihre sorgfältige Vorbereitung und im Hinblick auf das Erfordernis der Einstimmigkeit. Die Publikation der Beschlüsse in den Verkündungsorganen der Länder läßt auch oft nicht erkennen, ob die Veröffentlichung nur informatorischen Charakter trägt oder ob das jeweilige Kultusministerium den Beschluß in eigene Verwaltungs- oder gar Rechtsvorschriften umsetzen will[151]). Vielleicht dauert es gar nicht lange, bis die Verwaltungsgerichte ihre Artikel 3 GG — Selbstbindungsjudikatur auch auf KMK-Beschlüsse ausdehnen[152]). Dann würden sie auf diesem Umwege doch direkt verbindlichen Charakter erhalten, jedenfalls was die Bindung der Exekutive anlangt.

ee) Demgegenüber ist hier dezidiert daran festzuhalten, daß die KMK-Beschlüsse keine unmittelbare Geltung besitzen, nicht als Verwaltungsvorschriften und schon gar nicht als Rechtssätze. Für das Kultusministerium mag es freilich sehr bequem sein, sich gegenüber einem Antragsteller darauf zu berufen, es könne seinem Anliegen leider nicht entsprechen, weil dies mit einem bestehenden KMK-Beschluß unvereinbar sei. Ein derartiges Vorgehen kommt der Nichtausschöpfung des dem Kultusminister eröffneten Ermessensspielraums gleich und begründet die Fehlerhaftigkeit des betreffenden Verwaltungsaktes[153]). Derjenige Kultusminister bzw. Ministerialbeamte wäre freilich schlecht beraten, der die Dinge nicht auch etwas anders darzulegen verstünde. Das Ministerium braucht ja nur zu sagen: „Ich lehne den Antrag kraft meines Ermessens ab, und ich berufe mich für die sachliche Richtigkeit dieser Entscheidung auf die parallele Meinungsäußerung des hochqualifizierten Expertengremiums der Kultusministerkonferenz." Auf diese Weise vermag die Exekutive letztlich doch hinter dem Schild eines KMK-Beschlusses Deckung zu finden. Ein solcher Beschluß kann aber auch als wirksame Angriffswaffe dienen, wenn es darum geht, mit Hilfe von KMK-Beschlüssen beim Parlament ein Regierungsprojekt durchzusetzen, das zu akzeptieren die Legislative sonst kaum geneigt wäre[154]).

---

zungsordnung für Mittelschulen (KMK-Beschluß vom 8.5.1958, KMK-BS Nr. 681); vgl. Mampe a.a.O. S. 222 Anm. 16 a.

[151]) Vgl. auch Hans Schneider a.a.O. (Anm. 116), S. 11 f.

[152]) Der Beschluß des BVerwG v. 26.10.1962, DVBl 1963, S. 104 weist bereits in diese Richtung.

[153]) Diese Beobachtung verdanke ich Herrn Prof. Eberhard Menzel.

[154]) Vgl. Werner Weber, VVDStRL Heft 19 (1961), S. 159 (Tabu der koordinierten Texte von Beschlüssen der Landesressortminister und daraus resultierende Devalvierung der Länderparlamente).

c) Wenn den KMK-Beschlüssen also nicht die Qualität von Rechtssätzen oder Verwaltungsvorschriften zukommt, tragen sie dann wenigstens den Charakter von Vereinbarungen? Daß sie keine Staatsverträge der deutschen Länder sind, folgt ohne weiteres aus dem Fehlen der dafür erforderlichen formellen Voraussetzungen[155]). Das zeigt ein Vergleich etwa des Düsseldorfer Abkommens mit den von der KMK nicht nur vorbereiteten, sondern von ihr selbst gefaßten Beschlüssen.

aa) Verwaltungsabkommen werden im allgemeinen getroffen, ohne daß sehr strenge Formen zur Anwendung gelangen[156]). Immerhin ist es bemerkenswert, daß die Praxis der KMK deutlich zwischen einem normalen Beschluß und einer als Verwaltungsvereinbarung abgefaßten und bezeichneten Übereinkunft unterscheidet[157]). (Wir kennen im europäischen Gemeinschaftsrecht auch die Unterscheidung zwischen — dort freilich verbindlichen — Organakten des Ministerrates und Beschlüssen der im Ministerrat vereinigten Regierungsvertreter.) Ich ziehe daraus die Folgerung, daß diejenigen Beschlüsse, die nicht ausdrücklich als Verwaltungsvereinbarung bezeichnet worden sind — und das trifft für nahezu alle Äußerungen der KMK zu — auch nicht den Charakter von Verwaltungsabkommen tragen sollen. Das ist vielleicht etwas formal gedacht. Aber schließlich haben die Partner von Übereinkünften ja die Wahl, ob sie sich binden wollen oder nicht.

bb) Im übrigen bin ich der Ansicht, daß die Beschlüsse der KMK auch gar keine rechtswirksamen Verwaltungsabkommen zur Entstehung bringen können. Hier wirkt sich nämlich entscheidend der Umstand aus, daß die meisten KMK-Beschlüsse Materien der Schul- und Prüfungsordnungen betreffen. Diese Gegenstände sind aber der Normierung durch Rechtssätze vorbehalten und können nicht durch bloße Verwaltungsvorschriften geregelt werden. Daraus ergäbe sich freilich noch nicht die Konsequenz, daß diese Materien kein Gegenstand einer Verwaltungsvereinbarung sein können. Die wohl herrschende Lehre läßt es vielmehr zu, daß Verwaltungsabkommen nicht

---

[155]) Zu diesen vgl. Hans Schneider a.a.O. (Anm. 116), S. 23 ff.

[156]) Hans Schneider a.a.O., S. 25 f.

[157]) Vgl. z. B. Verwaltungsvereinbarung vom 20. 9. 1957 = Beschluß der KMK vom 8./9. 3. 1956 (KMK-BS Nr. 2065). Die Frage, ob eine Vereinbarung der KMK Charakter und Form eines Verwaltungsabkommens erhalten soll, wird zumindest in den Ausschüssen oder in den Referenten-Zusammenkünften eingehend erörtert; vgl. den schematischen Aufriß des Werdeganges eines KMK-Beschlusses, in: Informationen für die Presse zur 100. Plenarsitzung der KMK, 20. 2. 1964, Nr. 6, S. 2.

nur über Fragen des reinen Verwaltungsbereiches geschlossen werden, sondern auch über solche Gegenstände, welche die beteiligten Exekutiven auf Grund einer gültigen Ermächtigung im Wege der Rechtsverordnung zu regeln vermögen[158]). Wenn man diese Lehre auch auf die Beschlußtätigkeit der Kultusministerkonferenz anwendet, dann könnten deren Beschlüsse insofern Verwaltungsabkommen darstellen, als sie Materien betreffen, welche die Kultusminister kraft der ihnen erteilten Delegationen durch abgeleitete Rechtsvorschriften zu regeln imstande sind.

Ich habe nun aber zu zeigen versucht, daß die Ermächtigungsklauseln der deutschen Schulgesetze durchwegs nicht den Anforderungen entsprechen, die an eine ordnungsgemäße Rechtsetzungsdelegation zu stellen sind. Mangels einer ausreichenden Rechtsetzungsermächtigung sind die Kultusminister also nicht in der Lage, entsprechende Verwaltungsabkommen zu schließen.

Wenn einige der Kultusminister diese Ermächtigung besitzen und andere nicht, dann ist das betreffende Verwaltungsabkommen nur für einen Teil der Partner verbindlich. Und das zwingt m. E. zu der Annahme, daß die Verwaltungsvereinbarung insgesamt unwirksam ist, weil — wenn überhaupt — die Bindung aller am Abschluß beteiligten Kultusminister gewollt war. Nur unter dieser Voraussetzung könnte sie auch den ihr zugedachten Zweck erfüllen, die deutschen Schul- und Prüfungsordnungen zu vereinheitlichen. Reine Verwaltungsfragen spielen in der Beschlußpraxis der KMK nach meiner Beobachtung nur eine geringfügige Rolle[159]). Ob also wenigstens insoweit wirksame Verwaltungsvereinbarungen zustandekommen, halte ich daher für eine nicht sehr bedeutsame Frage[160]).

d) Nach allem gelange ich zu dem Ergebnis, daß die Beschlüsse der Kultusministerkonferenz reine Verständigungen über die Absichten der einzelnen Kultusministerien sind. Man spricht sich darüber aus, was man zu tun gedenkt. Man läßt von den Ausschüssen auch Musterentwürfe ausarbeiten und verabschiedet diese als sogenannte Rahmenordnungen oder unter

---

[158]) Hans Schneider, VVDStRL Heft 19 (1961), S. 10; Kordt daselbst S. 138; Mosler daselbst S. 138 f. Vgl. aber auch Ehmke daselbst S. 140 f. und Ule daselbst S. 142 f.

[159]) Ihre Regelung würde ohne die Basis gültiger Rechtsvorschriften auch in der Luft hängen; vgl. dazu § 17 Abs. 2 S. 1 des Düsseldorfer Abkommens vom 17. 2. 1955 und oben Anm. 146.

[160]) Die bloßen Absichtserklärungen und ähnliche Äußerungen der KMK sind in diesem Zusammenhang ohnehin uninteressant. Zur Typologie der KMK-Beschlüsse vgl. im übrigen den vorstehenden Bericht von Evers.

einer anderen Bezeichnung. In Wahrheit ist die gutgeheißene Regelung aber nur Arbeitsmaterial für die zuständigen Landesorgane, freilich ein Material von höchstem sachlichem Wert. Kurz, die Beschlüsse der Kultusministerkonferenz haben in aller Regel nur die Eigenschaft eines Gentleman's Agreement, an das man sich durchwegs freiwillig hält, das aber die Entscheidungsfreiheit des einzelnen Kultusministers nicht einengt, jedenfalls nicht rechtlich[161]).

e) Sanktionen, die bei der Einhaltung der Beschlüsse verhängt werden könnten, gibt es kaum. Es käme hier nur die Nichtanerkennung von Prüfungen in Betracht, welche ein Land unter Abweichung von einschlägigen KMK-Beschlüssen geordnet hat[162]). Aber sogar bei der heftigen Debatte um die Deutschnote im Abiturzeugnis[163]) hat wohl niemand ernstlich daran gedacht, die in Nordrhein-Westfalen ausgestellten Reifezeugnisse in den anderen Ländern nicht anzuerkennen. Es wird auch gar nicht systematisch überprüft, ob alle Länder die Beschlüsse der Konferenz ausführen[164]). Gelegentlich mag allerdings der Vorsitzende des Schulausschusses mehr oder minder zufällig feststellen, daß ein Land eine Schulordnung noch nicht an die von der Konferenz vorgeschlagene Regelung angepaßt hat. Der Ausschußvorsitzende wird dann mit behutsamer Hand auf die

---

[161]) A. A. offenbar Hans Schneider, VVDStRL Heft 19 (1961), S. 139.

[162]) Vgl. dazu § 15 Abs. 1 des Düsseldorfer Abkommens vom 17. 2. 1955 bzw. § 17 des Hamburger Abkommens vom 28. 10. 1964; Abschn. VIII des KMK-Beschlusses betr. die Stellung der Mittelschulen im Schulaufbau vom 17. 12. 1953 (KMK-BS Nr. 150); KMK-Beschluß über die Anerkennung der Reifezeugnisse vom 30. 6./1. 7. 1954 (KMK-BS Nr. 191.2); Ziff. III Satz 2 des KMK-Beschlusses betr. den Zugang von Absolventen der Ingenieurschulen zum Hochschulstudium vom 5. 7. 1962 (KMK-BS Nr. 468).

[163]) In Nordrhein-Westfalen wurde vorweg der frühere Rechtszustand wieder hergestellt. Der Streit ist beendet worden durch die Neufassung der Vereinbarung über die gegenseitige Anerkennung der Reifezeugnisse vom 20. 5. 1954 in der Fass. vom 20./21. 1. 1956 (KMK-BS Nr. 191) durch KMK-Beschluß vom 16/17. 1. 1964 (vgl. RWS 1964, S. 92).

[164]) Dazu ist das Sekretariat jedenfalls bislang nicht in der Lage gewesen. Ob das ein halbes Hundert ausmachende Sekretariatspersonal noch hinreichendes Eigengewicht entwickeln wird, um diesem vermutlich als Mangel empfundenen Zustand abzuhelfen, läßt sich kaum voraussagen. Vorerst werden nur gelegentlich Informationen über die Durchführung der wichtigeren Beschlüsse ausgetauscht. Dabei tritt dann übrigens zutage, daß es meistens mehrere Jahre dauert, bis ein etwas komplexerer Beschluß überall durchgeführt worden ist.

Schließung der betreffenden Lücke hinwirken. Die dabei entwickelten Techniken liegen aber ganz im politischen Raum und sind von der Erzwingung eines rechtlich verbindlichen Abkommens weit entfernt.

V.

Damit bin ich am Ende meines Mitberichtes. Ich gebe zu, daß meine Ergebnisse recht radikal anmuten: Einerseits weitgehende Unwirksamkeit der Schul- und Prüfungsordnungen der Länder — andererseits völlige rechtliche Unverbindlichkeit der Beschlüsse der Kultusministerkonferenz. Wird dadurch nicht ein neues Schulchaos heraufbeschworen? Oder müssen dann nicht die Gerichte noch mehr als zuvor den rechtsleeren Raum mit ihrer Judikatur ausfüllen? Nun ich räume ein: Man kann auch sehr wohl die Ansicht vertreten, daß bisher doch alles recht gut gelaufen sei: Mit den Ministerialerlassen zur Ordnung des Schul- und Prüfungsbetriebes, mit der freiwillig angenommenen Disziplin der Länder und mit der eher lautlosen, aber höchst wirksamen Tätigkeit der Kultusministerkonferenz. Wenn Sie also der Meinung sind, es sei wichtiger, diese Errungenschaften zu bewahren, als aus der gegebenen Verfassungslage eindeutige Konsequenzen zu ziehen, dann dürfen Sie mir getrost vorwerfen, daß ich die Rechts- und Sozialstaatlichkeit, den demokratischen Gedanken und die bundesstaatliche Ordnung an ein untaugliches Objekt verschwendet habe.

Leitsätze des Mitberichterstatters über:

Verwaltung und Schule

I. Freiheit der Bildung und Erziehung

1. Das entscheidende Anliegen des Grundgesetzes, eine f r e i h e i t l i c h e Staatsordnung zu begründen, äußert sich im Bereich des Schulwesens durch das Prinzip der Freiheit der Bildung und Erziehung. Die Bildungsfreiheit hat zwei Komponenten, eine rechtsstaatliche und eine sozialstaatliche.

2. Die rechtsstaatliche Seite der Bildungsfreiheit schützt den Einzelnen gegen staatliche Ingerenzen in die individuelle Bildungsentscheidung. Sie gelangt in den Grundrechtsbestimmungen der Artikel 6 Abs. 2, 7 Abs. 4, 12 Abs. 1, 5 Abs. 3 und 2 Abs. 1 GG zum Ausdruck.

3. Die sozialstaatliche Komponente der Bildungsfreiheit gründet sich auf den im Sozialstaatsprinzip verankerten Gedanken der sozialen Gerechtigkeit und den in den Landesverfassungen verbürgten Anspruch auf Bildung und Erziehung. Das daraus resultierende Recht auf Bildung durch öffentliche Schulen und auf Zulassung zu den mit dem Schulwesen in Zusammenhang stehenden öffentlichen Prüfungen stellt eine Ausprägung des allgemeinen Sozialstaatsprinzips dar und hat den Rang von Bundesverfassungsrecht.

4. Das Recht des Einzelnen auf Bildung und Erziehung bedarf der Konkretisierung durch den Gesetzgeber.

a) Dem Landesgesetzgeber obliegt es kraft Verfassungsauftrags, die Voraussetzungen der Zulassung zu den öffentlichen Bildungseinrichtungen dergestalt zu normieren, daß dem Einzelnen bei Erfüllung dieser Voraussetzungen ein klagbarer Rechtsanspruch auf Ausbildung in der von ihm gewählten Schulart zusteht. Dasselbe gilt für die Zulassung zu den vom Staat abgehaltenen oder anerkannten öffentlichen Prüfungen, die mit dem Schulwesen in Zusammenhang stehen.

b) Der Verfassungsauftrag zur Durchnormierung des Schulwesens bezieht sich auch und insbesondere auf die Regelung des zwischen der Schule einerseits und den Schülern, Eltern und sonstigen Erziehungsberechtigten andererseits bestehenden

Rechtsverhältnisses (Schulverhältnisses). Diese Regelung erfolgt herkömmlicherweise in den allgemeinen Schulordnungen.

5. Die Gesetzgebung kann dem Einzelnen die Zulassung zu einer Schulart nur versagen, wenn er mangels Begabung und Bildungswilligkeit oder infolge anderer Mängel die Entwicklung seiner Mitschüler hemmen würde.

II. Staatliche Schulaufsicht und allgemeine Schulordnung

6. Die bislang herrschende Ansicht faßt unter dem Begriff der staatlichen Schulaufsicht völlig verschiedenartige Tätigkeiten zusammen und leitet daraus auch die Befugnis des Staates ab, im Verwaltungswege allgemeine Schulordnungen zu erlassen. Früheren Zeiten ist der wesensmäßige Unterschied zwischen der Beaufsichtigung einzelner Bildungsanstalten und dem Erlaß allgemeiner Schulordnungen dagegen durchaus bewußt gewesen.

7. Die extensive Auslegung des Schulaufsichtsbegriffs billigt der Exekutive das Recht zu, materielle Rechtssätze ohne Ermächtigung durch das Parlament zu erlassen. Sie berührt sich eng mit der weithin überholten Lehre vom besonderen Gewaltverhältnis und ist ebenso wie diese mit den Grundsätzen des demokratischen Rechtsstaats nicht vereinbar.

8. Der gegenwärtig herrschende Begriff der staatlichen Schulaufsicht bedarf daher einer Bedeutungskorrektur. Unter Schulaufsicht sind nur noch die administrativen Aufsichtsbefugnisse im eigentlichen und engeren Sinne zu verstehen. Das sind

a) die Fachaufsicht im eigenen und im fremden (insbesondere kommunalen) Bereich,

b) die Dienstaufsicht über die im Staatsdienst stehenden Lehrer und Schulleiter sowie

c) die Rechtsaufsicht über die außerstaatlichen Schulträger.

9. Die Exekutive (insbesondere das Kultusministerium) kann allgemeine Schulordnungen und Prüfungsordnungen (für Prüfungen im Bereich des Schulwesens) nur auf Grund einer formell-gesetzlichen Ermächtigung erlassen, in der zugleich Inhalt, Zweck und Ausmaß der Rechtsetzungsdelegation festgelegt sind. Gewohnheitsrecht reicht als Grundlage für die Befugnis zum administrativen Erlaß von Schul- und Prüfungsordnungen nicht aus. Die Begrenzung dieser Rechtsetzungsbefugnis der Exekutive durch den Begriff der wesensgemäßen Funktion des

Schulverhältnisses bzw. durch Sinn und Zweck der jeweiligen Prüfung ist manipulierbar und daher unzureichend.

10. Nur wenige Landesschulgesetze enthalten Ermächtigungen zum Erlaß von Schul- und Prüfungsordnungen durch die Exekutive, die den Erfordernissen einer ordnungsgemäßen Rechtsetzungsdelegation entsprechen. Das Gros der deutschen Schul- und Prüfungsordnungen ist jedoch im Wege des Ministerialerlasses ergangen. Diesen Erlassen kommt keine Rechtswirksamkeit zu.

III. Grenzen der staatlichen Schulaufsicht

11. Die Schulaufsicht über private Ersatzschulen ist Rechtsaufsicht mit dem Ziel, die Einhaltung der Genehmigungsvoraussetzungen sicherzustellen. Sie darf nicht dazu führen, daß die verfassungsrechtlich begrenzten Genehmigungsvoraussetzungen (Gleichwertigkeit mit entsprechenden öffentlichen Schulen hinsichtlich der Lehrziele, institutionellen Gestaltung und der wissenschaftlichen Ausbildung der Lehrkräfte) nachträglich auf das Erfordernis der Gleichartigkeit ausgedehnt werden. Der Privatschulträger kann freiwillig staatliche (fördernde) Fachaufsicht annehmen.

12. Aus Art. 7 GG kann kein Anspruch auf Anerkennung der von Privatschulen abgehaltenen Prüfungen bzw. der von ihnen erteilten Zeugnisse als gleichwertig mit den von öffentlichen Schulen verliehenen Berechtigungen abgeleitet werden. Ebensowenig läßt sich auf Art. 7 GG der Anspruch auf staatliche Ausgleichung des Haushaltsdefizits einer Privatschule bzw. auf öffentliche Zuschüsse stützen. Beide Anprüche können aber durch Landesrecht begründet werden.

13. Kommunale Schulen und ihre Träger sind an die von der staatlichen Exekutive erlassenen Schul- und Prüfungsordnungen nur gebunden, soweit dies gesetzlich bestimmt ist. Fehlt es an derartigen (gültigen) Ordnungen, so können die kommunalen Schulträger sie gleichwohl nicht selbst erlassen, weil es sich hierbei um eine überregionale Angelegenheit handelt.

14. Die einzelne Schule genießt als nichtrechtsfähige öffentliche Anstalt keine verfassungsrechtlich geschützten Selbstverwaltungsrechte, wie sie (nur) der mit eigener Rechtspersönlichkeit und Autonomie ausgestatteten Wissenschaftlichen Hochschule zustehen. Aus der Tatsache, daß die Schulaufsichtsbehörden die Schule nur lenken und niemals selbst den Schulbetrieb übernehmen können, ergibt sich aber ein beträchtlicher fakti-

scher Gestaltungsspielraum für Schulleitung und Lehrerschaft. Es besteht zudem die gesetzgeberische Tendenz, diese bislang rein tatsächliche Gestaltungsfreiheit als pädagogische Eigenverantwortung von Schule und Lehrerschaft auch rechtlich zu institutionalisieren; vgl. § 14 Abs. 3 Satz 2 nrw SchVerwG, § 38 Abs. 1 he SchVerwG, §§ 22 Abs. 2 und 25 Abs. 1 bw SchVOG sowie § 1 Abs. 2 hamb SchVerwG samt § 29 Abs. 1 hamb SchVerwG (Selbstverwaltung in den Schulen). Die Tragweite dieser neuartigen Rechtsfigur ist indes noch nicht zu übersehen.

15. Die pädagogische Verantwortung des Lehrers für die Erziehung und Bildung der Jugend ist von hoher Bedeutung für das gesamte öffentliche und gesellschaftliche Leben. Gleichwohl unterscheidet sich die dienstrechtliche Stellung des Lehrers grundsätzlich nicht von dem Status anderer weisungsgebundener Beamter.

16. Die Tätigkeit des Lehrers kann mit dem Wirken des Richters nicht auf eine Stufe gestellt werden.

a) Die richterliche Unabhängigkeit steht in enger Beziehung zur Gewaltenteilung und hat ihren Grund in der Funktion der Gerichte als Hüter von Recht und Gerechtigkeit. Das Mit- und Gegeneinander von Lehrern und Schulaufsichtsbeamten ist dagegen ein Vorgang, der sich innerhalb ein und derselben Gewalt, nämlich der Exekutive, abspielt.

b) Auch Prüfungsentscheidungen und ähnliche beurteilende Maßnahmen des Einzellehrers oder der Lehrerkonferenz können — zumal im Falle der rechtlichen Fehlerhaftigkeit — von der Schulaufsichtsbehörde aufgehoben werden. Ob die Schulaufsichtsbehörde sie auch durch ihre eigenen Entscheidungen zu ersetzen vermag, hängt von den Umständen, insbesondere von der Vertretbarkeit oder Vertretbarmachung der Beurteilung des Schülers durch den Lehrer ab.

c) Die Grenzen des Hineinverwaltens in die erzieherischen und unterrichtlichen Maßnahmen des einzelnen Pädagogen ergeben sich teils aus der Natur der Sache, teils aus der dem Staat (oder sonstigem Dienstherrn) obliegenden beamtenrechtlichen Fürsorgepflicht.

17. Die Lehrer können für ihre amtliche Tätigkeit nicht das Grundrecht des Art. 5 Abs. 3 GG in Anspruch nehmen, weil die Freiheit der Lehre um der freien Forschung willen verbürgt ist und — jedenfalls nach herkömmlicher Auffassung — nur der Hochschullehrer in seiner Lehrtätigkeit die Ergebnisse eigener Forschung mitteilt.

IV. Staatliche Schulhoheit und föderalistische Ordnung

18. Im Weimarer Reich mußte trotz verschiedener Reichskompetenzen auf dem Gebiete des Schulwesens zu einer Selbstkoordination der Länder Zuflucht genommen werden, weil die Legislative des Reiches sich weithin als unfähig erwies, die erforderlichen gesetzgeberischen Entscheidungen zu treffen. Das Grundgesetz hat demgegenüber die Voraussetzungen für eine wirkungsvolle Regierungs- und Gesetzgebungstätigkeit geschaffen (Einführung des konstruktiven Mißtrauensvotums, Abkehr vom reinen Verhältniswahlrecht, Sperrung des Notverordnungsweges). Damit wäre die Grundlage dafür gegeben gewesen, dem Bund ein gutes Maß an Kultur- und Schulhoheit zu überlassen. Das Grundgesetz spricht die Schulhoheit indes ausschließlich den einzelnen Ländern zu. Das wirkt sich vor allem bei der zwischenstaatlichen Zusammenarbeit der Bundesrepublik mit auswärtigen Staaten und in Internationalen Organisationen zunehmend als Hemmnis aus.

19. Die Ständige Konferenz der Kultusminister der Länder in der Bundesrepublik Deutschland (KMK) ist ein Instrument der Länder zur freiwilligen Koordination ihrer Gesetzgebungs- und Verwaltungsmaßnahmen. Kein Land ist zur Mitarbeit in ihr rechtlich verpflichtet.

20. Für die rechtliche Charakterisierung der KMK und die Bestimmung der Grenzen ihrer Tätigkeit ist zu beachten:

a) Das Grundgesetz läßt keine Verschmelzung der Landeskompetenzen und deren Ausübung in gemeinsamer Willensbildung durch eine Institution zwischen Bundes- und Landesebene zu.

b) Die KMK ist ein Gremium von Repräsentanten der Landesexekutiven und steht als solche unter keiner parlamentarischen Kontrolle. Es bleibt die Frage ungeklärt, welches Gericht gegebenenfalls gegen die Beschlüsse der KMK Rechtsschutz zu gewähren hätte.

21. Aus Gründen der Rechtsstaatlichkeit, der demokratischen Verantwortung und des bundesstaatlichen Aufbaus muß der KMK daher die Fähigkeit abgesprochen werden, — außer in ihren internen Angelegenheiten — (direkt wirksame) Hoheitsakte hervorzubringen.

22. Eine Rechtsetzungshoheit wird von der KMK auch nicht in Anspruch genommen. Dagegen hat sie bzw. ihr Präsident bereits Verwaltungsakte erlassen. Ferner erfüllen ihr Präsident, ihre Ausschußvorsitzenden und andere Abgesandte der

KMK hoheitliche Aufgaben innerhalb der zwischenstaatlichen Zusammenarbeit der Bundesrepublik mit auswärtigen Staaten und in den Internationalen Organisationen einschließlich der Europäischen Wirtschaftsgemeinschaft.

23. Die Beschlüsse der KMK sind rechtlich unverbindliche Empfehlungen für die Rechtsetzung und Verwaltung durch die Länder. Sie bilden für sich allein auch keine Grundlage für die Entstehung von Gewohnheitsrecht in den Ländern. Sie entfalten indes eine Art faktisch-soziologischer „Geltung".

24. Den Beschlüssen der KMK in Schulangelegenheiten kommt nicht der Charakter von Staatsverträgen zu. Sie sind in aller Regel auch nicht als Verwaltungsabkommen anzusehen, weil

a) die Praxis der KMK ganz allgemein zwischen dem Abschluß von Verwaltungsvereinbarungen und der Verabschiedung normaler Beschlüsse einen Unterschied macht, indem Verwaltungsvereinbarungen ausdrücklich als solche gekennzeichnet werden;

b) die Beschlüsse der KMK in Schulsachen weitgehend Fragen der allgemeinen Schulordnung (oder sogar der Schulgliederung) betreffen, zu deren Regelung durch Rechtsverordnung die Kultusminister mangels ausreichender Ermächtigung aber durchweg nicht befugt sind.

Verwaltung und Schule

Aussprache und Schlußworte

Peters: Meine sehr verehrten Herren! Nach einem verdienten Lob für die Referate will ich gleich in die Materie einsteigen und muß zu vielen Punkten erhebliche Widersprüche anmelden. Zumindest zu fünf wichtigen Fragen dürfen m. E. die aufgestellten Behauptungen (wie man so schön sagt:) „nicht unwidersprochen im Raume stehen bleiben“: M. E. muß man sich zumindest seine Voraussetzungen bewußt machen; so kann nicht der Zentralismus, sondern nur der Pluralismus das das Schulrecht beherrschende Prinzip sein (1), daher ist die Einheit der Bildung kein erstrebenswertes Ideal (2). Das Prinzip vom Gesetzesvorbehalt hat im Schulrecht mindestens ebenso enge Grenzen wie woanders (3). Die kommunale Selbstverwaltung hat im Schulrecht ebenso ihre verfassungsrechtliche Existenz (4) wie die Privatschule (5).

1. Zunächst bin ich prinzipiell der Meinung, daß das heutige Thema, das mit so viel kulturpolitischem Zündstoff geladen ist, mit absoluter Klarheit der Begriffe arbeiten und daß es ferner die Dinge behutsamer behandeln muß, als hier geschehen. Es ist unvermeidlich, daß jeder, der über ein solches Thema spricht, gewisse Voraussetzungen macht, — Voraussetzungen, die meistens stillschweigend unterstellt werden, die aber wenigstens bewußt gemacht werden müssen. Man muß sich also klar machen, ob man im kulturellen Bereich zentralistisch arbeiten will, oder ob man den verschiedenen pluralistischen und sonstigen Kräften, die im kulturellen Bereich, insbesondere in der Schule zur Geltung kommen, Raum schaffen oder ob man ihnen diesen Raum versperren will. Das ist meiner Ansicht nach die eine Voraussetzung. Eine zweite Voraussetzung liegt darin, wie man sich zum Elternwillen stellt. Ist man der Meinung, daß der Staat diejenige Instanz ist, die mit seiner Volksvertretung und seiner Verwaltung die kulturelle Weisheit selbst voll besitzt, oder glaubt man, daß vielmehr diese Weisheit im Bereich der Kultur vielen anderen Quellen des natürlichen und gesellschaftlichen Lebens entspringt, so kommt man je nachdem zu verschiedenen Ergebnissen, die jedenfalls nichts mit juristischen Thesen zu tun

haben, wohl aber im Recht und in der Schulverwaltung ihren Niederschlag finden.

Weiterhin ist in beiden Referaten — gegenüber allen anderen Werten — zu Unrecht nur die pädagogische Lehrerpersönlichkeit als eigentlich der einzige Quell herausgestellt worden, von dem aus die verschiedenen kulturellen menschlichen Bewegungen und Kräfte wirklich zur Geltung kommen. Nebenher darf ich vielleicht noch darauf hinweisen, daß, wie mir scheint, wir als Juristen die Aufgabe haben, zunächst einmal das Recht zu „erklären“ und nicht die geübten Normen in wesentlichen Teilen für ungültig zu erklären. Ich bin der Meinung, daß der Jurist nur dort regelmäßig angewandte Rechtsvorschriften für ungültig erklären darf, wo sich keine anderen, aus der Verfassung oder aus der Logik sich ergebenden Gründe finden, um die Rechtsordnung aufrechtzuerhalten. Wenn wir als Staatsrechtslehrer nach draußen kommen mit der Behauptung: erstens fehlt die gesetzliche Grundlage für die meisten schulrechtlichen Maßnahmen, und zweitens: das, was die Kultusministerkonferenz tut, hat gleichfalls keine rechtsverbindliche Kraft, ja dann wird uns das nirgendwo abgenommen, und wir werden mit Recht als unfruchtbare Theoretiker verschrieen. Wir müssen doch versuchen, wenigstens die Wege zu finden, in der gesellschaftlichen Wirklichkeit starke Kräfte anzuerkennen und, was dort als Recht seit Jahrzehnten geübt wird, zunächst einmal mit gutem Willen als Recht zu werten.

2. Die Einheit der Bildung ist als Ideal hingestellt; ich stimme dem nicht zu. Was ist denn überhaupt Bildung in diesem Sinne? Das, was der Staat für Bildung erklärt, oder das, was in irgendeinem Artikel der Verfassung — meinetwegen von Nordrhein-Westfalen — als das Ziel der Erziehung hingestellt wird? Bildung ist jedenfalls sicherlich nicht bloßes Wissen. Darüber sind sich wohl alle einig. In einer pluralistischen Gesellschaft gibt es die allerverschiedensten Meinungen zum Bildungsziel, zu den einzelnen Fragen der Bildung sowie zum richtigen Menschenbild — ich schalte dabei sogar noch alles Konfessionelle und Religiöse aus. Wo bleibt die Einheit der Bildung noch, wenn man als vorgegeben billigend unterscheidet: humanistische Bildung, Realbildung, Bildung auf naturwissenschaftlichem Gebiet (um bloß drei Zweige herauszugreifen), und ist nicht damit schon die Idee der Einheit der Bildung irgendwie verloren? Ist Bildung nur das, was der Staat jetzt hierzu an Möglichkeiten offenläßt? Enthalten die sonstigen Kulturauffassungen etwa keine gleichwertigen Bildungswerte? Sollen überhaupt alle Deutschen, unabhängig von

ihren Fähigkeiten und Anschauungen, in dem gleichen Sinne erzogen werden zu irgendeinem unklaren Einheitsziel? Das wollen wir gewiß alle nicht. Also kann meiner Ansicht nach von einer Einheit der Bildung überhaupt weder de facto noch juristisch die Rede sein. Die pluralistische Gesellschaft kennt bewußt ganz verschiedene Bildungsideale, und Sie wollen sich immer freundlichst auch daran erinnern, daß selbst ein Staat wie Preußen, der doch ein Einheitsstaat war, um 1925 allein etwa 50 verschiedene Typen höherer Schulen kannte. Zu all den verschiedenen höheren Schulen und Bildungsmöglichkeiten tritt heute als unerläßliche Forderung hinzu der sog. zweite Bildungsweg. Er kann gleichfalls zur Universität führen. Der Föderalismus, der im Grundgesetz verankert ist, wird automatisch sicher mit Recht am ehesten und besten in der Schule zutage treten.

3. Auf einen weiteren Widerspruch stößt das Referat m. E. bei dem nicht richtig ausgewerteten Begriff des Gesetzesvorbehalts. Dabei gilt es, die Prinzipien von Demokratie und Rechtsstaat richtig zu verbinden. Ist das etwa Demokratie, wenn die Kinderlosen mit Mehrheit über diejenigen bestimmen, die Kinder haben? Ist hier nicht die echte Demokratie, wie Carl Schmitt einmal gesagt hat, in der „Identität der Regierer und Regierten" zu sehen? Daß in erster Linie der Wille der Eltern maßgebend ist, welche Schulart und welchen Schultyp sie für ihre Kinder wünschen, scheint mir allein demokratisch. Hier kann nicht die letzte Entscheidung in der Hand eines zentralen Parlaments liegen, und damit allein zeigt sich schon die Problematik des Gesetzesvorbehalts. Im übrigen steht das ganze System unseres Bildungswesens ja schließlich auch unter den demokratischen Freiheitsrechten. Was Herr Fuß darlegt und erstrebt, läßt die Freiheit der Eltern viel zu kurz kommen. Wenn die Bildung als Ergebnis der Erziehung erscheint, dann ergibt sich automatisch, daß die Eltern ein Recht darauf haben müssen, daß nicht in dem Augenblick, wo das Kind ihnen durch die Schulpflicht entzogen wird, ein plötzlicher Knick in der Entwicklung und Erziehung dieses Kindes entsteht. Es kommt doch darauf an, daß auch im Bereich der Schule der Anschluß an die häusliche Erziehung nach dem Elternwillen (Art. 6 GG) gefunden wird. Das ist nur erreichbar, indem nicht alles über einen Kamm geschoren wird, sondern daß örtliche, zeitliche und sonstige Anschauungen der Eltern über die Bildungsziele eine entscheidende Rolle spielen. Man kann im schulischen Bereich in der Tat nicht alles in Gesetzesvorbehalte und in Rechtsnormen bringen. Ist es überdies wirklich ein Ideal, wenn das alles vor das Parlament und damit in

den Kampf der politischen Parteien gezogen wird? In der Weimarer Zeit ist ein Reichsschulgesetz überhaupt nie zustande gekommen, weil sich die Gruppen nicht einmal über die wenigen Fragen, die im Reichsschulgesetz geregelt werden sollten, einigen konnten. Sollten darunter nun Jahrzehnte lang wieder Bildung und Schule leiden, nur weil Theoretiker für alle Schulbestimmungen ein formelles Gesetz fordern, anstatt wie bisher alle anderen Möglichkeiten im Rahmen der Verwaltung selbst auszunutzen? Die Verwaltung hängt ja nicht im luftleeren Raum und hat ihre gesellschaftliche Verwurzelung in der Bevölkerung. Selbst wenn man der These des Bundesverfassungsgerichts folgt, daß Verwaltungsbehörden nur dort zuständig sind, wo auch die Gesetzgebungszuständigkeiten liegen, wie es im Fernsehurteil steht, dann bleibt für die Länderschulverwaltungen ein weiter Raum. Wenn man eine eigene Zuständigkeit der Verwaltungsbehörden, sei es des Bundes, sei es der Länder anerkennt, kommt man um viele der Schwierigkeiten herum, wo sonst das Ganze, wie mir scheint, juristisch ziemlich festgefahren ist. Ob wir das besondere Gewaltverhältnis, wie es neuerdings konstruiert wird, richtig sehen, ist mir auch noch zweifelhaft. Gerade die Schule zeigt meiner Ansicht nach vieles deutlicher, als andere Gewaltverhältnisse — z. B. das Gefängnis —, weil hier vielerlei freie Bildungskräfte am Werke sind, die ein Existenzrecht haben. Mir scheint der Gedanke unhaltbar, daß nach dem Verfassungsrecht diese Regelungen in die Hand des formellen Gesetzgebers gehören. Ich meine, daß schon angesichts der sonst überhaupt unsinnigen juristischen Ausbildung der höheren Verwaltungsbeamten unsere Verwaltungsbehörden sich darum bemühen, das Recht, die Verfassung und die Gesetze innezuhalten. Mit der jetzt seit 15 Jahren herrschenden Praxis hat diese Übung auch einen guten Sinn und berechtigten Kern. Das Meiste, dessen Rechtmäßigkeit unter den Normen des Schulrechts von Herrn Fuß bestritten wird, ist zumindest Gewohnheitsrecht, wenn nicht eine andere Rechtsquelle legitim besteht. Gewohnheitsrecht ist eine vollgültige Rechtsquelle, die bekanntlich auf der Stufe der Verfassung, des formellen Gesetzes und auf jeder anderen Normenstufe stehen kann. Kraft Gewohnheitsrechts können daher gültig auch Ermächtigungen erteilt werden wie in einem geschriebenen förmlichen Gesetz.

4. Auch das Verhältnis von Selbstverwaltung und Schule ist meiner Ansicht nach von den Referenten, besonders von Herrn Fuß, nicht richtig gesehen worden. Zunächst ist ja gerade die Frage, was bei richtiger Auslegung des Art. 28 örtliche Angelegenheit ist. Ist nicht die Schule, mindestens die

Volksschule, geradezu der Typ einer örtlichen Angelegenheit? Demnach ist es der Wille der Verfassung, daß hier auch die Gemeinde mit ihrer Selbstverwaltung wirken soll. Die Unterscheidung von inneren und äußeren Schulangelegenheiten scheint sich mir verhältnismäßig schnell aufzulösen, wenn — was ich ja schon vor vierzig Jahren gelehrt habe — die Schulangelegenheiten einfach als örtliche Auftragsangelegenheiten aufgefaßt werden. Dann erklärt sich von selbst vieles von dem, was sich sonst auf andere Weise schwer deuten läßt. Die Persönlichkeit des Lehrers z. B. spielt doch in der Gemeinde eine ganz große Rolle. Nicht vielleicht so sehr in der Großstadt wie auf dem Lande, wo der Lehrer für die Gemeinde eine der Honoratioren und gleichzeitig der Träger der Geistigkeit ist. Unter diesen Verhältnissen kann man die Gemeinde nicht ausschließen vom Einfluß auf die Ernennung und die Auswahl der Lehrer sowie auf die Schulbauten. In Nordrhein-Westfalen sind die Lehrer zwar Landesbeamte geworden, aber das hindert nicht, daß z. B. nach dem Schulverwaltungsgesetz von Nordrhein-Westfalen von vier Lehrern drei von der Gemeinde vorgeschlagen werden. Bei Schulleitern ist es ein bißchen anders. Die Mitwirkung der Gemeinde ist also, weil unerläßlich, hier vorgesehen. Gewisse Schwierigkeiten und Problematiken tauchen freilich auf, wenn man — entgegen der Verfassungsvorschrift des Art. 12 Abs. 3 Verf. NRW — die wenig gegliederte Schule für die pädagogisch unzweckmäßigere hält. Die Tendenz zu größeren Mittelpunktschulen wirft in der Tat Probleme der kommunalen Selbstverwaltung auf. Man hat sie im alten Preußen mit den Schulverbänden gelöst. Mit einem Ausdruck wie Partnerschaft kann ich juristisch nichts anfangen; denn die Frage ist, worin denn die Partnerschaft besteht. Die Partnerschaft kann von einer societas leonina bis zu wirklich voll gleichwertigen Gesellschaftern gehen, und weder das eine noch das andere ist wahrscheinlich damit gemeint. Jedenfalls können wir Staatsrechtlehrer nicht einfach das im Grundgesetz wie in den Landesverfassungen vorgesehene Prinzip der Selbstverwaltung übergehen. Ich habe bei den Herren Referenten den Eindruck gehabt, besonders bei Herrn Fuß, als ob sie die Schule für sich isoliert betrachten und ihren Wünschen zuliebe grundlegende Verfassungssätze, wie z. B. die Gewissensfreiheit (Art. 4), das Elternrecht (Art. 6, II), die Selbstverwaltung des Art. 28, die ja auch irgendwie mithineinspielen, und nicht zuletzt die Landesverfassungen zu wenig berücksichtigen. Ich meine, man muß genauso, wie man Rechtsstaatlichkeit und Demokratie betont, erst recht bei der Schule wirklich auf der Freiheit der Anschauungen und dem Elternrecht aufbauen.

Unsere Aufgabe als Rechtsausleger besteht m. E. darin, — das habe ich in der Festschrift für Karl Arnold (1955, S. 117 ff.) darzulegen versucht —, daß man, wenn verschiedene Verfassungsprinzipien miteinander in Spannung geraten, die dem Sinn des Gesetzes im Ganzen am angemessenste Lösung findet. Dann ist es aber falsch, alles 100 % nur vom formalen Rechtsstaatsbegriff, wie er hier jetzt vielfach ausgelegt wird, mit der Übertreibung des Grundsatzes vom Vorbehalt des Gesetzes zu lösen. Wenn man die verschiedenen Verfassungsprinzipien berücksichtigt, dann, glaube ich, kann man sehr vieles von dem auch noch als rechtsbeständig rechtfertigen, was von den Referenten, besonders von Herrn Fuß, als unrechtmäßig angefochten worden ist. Ich sehe darin unsere Aufgabe.

5. Zum Schluß zur Privatschule noch ein paar Worte. Diese ist zunächst unter dem Gesichtspunkt der Freiheit zu sehen. Das Beispiel von Hamburg lehrt dies. Der Staat errichtet dort die Schulen, wie er sie für richtig hält, gibt aber die Chance, selbst unter Leistung angemessener Zuschüsse für die Privatschule, für alle die anderen Bildungsziele, die als wesentlich in der Gesellschaft ihren eigenen geistigen Raum verdienen. Die Redner taten so, als ob die Privatschule im wesentlichen eine private, daher nebensächliche Angelegenheit der Eltern wäre. Das ist weder im konfessionellen Bereich noch auch sonst richtig. Denn zunächst steht schon in der Verfassung die Gewährleistung der Privatschule als verfassungskräftiges Recht unter verschiedenen Kautelen und Abstufungen, wie ich bei Bettermann-Nipperdey-Scheuner, die Grundrechte Bd. IV/1 (1960) S. 428 ff. dargelegt habe. Sogar bei der Volksschule kommt es auf die Eltern nicht notwendig an, weil auch im Interesse der Förderung bestimmter pädagogischer Aufgaben Privatschulen eingerichtet werden dürfen. Privatschulen haben häufig für den Fortschritt sehr viel mehr getan als die Staats- oder Gemeindeschulen, und in der weiten Welt sind die Staatsschulen (einschließlich der Staatsuniversitäten) keineswegs immer die besseren. Die Privatschule bildet oft den geeigneten Ausweg aus all den Schwierigkeiten, die sich dadurch ergeben, daß der Staat mit seiner Staatsschule den Kulturwillen weiter Volkskreise unterdrücken kann. Parlament und Bürokratie brauchen ihre Gegenspieler in der Gesellschaft; dabei ist die Privatschule im Bildungsbereich eine dieser Möglichkeiten. Wenn man auf der einen Seite die Existenz der Privatschule als gleichwertig der öffentlichen durch das Grundgesetz rechtfertigt, indem dieses ein Recht auf die Privatschule gibt, dann kann man nicht durch ein Hintertürchen wieder das Gewährte verhindern. Das erste Hintertürchen ist das Geld. Wenn ich

auch nicht der Meinung bin, daß sich unmittelbar aus dem Grundgesetz ein Anspruch der Privatschule auf einen bestimmten Zuschuß ergibt, so kann aber keine Privatschule ohne Zuschuß bestehen, da sie nach dem Grundgesetz nicht nach den Vermögensverhältnissen der Eltern ausgerichtet sein darf. Wenn in einem Land meinetwegen 10 000 Kinder nicht in die staatliche, sondern in die Privatschule gehen, so spart das Land damit etwa 260 Schulklassen und kann den entsprechenden Betrag pro Kind ohne weiteres für die Privatschule als Zuschuß auswerfen, zumal die Eltern der Kinder aus Privatschulen ja ihre Steuern ebenso bezahlen wie die aus öffentlichen Schulen. Ebenso wären Privatschulen ohne entsprechende Berechtigungen als allgemeinbildende Schulen in Wahrheit keine wirklichen Ersatzschulen und demgemäß unrechtmäßig benachteiligt. Die der Existenz der Privatschulen feindlichen Auslegungen und Praktiken halte ich für verfassungswidrig (vgl. Art. 7 Abs. 4 GG).

Ich meine, diese Grundfragen des Schulrechts sind im Grundsätzlichen nicht genügend zum Ausdruck gekommen. Auf andere Fragen, z. B. Probleme der Schulträgerschaft, will ich jetzt nicht mehr eingehen.

Naumann: Meine sehr verehrten Herren! Ich will nicht so scharf mit den Referaten umgehen, wie es eben Herr Kollege Peters getan hat. Man muß Herrn Fuß, wenn er auch die Antwort auf manche Fragen recht akzentuiert herausgestellt hat, dankbar sein, daß er ganz klar gesagt hat: Aus Art. 7, I GG mit den Aufsichtsbefugnissen des Staates kann man die breite Reglementierung durch die Verwaltung gegenüber den Benutzern der Schule nicht rechtfertigen. Das ist keine Aufsicht mehr, sondern ist etwas ganz anderes; Herr Fuß vertritt die Auffassung, das sei Rechtsetzung, man brauche daher u. a. Delegationsermächtigung. Was mit der Schulaufsicht mitunter von der Verwaltung gemacht wird, ist nicht immer so, daß man sagen könnte, die Verwaltung handelt entsprechend dem Grundgesetz. Die Schulverwaltungen glauben manchmal, sicher in bester Überzeugung, das Richtige für die jungen Menschenkinder zu treffen, vergessen aber, daß nun einmal das Grundgesetz die Erziehungsbefugnis als natürliches Recht und natürliche Pflicht der Eltern normiert hat. An dieser Freiheit des einzelnen muß die Verwaltung bei ihren Reglementierungen stets gemessen werden. Das geschieht zum Teil noch nicht. Ich bin mit Herrn Peters nicht der Auffassung, daß die Hamburger Verhältnisse hier geradezu vorbildlich wären, wobei ich das Problem der Privatschule ganz außen vor lassen will. Ich darf nur aus einem Vortrag, den Herr Bundesverfassungsrichter

Prof. Dr. Geiger vor dem Hamburger Elternbund am 26. Oktober 1962 gehalten hat, folgenden Fall herausgreifen: Der Übertritt in eine weiterführende Schule soll sich nach einem Merkblatt der Hamburger Schulbehörde richten. Was ist aber ein Merkblatt der Hamburger Schulbehörde? Das ist weder ein Gesetz, noch eine Rechtsverordnung, noch eine Verwaltungsanweisung, noch eine Schulordnung. In dem Merkblatt steht, daß der Übertritt in eine weiterführende Schule von der Entwicklung und Bewährung des Kindes im Mittelbau abhängt; und dann heißt es weiter — ich zitiere —, „das Lehrerkollegium entscheidet, ob Begabung und Eignung des Kindes den Anforderungen der von den Eltern gewünschten weiterführenden Schule genügen". Abgesehen von der Frage, was das Merkblatt juristisch ist, kann inhaltlich in diesem Versuch seitens der pädagogisch bestimmt guten Kräfte die verfassungswidrige Betätigung eines Schuldirigismus stecken, der den Willen der Elternschaft, wie er nun einmal im Grundgesetz steht, vernachlässigt.

Herr Geiger hat damals auch mit Recht ausgeführt, daß die sogenannten Elternversammlungen oft nur angesetzt werden, wenn es gilt, Gelder für Schulveranstaltungen hereinzubekommen, im übrigen aber ist die Schulverwaltung mitunter der Meinung, daß die Eltern von der pädagogischen Entscheidung doch nichts verstehen, so daß sie, wie das Merkblatt sagt, lediglich bei den Pädagogen liegen soll. Es findet sich also die Möglichkeit, daß althergebrachte oder auch ganz moderne Auffassungen einer unfreiheitlichen Schulordnung sich breitermachen. Ich bin entgegen Herrn Peters der Meinung, wenn es gelingt, die Debatten über diese Fragen in die Parlamente zu bringen, dann ist es weit besser, als wenn das im stillen Kämmerlein der Schulbehörden durch Reglementierungen und Ordnungen und Merkblätter geschieht. Ich bin noch nicht davon überzeugt, daß die Verwaltung es immer spürt, wenn sie das Elternrecht, das natürliche Recht der Eltern nach dem Grundgesetz, mißachtet. Es könnte debattiert werden, wenn es Gegenstand eines Gesetzes würde.

Meine Legitimation darüber zu sprechen, rührt daher, daß mich seit den Hamburger Fällen, die vor Jahren im Oberverwaltungsgericht zu entscheiden waren, das Schulrecht sehr interessiert hat. Der Junge, dem wir damals beim Oberverwaltungsgericht den Zugang zur wissenschaftlichen Oberschule eröffneten, wird nun inzwischen wohl schon das Abitur gemacht haben. Damals jedenfalls meinte die Schulbehörde: Er mag schon ganz begabt sein, aber seiner Begabungsrichtung nach paßt er besser für die sogenannte technische Oberschule.

Der Nachteil der technischen Oberschule bestand aber darin, daß sie kein Abitur verlieh. Diese Wahlentscheidung, von der Herr Evers mit Recht herausgestellt hat, daß sie im Sinne von Schelsky auch eine entscheidende Weichenstellung für die soziale Eingruppierung des Menschen bedeutet, war damals zu Gunsten der mittleren Reife von der Schulbehörde getroffen. Die Eltern wollten aber, daß der Junge zur wissenschaftlichen Oberschule ging, und diese Entscheidung wurde von der Schulbehörde als unbeachtlich beiseite geschoben. Wir haben damals auch dem Verpflichtungsanspruch stattgegeben, denn bloß mit der Aufhebung der Entscheidung, verwaltungsprozessual gesehen, ist oft nicht dem Betroffenen gedient. Ich habe mir damals gesagt und meine heute noch: Der große Unterschied zwischen einer totalitären Ordnung, mag es auf dem Gebiet des Baurechts sein oder des Schulrechts, und einer freiheitlichen Ordnung besteht darin, daß im ersteren Fall der Staat ausschließlich für sich das Recht in Anspruch nimmt, zu bestimmen, was der Allgemeinheit nützt. Der einzelne hat nicht die Befugnis, etwas zu bestimmen oder auch zu riskieren. Wenn man dagegen freiheitlich, oder individualistisch, der Entscheidung der Einzelperson auch im Schulwesen gegenüber der Verwaltung maßgebende Bedeutung beimißt, dann ist das anders. Wenn sich der einzelne in der Schulwahl irrt, dann ist das vielleicht bedauerlich, aber es ist das natürliche Ergebnis der freiheitlichen Staatsordnung. Man kommt nicht ins Zuchthaus, weil der Junge, dessen Zulassung zur wissenschaftlichen Oberschule man begehrt hat, das Abitur nicht besteht. Es ist in beiden Referaten vielleicht, wie Herr Peters mit Recht gesagt hat, nicht so deutlich hervorgetreten, daß das Grundrecht der Freiheit vor allem auch von der Verwaltung der Schule zu achten ist.

Ehmke: Mit Herrn Peters teile ich die Meinung, daß die einheitliche staatliche Volksschule nicht unbedingt darum, weil sie zur Zeit ihrer Einführung gut war, auch heute noch das einzig Gute sein muß. Ich möchte aber einen anderen Punkt anschneiden, einen dogmatischen. Im Grunde muß man den Referenten, insbesondere Herrn Fuß, zugeben, daß er mit seinen Ausführungen ein Opfer der, wenn ich recht sehe, von der Mehrzahl der Kollegen vertretenen Meinung geworden ist, daß Verwaltung Gesetzesvollzug sei. Wenn man die Eigenständigkeit der Verwaltungsaufgabe, die meines Erachtens durch das Grundgesetz garantiert ist, nicht anerkennt, und alles was die Verwaltung tut in Gesetzesvollzug auflöst, dann werden natürlich die Fragen Gesetz, Rechtsverordnung, Verwaltungsakt, Gesetzesvorbehalt etc. die entscheidenden Fragen. Das Problem ist aber doch, daß die Schulverwaltung, obgleich sie vielleicht am tiefsten von aller Verwaltung auf den Menschen einwirkt, mit den Vorstellungen der Eingriffsverwaltung nur sehr am Rande zu fassen ist, während die rechtsstaatlichen Sicherungen gerade gegenüber der Eingriffsverwaltung entwickelt worden sind. Ich übertreibe ganz grob, wenn ich sage: „Je ‚rechtsstaatlicher' man die Schulverwaltung macht, um so schlechter wird sie." Weil das nämlich Vorstellungen sind, die im Grunde auf diesen besonderen Verwaltungszweig, „Leistungsverwaltung" stimmt hier ja auch nicht ganz, gar nicht passen. Man müßte auch herunterkommen von dem allgemeinen Begriff des besonderen Gewaltverhältnisses, von dem einmal gesagt worden ist, seine eigentliche Funktion sei es, die Zuchthäusler, die Irren und die Professoren in eine Kategorie zu bringen. Man müßte vielmehr versuchen, für den Bereich der Schule wirklich ein Stück besonderes Verwaltungsrecht zu entwickeln, das wir heute so vernachlässigen. Dabei muß man sich darüber klar sein, daß die erfolgreiche Erfüllung der Erziehungsaufgabe (auch im Zusammenspiel von Lehrern, Eltern und Schulverwaltung) weit mehr eine Frage der praktischen Schulgestaltung als eine solche des Verwaltungsrechts ist. Es gibt bestimmte Dinge, die müssen rechtlich geregelt werden. Aber man sollte auf keinen Fall den Versuch unternehmen, das ganze Schulleben gesetzlich zu „fixieren", bis hin etwa zu der Verhängung von Strafarbeiten.

Von der Dogmatik der Verwaltung als Gesetzesvollzug kommen wir sonst zu Dingen, die rechtsstaatlich gut gemeint sind, sich aber in der praktischen Schularbeit vielleicht ganz anders auswirken, als die Vertreter dieser Theorien es meinen. Ich möchte aber betonen, daß derjenige, der nicht bereit ist, sich von der Auffassung der Verwaltung als Gesetzesvollzug zu trennen, nicht viel Grund hat, an den Thesen, die hier für die Schule vertreten worden sind, Kritik zu üben.

Frage des Vorsitzenden: Herr Ehmke, sind Sie bereit, eine Direktfrage des Herrn 1. Berichterstatters zu beantworten?

Ehmke: Gerne.

Frage Evers: Würde sich Ihre Ansicht, die Verwaltung möge das alles selbst regeln, auch auf das Züchtigungsrecht erstrecken?

Ehmke: Nein, ich sage auch gar nicht, die Verwaltung soll das alles selbst regeln, ich sage nur, daß es unfruchtbar ist, z. B. das Problem der Zusammenarbeit der verschiedenen Faktoren, Gemeinde, Familie, Lehrer, Kinder in der Schule oder das Problem der pädagogischen Bewertung und der Prüfungsordnungen etc. unter dem Gesichtspunkt zu sehen, ob die Verwaltung gesetzesgebunden ist. Es ist eine absolute Blickverkürzung, alles das unter dem Gesichtspunkt des Gesetzesvorbehalts zu sehen.

Obermayer: Ich möchte den beiden Referenten insoweit rechtgeben, als sie klarzumachen versuchten, daß der Rechtsstaat in unser Bildungswesen noch verhältnismäßig wenig eingedrungen ist. Es ist die Aufgabe der Rechtswissenschaft, pathologische Zustände festzustellen. Aber wir müssen genau wissen, wo die Grenze ist. Und da möchte ich Herrn Peters beipflichten, wenn er meint, das wird uns einfach nicht abgenommen, wenn wir erklären, alles sei rechtswidrig. Hinsichtlich der Deutung des Gesetzmäßigkeitsprinzips möchte ich einen Mittelweg vorschlagen. Eine gesetzliche Ermächtigung der Exekutive ist notwendig, sie kann aber einen sehr weiten Rahmen abstecken. Entscheidend ist jedoch, daß die Normen, die die Exekutive zur Regelung des Schulbetriebes erläßt, dann als Rechtsnormen und nicht nur als Verwaltungsvorschriften gewertet werden, soweit sie die Beziehungen der Schule zu den Schülern und Eltern regeln. Ich glaube, daß das Thema des heutigen Tages sehr weit in das allgemeine Verwaltungsrecht hineinstrahlt und uns vor allem veranlassen sollte, einmal den Mythos der Organisationsgewalt etwas zu durchleuchten. Sicher kann man sagen, daß wir nicht alle für die Eingriffsverwaltung entwickelten rechtsstaatlichen Prinzipien ungesehen in das Schulrecht übernehmen dürfen. Aber man sollte sich doch allen Ernstes darüber Gedanken machen, welche Konsequenzen im Schulverwaltungsrecht aus unserer neuen, immerhin schon 15 Jahre in Kraft befindlichen Verfassungsordnung gezogen werden müssen. Der Herr Vorsitzende hat darauf hingewiesen, daß die Verwaltungsaktproblematik ausgeklammert werden soll. Ich möchte mich nicht in sie vertiefen. Sicherlich ließen sich großartige Begriffsbestimmungen finden, die im Schulbereich die nur innerdienstliche Weisung vom Verwaltungsakt abgrenzen. Nur am Rande bemerkt, man sollte auch im Schulrecht diese Problematik nicht mehr so ernst nehmen. Hängt wirklich so viel davon ab, ob irgendeine Klage als unzulässig oder als unbegründet abgewiesen wird? Auch unbegründete Klagen können eine wesentliche Erziehungsfunktion haben und den Eltern klarmachen, welche Befugnisse den Lehrern im Rahmen der Schulgewalt zustehen und zustehen müssen, damit der Schulzweck erreicht wird. Meines Erachtens darf man auch folgendes nicht übersehen: Die Lehrer, die keine Juristen sind, nehmen nicht an der gerichtlichen Nachprüfbarkeit der schulischen Akte an sich Anstoß. Sie stehen vielmehr unter dem „Trauma", daß nicht nur die Rechtswidrigkeit dieser Akte, sondern auch ihre Unzweckmäßigkeit festgestellt werden kann. Ich habe mich in den letzten Tagen mit mehreren Lehrern von höheren Schulen und Volksschulen hierüber unterhalten. Und ich war überrascht, daß alle der Ansicht waren, das Gericht hätte die Möglichkeit, jede Maßnahme schon wegen der geringsten Unzweckmäßigkeit aufzuheben. Es wäre also zu überlegen, ob nicht etwas für eine bessere Information der Lehrer über die Rechtslage getan werden sollte. Ein kurzes Wort zur Kultusministerkonferenz: Ich glaube nicht, daß diese dritte Ebene wegen eines Verstoßes gegen das föderalistische Prinzip verfassungswidrig ist. Allerdings folge ich Herrn Fuß, wenn er der Ansicht ist, daß die Landesverfassung der Übertragung von Hoheitsbefugnissen weitgehend im Wege stehen. Aber fragen wir uns doch: Was ist die legitime Aufgabe eines Koordinierungsorgans? Doch in erster Linie der Austausch von Meinungen und eine gegenseitige Abstimmung, aber nicht der gemeinsame Erlaß verbindlicher Maßnahmen. Man könnte nun sagen, es schadet dem Föderalismus nicht, wenn gewisse Regelungen von allen Kultusministerien zusammen „zur gesamten Hand getroffen" werden. Aber wir wissen, wie schwerfällig ein solcher Apparat ist. Ich glaube, daß der Föderalismus gerade auf kulturellem Sektor, auf dem Gebiete des Erziehungs- und Bildungswesens sehr viele Chancen bereithält. Aber gewisse organisatorische Maßnahmen — wie die Regelung des Schulanfangs usw. — die sollten doch besser einheitlich getroffen werden. Und nun noch eine letzte Bemerkung: Auf der einen Seite haben wir festgestellt, daß das Schulrecht nur unvollkommen rechtsstaatlich geordnet ist, auf der anderen Seite müssen wir zugeben, daß in ihm viel zu viel Perfektionismus vorhanden ist. Wer einmal die Schulerlasse alle durchliest, die bestimmen, um wieviel Uhr eine Schulwanderung begonnen werden darf, wann eine Pause einzulegen ist usw. und welche Kapitel im Platon und im Livius gelesen und nicht gelesen werden sollen, der ist darüber betroffen, wie stark durch einen solchen Perfektionismus die persönliche Initiative des einzelnen Lehrers gehemmt wird. Ich meine, wir sollten daran denken, daß der Verfassungsgrundsatz der freien Entfaltung der Persönlichkeit auch und gerade für den Lehrer gelten muß. Im übrigen muß der einzelne Lehrer die Gewißheit haben, daß sich sein Vorgesetzter — sein Rektor, sein Oberstudiendirektor — auch vor ihn stellt, wenn er einmal ein bißchen unzweckmäßig gehandelt hat. Wir sollten uns dessen bewußt sein, daß die Reform des Schulwesens nicht nur eine Angelegenheit des Rechts, der Institutionen ist, sondern ebenso auch eine Sache des Intellektes, des Charakters, des Umdenkens, der Zivilcourage und vor allem des persönlichen Elans.

Dagtoglou: Erlauben Sie mir, meine Herren, eine Bemerkung zu den Ausführungen des Herrn Fuß über die Kultusministerkonferenz, Leitsätze 19 ff. Man sollte, glaube ich, hier von der Erkenntnis ausgehen, daß die Kultusministerkonferenz einen politischen Kompromiß darstellt. Die direkte, man könnte vielleicht auch sagen, ehrliche Lösung wäre wahrscheinlich ein Bundeskultusministerium, das durch Verfassungsänderung errichtet werden könnte. Nun ist diese Verfassungsänderung aus politischen Gründen zur Zeit unerreichbar. Das Bedürfnis einer koordinierenden Kultuszentrale, wenn Sie mir das Wort erlauben, bleibt jedoch weiterhin bestehen. Die Kultusministerkonferenz ist ein gewisser modus vivendi, und zwar der zur Zeit einzig mögliche. Es ist zweifelhaft, ob die Aufgabe des Juristen darin besteht, den einzig möglichen politischen modus vivendi verfassungsrechtlich zu verurteilen, wenn nicht dafür wirklich schwerwiegende Argumente sprechen. Das ist hier, glaube ich, nicht der Fall. Die Kultusministerkonferenz verhält sich in einem relativ zurückhaltenden Rahmen. Auch parlamentarisch ist sie nicht ein Fremdkörper. Wenn wir heute einen relativ weiten ministerialfreien, d. h. auch parlamentsfreien Raum in Kauf nehmen, so ist es nicht leicht einzusehen, warum die Kultusministerkonferenz, die ja aus Landesministern besteht, welche bzw. ihre Regierungen den Landesparlamenten gegenüber verantwortlich sind, der Stein des Anstoßes sein soll. Auch das Problem des Gerichtsschutzes könnte gelöst werden. Die Beschlüsse der Konferenz sind zwar keine Verwaltungsabkommen. Sie stellen aber gerade wegen des Einstimmigkeitsprinzips die Abstimmung aller Individualentscheidungen der einzelnen Kultusminister dar. Dann ist aber die Verwaltungsklage mit einer gewissen Aufgeschlossenheit doch für möglich zu erklären. Wichtig ist jedenfalls, zu betonen, was Herr Prof. Peters bereits besser als ich getan hat, daß der Jurist auf Grund einer, fürchte ich, etwas verabsolutierenden Dogmatik politische modi vivendi, die auch verfassungskonform ausgelegt werden können, nicht für rechtsungültig erklären darf. Damit ist niemandem, am wenigsten der Demokratie gedient.

Dürig: Erlauben Sie mir einige Bemerkungen, Herr Peters. Sicher, es ist ein soziologisches Faktum, diese pluralistische Gesellschaft. Ist es aber nicht auch ein ebenso unbezweifelbares soziologisches Faktum, daß diese pluralistische Gesellschaft einen ganz merkwürdigen Trend zum Standard, zur Uniformität hat; auf ökonomischem Gebiet sicherlich. Und um eine gewisse Standardisierung kommen wir m. E. in der modernen Industriegesellschaft auch im Schulwesen nicht herum. Etwa erzwingt schon der Gleichheitssatz: „gleichen Zugang zur Schule“, diese gleiche Startchance. Das ist also absolute Egalität, die von der Verwaltung, von der Autorität hergestellt werden muß. Und das wiederholt sich konsequent dann am Endpunkt der Schule, also sagen wir mal: Gleichwertigkeit des Prüfungswesens und des Berechtigungswesens. Dabei sind wir schon beim Problem Gleichwertigkeit oder Gleichartigkeit der Schule und des Bildungsabschlusses. Nicht wahr, das ist das alte Problem Freiheit und Gleichheit. Was hat hier die Präponderanz! Man könnte sagen: absolute Egalität; das wäre die französische Regelung. Sie kennen das französische Abitur: Paris diktiert etwa den Aufsatz für das ganze Land. (Übrigens kehrt das interessanterweise auf einem Prüfungsgebiet wieder, das uns vielleicht als juristische Professoren interessiert, die Ablehnung der Hausarbeit in Bayern; dieses Klausurensystem ist französische Montgelas-Regelung. Staatskonkurs, concurrere, am Tag X kommt alles zusammen; gleiche Startchancen; nur Klausuren; und in Bayern haben Sie es heute noch: einheitlich ausgegeben für alle drei Universitäten. Das nur nebenbei.) Nun, ich bin mit Ihnen der Meinung, Herr Peters, Standardisierung am Anfang und Standardisierung am Ende in Form der Gleichwertigkeit, nicht der Gleichartigkeit, sonst aber Präponderanz der Freiheit. Und das bedeutet in unserem Fall Freiheit des Elternwillens. Und in der Tat eine Pluriformität der Schultypen. Nun kann natürlich nicht den ganzen Subjektivismen der Elternwillen nachgegangen werden, das würde ja doch zerflattern und scheiterte meistens schon organisationsrechtlich oder vermögensrechtlich. Aber ich bin in der Tat der Meinung: der Staat muß eine Typologie anbieten, Ausweichmöglichkeiten, Auswahlmöglichkeiten. Es ist das Bedauerliche und es ist unsympathisch, und kommt nicht gut an, daß — wenn man diese Forderung erhebt — wir diese Pluriformität auf der — sagen wir mal — horizontalen Fläche unserer politischen Landkarte vorfinden: nämlich in unserem bunten Teppich der föderalistischen Schultypen, Schulformen und dgl. Auch hier wollen wir das Kind nicht mit dem Bad ausschütten; da gibt es sicherlich sachliche Gründe der Unterschiedlichkeit; wie etwa, wenn im Saarland Französisch die erste Fremdsprache ist und Hamburg, das sich dem Meer hin öffnet, mit Englisch beginnt. Das ist völlig vernünftig. Aber Sie werden mir alle zugeben, daß es eine solche Vielzahl von Unterschiedlichkeiten gibt, die durch nichts anderes bedingt sind, als daß man halt woanders wohnt, daß man also einem politisch anderen Teil der bundesstaatlichen Landkarte angehört. Diese sonst durch gar nichts begründeten Unterschiedlichkeiten meine ich nicht. Sie sind mir fürchterlich unsymphatisch. Und jeder Beamte, der mal versetzt wurde, weiß es und fragte, wird das Kind „mitkommen". Es kommt natürlich nicht mit, wenn es vier Jahre Englisch nachholen muß, Sie kennen das alles. Aber es gibt doch wohl, ich möchte mal sagen, organische Unterschiedlichkeiten in der Vertikale, die doch sehr vernünftig sind, bei denen man dem Elternwillen folgend nun differenzieren muß: etwa der musische Zweig, der mathematische Zweig, der technische Zweig, ethnische Minderheitsschulen spielen bei uns bislang keine Rolle, und nicht zuletzt konfessionelle Unterschiede. Das bedeutet in der Tat m. E. eine verfassungsrechtliche Verpflichtung, daß der Staat eine Auswahlmöglichkeit, eine gewisse Fächerung zur Verfügung stellen muß. Und da haben Sie dann den Punkt, wo die Sollensebene, das was sein „soll", sich in einer vernünftigen Synthese befindet mit dem, was „ist", also mit der Seinsebene, nämlich mit dem Pluralismus der vorhandenen, vorgefundenen Gesellschaft.

Pfeifer: Meine Herren, ich habe mich deswegen zum Wort gemeldet, weil ich glaube, daß eine kurze Darstellung dessen, was sich in der Zweiten Republik Österreich auf dem Gebiete des Schulwesens abgespielt hat, ein gewisses Gegenstück zu dem bildet, was heute hier Gegenstand der Beratung ist. Sie wissen ja, daß Deutschösterreich im Jahre 1918 als dezentralisierter Einheitsstaat errichtet und dann im Jahre 1920 unter dem nicht frei gewählten Namen „Österreich" ein Bundesstaat geworden ist. Schon in diesem Jahre 1920 war das Gebiet der Schule ein heiß umstrittenes; man konnte sich über die Kompetenzen nicht einigen und hat daher in Art. 14 der Bundesverfassung gesagt, daß auf dem Gebiete der Schule der Wirkungsbereich des Bundes und der Länder durch ein besonderes Bundesverfassungsgesetz geregelt wird. Bis dahin galten Übergangsbestimmungen (§ 42 Verf.ÜbergangsG. 1920), nach denen die Angelegenheiten der Hochschulen und der mittleren Lehranstalten schon damals Bundessache in Gesetzgebung und Vollziehung waren.

Es hat reichliche Zeit gedauert, bis das in Art. 14 B-VG. verheißene Bundesverfassungsgesetz erlassen wurde bzw. bis man, wie man es tatsächlich gemacht hat, einen sehr ausführlichen neuen Art. 14 an Stelle des bloß verheißenden Art. 14 gesetzt hat. Das geschah erst im Jahre 1962.

Er hat allerdings schon zwei Vorläufer gehabt, da man auf Teilgebieten versucht hat, die Kompetenzen zwischen Bund und Ländern neu zu regeln, und zwar waren dies das Lehrerdienstrechts-Kompetenzgesetz vom Jahre 1948 und das Schulerhaltungs-Kompetenzgesetz von 1955. Jenes entsprach einem Wunsch der Pflichtschullehrer. Diese wollten ein einheitliches Dienstrecht im ganzen Bundesgebiet haben wie schon vorher im Deutschen Reich. Sie waren einstmals Landesbedienstete, nun aber bekamen sie ihre Bezüge vom Bund wie vorher vom Reich. Die Diensthoheit über sie blieb aber bei den Ländern. Das Schulerhaltungs-Kompetenzgesetz war ebenfalls notwendig geworden, da durch die Gesetzgebung des Dritten Reiches in die österreichische Gesetzgebung Einbrüche erfolgt waren. Dieses Kompetenzgesetz hat bestimmt, welche Schulen ausschließlich und allein vom Bund zu erhalten sind. Es sind dies vor allem die Hochschulen, die allgemeinbildenden höheren Schulen und gewisse berufsbildende Schulen, während die sog. Pflichtschulen, die im allgemeinen jedes Kind besuchen muß, also die Volksschule und die daran anschließende Hauptschule, grundsätzlich nicht vom Bund, sondern entweder vom Land, oder, was die Regel ist, von einer Gemeinde oder von einem Gemeindeverband errichtet und erhalten werden. Auf dieser Grundlage wurde ein Pflichtschulerhaltungs-Grundsatzgesetz erlassen und die Länder haben Ausführungsgesetze dazu erlassen.

Aber die endgültige Regelung kam, wie ich schon sagte, erst im Jahre 1962. Da hat man also sämtliche Kompetenzen des Bundes und der Länder auf dem Gebiete des Schulwesens festgelegt, und zwar, wie ich nicht verschweigen will und wie es der Entwicklungslinie Österreichs entspricht, die ja vom Einheitsstaat zum Bundesstaat geführt hat, in der Art, daß der Bund das Mehr an Kompetenzen besitzt. Dem Bund kommt die allgemeine Zuständigkeit auf dem Gebiete des Schulwesens zu, von der nur bestimmte Angelegenheiten zugunsten der Länderkompetenz ausgenommen sind.

Wie ich schon gesagt habe, gibt es Angelegenheiten, die ausschließlich Bundessache sind, so insbesondere die Hochschulen, die allgemeinbildenden höheren und die berufsbildenden mittleren und höheren Schulen, dann Angelegenheiten, bei denen der Bund nur die Grundgesetzgebung hat und die Ausführungsgesetzgebung und Vollziehung den Ländern überlassen ist, und zwar gehört hieher 1. die Zusammensetzung und Gliederung der kollegialen Schulbehörden in den Ländern und Bezirken, die die Schulaufsicht führen, und 2. die äußere Organisation der öffentlichen Pflichtschulen. Unter der äußeren Organisation werden Aufbau, Organisationsformen, Errichtung, Erhaltung, Auflassung, Sprengel, Klassenschülerzahl und Unterrichtszeit verstanden. Öffentliche Pflichtschulen sind die vom gesetzlichen Schulerhalter (Land, Gemeinde, Gemeindeverband) errichteten und erhaltenen Volks-, Haupt- und Sonderschulen sowie gewerbliche, kaufmännische und hauswirtschaftliche Berufsschulen.

Als reine Landessache in Gesetzgebung und Vollziehung sind den Ländern nur verblieben: 1. die Behördenzuständigkeit zur Ausübung der Diensthoheit über die Pflichtschullehrer und 2. das Kindergartenwesen und das Hortwesen.

Sie sehen also, daß der Bund in den meisten Schulangelegenheiten entweder ausschließlich zuständig oder wenigstens in der Form der Grundsatzgesetzgebung tonangebend ist.

Der neue Art. 14 ist mehrere Seiten lang, weil er so genau und detailliert die Kompetenzen aufgegliedert und aufgeteilt hat. Es sind mehrjährige Verhandlungen zwischen den beiden großen Koalitionspartnern vorausgegangen, ehe dieser Verfassungsartikel zustande kam. Auf dieser Grundlage ist dann noch eine Reihe von Bundesgesetzen erlassen worden. Wenn ich Ihnen bloß die Namen sage, können Sie sich ungefähr vorstellen, um was es sich handelt:

Zunächst einmal das Schulorganisationsgesetz, das mit Ausnahme der Hochschulen alle Schularten darstellt und näher regelt — das Hochschulorganisationsgesetz war schon im Jahre 1955 vorangegangen —, dann ein Schulpflichtgesetz, welches besagt, von welchem Alter an die allgemeine Schulpflicht beginnt, wie lange sie dauert (9 Jahre) und durch den Besuch welcher Schulen sie erfüllt wird, weiters ein Bundes-Schulaufsichtsgesetz, das den ursprünglichen Zustand der Ersten Republik Österreich im großen und ganzen wiederhergestellt hat, daß nämlich die Schulaufsichtsbehörden, die durchweg Bundesbehörden sind, in der unteren und mittleren Instanz kollegial organisiert sind. Es bestehen also Bezirksschulräte und Landesschulräte als Kollegialbehörden, und ich möchte besonders erwähnen, daß diesen Behörden auch Vertreter der Eltern und Vertreter der Lehrerschaft mit vollem Stimmrecht angehören, mit beratender Stimme überdies noch Vertreter der Kirchen und der gesetzlichen Interessenvertretungen. Oberste Schulbehörde ist das monokratische Bundesministerium für Unterricht, das über sämtliche Schulen die oberste Aufsicht führt. Nun, so viel zum Bundes-Schulaufsichtsgesetz; es handelt sich hier wirklich um eine echte Aufsicht und nicht etwa um eine versteckte Schulgesetzgebung. Im Jahre 1962 wurde ferner noch ein neues Privatschulgesetz beschlossen und verkündet. Das in Art. 17 des Staatsgrundgesetzes über die allgemeinen Rechte der Staatsbürger von 1867 festgelegte Grundrecht, Privatschulen zu gründen und an diesen Unterricht zu erteilen, ist durch dieses Bundesgesetz näher ausgeführt worden. Privatschulen sind Schulen, die von anderen als gesetzlichen Schulerhaltern errichtet und erhalten werden. Neu ist, daß eine Subventionspflicht gegenüber den konfessionellen Schulen mit Öffentlichkeitsrecht begründet wurde. Sonstige Privatschulen können unter gewissen Voraussetzungen Subventionen erhalten. Ob diese Regelung nicht gegen die Gleichheit vor dem Gestz verstößt, muß dahingestellt bleiben. Endlich wurde im Jahre 1964 ein Schulzeitgesetz erlassen, das die Unterrichtszeit an den im Schulorganisationsgesetz geregelten Schulen regelt, und zwar die jährliche Unterrichtsdauer, die Ferien und in den Grundzügen auch die tägliche Unterrichtszeit. Für die Pflichtschulen enthält es nur Grundsatzbestimmungen.

Noch ausständig ist das Hochschulstudiengesetz, um das noch hart gerungen wird, nicht zuletzt deswegen — was hier immer wieder angeklungen ist —, weil man in Österreich im Sinne der Verfassung auf dem Standpunkt steht, daß die Verwaltung tatsächlich nur Gesetzesvollzug ist, wobei natürlich nicht ausgeschlossen ist, daß die Gesetze der Verwaltungsbehörde auch freies Ermessen einräumen. Aber selbst hierzu muß folgendes bemerkt werden: Der Verfassungsgerichtshof hat in jüngster Zeit Art. 130 (2) B-VG., der besagt, daß Rechtswidrigkeit nicht vorliegt, soweit die Gesetzgebung der Behörde die Bestimmung ihres Verhaltens selbst überläßt und die Behörde von diesem freien Ermessen im Sinne des Gesetzes Gebrauch gemacht hat, dahin ausgelegt, daß auch das freie Ermessen nicht völlig frei ist, sondern daß andeutungsweise im Gesetz gesagt sein muß, in welchem Sinne vom freien Ermessen Gebrauch gemacht werden soll. Wenn ein Gesetz nicht andeutungsweise etwas darüber sagt oder erkennen läßt, so steht der Verfassungsgerichtshof auf dem Standpunkt, daß ein solches Gesetz mit Rücksicht auf den Grundsatz der Gesetzmäßigkeit der Verwaltung verfassungswidrig ist.

Vielleicht darf ich noch abschließend sagen, um das Bild zu vervollständigen, daß beispielsweise das sehr wichtige Gebiet der Erlassung der Lehrpläne für die einzelnen Schularten im Rahmen der gesetzlichen Bestimmungen mit Ausnahme der Hochschulen eine Angelegenheit des Unterrichtsministeriums ist. Zur Beruhigung derjenigen, die hier an einem Satz, der schon im ersten Referat vorkam und von der Einheit der Bildung sprach, Anstoß nahmen, möchte ich sagen, daß dieser vielleicht mißverständliche Satz sicherlich nicht so wörtlich gemeint war. Ich meine, in Wirklichkeit ist die Einheit der Bildung in Österreich so, wie es sich ganz vernünftig entwickelt hat, daß nämlich die Volksschulbildung einheitlich ist, und daß derjenige, der nicht eine allgemeinbildende höhere Schule besuchen will, eben dann die Hauptschule besucht, deren Lehrplan ebenfalls einheitlich geregelt ist. Aber daneben besteht noch immer eine große Wahlmöglichkeit zwischen verschiedenen Typen allgemeinbildender höherer Schulen, Gymnasium und Realgymnasium, beide mit verschiedenen Spielarten, einschließlich des wirtschaftskundlichen Realgymnasiums für Mädchen, der früheren Frauenoberschule, und verschiedenen Sonderformen, also eine reiche Auswahl zwischen höheren Schulen. Das Wahlrecht der Eltern ist voll gewahrt. Das Recht der Eltern ist überdies auch dadurch anerkannt, daß sie in den Schulaufsichtsbehörden kraft Gesetzes vertreten sein müssen.

Damit glaube ich, Ihnen einen kurzen Überblick über die neueste Entwicklung des österreichischen Schulrechtes gegeben zu haben. Ich glaube, daß im großen und ganzen gesehen diese Regelung des Schulwesens, wie sie bei uns ist, nicht schlecht ist. Eine Neuerung war die, daß ein 9. Pflichtschuljahr eingeführt wurde. Bei der Durchführung dieser Neuerung ergeben sich aber Schwierigkeiten, da die Lasten, die dadurch entstehen, auch die Gemeinden und Gemeindeverbände treffen, die ja die Pflichtschulen zu errichten und zu erhalten haben. Dadurch wird sich möglicherweise die Verwirklichung des 9. Schuljahres noch etwas hinausziehen.

Ipsen: Herr Fuß hat zu der Entscheidung des Grundgesetzes über die Ansiedlung des Schulwesens in den Ländern kritische Bemerkungen gemacht, im übrigen aber konnte er natürlich nicht verbergen, daß auch er ein Produkt des deutschen Föderalismus ist. Was er vorgetragen hat, ist — vielleicht unbewußt — mitgenährt durch typisch hamburgische Erfahrungen zu unserem Thema „Schule — Verwaltung". Nach dem Krieg hat Hamburg in einer Wahlperiode von 4 Jahren eine bürgerliche Koalitionsregierung gehabt, während sonst die SPD (zeitweise in Koalition mit der FDP) regiert hat und zur Zeit regiert. Im Wahlkampf um die 4 Jahre, von denen ich spreche, ist das entscheidende Wahlkampfthema eine schulpolitische Angelegenheit gewesen. Damals ist eine (knappe) Entscheidung für den bürgerlichen Hamburg-Block deshalb gefallen, weil die bis dahin amtierende SPD-Regierung eine sechsjährige Grundschule durchsetzen wollte. Ich berichte das als Illustration zu der Frage, ob es der Sache angemessen sei, große schulpolitische Entscheidungen den Parlamenten anzuvertrauen, oder ob das der Schulexekutive zu überlassen sei. Die nachfolgende Auseinandersetzung im Parlament hat dann eine Lösung gebracht, der auch die SPD-Opposition zustimmte. Das Referat von Herrn Fuß stand außerdem unter hamburgischen Erfahrungen, weil Hamburg mit seiner OVG-Rechtsprechung Schrittmacher geworden ist nicht nur für die Justitiabilität von Gefängnisentscheidungen, also zur rechtsstaatlichen Aufhellung dieses besonderen Gewaltverhältnisses, sondern auch Schulgewaltverhältnisse sind in Hamburg im Zusammenhang mit den Plänen einer sechsjährigen Grundschule, von denen ich sprach, besonders akut geworden. Das muß in einem Hamburger als Referenten nachwirken. Und endlich: wer aus Hamburg kommt, hinkt seinem juristischen Milieu nach in allen Problemen der kommunalen Selbstverwaltung. So erklärt es sich, daß man Herrn Fuß mit Recht auf diesem Gebiet mangelnden Blick für die Dinge vorgehalten hat.

Daß das Thema, das uns beschäftigt, aufgegriffen wurde, ist nur zu begrüßen. Auch das Schulrecht gehört noch zu den Materien, die man mit dem Kriminologenausdruck als „Dunkelziffer" bezeichnen muß. Herr Fuß hat hierzu eine Diagnose gestellt, aber keine Therapie geliefert. Sicherlich aber ist auch das unsere Aufgabe. Herr Ehmke hat mit Recht darauf hingewiesen, daß das Ganze auf dem Hintergrund der Frage steht: ist Verwaltung nur Gesetzesvollzug oder auch etwas anderes? Hierzu unterstreiche ich mit Nachdruck, daß Verwaltung sich nicht im Gesetzesvollzug erschöpft.

Von beiden Herren Referenten und auch in der Diskussion ist bisher nicht erörtert worden, daß bei dem Problem „Schule und Verwaltung" auch das Stichwort von Herrn Forsthoff über den „lästigen Juristen" fallen muß. In der Schulverwaltung sind die Pädagogen mit besessenem Impetus tätig. Sie versuchen, ihre pädagogischen Zielsetzungen, die sich ständig ändern, durchzusetzen, und sie versuchen das, abgesehen von ihren Organisationen, in den Exekutiven der Schulverwaltung. Die Juristen in den Schulverwaltungen sind in der Tat in der Rolle der „lästigen Juristen", ähnlich wie in den technischen Verwaltungen, den Bauverwaltungen usw.: der Jurist muß gewisse Entwicklungen aus rechtsstaatlicher Verantwortung mühselig bremsen, während die Schulpädagogen mit Verve und großem politischen Hintergrund am Werk sind. Der Jurist könnte die gebotenen Anforderungen der Rechtsstaatlichkeit innerhalb der Exekutive realisieren, wenn er sich nur durchzusetzen vermöchte. Leider ist das nur begrenzt der Fall.

Wenn ich eine Anregung der Therapie zu geben versuche, muß ich auf die Schultern von Herrn Ule steigen mit seiner auf der Mainzer Tagung vorgeschlagenen Unterscheidung. Man sollte einem Gesetzesvorbehalt im Bereich des Schulwesens dort das Wort reden, wo Schulentscheidungen für den Lebensweg des Kindes und der Familie bedeutsam sind. Ich denke an die Wahl des Schultyps, den Übergang zur Oberschule, Entscheidungen also in Grundfragen. Betriebsverhältnisse der Schule brauchen nicht parlamentarisch normiert zu werden, zumal hier auch gewohnheitsrechtliche Rechtfertigung in Betracht kommen kann. Diese Lebensentscheidungen, die heute Familien auseinanderreißen, sollten gesetzlichem Vorbehalt unterstellt werden, wobei alle Hilfsmittel im Stil des Art. 80 GG mit Delegationen vernünftiger Art ihren Platz haben mögen. Damit würde — statt der tabula rasa, die Herr Fuß bereitet hat — eine sinnvolle praktikable rechtsstaatliche Eingrenzung der exekutiven Schulverwaltung erreicht werden können.

Bettermann: Herr Ipsen, ich bin nicht so überzeugt, daß der Gesetzesvorbehalt erforderlich ist für diese Grundentscheidung der Aufnahme etwa in die höhere Schule. Ich weiß nicht, ob Sie rechtspolitisch gesprochen haben oder das als Verfassungsforderung erhoben haben.

Zuruf Ipsen: Das kann ich gar nicht so deutlich unterscheiden, Herr Bettermann.

Bettermann: Ich glaube, daß wir dann, wenn wir das für die Schule verlangen, wohl schwerlich bei der Universität davon absehen können. Der Zugang zur Universität ist heute nicht, jedenfalls in der Regel nicht, gesetzlich geregelt, sondern steht in unserer eigenen Satzungsgewalt. Ich bin nicht davon überzeugt, daß es eine Besserung wäre, wenn die Universitätszulassung unter Gesetzesvorbehalt geriete.

Zuruf Stern: Art. 12 GG.

Bettermann: Art. 12 betrifft nicht die Frage, ob wir mit großer oder kleiner Matrikel die Leute aufnehmen und ob ein Abiturzeugnis, das in bestimmter Weise erworben worden ist, Voraussetzung des Zugangs ist. Diese Regelung stammt doch aus einer Rechtsquelle, die gänzlich abseits der Verfassung liegt, und die wir doch wohl beibehalten wollen. Die Entscheidung darüber, wer den Zugang zu unserer Hochschule bekommt, soll doch weiterhin bei uns liegen.

Herr Naumann hat den Akzent genau anders gesetzt: Er ist der Meinung, daß das eine ausschließliche Entscheidung der Eltern sei, und wenn diese Entscheidung fehlgehe, dann mache man eben wie der falsch wirtschaftende Kaufmann bankrott. Ich halte es weder für eine Empfehlung des Rechtsstaates, wenn wir die Freiheit darin erblicken, bankrott machen zu dürfen. Herr Naumann, ich möchte daran erinnern, daß der Bankrott nicht nur den Bankrotteur betrifft, sondern auch und vor allem und viel nachhaltiger die Gläubiger, die dabei ihre Forderungen „loswerden". Ebenso ist die Fehlentscheidung, die die Eltern treffen, indem sie ihr Kind auf die falsche Schule schicken, eine Fehlentscheidung, die nicht nur die Eltern oder den Zögling trifft, sondern auch die übrigen Schüler und die Lehrer. Ein schlechter Schüler kann die ganze Klasse verderben. Hier stehen nicht nur Belange des einzelnen auf dem Spiele, sondern auch Belange der Allgemeinheit. Gewiß kann die Schule nicht nach Willkür über den Zugang entscheiden; aber ebensowenig können die Eltern nach Willkür darüber entscheiden. Ich meine, daß die Frage der Regulierung des Zuganges nicht von Verfassung wegen unter Gesetzesvorbehalt steht und nicht aus dem Elternrecht hergeleitet werden kann. Das Elternrecht, so wie es Art. 6 GG formuliert, gibt kein Entscheidungsrecht der Eltern, jede beliebige Schule ohne Rücksicht auf die Eignung des Schülers für diese Schule oder Unterrichtsanstalt zu bestimmen.

Herr Fuß! Anspruch auf Bildung: Sie haben gesagt, die Ausgestaltung des Bildungswesens und die Eröffnung des Bildungsweges für alle Schichten der Bevölkerung und für jeden nach Maßgabe seiner Fähigkeiten, ist Ausdruck des Sozialstaatsprinzips: Da bin ich nicht sicher, aber ich will es unterstellen, daß es richtig sei. Daraus folgt aber nicht, daß das ein Verfassungsgebot ist. Nicht alles, was sozialstaatlich ist, ist deswegen auch schon von Verfassungs wegen geboten, weil an versteckter Stelle des Grundgesetzes steht, daß wir auch ein sozialer Rechtsstaat sind. Diese Generalklausel ist ja gerade gewählt worden, weil die Ausgestaltung des Sozialstaates dem Gesetzgeber überlassen bleiben und nicht von der Verfassung präformiert und präjudiziert sein soll.

Ihr Verständnis des Art. 7 I GG haben Sie sich dadurch verstellt, daß Sie von vornherein gesagt haben: der steht an der falschen Stelle! Meines Erachtens ist es ein Gebot methodisch richtiger Auslegung, zunächst mal dem Gesetzgeber richtiges Handeln zuzutrauen — Herr Peters hat ja auch dafür plädiert —, also Art. 7 in solcher Weise auszulegen, daß man unterstellt, der Grundgesetzgeber habe die Sache an der richtigen Stelle geregelt. Sie steht durchaus an der richtigen Stelle. Es heißt nämlich: „das gesamte Schulwesen steht unter der Aufsicht des Staates." Das ist eine Aussage über das Verhältnis des Staates zur Gesellschaft, nicht oder nicht primär eine Aussage darüber, daß übergeordnete Stellen des Staates untergeordnete Stellen des Staates beaufsichtigen sollen. Es ist zunächst mal eine Absage an die geistliche Schulaufsicht. Es ist weiter eine Inanspruchnahme von Aufsicht des Staates gegenüber jeder Form der Privatschule. Es ist schließlich eine Aussage gegenüber den örtlichen Selbstverwaltungsträgern, obwohl ich da schon nicht mehr sicher bin. Aber das Verhältnis des Staates zu seinen Selbstverwaltungsträgern ist doch auch Grundrechtsproblematik, nicht wahr? Deswegen ist der Begriff der Staatsaufsicht in Art. 7 I anders zu verstehen, wie Sie es gemeint haben. Sie kommen der Sache nicht dadurch näher, daß Sie philologisch interpretieren, was „Aufsicht" ist; das sei Kontrollieren; das setze voraus, daß ein Maßstab da ist, an dem ich den zu Kontrollierenden messe. Unser juristischer Begriff der Aufsicht hat immer eingeschlossen das Mitsetzen des Maßstabes. Nur bei der Rechtsaufsicht ist der Maßstab durch das objektive Recht gesetzt.

Bei den anderen Aufsichtsformen, die wir haben, insbesondere die Fachaufsicht hat immer eingeschlossen, daß der Aufseher den Maßstab setzt, nach dem er prüft. Bei der Schulaufsicht ist das jedenfalls immer so gewesen. Der Begriff der staatlichen Schulaufsicht geht sehr viel weiter als der Aufsichtsbegriff, wie wir ihn innerhalb der staatlichen Organisation haben bei der Aufsicht übergeordneter Verwaltungsträger gegenüber untergeordneten Verwaltungsträgern. Wenn Sie eine Parallele suchen für die Staatsaufsicht im Schulwesen, die Schulaufsicht, können Sie sie etwa finden in der staatlichen Bankenaufsicht oder in der staatlichen Versicherungsaufsicht: wiederum ist es Kontrolle des Staates über gesellschaftliche Kräfte, und darin ist die Rechtsetzungsbefugnis durchaus enthalten, das Setzen von Maßstäben. Das Aufsichtsamt für Kreditwesen oder Versicherungs- oder Bankwesen usw. setzt selbst die Maßstäbe; die Versicherungsbedingungen werden kontrolliert, Normen werden vom Aufsichtsamt kontrolliert, und es werden bestimmte Normen vorgeschrieben. Die staatliche Schulaufsicht hat immer das Recht umfaßt, die schulischen Maßstäbe zu setzen. Das sollten wir nicht aus Art. 7 I herauskommentieren. Der Begriff der Schulaufsicht muß historisch ausgelegt werden: so wie bisher Schulaufsicht verstanden worden ist, und was bisher nach überliefertem deutschen Schulrecht in der Schulaufsicht drinsteckt.

Damit ist natürlich nicht entschieden, wer diese staatliche Schulaufsicht ausübt, wie insbesondere die Rechtsetzung verteilt wird: ob sie dem Parlament oder der Verwaltung zukommt, und ob die Verwaltung im Rechtsverordnungs- oder im Wege der Verwaltungsvorschrift normiert. Das sind m. E. Fragen, die sich nach allgemeinen Grundsätzen beantworten; es hängt davon ab, ob seitens der Schulverwaltung Grundrechtseingriffe stattfinden. Soweit das der Fall ist, muß wieder gefragt werden, ob das betreffende Grundrecht einen formellen Gesetzesvorbehalt enthält, wie das bei dem nicht behandelten, aber von Herrn Evers vorhin angeschnittenen Züchtigungsrecht der Fall ist; da haben wir die klare Aussage des Art. 2 II GG, wonach ein förmliches Gesetz für die körperliche Züchtigung erforderlich ist. Der Bundesgerichtshof hat aber gesagt, Gewohnheitsrecht genüge auch; für diesen Eingriff genügt nun aber Gewohnheitsrecht gerade nicht. Wo andere Eingriffe vorliegen, die Meinungsfreiheit ist vielleicht im Schulwesen in erheblichem Umfange berührt, ich weiß nicht, ob die Äußerungen der Lehrer und Schüler im Schulunterricht unter Art. 5 fallen, ich will es offenlassen; wenn sie darunter fallen, ist es aber nicht schwierig, das zu reglementieren, weil Art. 5 den Vorbehalt der allgemeinen Gesetze enthält. Das ist ein allgemeiner Rechtsvorbehalt und gerade kein formeller Gesetzesvorbehalt. Wo keine Grundrechtseingriffe vorliegen, sehe ich nicht ein, warum die Dinge nicht durch Verwaltungsvorschrift geregelt werden können, solange sich der Gesetzgeber ihrer nicht angenommen hat.

Ob es zweckmäßig ist, daß der Gesetzgeber es tut — darüber hat Herr Ipsen interessante Ausführungen gemacht —, weiß ich nicht. Vielleicht ist doch die richtige Methode, wie sie häufig angewandt wird: Man fängt mit Verwaltungsvorschriften an, man probiert die Dinge aus, und wenn sie sich abgeklärt haben, dann kann das Grundsätzliche und das, was erprobt ist, ins Gesetz übernommen werden.

Eine Abschlußbemerkung noch: Die Schulhoheit soll angeblich ausschließlich Ländersache sein. Das ist nicht richtig. Der Bund hat ganz erhebliche Schulkompetenzen! Jene Aussage muß zunächst mal eingeschränkt werden auf die allgemeinbildenden Schulen. Für das Fachschulwesen hat der Bund erhebliche Kompetenzen: Zunächst überall dort, wo er ausbilden kann, seine Beamten, seine Amtsträger, Soldaten usw. Darüber hinaus ist mindestens diskutierbar, daß er über die Arbeits- und Gewerberechtskompetenzen des Art. 74 Nr. 11 und 12 GG die Kompetenz haben könnte zur Regelung der Fachausbildung und damit des Fachschulwesens. So sind ja z. B. in der Handwerksordnung eine ganze Masse Ausbildungsdinge geregelt, und in anderen Gewerbegesetzen; ich glaube nicht, daß das verfassungswidrig ist. Ja, und die Ärzteordnung.

Zuruf Weber: Auf Grund seiner Heilwesen-Kompetenz erarbeitet der Bund jetzt eine neue Bestallungsordnung, da kommt die ganze Prüfungsordnung für die Mediziner herein!

Bettermann: Schließlich gehört hierher die Nummer 13 des Art. 74 GG, wonach der Bund die konkurrierende Gesetzgebung zur Förderung der wissenschaftlichen Forschung hat. Da liegt m. E. durchaus ein Ansatzpunkt für Schulrecht, mindestens für Zweige und Teile des Hochschulwesens. Ich glaube, daß der Bund sich mal Gedanken darüber machen sollte. Jedenfalls, die Aussage von der ausschließlichen Schulhoheit der Länder muß sich erhebliche Abstriche gefallen lassen.

Herrfahrdt: Herr Fuß hat die Regelung vieler Schulfragen durch die Minister als verfassungswidrig bezeichnet; dazu seien Gesetze nötig. Mit Herrn Peters bin ich der Meinung, daß sich beide Möglichkeiten vom Grundgesetz her rechtfertigen lassen. Was ist das sachlich Bessere? Jedenfalls nicht die Entscheidung von Kulturfragen durch Mehrheitsbeschluß der Parlamente. Beim Parlament besteht gerade in diesen Fragen die Gefahr, daß sich das Volk in zwei große Fronten spaltet, während der Minister aus seiner Fühlung mit der Praxis viel mehr bereit ist, dem Rechnung zu tragen, daß sich hier verschiedene Ansichten gegenüber stehen, und in der praktischen Regelung versucht, beiden Seiten gerecht zu werden. Meine allgemeinen Bedenken gegen parlamentarische Mehrheitsbeschlüsse zeigen sich hier besonders deutlich. Wenn wir Mittelalter und Neuzeit vergleichen, dann ist der entscheidende Unterschied, daß man im Mittelalter Gemeinschaft zusammengesetzt aus Gruppen sah, die sich durch ihre Verschiedenheit gegenseitig ergänzten; das typisch Neuzeitliche ist: Menschen gleicher Interessen schließen sich zusammen und stehen in Fronten gegenüber. Die entscheidende Frage ist: Wie können wir wieder zu einem Gemeinschaftsleben kommen, in dem die Menschen gerade aufgrund ihrer Verschiedenheiten sich auf einander angewiesen fühlen. Zwischen Berufs- und Interessenverbänden ist das Mehrheitsprinzip unanwendbar, Autorität kann hier nur liegen in Händen von Persönlichkeiten, die imstande sind, ausgleichend und schiedsrichterlich zu entscheiden. Das setzt sich in der ganzen Welt in gesunden Demokratien durch (so in den USA in Independent Commissions), da man einsieht: Viele schwierige Fragen lassen sich nicht durch Mehrheitsbeschluß regeln, sondern in einem kleinen Gremium von Menschen, die möglichst weites Vertrauen genießen. In unserer Parteientwicklung hat sich gegenüber der Weimarer Zeit eine große Wandlung vollzogen, soweit es sich um wirtschaftlich-soziale Fragen handelt. Christliche Unionen und Sozialdemokraten sind sich näher gekommen. Um so mehr zeichnet sich nun die Gefahr einer Spaltung des Volkes ab, wie etwa in Frankreich zwischen christlich und laizistisch. Solche Fragen dürfen wir nicht im Wege eines parlamentarischen Mehrheitsbeschlusses entscheiden. Verhandlungen in Parlamenten können nützlich sein, aber nicht, um zu einem Mehrheitsbeschluß zu kommen, sondern um der Regierung, dem Minister zu zeigen: Hier stehen sich im deutschen Volke entgegengesetzte Meinungen gegenüber. Unsere Parteien sind von Hause aus Weltanschauungsparteien; sie haben sich später mit Interessengruppen verquickt; heute stehen sich wieder mehr Weltanschauungen gegenüber, auf der einen Seite die christlichen Unionen, auf der andern Seite die Freien Demokraten und die Sozialdemokraten. Ich habe in der Weimarer Zeit, allerdings mehr in bezug auf wirtschaftlich-soziale Fragen, die Auffassung vertreten: Wenn unsere Parlamente noch gesund bleiben sollen, dann müssen wir den Mehrheitsbeschluß des Parlamentes möglichst zurückdrängen, dann darf es nicht dahin kommen, daß zwei Fronten einander gegenüberstehen mit dem Ziel, daß eine die andere ganz ausschaltet. Darauf beruht mein Vorschlag, die Gesetzgebung in Parlamentsausschüsse zu verlegen, Ausschüsse etwa, deren einzelne Mitglieder persönlich vom Staatsoberhaupt vereidigt werden, unabhängig, als Vertreter des ganzen Volkes zu entscheiden, d. h. als Schiedsrichter über die großen Gegensätze im Volk. In wirtschaftlich-sozialen Dingen scheint es heute nicht so nötig zu sein, da nähern wir uns dem amerikanischen Zustand an, wo der Kampf der Interessengruppen sich innerhalb beider Parteien vollzieht, also günstigstenfalls ein Wetteifer darum werden kann, möglichst vielen pressure-groups gerecht zu werden. Aber das ist in Weltanschauungsfragen nicht so, und deshalb würde ich dies für eine typische Frage halten, die man nicht durch parlamentarischen Mehrheitsbeschluß lösen kann.

Rupp: Da Herr Jesch zitiert worden ist, möchte ich als dessen Freund und Amtsnachfolger ganz kurz zu der Frage des Gesetzesvorbehalts Stellung nehmen, die ja auch in dieser Diskussion wieder eine gewichtige Rolle gespielt hat. Bemerkenswerterweise hat nunmehr auch Herr Ipsen für den Bereich des Schulrechts eine, wenn auch beschränkte, Erweiterung des tradierten Gesetzesvorbehalts gefordert, weil — wie er meint — zumindest die wichtigsten schulischen Angelegenheiten besser in der Parlamentsöffentlichkeit als in der Eigensphäre der Schulbürokratie entschieden werden. Dieses Argument scheint mir ganz allgemein zu gelten und jenen von Herrn Ehmke formulierten, allseits bekannten Einwand zu widerlegen, es sei alles andere als wünschenswert, vom Gesetzgeber eine Regelung für die lächerlichsten Dinge des schulischen Alltags zu verlangen. Abgesehen von der verfassungsrechtlichen Frage sind in diesem Argument zwei Fehler enthalten: Einmal bedeutet der Gesetzesvorbehalt ja keineswegs, daß nun alles und jedes nur durch formelles Gesetz geregelt werden müsse, sondern nur, daß eine gesetzliche Ermächtigung vorhanden sein muß, wobei Art. 80 GG zu beachten ist. Zum anderen aber ist es eine Verzerrung der Argumente, wenn man sich einerseits mit dem Schlagwort von der drohenden Perfektion der Gesetze und der Lähmung der Verwaltung gegen eine allseitige gesetzliche Ermächtigung stemmt, andererseits aber ohne Zögern bereit ist, eine gesetzesungebundene, dafür aber um so perfektioniertere Flut widersprüchlichster Merkblätter, Erlasse, Rundschreiben, Anweisungen der Schulverwaltungen auf den Lehrer niedergehen zu lassen und ihm dadurch erst recht jede pädagogische Entscheidungsfreudigkeit zu nehmen. Wer gegen den Gesetzesvorbehalt im schulischen „Besonderen Gewaltverhältnis" kämpft, sollte sich also nicht so sehr auf die notwendige Freiheit der „Verwaltungsfront" berufen, sondern schlicht bekennen, daß ihm ganz einfach jener von Herrn Obermayer geschilderte Perfektionismus der Verwaltungsanweisungen lieber ist als eine im Licht der Öffentlichkeit stehende und daher gerade nicht bis ins lächerliche Detail gehende Regelung durch oder auf Grund eines Gesetzes.

Nun hat zwar Herr Ipsen nur für einen beschränkten Gesetzesvorbehalt im „Besonderen Gewaltverhältnis" plädiert und angeregt, die Ulesche Unterscheidung von Grund- und Betriebsverhältnis auch für den Umfang des Gesetzesvorbehalts fruchtbar zu machen. Das würde ja wohl bedeuten, daß der Gesetzesvorbehalt sozusagen nur für die wichtigeren Belange in Geltung gesetzt wird, während die weniger wichtigen Dinge nach wie vor einem gesetzesungebundenen Regulierungsrecht der Exekutive — sprich Verwaltungsverordnungsrecht — vorbehalten blieben. Eine solche, immer wieder versuchte Zweiteilung halte ich, so plausibel sie prima facie auch erscheinen mag, für schlechterdings undurchführbar, wobei auch hier die verfassungsrechtlichen Probleme einmal unberücksichtigt bleiben sollen. Wenn etwa ein Kind wegen des in einem Runderlaß verbotenen „Popelns in der Nase“ — ich verwende das von Herrn Ehmke zitierte Beispiel — von der Schule verwiesen oder mit einer sonstigen nicht unerheblichen Schulstrafe belastet wird, so würde ja nach h. M. diese Maßnahme des „Besonderen Gewaltverhältnisses“ eben wegen ihrer Gewichtigkeit sofort in einen Rechts=Verwaltungsakt „umschlagen“. Wie messen Sie nun aber die Rechtmäßigkeit dieses kraft Umschlags entstandenen Verwaltungsakts, wenn die Sollensnorm als Verwaltungsvorschrift nach überkommener Auffassung gar kein Rechtssatz ist, sondern sich als „Nichtrechtsnorm“ scharf hiervon kontrastiert?

Zuruf Ehmke: An den notwendigen gesetzlichen Regelungen, die über die Verweisung von der Schule Bestimmungen zu treffen haben.

Rupp: Sie müßten dann also immer für den Fall der Übertretung einer Verwaltungsvorschrift eine parallele gesetzliche Sollensvorschrift mit Sanktionsfolge parat haben, damit Sie den wegen seiner Übertretungsintensität gewichtigen Einzeleingriff überhaupt an einem gültigen Satz des Rechts messen und als rechtmäßigen oder unrechtmäßigen Rechtsakt qualifizieren könnten. Im Ergebnis läuft das doch gerade auf einen allgemeinen Gesetzesvorbehalt hinaus, es sei denn, Sie lassen in einem solchen Fall auch gleich die übertretene Verwaltungsvorschrift, weil sie übertreten ist, mitumschlagen in einen Rechtssatz im Sinne des überkommenen Verständnisses. Das ist indes eine Methodenfrage.

Noch zu einem möchte ich Stellung nehmen: Man hat Herrn Fuß vorgeworfen, er schaffe mit dem Postulat eines allgemeinen Gesetzesvorbehalts im Schulrecht eine tabula rasa, der gegenüber die überlieferte Praxis doch vorzuziehen sei. Ich möchte auch hier auf die Untersuchungen Jeschs verweisen und eine versönlichere Lösung vorschlagen. Sie geht dahin, für die bisherige, aus dem Vorkonstitutionellen rezipierte Praxis noch einen Übergangszeitraum anzuerkennen, während in Zukunft — und sie hat bereits begonnen — mit dem Gesetzesvorbehalt Ernst gemacht werden sollte.

Ehmke: Herr Rupp, ich glaube, der Fehler ist eben schon, es allein unter dem Gesichtspunkt des Gesetzesvorbehalts zu sehen. Es ist richtig, daß die sog. besonderen Gewaltverhältnisse eine Exekutivenklave waren und daß dieser Begriff in der konstitutionellen Monarchie dazu diente, gewisse Dinge dem König vorzubehalten. Aber mit diesen Voraussetzungen fällt doch, das hat auch das Krügersche Referat gezeigt, die Eigenständigkeit dieser Bereiche nicht fort. Es ist im Schulwesen nicht grundsätzlich so, daß die Verwaltung in Eigentum oder Freiheit eingreift. Es besteht vielmehr eine Symbiose zwischen Bürgern und Verwaltung. Die Gestaltung dieses Bereiches kann mit dem Parlamentsgesetz und der nachträglichen verwaltungsgerichtlichen Kontrolle nicht auskommen. Hier müssen Lösungen z. B. in der positiven Ausgestaltung der Zusammenarbeit der Beteiligten gesucht werden, die u. a. auch dem Schutzbedürfnis Rechnung tragen, die Nachteile einer weiteren „Juridifizierung" des Schullebens aber vermeiden.

Das Nachsitzen ist sicher eine Beschränkung der Freiheit, das Einbehalten von Zeichnungen usw. sicher ein „Eingriff" ins Eigentum. Aber wenn das alles durch Gesetz geregelt werden muß, bekommen wir eine schlechte Gesetzgebung und eine Verwaltungsgerichtsbarkeit, die überhaupt gar keinen Sinn mehr hat gegenüber den praktischen Problemen, die in der Schule bestehen.

Das ist keine freiheitsfeindliche Einstellung, im Gegenteil, ich bin der Meinung, wir versäumen vielleicht die Sicherung der Freiheit in diesem Bereich, wenn wir uns für diese Sicherung auf Instrumente verlassen, die in diesem Bereich eigentlich nicht funktionieren können.

Fuß (Schlußwort): Meine sehr geehrten Herren, ich kann leider nicht auf die Fülle aller Anregungen eingehen. Erlauben Sie mir daher, daß ich die Punkte herausgreife, die mir als die wichtigsten erscheinen.

Herr Professor Peters, Sie haben mit Recht darauf hingewiesen, daß die Auslegung und Anwendung des Schulrechts stark belastet ist durch weltanschauliche und politische Gegensätze. Sie haben das ja auch in Ihrer Abhandlung in den Grundrechten schon ausgeführt (Bettermann-Nipperdey-Scheuner, Die Grundrechte, Bd. IV/1, 1960, S. 372). Sie haben gefordert, daß derjenige, der sich mit dem Schulrecht befaßt, erst einmal seine Basis darlege. Nun, meine Herren, ich glaube, daß ich meine Basis unmißverständlich ausgebreitet habe. Dabei habe ich mit guter Absicht die Freiheit in den Vordergrund gestellt und versucht, ein Gesamtprinzip der Freiheit der Bildung herauszuarbeiten. Freilich werden Sie sich daran erinnern, daß ich die rechtsstaatliche, also die originär freiheitliche Komponente nicht weiter ausgeführt und stattdessen die sozialstaatliche Seite mehr betont und daraus Konsequenzen abgeleitet habe. Es ist nun gesagt worden: es hat doch gar keinen Zweck, daß das Parlament alle Einzelheiten des täglichen

Schullebens regelt. Das sollte doch lieber die Verwaltung machen; das entlastet den parlamentarischen Gesetzgeber, und die Verwaltung kann das viel besser. Nun, meine Herren, hinter dieser Begründung steckt m. E. eine Auffassung vom Wesen der Demokratie, die irgendwie abweicht von den herkömmlichen Vorstellungen, die wir uns bisher davon gemacht haben. Das ist insbesondere bei den Ausführungen von Herrn Herrfahrdt deutlich geworden, der die Dinge nun auf einmal ganz anders sieht. Das dürfte sich im übrigen auch schon gestern gezeigt haben, als es um das Problem ging, die herkömmliche Demokratie in den ganz veränderten Umständen der Europäischen Gemeinschaften fruchtbar zu machen. Ja, wenn man freilich ein Mißtrauen gegen die Wähler hegt, daß sie nicht in der Lage seien, vernünftige Parlamentarier auszuwählen, die sich die Mühe machen, in die jeweilige Materie einzudringen und wenn man den Parlamentariern selber mißtraut, dann kommt man allerdings unwillkürlich zu dem Ergebnis, daß dann lieber andere Instanzen rechtliche Regelungen vornehmen sollten. Aber die Frage ist eben: Tauschen wir dann nicht für die Herrschaft des Volkes bzw. des einzelnen Wählers die Herrschaft der Experten ein? Herr Ipsen hat hier sehr anschaulich dargestellt, wie sich die Dinge in einer Schulverwaltung abspielen. Der Jurist wird, soweit es irgend geht, an die Wand gespielt und der Schulrat hat das Sagen. Ich bin nun sowohl mit Herrn Peters als auch mit Herrn Ehmke sehr für eine starke Verwaltung. Ich bin der Auffassung, daß es auch noch andere Bereiche gibt als die des reinen Gesetzesvollzuges. Aber der Gesetzesvorbehalt muß doch wenigstens so weit reichen, wie Grundrechte tangiert werden. Herr Peters, es hat mich eigentlich gewundert, daß Sie, der Sie doch das Elternrecht so sehr unterstrichen haben, hier von einem extensiven Gesetzesvorbehalt nichts wissen wollen. Schon die Schulpflicht als solche, die wir bekanntlich erst seit der Weimarer Reichsverfassung haben, ist doch an und für sich ein sehr tiefer Einbruch in das elterliche Erziehungs- und Bestimmungsrecht. Im übrigen werden Sie bemerkt haben, meine Herren, daß ich mich nicht allein auf den Gesetzesvorbehalt gestützt habe. Vielmehr habe ich versucht, meine Ansicht zweispurig zu entwickeln, und ich bin davon ausgegangen, daß der Gesetzgeber, und zwar der parlamentarische Gesetzgeber, einen Verfassungsauftrag hat, dieses ganze Gebiet rechtlich durchzunormieren. Und wenn man das konsequent zu Ende denkt, dann kommt man eben zu dem Ergebnis, daß das Parlament, ich werde darauf noch zurückkommen, zumindest eine Rahmenordnung setzen muß.

Herr Bettermann, ich muß Ihnen leider widersprechen, wenn Sie meinen, daß der Anspruch auf Zulassung zu den öffentlichen Bildungseinrichtungen und zu den öffentlichen Prüfungen allenfalls Gesetzesrang haben kann. Es ist doch nicht zu bestreiten, daß das Recht auf Bildung, wenn auch nur sehr vage, in den Landesverfassungen verbürgt ist. Mein Kunstgriff, ich gestehe das ganz offen zu, denn das alles ist ja vorerst nur eine Skizze und bedarf noch der Ausarbeitung, besteht nun darin, daß ich die Sozialstaatsklausel — Herr Ipsen, ich darf Ihren Ausdruck usurpieren (Das Verhältnis des Rechts der europäischen Gemeinschaften zum nationalen Recht, in: Aktuelle Fragen des europäischen Gemeinschaftsrechts, 1965, S. 26) — als Hebel benutzt habe, um diesen Anspruch des Einzelnen auf Zulassung zu den öffentlichen Bildungseinrichtungen auf Bundesverfassungsrang heraufzubringen.

Ich bin, wie gesagt, für eine starke Verwaltung. Aber das ändert doch nichts daran, daß die Verwaltung das Recht, insbesondere das Verfassungsrecht, beachten muß. Die Verwaltung hat ja — und das ist vor allem in den Arbeiten von Herrn Professor Weber herausgestellt worden — sehr weitreichende Möglichkeiten, auf das Parlament einzuwirken, nämlich im Wege der Gesetzesvorlage und durch Mitarbeit in den parlamentarischen Ausschüssen. Ist denn das beileibe nicht genug für die Verwaltung? Ich darf noch die von Herrn Peters angeschnittene Frage aufgreifen, warum in der Weimarer Zeit kaum einschlägige Gesetze zustande gekommen sind. Herr Peters, wenn ich Sie recht verstanden habe, wollten Sie sagen: das lag schon damals an den föderalistischen Auseinandersetzungen; Reichsebene und Gliedstaaten waren nicht zusammenzubringen. Ich weiß nicht, ob diese Sicht ganz zutrifft. Ich möchte eigentlich den Akzent etwas anders setzen: der Reichstag als solcher funktionierte eben nicht. Es gab zu weite Möglichkeiten, Uneinigkeiten zu überbrücken, indem man einfach zum präsidentiellen Notverordnungsrecht griff. Heute sind die Voraussetzungen für eine Schulgesetzgebung aber günstiger. Das hat auch Herr Professor Pfeifer dargetan mit seinem Bericht über die österreichischen Verhältnisse, wenn die Regelung dort auch bis 1962 auf sich warten ließ. Das hat ferner Herr Ipsen belegt mit seiner Schilderung der Hamburger Entwicklung, in deren Verlauf sich beide Parteien, CDU und SPD, schließlich auf einer mittleren Linie geeinigt haben. Ich möchte meinen, es ist ein sehr heilsamer Druck gerade für die politischen Parteien, daß das Parlament kraft Verfassungsauftrags normieren muß. Herr Obermayer, Ihnen stimme ich fast vorbehaltlos zu, wenn Sie sagen: der parlamentarische Gesetzgeber kann nicht alles regeln und muß nicht alles regeln; er darf sich auf eine Rahmenordnung beschränken. Aber Sie haben verdienstvollerweise auch gleichzeitig hervorgehoben: was die Exekutive dann produziert, sind Rechtssätze; woraus sich zwangsläufig ergibt, daß das Parlament seine Rechtsetzungsbefugnisse delegieren muß und dabei die gegebenen verfassungsrechtlichen Grundsätze, also insbesondere das Gebot der Nennung der Ermächtigungsgrenzen zu beachten hat. Freilich besteht hier nun die große Schwierigkeit, diese Grenzen umrißscharf festzulegen. Das Parlament muß seine schulpolitische Konzeption irgendwie fixieren. Wie soll es das aber tun? Ich meine, das kann es nur tun, indem es eben gewisse Grundfragen selber verhältnismäßig ausführlich normiert. Herr Ipsen hat gesagt, das für den Lebensweg des jungen Menschen Entscheidende müsse normiert werden. Auch dem stimme ich zu. Aber ich habe doch Bedenken, ob etwa die Unterscheidung zwischen Grundverhältnis und Betriebsverhältnis, wie Herr Ule sie herausgearbeitet hat, und wie sie ja auch schon Herr Bachof mit seiner Unterscheidung zwischen Innen- und Außenwirkung vorgezeichnet hat, ob diese Unterscheidung hier weiterhilft. Ich kann diese Frage leider nicht vertiefen und kann deshalb auch nicht auf das eingehen, was Herr Rupp zu diesem Thema bemerkt hat.

Es ist ferner kritisiert worden, daß ich nur eine Diagnose gestellt und keine Therapie gegeben habe. Nun, ich habe zu zeigen versucht, daß die Konsequenzen meiner Meinungsäußerung nicht sehr umwälzend sein werden. Aber ich glaubte doch, daß diese Ansicht einmal vertreten werden mußte, um damit einen Anstoß für die Ministerialbürokratie zu geben. Daß die Tendenz in Richtung auf parlamentarische Grundnormierung und richtige, präzise Rechtsetzungsdelegation an die Exekutive läuft, ist doch gar nicht zu bestreiten. Das sehen wir in Bayern, das sehen wir in Baden-Württemberg, in Hessen und auch in Nordrhein-Westfalen. Das ist eben die Tendenz der moderneren Schulgesetze. Ich habe freilich die Sünde begangen, den Finger in die Wunde der Ministerialerlasse zu legen. Und Sie haben die Frage zwar nicht ausgesprochen, aber doch angedeutet, ob ich dazu kompetent war, ob ich das tun durfte. Nun, meine Herren, bitte haben Sie Verständnis dafür, daß ich insoweit das Recht der Jugend zu radikalen Meinungen für mich in Anspruch nehme. Ich bitte Sie, sicher zu sein, daß ich damit in gar keiner Weise unsere Vereinigung in Mißkredit bringen wollte, denn es bleibt ja nach wie vor meine höchstpersönliche Ansicht, die ich hier geäußert habe. Ich finde es aber doch ganz nützlich, daß diese Meinung hier, in unserem Gremium, einmal gesagt werden konnte. Wenn eine solche Mahnung an die Ministerialverwaltung aus den Reihen der Vereinigung hervorgeht, dann hat das doch erheblich mehr Gewicht als die Meinung eines Einzelgängers.

Sie haben ferner die Frage aufgeworfen — das war Herr Bettermann —, ob ich Recht damit hätte, daß der Art. 7 Abs. 1 GG sozusagen an falscher Stelle steht. Ich habe mich da auf ein Wort von Herrn Peters bezogen (aaO S. 402). Ich stimme Ihnen nun vollkommen zu, wenn Sie gesagt haben, Herr Bettermann, Art. 7 Abs. 1 GG ist notwendig auch als Grundrechtsvorschrift, weil er nämlich die Grundrechte seinerseits wieder begrenzt durch die Fixierung von Befugnissen, die der Gemeinschaft im modernen Staat zukommen müssen. Ich wollte sagen — und vielleicht habe ich mich unpräzise ausgedrückt —, daß aus Art. 7 Abs. 1 GG nicht das Normierungsrecht des Staates abgeleitet werden kann, sozusagen als „Gegengrundrecht" und daß insofern der Art. 7 Abs. 1 GG im Grundrechtskatalog einen Fremdkörper bildet. Herr Bettermann, Sie haben sich des weiteren auf den juristischen Aufsichtsbegriff bezogen. Ich wollte diese Frage nicht weiter vertiefen, weil auf der letzten Tagung in Saarbrücken schon sehr viel von Aufsicht die Rede gewesen ist. Sie meinten, zur Aufsicht, jedenfalls zur Fachaufsicht, gehöre auch das Maßstabsetzen. Nun, ich denke, daß dies nur mit Einschränkungen richtig ist. Denn sowohl die Schule als auch die Aufsicht stehen beide unter einem gemeinsamen Maßstab, nämlich dem des Rechtes. Für die Aufsicht kann es sich nur darum handeln, die Ermessensspielräume, welche die Schule hat, etwas zu konkretisieren, etwas zusammenzuschrauben. Ich würde also, wenn ich das auch noch nicht bis zu Ende durchdacht habe, der Aufsichtsbehörde konzedieren, daß sie auch generelle Regeln aufstellt für die Ausübung dieses Ermessens. Die Grenze ist dann immer das als Ermessensrahmen gesetzte Recht.

Schließlich haben Sie, Herr Bettermann, mich darauf aufmerksam gemacht — und ich bin Ihnen sehr dankbar für den Hinweis, ich habe das in der Tat nicht in der Schärfe gesehen —, daß die Länder nicht ausschließlich in Schulsachen zuständig sind. Sie haben insgesamt auf die Welt des Berufes hingewiesen und Sie haben das konkretisiert für das berufsbildende Schulwesen und haben auch Beispiele genannt. Ich muß einräumen, daß ich bei meinen Ausführungen in erster Linie an die allgemeinbildenden Schulen gedacht habe. Den Bereich der berufsbildenden Schulen, also der Fachschulen, Sonderfachschulen usw. habe ich nicht weiter untersucht. Ich darf aber sagen, daß mir Ihre extensive Auslegung des Art. 74 Nr. 11 und 13 GG etwas gewagt erscheint, obwohl Sie an meinem Referat gesehen haben, daß Wagen und Wagnis mir an und für sich sehr sympathisch sind. Bei den Prüfungen habe ich übrigens ausdrücklich, zumindest in den Leitsätzen, darauf hingewiesen, daß ich nur diejenigen Prüfungen meine, die mit dem Schulwesen, und zwar mit dem allgemeinbildenden Schulwesen in Zusammenhang stehen. Ich habe alle Prüfungen ausgeklammert, die von Selbstverwaltungskörpern der Wirtschaft abgenommen werden, z. B. von der Handelskammer oder von der Handwerkskammer. Es war schließlich noch die Rede von den Zulassungsvoraussetzungen zur Universität. Da besteht ja Satzungsgewalt. Diese Voraussetzungen sind durch echte Rechtssätze normiert, weshalb man sich getrost damit zufrieden geben kann.

Meine sehr geehrten Herren, damit bin ich am Ende meines Schlußwortes, und ich schulde Ihnen nur noch Dank, daß Sie meine von mir selbst als recht radikal empfundenen Thesen so überaus tolerant aufgenommen haben. Ich bin zwar mit gedanklicher Schärfe kritisiert worden, aber die Schärfe war eben wirklich nur die des Gedankens. Diese Gedanken sind für mich überaus anregend und zwingen mich zum weiteren Nachdenken. Dafür allen Diskussionssprechern herzlichen Dank!

Evers (Schlußwort): Die Diskussion ging im wesentlichen um zwei Punkte: die von mir etwas in den Vordergrund gestellte Frage der Einheit der Schule und die Frage des Gesetzesvorbehalts.

1. Die Frage der Einheit der Schule. Herr Peters hat in seiner temperamentvollen Art meinen Darlegungen über die Einheit der Schule entgegengehalten, es seien die Kräfte der nun einmal vorhandenen pluralistischen Gesellschaft und insbesondere der Elternwille ungeachtet seines Vorranges vernachlässigt worden. Auf der anderen Seite hat Herr Peters aber darauf hingewiesen, daß wir der Verwaltung große Vollmachten zuzuerkennen hätten; denn die Verwaltung habe ihren eigenen Bereich und könne auch in diesem, ihrem eigenen, Bereich schalten; sie sei verpflichtet, dies zu tun und wir dürfen vom Gesetzgeber nicht verlangen, daß er sie darin behellige, es sei denn, er ergreife von sich aus die Initiative. Wenn man diese beiden Gedanken so verkürzt und vereinfacht gegenüberstellt, widersprechen sie sich.

Um mich selbst zu salvieren, darf ich auf meinen Leitsatz I verweisen, in dem ich von der Einheit der Vielfalt gesprochen habe. Ich hielte es auch für durchaus unglücklich, würde jetzt ein Kultusminister auf die merkwürdige Idee kommen, wie früher einmal sein Amtskollege in Frankreich, morgens um 9.30 Uhr auf die Uhr schauen zu wollen, um zu wissen, daß in jeder 7. Klasse ein bestimmtes Kapitel aus Horaz gelesen werde. Von einer solchen Uniformität kann natürlich keine Rede sein. Vielmehr handelt es sich darum, die vielschichtigen breitgefächerten Gestaltungsmöglichkeiten des Unterrichts zu einer organisatorischen und auch geistigen Einheit zusammenzufassen. Soll ein solches sinnvolles Ineinander geschaffen werden, dann stellt sich die Frage, wer diese geistige und organisatorische Leistung zu erbringen vermag. Die einzelnen Kräfte innerhalb einer pluralistischen Gesellschaft sind sicher hierzu nicht imstande. Wir brauchen daher doch wieder den Staat als einen Schiedsrichter, als einen Ordner, der mit Hilfe seiner Macht Freiheit und Gleichheit hütet und ein vielfältiges Bildungsangebot zur Verfügung stellt. Fehlt es daran, und entfaltet der Staat nicht genügend Initiative auf dem Gebiet der Schule, dann kommen wir zu den von Herrn Peters geschilderten wenig organischen Verhältnissen einer sich von Ort zu Ort planlos darbietenden Vielfalt, unter der die Freizügigkeit und die Gleichheit der Anforderungen leidet. Wir dürfen die Forderung nach Einheit der Bildung und der Bildungsorganisation nicht wie vor 200 Jahren oder vor 150 Jahren verstehen, aber wir dürfen die Dinge auch nicht einfach der Entwicklung überlassen.

Nur wenn ein vielfältiges Angebot in einer gewissen Ordnung vorhanden ist, sind die Eltern in der Lage, von ihrem Wahlrecht, das Art. 6 ihnen gibt, Gebrauch zu machen. Anderenfalls haben sie dieses Wahlrecht praktisch nicht, da sie mehr oder minder an ihren Ort gebunden sind. An diesem Wahlrecht und an der Geltung der Grundrechte innerhalb des besonderen Gewaltverhältnisses Schule und innerhalb der gesamten staatlichen Schulorganisation habe ich keinen Zweifel gelassen. Ich habe diese Gedanken nur nicht in der Breite ausgeführt, in der ich anderen Fragen nachgegangen bin.

Herr Peters hat auch darauf hingewiesen, daß die Gemeinde hier ein wenig zu kurz gekommen sei. Ich frage mich allerdings, was die Gemeinde für eine solche Einheit der Bildung und für die Qualität der Bildung noch Wesentliches soll leisten können, außer daß sie ihre Organisations- und Finanzkraft und ihre Mitwirkungsbereitschaft in die Waagschale wirft. Mir scheint, es genügt die Vielfalt der Länder, um durch konkurrierende Angebote von Bildungsmöglichkeiten die Leistungen zu steigern. Ich will hier nicht zu der Frage Stellung nehmen, ob eine stärkere Zentralisierung beim Bund erfolgen müßte, räume aber ein, daß ich in meinem Bericht die Bundeskompetenzen beiseite gelassen habe, ohne sie in Frage stellen zu wollen.

Der Begriff Partnerschaft ist sicher noch nicht zu der erforderlichen Präzision gediehen. Aber ergänzend möchte ich noch eine Anregung aufgreifen, die ich Herrn Peters — mittelbar — verdanke: jedenfalls läßt sich negativ sagen, mit Partnerschaft ist unvereinbar, daß der eine, der für den Gesamtkomplex Schule mitverantwortlich ist, dem anderen Befugnis und Befähigung zur Mitarbeit abspricht. Das gilt sowohl für den Staat und seine Organe, als auch für die Gemeinde, die Eltern und Lehrer untereinander und auch in ihrem Verhältnis zum Staat. Der Gedanke, daß der Staat im Grunde ungeeignet sei, die Schule zu verwalten, würde zu einer sehr unglücklichen Entwicklung führen, die mit Art. 7 unvereinbar wäre. Ich glaube auch nicht, daß in diesem Kreise jemand Art. 7 so radikal in Frage stellen würde. Wenn aber Art. 7 des GG den Staat zur Aufsicht befugt — Aufsicht in der weiten Interpretation, wie sie uns traditionell überkommen ist — dann müssen wir auch daran festhalten, daß Art. 6 zwar den häuslichen Bereich den Eltern überläßt, daß aber der schulische Bereich der staatlichen Ordnung unterliegt, wenn auch in dieser durch das Grundgesetz spezifisch geprägten Weise. Wenn das so ist, dann stehen wir vor der Frage, wer soll für den Staat repräsentativ handeln? Sollen es, und das dürfte den Ausführungen von Herrn Peters zu Grunde liegen, nicht doch wieder primär die Eltern sein? Hier muß ich freilich meinen Standpunkt noch einmal präzisieren; nach Art. 7, I kann nur gemeint sein, der Staat, so wie er durch das Grundgesetz und durch die Landesverfassungen geordnet ist.

Herr Peters meinte ferner, die Privatschulfreiheit habe ihren Grund nicht allein im Elternrecht, sondern es seien da auch andere Kräfte zu berücksichtigen, für die diese Privatschulfreiheit geschaffen sei. Ich möchte dagegen halten, daß die Eltern das Kind auf die Privatschule schicken und es daher auf ihren Willen entscheidend ankommt, ihm wird ein Raum zur freiheitlichen Entfaltung geöffnet. Zur Klarstellung darf ich vermerken, daß ich der Privatschule nicht reserviert gegenüberstehe, das u. a. auch, weil sie das staatliche Monopol auflockert und immer wieder die staatlichen Leistungen in Frage stellt. Das scheint mir geboten und durchaus sinnvoll zu sein und es ist daher richtig, wenn der Privatschule über gewisse Engpässe hinweggeholfen wird.

2. Die Frage des Gesetzesvorbehalts. Ich muß mich hier etwas von dem Herrn Mitberichterstatter distanzieren. Ich möchte mich vielmehr zu den Herren gesellen, die hier einen Mittelweg vorgeschlagen haben; allerdings: es ist ein Verfassungsgebot, daß die Grundentscheidungen des Schulverhältnisses durch Gesetz — einschließlich der Rechtsverordnung — geordnet werden sollen.

Herr Bettermann hat eine Gefahr für die Hochschulautonomie bei der Zulassung der Studenten angekündigt. Ich fürchte jedoch, daß die Hochschule absolut unfähig ist, rechtlich etwas gegen eine grundlegende Umgestaltung des Abiturs durch den Gesetzgeber oder die Verwaltung zu unternehmen. Wir haben, meine ich, keine andere Wahl, als diejenigen zum Studium an der Hochschule zuzulassen, die als Abiturienten auf uns zukommen. Wenn sie unseren Anforderungen nicht entsprechen, müssen wir sie durch propädeutische Veranstaltungen vorbereiten, wenn der Schulunterricht besser ist, können wir unsere Vorlesungen entlasten und vertiefen. Aber Autonomie bei der Zulassung der Abiturienten haben wir nicht und verlieren sie daher auch nicht, wenn der Gesetzesvorbehalt Rechtswirklichkeit wird.

Können wir uns auf das Gewohnheitsrecht zurückziehen? Ich hatte in dem Referat kurz angedeutet, daß das nicht geht. Vor allen Dingen geht es aus einem Grund nicht. Wenn jetzt das Schulverhältnis unter Gesetzesvorbehalt steht, dann muß dieses Schulverhältnis durch Gesetz oder Rechtsverordnung geordnet werden. Gewohnheitsrechtlich erstarkt ist aber nur die Befugnis des Anstaltsherren, durch Anstaltsordnungen, d. h. durch Verwaltungsverordnungen, das Schulleben zu gestalten. An ein Recht zum Erlaß von Rechtsverordnungen hat man in der früheren Zeit nicht gedacht und brauchte auch nicht daran zu denken. Eine gewohnheitsrechtliche Ermächtigung zum Erlaß von Rechtsverordnungen ist daher nicht nachweisbar.

Auch hinsichtlich der Therapie muß ich mich von Herrn Fuß distanzieren. Ich brauche insofern keine Therapie, als ich gesagt habe, daß bestimmte Bereiche des Schullebens zwar gesetzlich geordnet werden sollen, aber nicht geordnet sind und daher die Verwaltung notdürftig das Notwendige tun muß, soweit sie das kann. Sie kann nach meinem Dafürhalten z. B. nicht eine körperliche Züchtigung anordnen, wenn ihr Bestimmungen wie die des Allgemeinen Landrechts abhandengekommen sind. Folglich sind körperliche Züchtigungen unzulässig, von Notwehr abgesehen. Aber andere Bereiche darf die Verwaltung notdürftig ordnen, so daß der Schulbetrieb durchaus weitergehen kann. Ich darf nun, bevor ich zum Schlußgedanken komme, Ihnen allen sehr herzlich danken, dem Vorstand, daß er mir Gelegenheit gegeben hat, über dieses sehr anregende Thema nachzudenken, und Ihnen, daß Sie mir zugehört und mich in der Diskussion gnädig behandelt haben.

Mir ist auch wieder in der Diskussion aufgefallen, daß wir nicht mehr wie das Preußen zu Beginn des 19. Jahrhunderts in einer Erziehungsreform den Weg zur Staatsreform sehen. Wir erhoffen von einer Reform der Schule nicht einmal mehr eine grundlegende Verbesserung der Gesellschaft. Unsere Zeit wird sich mit der behutsamen Weiterentwicklung vorhandener Ansätze begnügen müssen; sie hat insbesondere die Leitgedanken eines freiheitlichen und einheitlichen Bildungsbetriebes vor Verfälschungen durch den Egoismus der Gruppen, durch den Übermut der Ämter und auch durch Modetorheiten der Pädagogen zu bewahren und die Kooperation der Verantwortlichen und der zur Leistung Befähigten zu fördern. Die Verwaltung aber hat die Schule in der Weise des Rechts zu gestalten und instandzusetzen, den Anforderungen gerecht zu werden, die technische und gesellschaftliche Entwicklung stellen. Sie soll dem Menschen zu der Bildung verhelfen, die ihn befähigt, sich in seiner gesellschaftlichen und politischen Existenz zu behaupten und zu entfalten.

Dürig (Schlußwort des Vorsitzenden): Meine sehr geehrten Herren! Es war natürlich ein Wagnis, als der Vorstand dieses Thema zum Tagungsgegenstand wählte. Schulwesen ist ein ausgesprochen heißes Thema; und es ist ja nicht reiner Zufall, daß die Parlamente da oft nicht ranwollen, daß es so lange dauert, ehe man gesetzliche Regelungen anpackt usw. Aber ich glaube, dieses Wagnis ist gelungen, dank der beiden Herren Referenten, und dank der Herren Diskussionsredner. Ich glaube, es sind doch einige beachtliche Schneisen in diese Materie geschlagen worden, mit der wir uns — jetzt müssen wir uns an die eigene Brust klopfen — zu Unrecht zu wenig beschäftigen. Das tun ja nur einige von uns. Seien wir doch mal ehrlich: was haben wir schon für Intellekt über vermögensrechtliche, sagen wir Eigentumsfragen angesetzt! Und hier geht es doch eigentlich um etwas viel, entschuldigen Sie das Pathos, viel Wertvolleres, nämlich um unsere Kinder. Wenn vielleicht also diese Tagung erreicht hat, daß das Interesse an dieser Materie innerhalb der Fachwelt wieder größer wird, dann wäre das auch ein Erfolg der Tagung. Wir schließen nun die heutige Arbeitstagung mit einem nochmaligen Dank an die Herren Referenten, die Diskussionsredner und verabschieden uns von unseren Gästen. Wir hoffen, daß es ihnen bei uns gefallen hat. Danke schön.

Verzeichnis der Redner

Verzeichnis der Mitglieder der Vereinigung der Deutschen Staatsrechtslehrer

Stand vom 31. Dezember 1965

Ehrenpräsident auf Lebenszeit

Kaufmann, Dr. jur., Dr. phil. h. c. Erich, Professor, 69 Heidelberg, Schweizerweg 1, Tel. (06221) 4 41 18

Vorstand

1. Weber, Dr. Werner, Professor, 34 Göttingen, Wackenroderweg 1, Tel. (0551) 5 94 03
2. Menzel, Dr. Eberhard, Professor, 23 Kiel, Bülowstraße 16, Tel. (0431) 3 24 72
3. Dürig, Dr. Günter, Professor, 74 Tübingen, Ob dem Viehweidle 12, Tel. (07122) 31 34
4. Küchenhoff, Dr. Günther, Professor, 87 Würzburg, Seinsheimerstraße 13, Tel. (0931) 7 83 34

Mitglieder

1. Abendroth, Dr. Wolfgang, Professor, 355 Marburg a. d. Lahn, Wilhelm-Roser-Straße 53, Tel. (06421) 50 77
2. Antoniolli, Dr. Walter, Professor, 1010 Wien VII, Mariahilferstraße 22–24/III/II/6, Österreich
3. Armbruster, Dr. Hubert, Professor, 65 Mainz, An der Allee 69, Tel. (06131) 2 59 50
4. Baade, Dr. Hans W., Professor, Duke University, Law School, Durham, N. C., USA
5. Bachof, Dr. Otto, Professor, 74 Tübingen, Auf dem Kreuz 3, Tel. (07122) 43 46
6. Badura, Dr. Peter, Professor, 34 Göttingen, Ludwig-Beck-Straße 17, Tel. (0551) 5 71 59
7. Bäumlin, Dr. Richard, Professor, 3067 Sinneringen bei Bern, Schloßrain, Schweiz, Tel. (031) 67 35 40
8. Becker, Dr. jur., Dr. phil. Erich, Professor, 672 Speyer, Philipp-Melanchthon-Straße 10, Tel. (06232) 34 39

9. Bernhardt, Dr. Rudolf, Professor, 69 Heidelberg, Zur Forstquelle 6, Tel. (06221) 3 32 28

10. Bettermann, Dr. Karl August, Professor, 1 Berlin 45, Baseler Straße 114, Tel. (0311) 73 70 39

11. Böckenförde, Dr. jur., Dr. phil. Ernst-Wolfgang, Professor, 6901 Dossenheim üb. Heidelberg, Kirchstraße 20, Tel. (06221) 4 97 21

12. Böhmert, Dr. Viktor, Professor, 23 Kiel, Graf-Spee-Straße 9, Tel. (0431) 4 77 77

13. Bülck, Dr. Hartwig, Professor, 69 Heidelberg, Werrgasse 9, Tel. (06221) 2 46 70

14. Bullinger, Dr. Martin, Professor, 78 Freiburg i. Br., Sundgauallee 46, Tel. (0761) 2 55 97

15. Carstens, Dr. Karl, Professor, 53 Bonn, Wörthstraße 17

16. Dagtoglou, Dr. Prodromos, Privatdozent, 69 Heidelberg, Fasanenweg 6, Tel. (06221) 7 50 23

17. Doehring, Dr. Karl, Professor, 69 Ziegelhausen b. Heidelberg, Heinrich-Stoeß-Str. 20 c, Tel. (06221) 5 03 40

18. Drath, Dr. Martin, Professor, 75 Karlsruhe, Beethovenstraße 9

19. Dürig, Dr. Günter, Professor, 74 Tübingen, Ob dem Viehweidle 12, Tel. (07122) 31 34

20. Ehmke, Dr. Horst, Professor, 78 Freiburg i. Br., Karl-Berner-Straße 13, Tel. (0761) 2 51 52

21. Eichenberger, Dr. Kurt, Professor, Aarau, Gotthelfstraße 48, Schweiz, Tel. 22 22 73

22. Erler, Dr. Georg, Professor, 34 Göttingen, Schlegelweg 11, Tel. (0551) 5 93 43

23. Ermacora, Dr. Felix, Professor, 1010 Wien I, Universität, Karl-Lueger-Ring, Österreich

24. Evers, Dr. Hans-Ulrich, Professor, 33 Braunschweig, Schaumburgstraße 40, Tel. (0531) 5 33 96

25. Forsthoff, Dr. Ernst, Professor, 69 Heidelberg-Schlierbach, Wolfsbrunnensteige 13, Tel. (06221) 2 67 83

26. Friesenhahn, Dr. Dr. h. c. Ernst, Professor, 53 Bonn, Wegeler Straße 2, Tel. (02221) 5 75 38

27. Fröhler, Dr. Ludwig, Professor, 8501 Burgthann bei Nürnberg, Am Bahnhof 15, Tel. (09124) 802

28. Fromont, Dr. Michel, Professor, 6602 Dudweiler, Theodor-Storm-Straße 8, Tel. (06897) 96/5438

29. F u ß , Dr. Ernst-Werner, Professor, 68 Mannheim, Trützschlerstraße 13, Tel. (0621) 4 94 76

30. G e c k , Dr. Wilhelm Karl, Professor, 667 St. Ingbert, Eichendorffstraße 18, Tel. (06894) 33 26

31. G e r b e r , D. Dr. Hans, Professor, 78 Freiburg i. Br., In der Röte 5, Tel. (0761) 4 42 54

32. G l u m , Dr. Friedrich, Professor, 8 München 19, Südliche Auffahrtsallee 24, Tel. (0811) 6 34 56

33. G ö r g , Dr. Hubert, Professor, 5062 Ellersberg, Post Forsbach, Bez. Köln (355 Marburg a. d. Lahn, Universitätsstraße 10)

34. G r e w e , Dr. Wilhelm G., Professor, Botschafter der Bundesrepublik Deutschland bei der Nordatlantikpakt-Organisation, Paris XVIe, Place du Maréchal de Lattre de Tassigny, Frankreich

35. G r u n d m a n n , Dr. Siegfried, Professor, 8031 Gröbenzell bei München, Puchheimerstraße 30, Tel. (08142) 95 39

36. H ä f e l i n , Dr. Ulrich, Professor, 8037 Zürich 10/37, Wipkingerweg 15, Schweiz, Tel. (051) 42 70 46

37. H a m e l , Dr. Walter, Professor, 355 Marburg a. d. Lahn, Rotenberg 1a, Tel. (06421) 28 62

38. H e c k e l , Dr. Martin, Professor, 74 Tübingen, Lieschingstraße 3, Tel. (07122) 8 10 56

39. H e n k e , Dr. Wilhelm, Privatdozent, 34 Göttingen-Geismar, Eisenacher Straße 19, Tel. (0551) 5 62 98

40. H e r r f a h r d t , Dr. Heinrich, Professor, 355 Marburg a. d. Lahn, Am Weinberg 8, Tel. (06421) 35 86

41. H e r z o g , Dr. Roman, Professor, 8 München 2, Pappenheimstraße 7, Tel. (0811) 55 39 61

42. H e s s e , Dr. Konrad, Professor, 7802 Merzhausen über Freiburg i. Br., Schloßweg 29, Tel. (0761) 2 56 11

43. H e t t l a g e , Dr. Karl Maria, Professor, 532 Bad Godesberg, Friedrich-Ebert-Straße 83, Tel. (02229) 6 43 61

44. Frhr. v. d. H e y d t e , Dr. Friedrich August, Professor, 8705 Zellingen a. M., Thomas-Glock-Straße 26

45. H e y e r , Dr. Friedrich, Professor, 53 Bonn, Humboldtstraße 53, Tel. (02221) 3 73 64

46. v. H i p p e l , Dr. Ernst, Professor, 6531 Perscheid über Bingen, Tel. (06744) 520

47. H o e g n e r , Dr. Wilhelm, Honorarprofessor, Ministerpräsident a. D., 8 München 9, Am Blumengarten 17, Tel. (0811) 43 42 41

48. H o f f m a n n , Dr. Gerhard, Professor, 355 Marburg a. d. Lahn, Friedrichstraße 31, Tel. (06421) 56 74

49. H o l l e r b a c h , Dr. Alexander, Professor, 78 Freiburg i. Br., Runzstraße 86, Tel. (0761) 2 47 66

50. H u b e r , Dr. Ernst Rudolf, Professor, 34 Göttingen, Leonard-Nelson-Straße 20, Tel. (0551) 4 16 70 (78 Freiburg-Zähringen, In der Röte 2, Tel. [0761] 4 73 93)

51. H u b e r , Dr. Hans, Professor, Muri bei Bern, Mannenriedstraße 5, Schweiz, Tel. (Bern 031) 52 09 25

52. I m b o d e n , Dr. Max, Professor, Riehen bei Basel, Schnitterweg 43, Schweiz, Tel. (061) 51 44 58

53. I p s e n , Dr. Hans Peter, Professor, 2 Hamburg 13, Heinrich-Barth-Straße 25a, Tel. (0411) 45 09 22

54. J a e n i c k e , Dr. Günther, Professor, 69 Heidelberg, Karlsruher Straße 57, Tel. (06221) 3 14 48

55. J a h r r e i ß , Dr. Hermann, Professor, 5 Köln-Sülz, Nassestraße 30, Tel. (0221) 41 35 53

56. J e r u s a l e m , Dr. Franz, Professor, 8 München 27, Flemingstraße 58, Tel. (0811) 48 18 95

57. K a f k a , Dr. Gustav E., Professor, 8010 Graz, Alberstraße 8, Österreich, Tel. 31 5 81 / Klappe 869

58. K a i s e r , Dr. Joseph H., Professor, 7813 Staufen, Tel. (07633) 56 78

59. K a u f m a n n , Dr. jur., Dr. phil. h. c. Erich, Professor, 69 Heidelberg, Schweizerweg 1, Tel. (06221) 4 41 18

60. K i m m i n i c h , Dr. Otto, Professor, 463 Bochum-Querenburg, Laerholzstraße 61, Tel. (02321) 3 86 48

61. K i p p , Dr. Heinrich, Professor, 6080 Kurort Igls, Lanserstraße 61, Österreich, Tel. (05222) 7209

62. K l e c a t s k y , Dr. Hans R., Professor, Innsbruck, Reithmannstraße 20, Österreich, Tel. (Innsbruck 05222) 52 21 44

63. K l e i n , Dr. Friedrich, Professor, 44 Münster i. W., Prinz-Eugen-Straße 12, Tel. (0251) 5 53 12

64. K ö t t g e n , Dr. Arnold, Professor, 34 Göttingen, Merkelstraße 43, Tel. (0551) 5 96 32

65. K o r d t , Dr. Erich, Professor, 4 Düsseldorf, Sybelstraße 1a, Tel. (0211) 62 57 24

66. Krüger, Dr. Herbert, Professor, 2 Hamburg-Großflottbek, Elbchaussee 184, Tel. (0411) 38 79 34

67. Küchenhoff, Dr. Erich, Privatdozent, 44 Münster i. W., Cheruskerring 28, Tel. (0251) 4 66 65

68. Küchenhoff, Dr. Günther, Professor, 87 Würzburg, Seinsheimerstraße 13, Tel. (0931) 7 83 34

69. Laun, Dr. jur., Dr. rer.-pol. h. c. Rudolf, Professor, 207 Ahrensburg bei Hamburg, Voßberg 2, Tel. (04102) 5 02 81

70. Leibholz, Dr. jur., Dr. phil. Gerhard, Professor, Bundesverfassungsrichter, 34 Göttingen, Tel. (0551) 5 70 40; und 75 Karlsruhe, Rheingoldstraße 19, Tel. (0721) 2 68 88

71. Leisner, Dr. Walter, Professor, 852 Erlangen, Kochstraße 2, Tel. (09131) 8 70 71 - 3 56

72. Lerche, Dr. Peter, Professor, 8035 Gauting b. München, Junkerstraße 13

73. Liermann, D. Dr. Hans, Professor, 852 Erlangen, Am Meilwald 18, Tel. (09131) 27 60

74. Mallmann, Dr. Walter, Professor, 63 Gießen, Arndtstraße 14, Tel. (0641) 7 74 88

75. Marcic, Dr. René, Professor, Institut für Rechts- und Staatsphilosophie der Universität Salzburg, Salzburg, Franziskaner Gasse 2, Österreich

76. Marti, Dr. Hans, Professor, Bern, Schwanengasse 9, Schweiz, Tel. (031) 22 16 83

77. Maunz, Dr. Theodor, Professor, 8032 Gräfelfing bei München, Hartnagelstraße 3, Tel. (0811) 85 16 30

78. Maurer, Dr. Hartmut, Privatdozent, 74 Tübingen, Fr.-Dannenmann-Straße 42

79. Mayer, Dr. Franz, Professor, 84 Regensburg, Haidplatz 8, Tel. (0941) 2 33 51

80. Meder, Dr. Walter, Professor, 1 Berlin 33, Buchsweiler Straße 20, Tel. (0311) 76 02 89

81. Meinzolt, D. Dr. Hans, Honorarprofessor, Staatssekretär a. D., 8031 Weßling am See, Oberbayern, Obere Seefeldstraße 16

82. Meissner, Dr. Boris, Professor, 5 Köln, Kleine Budengasse 1, Tel. (0221) 23 97 54

83. Melichar, Dr. Erwin, 1010 Wien I, Schulerstraße 20, Österreich, Tel. (02222) 52 88 83

84. Menger, Dr. Christian-Friedrich, Professor, 23 Kiel, Esmarchstraße 68, Tel. (0431) 3 35 35
85. Menzel, Dr. Eberhard, Professor, 23 Kiel, Bülowstraße 16, Tel. (0431) 3 24 72
86. Merk, Dr. Wilhelm, Professor, 74 Tübingen, Wildermuthstraße 6, Tel. (07122) 59 01
87. Merkl, Dr. Adolf Julius, Professor, 1010 Wien XIX, Pfarrplatz 1, Österreich, Tel. (02222) 3 65 03 82
88. Meyer, Dr. Ernst Wilhelm, Professor, 1 Berlin 39, Bismarckstraße 32, Tel. (0311) 80 77 91
89. Mirbt, Dr. Hermann, Professor, 1 Berlin 38, Dubrowstraße 49, Tel. (0311) 84 16 12
90. Mosler, Dr. Hermann, Professor, 69 Heidelberg, Mühltalstraße 117, Tel. (06221) 4 00 82
91. Münch, Dr. Fritz, Professor, 69 Heidelberg, Zur Forstquelle 2, Tel. (06221) 3 35 99
92. v. Münch, Dr. Ingo, Professor, 6 Frankfurt a. M., Grillparzerstraße 48, Tel. (0611) 52 83 02
93. Naumann, Dr. Richard, Professor, 314 Lüneburg, Uelzener Straße 40, Tel. (04131) 47 15
94. Obermayer, Dr. Klaus, Professor, 852 Erlangen, Niendorfstraße 25, Tel. (09131) 88 06
95. Partsch, Dr. Karl Josef, Professor, 6507 Ingelheim a. Rh., Frankenstraße 10, Tel. (06132) 26 32
96. Pernthaler, Dr. Peter, Professor, 1010 Wien XXI, Arbeiterstrandbadstraße 59, Österreich, Tel. (02222) 3 73 40 90
97. Peters, Dr. Dr. h. c. Hans, Professor, 5 Köln-Sülz, Zülpicher Straße 83, Tel. (0221) 41 39 35
98. Pfeifer, Dr. Helfried, Professor, 1010 Wien XIII, Lainzer Straße 57, Österreich, Tel. (02222) 82 56 36
99. Pirson, Dr. Dr. Dietrich, Professor, 355 Marburg a. d. Lahn, Tischbeinweg 1, Tel. (06421) 31 01
100. Quaritsch, Dr. Helmut, Privatdozent, 2 Hamburg 13, Seminar für Öffentliches Recht und Staatslehre, Schlüterstraße 28, Tel. (0411) 4 41 97
101. Ridder, Dr. Helmut, Professor, 5201 Heidebergen üb. Siegburg, Siebengebirgsstraße 11, Tel. (02221) 4 47 19
102. Rudolf, Dr. Walter, Professor, 7401 Unterjesingen, Saarstraße 20
103. Rühland, Dr. Curt, Professor, 33 Braunschweig, Dürerstraße 26, Tel. (0531) 3 21 16

104. R u m p f , Dr. Helmut, Legationsrat I. Klasse, 53 Bonn, Königstraße 33

105. R u p p , Dr. Hans-Heinrich, Professor, 355 Marburg a. d. Lahn, Calvinstraße 11, Tel. (06421) 64 19

106. S a l z w e d e l , Dr. Jürgen, Professor, 53 Ippendorf bei Bonn, Spreestraße 2, Tel. (02221) 3 19 41 / 1625

107. S c h a c k , Dr. Friedrich, Professor, 8 München 19, Kuglmüllerstraße 22, Tel. (0811) 57 13 69

108. S c h a u m a n n , Dr. Wilfried, Professor, 8702 Zell üb. Würzburg, Küsterbergstraße 8, Tel. (0931) 59 54 09

109. S c h e u n e r , Dr. Ulrich, Professor, 532 Bad Godesberg, Beethovenstraße 77

110. S c h i c k , Dr. Walter, Privatdozent, 8 München, Bauerstraße 23

111. S c h i n d l e r , Dr. Dietrich, Professor, 8702 Zollikon ZH, Alte Landstraße 44, Schweiz, Tel. (051) 24 03 25

112. S c h l o c h a u e r , Dr. Hans Jürgen, Professor, 6 Frankfurt a. M., Feldbergstraße 46, Tel. (0611) 72 71 37

113. S c h m i d , Dr. Karl, Professor, 6 Frankfurt a. M., Johann-Klotz-Straße 15

114. S c h n e i d e r , Dr. Hans, Professor, 69 Heidelberg, Ludolf-Krehl-Straße 44, Tel. (06221) 4 03 81

115. S c h n e i d e r , Dr. Peter, Professor, 65 Mainz, Goldenluftgasse 2 3/10, Tel. (06131) 2 32 73

116. S c h n u r , Dr. Roman, Professor, 4630 Bochum, Königsallee 121, Tel. (02321) 3 76 80

117. S c h ü l e , Dr. Adolf, Professor, 74 Tübingen, Bei der Ochsenweide 17, Tel. (07122) 34 03

118. S c h w i n g e , Dr. Erich, Professor, 355 Marburg a. d. Lahn, von-Harnack-Straße 27, Tel. (06421) 26 44

119. S c u p i n , Dr. Hans Ulrich, Professor, 44 Münster i. W., Robert-Koch-Straße 46, Tel. (0251) 49 07 09

120. S e i d l - H o h e n v e l d e r n , Dr. Ignaz, Professor, 5 Köln-Lindenthal, Albertus-Magnus-Platz

121. v. S i m s o n , Dr. Werner, Privatdozent, Bertrange, Luxemburg, Tel. 31492

122. S m e n d , D. Dr. Dr. h. c. Rudolf, Professor, 34 Göttingen, Am Goldgraben 13, Tel. (0551) 5 65 07

123. S p a n n e r , Dr. Hans, Professor, 8 München 9, Candidstraße 24/VII, Tel. (0811) 49 05 73

124. S t e i n , Dr. Ekkehart, Professor, 23 Rammsee über Kiel, Barstenkamp 58, Tel. (0431) 8 44 79

125. S t e r n , Dr. Klaus, Professor, 1 Berlin 33, Trabener Straße 74, Tel. (0311) 8 87 29 35

126. S t ö d t e r , Dr. Rolf, Professor, 2057 Wentorf bei Hamburg, Golfstraße 7, Tel. (0411) 7 22 66 16

127. T h i e m e , Dr. Werner, Professor, 2 Hamburg 63, Am Karpfenteich 58, Tel. (0411) 59 49 92

128. U b e r , Dr. Giesbert, Professor, 44 Münster-Gremmendorf, Heidestraße 24a, Tel. (0251) 6 13 03

129. U l e , Dr. Carl Hermann, Professor, 69 Heidelberg, Oberer Gaisbergweg 9, Tel. (06221) 2 78 32

130. v. U n r u h , Dr. Georg Christoph, Privatdozent, Kreissyndikus, 295 Leer (Ostfriesland), Hajo-Unken-Straße 34/36, Tel. (0491) 43 03

131. V o g e l , Dr. Klaus, Professor, 85 Nürnberg-Laufamholz, Kainsbacher Straße 13, Tel. (0911) 57 25 42

132. V o i g t , Dr. Alfred, Professor, 852 Erlangen, Burgbergstraße 53, Tel. (09131) 44 53

133. W a c k e , Dr. Gerhard, Professor, 2 Hamburg-Nienstedten, Ordinger Weg 14, Tel. (0411) 82 64 37

134. W a g n e r , Dr. Heinz, Privatdozent, 5 Köln-Lindenthal, Lindenburger Allee 24, Dienst-Tel. (0221) 2 02 46 91

135. W a l t e r , Dr. Robert, Professor, 1010 Wien XVIII, Iglaseegasse 70/8, Österreich

136. W a r n c k e , Dr. Friedrich, Privatdozent, 5 Köln-Nippes, Mauenheimer Straße 45, Tel. (0221) 73 28 01

137. W e b e r , Dr. Werner, Professor, 34 Göttingen, Wackenroderweg 1, Tel. (0551) 5 94 03

138. W e h r h a h n , Dr. Herbert, Professor, 66 Saarbrücken 15, St.-Johannes-Stadtwald, Tel. (0681) 2 13 51

139. W e n g l e r , Dr. jur., Dr. rer. pol. Wilhelm, Professor, 1 Berlin 37, Werderstraße 15, Tel. (0311) 84 65 35

140. W e n z e l , Dr. Max, Professor, 852 Erlangen, Löhestraße 29, Tel. (09131) 45 29

141. W e r n e r , Dr. Fritz, Professor, 1 Berlin 12, Hardenbergstraße 31, Tel. (0311) 32 50 41

142. W e r t e n b r u c h , Dr. Wilhelm, Professor, 5353 Katzvey (Post Mechernich), An der Rodung 44, Tel. (02256) 318

143. Winkler, Dr. Günther, Professor, 1010 Wien I, Hafnersteig 5/I/7, Österreich

144. Wolff, Dr. Hans J., Professor, 44 Münster i. W., Görresstraße 26, Tel. (0251) 2 31 96

145. Zacher, Dr. Hans F., Professor, 6601 Scheidt/Saar, Im Flürchen 63, Tel. (0681) 6 32 87

146. Zippelius, Dr. Reinhold, Professor, 852 Erlangen, Am Röthelheim 58, Tel. (09131) 79 51

Satzung

(Nach den Beschlüssen vom 21. Oktober 1949, 19. Oktober 1951, 14. Oktober 1954, 10. Oktober 1956 und 13. Oktober 1960)

§ 1

Die Vereinigung der Deutschen Staatsrechtslehrer stellt sich die Aufgabe:

1. wissenschaftliche und Gesetzgebungsfragen aus dem Gebiete des öffentlichen Rechts durch Aussprache in Versammlungen der Mitglieder zu klären;
2. auf die ausreichende Berücksichtigung des öffentlichen Rechts im Hochschulunterricht und bei staatlichen und akademischen Prüfungen hinzuwirken;
3. in wichtigen Fällen zu Fragen des öffentlichen Rechts durch Eingaben an Regierungen oder Volksvertretungen oder durch öffentliche Kundgebungen Stellung zu nehmen.

§ 2

(1) Mitglied der Vereinigung kann werden, wer an der rechtswissenschaftlichen Fakultät einer deutschen oder deutschsprachigen ausländischen Universität für das Fach des Staatsrechts und ein weiteres öffentlich-rechtliches Fach als habilitierter Privatdozent oder als planmäßiger Professor tätig ist oder gewesen ist und sich der wissenschaftlichen Forschung auf dem Gesamtgebiete des Staats- und Verwaltungsrechts gewidmet hat.

(2) Das Aufnahmeverfahren wird durch schriftlichen Vorschlag von drei Mitgliedern der Vereinigung eingeleitet. Ist der Vorstand einstimmig der Auffassung, daß die Voraussetzungen für den Erwerb der Mitgliedschaft erfüllt sind, so verständigt er in einem Rundschreiben die Mitglieder von seiner Absicht, dem Vorgeschlagenen die Mitgliedschaft anzutragen. Erheben mindestens fünf Mitglieder binnen Monatsfrist gegen die Absicht des Vorstandes Einspruch oder beantragen sie mündliche Erörterung, so beschließt die Mitgliederversammlung über die Aufnahme. Die Mitgliederversammlung beschließt ferner, wenn sich im Vorstand Zweifel erheben, ob die Voraussetzungen der

Mitgliedschaft erfüllt sind. Von jeder Neuaufnahme außerhalb einer Mitgliederversammlung sind die Mitglieder zu unterrichten.

§ 3

Eine Mitgliederversammlung soll regelmäßig einmal in jedem Jahre an einem vom Vorstand zu bestimmenden Orte stattfinden. In dringenden Fällen können außerordentliche Versammlungen einberufen werden. Die Tagesordnung wird durch den Vorstand bestimmt.

Auf jeder ordentlichen Mitgliederversammlung muß mindestens ein wissenschaftlicher Vortrag mit anschließender Aussprache gehalten werden.

§ 4

Der Vorstand der Vereinigung besteht aus einem Vorsitzenden und zwei Stellvertretern. Die Vorstandsmitglieder teilen die Geschäfte untereinander nach eigenem Ermessen. Der Vorstand wird am Schluß jeder ordentlichen Mitgliederversammlung neu gewählt.

Zur Vorbereitung der Mitgliederversammlung kann sich der Vorstand durch Zuwahl anderer Mitglieder verstärken. Auch ist Selbstergänzung zulässig, wenn ein Mitglied des Vorstandes in der Zeit zwischen zwei Mitgliederversammlungen ausscheidet.

§ 5

Zur Vorbereitung ihrer Beratungen kann die Mitgliederversammlung, in eiligen Fällen auch der Vorstand, besondere Ausschüsse bestellen.

§ 6

Über Eingaben in den Fällen des § 1 Ziffer 2 und 3 und über öffentliche Kundgebungen kann nach Vorbereitung durch den Vorstand oder einen Ausschuß im Wege schriftlicher Abstimmung der Mitglieder beschlossen werden. Ein solcher Beschluß bedarf der Zustimmung von zwei Dritteln der Mitgliederzahl; die Namen der Zustimmenden müssen unter das Schriftstück gesetzt werden.

§ 7

Der Mitgliederbeitrag wird von der Mitgliederversammlung festgesetzt. Der Vorstand kann den Beitrag aus Billigkeitsgründen erlassen.

Bei Fragen zur Produktsicherheit wenden Sie sich bitte an:
If you have any questions regarding product safety,
please contact:

Walter de Gruyter GmbH
Genthiner Straße 13
10785 Berlin
productsafety@degruyterbrill.com